Soziologische Studien
Band 22

Das Individuum und der Wandel städtischer Wohnviertel

Eine handlungstheoretische Erklärung von Aufwertungsprozessen

Robert Kecskes

Centaurus Verlag & Media UG
1997

Die Deutsche Bibliothek – CIP-Einheitsaufnahme

Kecskes, Robert:
Das Individuum und der Wandel städtischer Wohnviertel :
eine handlungstheoretische Erklärung von
Aufwertungsprozessen / Robert Kecskes. –
Pfaffenweiler : Centaurus-Verl.-Ges., 1997
(Soziologische Studien ; Bd. 22)
Zugl.: Köln, Univ., Diss., 1995
ISBN 978-3-8255-0119-8   ISBN 978-3-86226-321-9 (eBook)
DOI 10.1007/978-3-86226-321-9
NE: GT

ISSN 0937-664X

Umschlagabbildung: Konzeptionszeichnung des Hubertus-Haus von Aldo van Eyck, Amsterdam,
Holland 1982–1987
Satz: Vorlage des Autors

Meinen Eltern Rita und Tibor Kecskes

Vorwort

Die vorliegende Arbeit, die von der Wirtschafts- und Sozialwissenschaftlichen Fakultät der Universität zu Köln als Dissertation angenommen wurde, verdankt ihre Entstehung in großen Teilen einem Stipendium der Volkswagen-Stiftung. Durch die Einrichtung des Graduiertenkollegs für Sozialwissenschaften an der Universität zu Köln hat die Stiftung Arbeitsverhältnisse geschaffen, von denen jeder Wissenschaftler nur träumen kann. Mein erster Dank gilt daher der Volkswagen-Stiftung.

Die Deutsche Forschungsgemeinschaft (DFG) ermöglichte mir die Finanzierung der Primärerhebung. Auch ihr sei herzlich gedankt.

Besonders danken möchte ich zudem Prof. Dr. Jürgen Friedrichs, Dipl.-Soz. Christof Wolf und Prof. Dr. Hartmut Esser. Alle drei genannten und viele hier nicht namentlich aufgeführte Wissenschaftler machten das Dissertationsvorhaben für mich zu einer spannenden Reise durch die Sozialwissenschaften. Vieles, was ich bei ihnen gelernt habe, konnte ich nicht direkt für die vorliegende Arbeit verwerten, doch es wird bei der Konzeption neuer Projekte, an die ich mich nun machen werde, jederzeit abrufbar und hilfreich sein.

Schließlich möchte ich meinen Eltern und Katja danken, auf die ich mich jederzeit verlassen konnte.

Inhalt

1. Einleitung

"Die Leute haben Semmelweis nicht geglaubt, als er den Ärzten sagte, sie sollten sich die Hände waschen, bevor sie die Gebärenden anfassen. Er sagte zu simple Sachen. Die Leute glauben dem, der Haarwuchsmittel für Glatzköpfige anpreist. Sie spüren zwar instinktiv, daß er Wahrheiten zusammenkleistert, die nicht zusammenhalten, daß er nicht logisch ist und nicht seriös. Aber man hat ihnen gesagt, Gott sei komplex und unergründlich, und daher empfinden sie Inkohärenz als etwas Gottähnliches." (Eco 1989: 635)

Ausgangspunkt dieser Arbeit war ein spezifisches, stadtsoziologisches Erklärungsproblem: die Aufwertung innenstadtnaher Wohngebiete von Großstädten (Gentrification). Nach Jahren einer Verschlechterung der Gebäudestruktur und einer Zusammensetzung der Wohnbevölkerung aus eher statusniedrigen Schichten, wird seit geraumer Zeit in vielen nordamerikanischen und europäischen Großstädten eine gegenläufige Tendenz festgestellt. Trotz unterschiedlicher Bedingungen fand in fast allen westlichen Industrieländern in zunehmendem Maße eine Aufwertung von innenstadtnahen Wohnvierteln in Großstädten statt (Williams 1986: 57).[1] In den innenstadtnahen Wohnungsbestand wird wieder investiert, Wohnungen werden von Miet- in Eigentumswohnungen umgewandelt, und die ansässige alte, eher einkommensschwache Bevölkerung wird durch jüngere, besser ausgebildete und besser verdienende zuziehende Gruppen (sukzessive) ersetzt. So kommt auch die Arbeitsgruppe "Innenstadt" des Deutschen Städtetages zu dem Ergebnis, daß viele innerstädtische Wohnstandorte deutscher Großstädte wieder als attraktiv gelten und einen hohen Prestigewert besitzen (Deutscher Städtetag 1986: 27).

Trotz eher kleinräumigen Veränderungen, Berry (1985) spricht von "Islands of renewal in seas of decay" in den Städten der USA, hat der Prozeß sehr schnell großes Aufsehen in den Stadtplanungsämtern und der wissenschaftlichen Stadtforschung erregt. Die Gründe hierfür sind vielschichtig, doch ist nicht von der Hand zu weisen, daß auf stadtplanerischer Seite die starke Beachtung aus der Unsicherheit der Bewertung des Prozesses resultiert. Auf der einen Seite wird durch eine erwartete Regenerierung von Wohnquartieren und die Bindung zahlungs- und steuerkräftiger Bürger an die Stadt eine positive Entwicklung für die Gesamtstadt gesehen, auf der anderen Seite befürchtet man durch die Verdrängung ansässiger

---

1 Eine Übersicht für die Städte in Nordamerika und Europa geben die Sammelbände von Laska und Spain (1980), Palen und London (1984), Smith und Williams (1986) und Weesep und Musterd (1991). Speziell auf die Städte der alten Bundesländer der Bundesrepublik beziehen sich die Beiträge in Blasius und Dangschat (1990).

Bevölkerungsgruppen aus den innenstadtnahen Wohnquartieren zunehmende soziale Probleme. Das Dilemma für die Stadtplanung und die daraus folgende Planungsunsicherheit machte 1990 der leitende Baudirektor der Baubehörde Hamburg Carl-Heinrich Busse sehr deutlich:

> "Auf der Seite des Städtebaus ist mit Erhaltung, Umbau und Neubau in der Regel immer eine Qualitätssteigerung in den alten Quartieren verbunden, die ihrerseits auf vorhandene Strukturen einwirkt, z.B. auf Bodenpreise, Mieten und Branchenmix. Damit scheinen weitere Konflikte vorprogrammiert zu sein, da ein Verzicht auf eine weitere Entwicklung nach baulicher Art das Ende der Städte bedeuten würde."
> (Busse 1990: 197)

Der damalige Staatssekretär im Bundesministerium für Wirtschaft Johann Eekhoff stellt die Frage, ob die Aufwertung innenstadtnaher Wohnviertel inzwischen nicht schon zu weit vorangeschritten ist. Auch in seinen Ausführungen werden die Probleme, die sich den Kommunen, Ländern und dem Bund stellen, sehr deutlich. So schreibt er:

> "Stadterneuerungsmaßnahmen verbessern die Nutzungsmöglichkeiten, werten die Grundstücke und Gebäude auf, verteuern das Gebiet für die (bisherigen) Nutzer und lösen Verdrängungswirkungen aus. In Westdeutschland muß darüber nachgedacht werden, ob die Aufwertung alter innerstädtischer Wohngebiete nicht weit genug vorangetrieben oder in manchen Städten schon zu weit getrieben worden ist. Dadurch entsteht ein Konflikt zwischen städtebaulichen Aufwertungszielen und dem sozialen Ziel, Wohnquartiere für einkommensschwache Haushalte zu erhalten."
> (Eekhoff 1993: 12)

Für die Stadtsoziologen stellt der Prozeß einer Aufwertung innenstadtnaher Wohnviertel vor allem eine theoretische Herausforderung dar, wurden sie doch von der Entwicklung überrascht. Alle bis dato ausgearbeiteten Stadt- und Nachbarschaftsentwicklungsmodelle beschreiben vornehmlich die Phasen einer *Abwertung* von Wohnvierteln und versuchen, die Mechanismen des Abwertungsprozesses aufzudecken. Eines der in der Stadtsoziologie wohl bekanntesten Modelle ist das des Invasions-Sukzessions-Zyklus, wonach eine statusniedrige Bevölkerungsgruppe in ein Wohngebiet eindringt und die statushöheren, dort ansässigen Bewohner verdrängt. Zwar wies McKenzie (1968 [1926]: 31) schon bei der Explikation des Modells darauf hin, daß der Zyklus ebenso umgekehrt denkbar ist, und auch die klassischen Nachbarschaftsentwicklungsmodelle von Hoover und Vernon (1959: 190ff.), Birch (1971) und Downs (1981: 61ff.) beinhalten die Möglichkeit einer (Wieder-) Aufwertung von Wohngebieten. Unter welchen Bedingungen diese aber stattfinden soll, wird von niemandem beantwortet. Mit dem Phänomen der Aufwertung innenstadtnaher Wohnviertel kommen daher die alten Modelle ins Wanken, und es stellt sich die Frage, inwieweit sie zur Erklärung sozialräumlicher Veränderungen in Städten überhaupt noch fruchtbar anwendbar sind.

Daneben ist die von Busse angesprochene Befürchtung der Entwicklung eines nicht zu unterschätzenden Konfliktpotentials ein weiterer Grund für das starke Interesse der Stadtsoziologen. Sehr drastisch wird diese Erwartung von Blasius und Dangschat ausgedrückt:

> "Gentrification ist ... ein Beispiel für das Auseinanderdriften der Gesellschaft in die 'Zwei-Drittel-Gesellschaft', das zu unüberbrückbaren sozialen und kulturellen Differenzen führen kann und damit den Zusammenhalt der (städtischen) Gesellschaft nachhaltig bedroht bzw. ein dramatisches Konfliktpotential in sich trägt." (Blasius und Dangschat 1990a: 29)[1]

Wie noch gezeigt wird, sind die Verursachungsmechanismen von Aufwertungsprozessen vielfältig. So müssen für eine adäquate Erklärung wirtschaftliche Entwicklungen, demographische Veränderungen, Auswirkungen gesetzlicher Rahmenbedingungen durch den Staat, die Eingriffe in den Wohnungsmarkt durch die Kommunen, Handlungen von Wohnungsanbietern und von Wohnungsnachfragern berücksichtigt werden. Die Komplexität der Erklärung erhöht sich noch durch den Sachverhalt, daß sich die Handlungen der aufgeführten Akteure gegenseitig beeinflussen. Derartige Interdependenzen können schließlich zu Resultaten führen, die von keinem der Akteure in der Form gewollt bzw. geplant wurden. Downs (1981: 73) weist darauf hin, daß es sich auch bei der Aufwertung innenstadtnaher Wohngebiete häufig um Prozeßverläufe handelt, deren Ergebnisse in der Form nicht geplant waren. Gerade aber die Analyse dieser Prozesse stellt eine große Herausforderung in den Sozial- und Wirtschaftswissenschaften dar.[2] So schreibt Hayek (1952: 49f; zitiert nach Kirchgässner 1991: 22, Fußnote 27) beispielsweise:

> "Nur insoweit als Resultat der individuellen Handlungen eine Art Ordnung entsteht, doch ohne daß sie von irgendeinem Individuum geplant ist, erhebt sich ein Problem, das theoretische Erklärung fordert."

---

1 Während in diesem Zitat eine erhöhtes Konfliktpotential 'nur' prognostiziert wird, ist es für Hitzler (1994) ein soziales Faktum. Nach seiner Meinung "wandeln sich inzwischen auch hierzulande die Großstädte von *Schauplätzen* aller möglicher, mehr oder minder expressiv inszenierter Ungleichheiten zu *Nahkampfstätten* heterogener und vielfach antagonistischer Wohn- und Lebensinteressen" (ebenda: 49; Hervorhebungen im Original). Leider (oder sollte man sagen, glücklicherweise?) liefert er für die behauptete *Entwicklung* keine empirischen Nachweise. Wir sollten es daher hier als eine empirisch zu prüfende Aussage zur Kenntnis nehmen und nicht als einen sozialen Tatbestand, auch wenn dies weniger Aufsehen erregen mag als Hitzlers Formulierung.

2 Siehe hierzu auch die Ausführungen von Boudon (1980: 14ff.).

Auch ohne dieser sehr engen Sichtweise zu folgen, denn auch geplante Ergebnisse bedürfen einer Erklärung, sollte angenommen werden, daß sich nach einer Phase der deskriptiv empirischen Erforschung der Schwerpunkt auf die Erklärung verlagert. Sichtet man aber die Literatur zum Thema der Aufwertung innenstadtnaher Wohngebiete genauer, ist das Ergebnis äußerst unbefriedigend. Es existieren inzwischen zwar einige Erklärungsansätze; die Entwicklung eines theoretischen Konzeptes zur Integration dieser Ansätze liegt jedoch bisher nicht vor. Wissenschaftler, die sich intensiv mit dem zu erklärenden Phänomen beschäftigen, mußten dann auch eingestehen, daß eine theoretische Durchdringung nicht stattgefunden hat. So stellt Williams fest:

> "... the dominant mode of analyses has been empiricist, with little or no attempt to structure the evidence theoretically." (Williams 1986: 65)

Und Smith und Williams fordern:

> "What is necessary today, more than anything else, is a statement and clarification of the theoretical issues in the gentrification debate and an active engagement of contrasting theoretical propositions with empirical data." (Smith und Williams 1986a: 23)[1]

Nach jahrelanger Forschung ist es damit nicht gelungen, das Phänomen der Aufwertung innenstadtnaher Wohngebiete in adäquater Weise zu erklären. Teilweise ist dies sicherlich mit dem komplexen Zusammenwirken der Handlungen der unterschiedlichen Akteure und den zu berücksichtigenden sozialstrukturellen Veränderungen zu begründen. Ein einzelner Forscher wird kaum in der Lage sein, alle Ursachen zu benennen und zu analysieren, sondern sich immer auf einige Aspekte beschränken müssen. Dies sollte jedoch nicht als Ergebnis eine große Anzahl von Studien zum selben Phänomen haben, in denen jeweils andere wichtige Aspekte analysiert werden, ohne daß ein kumulativer Erkenntnisfortschritt zu verzeichnen ist. Wissenschaftliche Erkenntnis entwickelt sich eben nicht durch eine einfache Anhäufung einzelner Entdeckungen. Bei der Erforschung der Prozesse der Aufwertung innenstadtnaher Wohngebiete stehen wir genau vor dieser Situation. Seit dem ersten Auftreten des Phänomens erschien eine Fülle von Publikationen, gegenseitig befruchtet haben sich diese Arbeiten jedoch nicht. Das beste Beispiel hierfür ist die jahrelange Diskussion zwischen Ley (1980; 1981; 1986; 1987) und Smith (1979; 1985; 1987). Während Ley davon ausgeht, die Aufwertung innenstadtnaher Wohngebiete werde durch die Nachfrager von Wohnungen und ihre

---

1 Ein Beispiel dafür, daß diese Forderung bis heute nicht erfüllt ist, liefert die Arbeit von Falk (1994).

(veränderten) Wohnpräferenzen ausgelöst, verneint dies Smith und meint, die Anbieter von Wohnungen und ihre (Rendite-) Interessen seien die Verursacher. Erst in den letzten Jahren wurde versucht, beide Ansätze zu verbinden[1]; von einer systematischen Klärung der Verursachungsmechanismen und Interdependenzen ist man jedoch nach wie vor weit entfernt.

Das Erklärungsdefizit bezüglich der Aufwertungsprozesse läßt sich aber nicht ausschließlich mit der hohen Komplexität des Gegenstandsbereiches begründen. Der Forschungsstand scheint vielmehr ein Ausdruck der in der Stadtsoziologie allgemein vorherrschenden Probleme zu sein. Folgt man beispielsweise Friedrichs (1988), steckt zumindest die deutsche Stadtsoziologie in einer tiefen Krise. Die Forschung würde stagnieren, so schreibt er, da in der Stadtsoziologie noch heute, wenn überhaupt, alte, inzwischen überholte theoretische Konzepte zur Analyse stadtsoziologischer Fragestellungen angewandt würden. Neuere Entwicklungen in der allgemeinen Soziologie seien von Stadtsoziologen nicht in ausreichendem Maße aufgearbeitet worden. Sein Vorschlag zur Überwindung der Krise lautet, allgemeine soziologische Theorien auch in der Stadtsoziologie anzuwenden (Friedrichs 1988: 11). In ähnlicher Weise äußern sich Hamm (1984) und Musil (1988), zwei weitere international anerkannte Stadtsoziologen, zum Stand dieser 'Bindestrich-Soziologie'.

Auch die Ausführungen von Gans (1984) gehen in diese Richtung. Er fordert einen Paradigmenwechsel in der stadtsoziologischen Forschung. Anstatt von einer holistischen Betrachtung ganzer Systeme auszugehen, wie er es den Neo-Sozialökologen und Neo-Marxisten unterstellt, schlägt er einen handlungstheoretischen Ansatz vor, der auf eine Verknüpfung von Mikro- und Makroebene abzielt (Gans 1984: 291ff.). Gans bezeichnet diesen Ansatz, der das Individuum als Analyseeinheit hat ("the analysis begins with the interests of users"), als das liberale Paradigma. Damit decken sich seine Vorstellungen einer 'Erneuerung' der Stadtsoziologie mit denen von Friedrichs (1988a), der ebenfalls die Anwendung einer Handlungstheorie, der Wert-Erwartungs-Theorie (WET), einfordert, um auf dieser Grundlage eine engere Verbindung zwischen Mikro- und Makroebene zu erlangen.

Nun wird man zugeben müssen, daß in der Stadtsoziologie nicht vollkommen theorielos geforscht wurde bzw. wird.[2] Wie Herlyn (1990a: 554) in seiner Erwiderung auf die Ausführungen von Friedrichs (1988) daher ganz richtig betont, hat es in der Stadtsoziologie "immer Anknüpfungspunkte an allgemeine soziologische Theorien gegeben". Genannt sei hier nur die Sozialökologie der Chikagoer-Schule

---

1 Beispielsweise von Dangschat (1991), Hamnett (1991) und Smith (1991).
2 Vergleiche hierzu auch die Zusammenfassung der unterschiedlichen Ansätze bei Saunders (1987).

um Robert E. Park[1]. Gerade Friedrichs, Hamm und Musil waren und sind teilweise noch heute Vertreter dieser Forschungsrichtung. Daneben haben marxistische Ansätze eine lange Tradition in der Stadtsoziologie. An dieser Stelle sei nur auf die Arbeiten von Castells (1977), Harvey (1978) und Lefèbvre (1976) verwiesen. Folgt man Friedrichs, Hamm und Musil, die diese theoretischen Ansätze und die daraus abgeleiteten Modelle natürlich kennen, lautet ihre Botschaft: Die beiden klassischen in der Stadtsoziologie vorherrschenden theoretischen Ansätze, der sozialökologische und der marxistische, sind nicht (mehr) adäquat, und auch ihre Erneuerungsversuche haben wenig geholfen, neuere stadtsoziologische Probleme zu lösen. Daher sollten wir es jetzt einmal mit individualistischen Ansätzen versuchen.

Auch wenn hier nicht die Meinung vertreten wird, daß von einem Paradigmenwechsel im Kuhnschen Sinne zu sprechen ist, zeigt sich bei den zitierten Stadtsoziologen doch sehr deutlich eine Abwendung von Makrotheorien und eine stärkere Hinwendung zu individualistischen Ansätzen.[2] Diese Tendenz steht sicherlich in einem engen Zusammenhang mit der Diskussion um eine zunehmende Individualisierung der Gesellschaft. Spätestens seit Becks provokativer Frage, ob "mit dem Begriff des Individualisierungsprozesses nicht zwangsläufig die Soziologie an ihr frühes Ende" komme, "ihr möglicherweise das Sterbeglöcklein geläutet" werde (Beck 1986: 130), sucht man nicht nur in der Stadtsoziologie nach 'neuen' Wegen, sondern auch in anderen Bindestrich-Soziologien zweifelt man mehr und mehr an der Brauchbarkeit der 'alten' Konzepte (vgl. Esser 1989: 63ff.). Aber auch in der allgemeinen soziologischen Gesellschaftsanalyse werden ständig neue Zeitdiagnosen entworfen. So stellt Honneth (1994a: 7) fest, daß kein Jahr mehr vergeht, "ohne daß nicht eine neue Formel entstanden ist, mit der die veränderten Charakterzüge unserer Gesellschaft auf einen einzigen Begriff gebracht werden sollen". Doch helfen Bezeichnungen wie 'Postmoderne', 'Risikogesellschaft', 'Informationsgesellschaft' oder 'Erlebnisgesellschaft' wenig weiter. Keine dieser soziologischen Leitformeln hat einer gewissenhaften empirischen Überprüfung standgehalten. Sie haben sich alle als mehr oder weniger starke Überverallgemeinerungen

---

1 Es scheint mir fast überflüssig, hier mit Literaturnachweisen zu zeigen, daß es sich bei dem sozialökologischen Ansatz um eine allgemeine soziologische Theorie handelt. Da innerhalb der Stadtsoziologie jedoch häufig nur auf den Sammelband von Park, Burgess und McKenzie (1925) mit dem Titel "The City" hingewiesen wird, sei hier auf die 'grüne Bibel' von Park und Burgess (1972 [1921]), auf Park (1936), Wirth (1964 [1945]) und die Weiterentwicklung von Hawley (1944; 1950; 1986) verwiesen. Siehe auch die Explikation des Ansatzes durch Friedrichs (1981: 20ff.).

2 Wenn überhaupt von einem 'Kuhnschen Sinne' gesprochen werden kann, denn er selbst will das Wort 'Paradigma' nicht mehr gebrauchen, da er "nicht für alle Interpretationen gerade stehen kann, die gemacht wurden" (vgl. das Interview mit Thomas S. Kuhn in DIE ZEIT, Nr. 18, 28. April 1995, S. 42).

"von gesellschaftlichen Entwicklungen erwiesen, die nur eine beschränkte Reichweite, sei es in historischer, sei es in sozialer Hinsicht, besitzen" (Honneth 1994a: 7).

Hierin zeigt sich deutlich die Unsicherheit darüber, worin sich die heutige Gesellschaft auszeichnet. Die "Verlegenheit, nicht zu wissen was eigentlich geschieht" (Luhmann 1992: 14), die ständige Konfrontation der 'alten' Konzepte mit Widerspruchsproblemen ist es, die uns nach 'neuen' Wegen suchen läßt. Dies gilt für die Stadtsoziologie wie für die Familiensoziologie, für die Wanderungssoziologie wie für die Jugendsoziologie, für die Analyse sozialer Ungleichheit wie für die Konzepte der Integration von Minoritäten.

Ein Beispiel für die Ratlosigkeit in der Stadtsoziologie ist das Festhalten einiger Forscher an dem Stadtentwicklungsmodell von Burgess (1925). Dieses eher deskriptive Modell empirischer Regelmäßigkeiten der Stadtstruktur und -entwicklung mußte in seinem Geltungsbereich immer wieder eingeschränkt werden und ist heute so stark mit Widerspruchsproblemen behaftet, daß die Frage naheliegt, für welche Stadt es eigentlich noch gelten soll. Nur ein Beispiel: Während in dem Modell von Burgess die innenstadtnahen Wohnquartiere der Übergangszone ("zone in transition") als Armenviertel beschrieben werden, wird in einem Manifest der Oberbürgermeister deutscher Städte die Verhinderung der Entstehung von "Slums aus Wellblech, Holz und Karton" in den *Außenbezirken deutscher Städte* als ein akutes Ziel formuliert (Kronawitter 1994: 7). Die ganze Problematik dieses Festhaltens an einem überholten Modell bei der Analyse heutiger Stadtstrukturen wird in der Arbeit von Falk (1994) deutlich.

Doch kommen wir auf die Forderung nach Anwendung individualistischer Ansätze in der stadtsoziologischen Forschung zurück. Bei näherer Betrachtung wird man feststellen, daß es in der Stadtsoziologie durchaus individualistische Erklärungsansätze gibt.[1] Seit Jahren werden sie vor allem zur Erklärung residentieller Mobilität herangezogen.[2] Auch zur Erklärung räumlicher Segregation konnte gezeigt werden, daß die Analyse bei den relevanten Akteuren ansetzen muß. So kann Schelling (1971; 1972; 1978) mit seinen Segregationsmodellen nachweisen, daß es nicht zulässig ist, einen Zustand hoher räumlicher Segregation von unterschiedlichen Bevölkerungsgruppen mit starken diskriminierenden Präferenzen zumindest einer Bevölkerungsgruppe zu erklären. Dies kann zwar der Grund für die vorhandene sozialräumliche Struktur sein, betrachtet man aber die Interdependenzen der Akteure und unterstellt eine einfache Handlungsregel (jeder möchte dort wohnen,

---

1 Die ersten stammen aus dem letzten Jahrhundert. So beispielsweise schon 1883 bei Menger (1969 [1883]: 178f.) in seiner Beschreibung der Bildung neuer Ortschaften.
2 Die bekannteste Arbeit zur residentiellen Mobilität stammt von Rossi (1980 [1955]); vgl. aber auch Brown und Moore (1971), Speare (1974), Turner (1978) und Kecskes (1994).

wo seine Präferenzen erfüllt sind), treten immer stärkere Segregationserscheinungen auf als es die individuellen Präferenzen eigentlich erfordern.[1] Diese Modelle wurden u.a. von Schnare und MacRae (1978) und Anas (1980; 1980a) weiterentwickelt. Indem sie zusätzliche Annahmen über Restriktionen und die Handlungen anderer Akteure einführen, wurden Schellings Modelle stärker an die Realität angenähert.

In der Stadtsoziologie besteht also durchaus eine 'handlungstheoretische Tradition'. Diese hat sich bisher jedoch nicht durchgesetzt. So wird zwar von einem (neo-) sozialökologischen oder einem (neo-) marxistischen Ansatz in der Stadtsoziologie gesprochen, nicht aber von einem handlungstheoretischen Ansatz. Auch die erwähnten Stadtentwicklungsmodelle, obwohl heute längst überholt, werden noch immer zur Beschreibung von Stadtstrukturen herangezogen. Und tatsächlich liegen hierfür m.E. sogar berechtigte Gründe vor, denn weder mit den Arbeiten zur residentiellen Mobilität noch mit den Segregationsmodellen können spezifische, raum-zeitlich verortbare und empirisch nachgewiesene kollektive Phänomene erklärt werden. Die Modelle der residentiellen Mobilität bleiben in der Regel auf der Individualebene. Es werden zwar die Effekte der Umwelt auf die Umzugsentscheidungen thematisiert, welche Auswirkungen die Umzüge dann wieder auf der Makroebene haben, z.B. für die sozialräumliche Gliederung einer Stadt, wird nicht in der gebotenen Ausführlichkeit analysiert. Es fehlt diesen Arbeiten am entscheidenden Punkt: der Aggregation der Resultate von Handlungen einzelner Akteure auf die Makroebene, um kollektive Phänomene erklären bzw. prognostizieren zu können. Diese Aggregation wird zwar in den Segregations- und Tipping-Modellen von Schelling, Schnare und MacRae und Anas vorgenommen, allerdings handelt es sich um analytische Modelle, die unter den gesetzten Bedingungen logisch wahr sind. Damit entziehen sie sich einer empirischen Prüfung. Kurz: In den Modellen der residentiellen Mobilität werden zwar empirisch gehaltvolle (da falsifizierbare) Annahmen abgeleitet, doch bleiben sie auf die Individuen oder Haushalte bezogen. In den Segregationsmodellen werden dagegen kollektive Phänomene abgeleitet, doch sind die Ableitungen unter den gesetzten Bedingungen logisch wahr und damit ohne empirischen Gehalt (da nicht falsifizierbar).

Die handlungstheoretisch ausgerichtete Forschung in der Stadtsoziologie läßt sich damit in zwei Grundtypen gliedern. Der eine Typ der Forschung legt das Gewicht auf die *Erklärung* individueller Handlungen und berücksichtigt nicht die Wechselbeziehungen zwischen den Akteuren und ihren Handlungen. Der andere

---

1 Vergleiche dazu auch Smith (1969; 1981), Jones (1985) und Dekle (1989). Taub, Taylor und Dunham (1984), Kecskes und Knäble (1988) und W.A.V. Clark (1991) beschäftigen sich mit den Möglichkeiten der empirischen Prüfbarkeit der in den Modellen vorgenommenen Annahmen.

Typ legt das Gewicht auf die *Ableitung* kollektiver Resultate der Handlungen unter besonderer Betonung ihrer gegenseitigen Beeinflussung, vernachlässigt jedoch die empirischen Erkenntnisse aus der Forschung des ersten Typs. Wie noch gezeigt wird, benötigen wir zur *Erklärung kollektiver Resultate* eine Verknüpfung beider Forschungsrichtungen, doch steht diese Verknüpfung trotz einiger theoretischer Versuche (Esser 1988; Friedrichs 1988a; Franz 1989; Huinink 1990) in der Stadtsoziologie noch aus. Hieran hat sich auch seit den erwähnten Forderungen von Gans, Hamm, Friedrichs und Musil nichts geändert. In diesem Fehlen einer Lösung des Problems der Verknüpfung von Mikro- und Makroebene bei der Anwendung handlungstheoretischer Ansätze zur Erklärung kollektiver Phänomene, liegt ein Grund für die weitere Heranziehung vornehmlich (neo-) sozialökologischer und (neo-) marxistischer Erklärungsansätze. Es überrascht daher auch nicht, daß sich bei Frey (1990), der die Anwendung des ökonomischen Programms auf verschiedenen Gebieten darstellt, kein Hinweis auf die Stadtsoziologie findet.

An dieser Stelle setzt nun das eigentliche Ziel der vorliegenden Arbeit an. Es soll versucht werden, die aus der allgemeinen Soziologie stammende Theorie des strukturtheoretischen Individualismus (Esser 1988: 44), wie sie u.a. von Lindenberg (1977; 1981; 1992; Wippler und Lindenberg 1987), Boudon (1980) und Coleman (1986; 1986a; 1987; 1990) entwickelt wurde, für die Stadtsoziologie nutzbar zu machen und die Fruchtbarkeit dieses Ansatzes zur Erklärung konkreter stadtsoziologischer Phänomene zu zeigen. Dafür muß der Nachweis geliefert werden, daß mit dem gewählten theoretischen Ansatz kollektive stadtsoziologische Phänomene zu erklären sind, d.h. es darf nicht wieder, wie im Bereich der residentiellen Mobilität, bei der Erklärung des individuellen Verhaltens stehengeblieben werden. Daher wird die erarbeitete Konzeptualisierung zur Untersuchung stadtsoziologischer Fragestellungen am Beispiel der Aufwertung innenstadtnaher Wohngebiete, eine aktuelle Entwicklung in der Veränderung sozialräumlicher urbaner Strukturen, angewandt.

Der eigentliche Schwerpunkt der Arbeit hat sich damit im Verlauf der Beschäftigung mit dem konkreten Phänomen, der Aufwertung innenstadtnaher Wohngebiete, verlagert. Ging es zunächst 'nur' um die Erklärung eines singulären, d.h. zeit-raum-bezogenen Phänomens, geht dem nun die Nutzbarmachung eines aus der allgemeinen Soziologie bekannten handlungstheoretischen Konzeptes für stadtsoziologische Fragestellungen voraus. Mit der Arbeit werden damit zwei Ziele verfolgt. Im Mittelpunkt steht die Konzeptualisierung eines handlungstheoretischen Modells, mit dem unterschiedliche stadtsoziologische Fragestellungen angegangen werden können. Damit soll ein Beitrag zur Diskussion um die Möglichkeiten der Anwendung des 'ökonomischen Programms in der Soziologie' (Opp 1978) geleistet werden, um die Stadtsoziologie aus ihrer auf der Ebene der Theorieanwendung bestehenden Stagnation herauszuführen. Dies kann nur gelingen, wenn die Fruchtbarkeit des entwickelten allgemeinen Erklärungsmodells an einem konkreten Problem demonstriert wird. Dies soll anhand des Phänomens der Aufwertung innenstadtnaher Wohnviertel geschehen. Damit leistet die Arbeit zudem einen Beitrag zum tieferen Verständnis der Veränderung sozialräumlicher urbaner Strukturen. Hieraus ergibt sich dann auch die Gliederung der Arbeit. Zunächst wird im *2. Kapitel* detaillierter als bis hierhin geschehen auf das konkrete Erklärungsproblem eingegangen. Es wird der bisherige Forschungsstand dargestellt und einer kritischen Prüfung unterzogen. Zudem findet sich in dem Kapitel ein Exkurs, in dem eine Typologie von Wohnungsnachfragern entwickelt wird, die allen späteren empirischen Analysen über Nachfrager- bzw. Bewohnergruppen zugrunde liegt.

Im *3. Kapitel* wird die zur Erklärung des Phänomens herangezogene Handlungstheorie dargestellt und gezeigt, wie sie auf die Erklärung der Veränderung sozialräumlicher Strukturen angewandt werden kann. Vor allem aber werden hier die beiden Erklärungsebenen, die Mikro- und Makroebene, zunächst analytisch genau getrennt, um dann zu zeigen, wie sie zur Erklärung kollektiver Resultate verknüpft werden müssen. Zudem wird ein Modell zur Untersuchung sozialer Prozesse zur Diskussion gestellt. Mit diesem Prozeßmodell soll ein Problem der Analyse von Entwicklungen gelöst werden, von dem auch diese Arbeit betroffen ist: dem Fehlen von Längsschnittdaten. Schließlich wird eine Erklärungsheuristik vorgeschlagen, die der Komplexität der Erklärung Rechnung trägt und trotzdem ermöglicht, die zentralen Bausteine zu benennen.

Mit dem *4. Kapitel* beginnt der vornehmlich empirische Teil der Arbeit. Zunächst geht es um die Bestimmung möglicher Veränderungen in der Zusammensetzung der Nachfrager nach innenstadtnahem Wohnraum. Hierzu werden verschiedene Quellen herangezogen. Einen großen Teil nimmt die Sekundäranalyse von Daten des kumulierten ALLBUS 1980-1992 ein. Im letzten Teil des vierten Kapitels wird dann auf die Diskussion um die neuen Lebensstile eingegangen und eine theoretische Begründung der Beziehung von Lebensstil und Raumaneignung vorgeschlagen.

Beschäftigt sich das vierte Kapitel mit den *potentiellen* Innenstadtbewohnern, geht es im *5. Kapitel* um die *aktuellen* Bewohner eines innenstadtnahen Wohnquartiers. Um Erkenntnisse über die Präferenzen, Handlungsopportunitäten und -restriktionen und die Auszugswahrscheinlichkeiten von unterschiedlichen Bewohnergruppen zu erlangen, wurde eine Primärerhebung in einem innenstadtnahen Kölner Wohnviertel durchgeführt. Die Auswertung legt den Schwerpunkt auf zwei Aspekte: auf die *Beschreibung* der Präferenzen, Lebensformen und Lebensstile der Bewohnergruppen und auf die *Erklärung* von residentieller Mobilität. Bei letzterer steht nicht die Erklärung im statistischen Sinne, also über die erklärten Varianzanteile, im Vordergrund der Analyse. Dies überlasse ich den Empiristen im Fach, die mit immer neuen, verbesserten statistischen Testverfahren nach möglichst hohen Beziehungsmaßen fahnden. Mir geht es vielmehr um eine inhaltlich substantielle Erklärung. Daher ist auch in diesem Kapitel ein ausführlicher theoretischer Abschnitt enthalten, in dem ein allgemeines Modell der residentiellen Mobilität entworfen wird. Erst danach werden die statistischen Methoden eingesetzt, um dieses Modell empirisch zu prüfen.

Ein Problem aller handlungstheoretisch ausgerichteten empirischen Studien liegt in der Vernachlässigung der Analyse der gegenseitigen Beeinflussung der Handelnden. Der Einzelne wird durch die Art der Erhebung als ein isoliertes Individuum betrachtet. Der Blick für die Interdependenzen geht dabei verloren. Dies scheint mir allgemein ein Problem quantitativer Sozialforschung zu sein und trifft daher in Teilen durchaus auch auf die empirischen Ergebnisse des vierten und fünften Kapitels zu.[1] Daher werden im sechsten und siebten Kapitel die Wechselwirkungen der Handlungen thematisiert. Auf der Grundlage des im dritten Kapitel entwickelten Modells zur Analyse sozialräumlicher Veränderungen und der im vierten und fünften Kapitel erlangten Erkenntnisse über die relevanten Akteure der Nachfragerseite werden im *6. Kapitel* erste Computersimulationen durchgeführt, die Auskünfte über mögliche Prozeßverläufe der Aufwertung innenstadtnaher Wohngebiete geben. Sie sollen Aufschluß über den Prozeßverlauf geben, wenn für die Aufwertung innenstadtnaher Wohngebiete ausschließlich eine veränderte Nachfrage verantwortlich gemacht wird.

Es wird sich herausstellen, daß es notwendig ist, nach weiteren Einflußfaktoren zu suchen. Die wichtigsten werden im *7. Kapitel* diskutiert. Auch hier werden wieder Simulationsmodelle durchgeführt, um die Stärke des Einflusses der Handlungen von Anbietern freifinanzierter Mietwohnungen einschätzen zu können. Zudem werden die Effekte des Auslaufens von Miet- und Belegungsbindungen im sozialen Wohnungsbau und der Umwandlungen von Miet- in Eigentumswohnungen genauer beleuchtet.

Mit dem *8. Kapitel* schließt die Arbeit. Kurz werden die wichtigsten theoretischen Annahmen, die Struktur der Erklärung und die empirischen Ergebnisse zusammengefaßt. Zentraler sind in diesem Kapitel jedoch zwei Punkte: zum einen das Aufdecken der wechselseitigen Abhängigkeiten der unterschiedlichen Trends auf dem Wohnungsmarkt, ohne deren Berücksichtigung und Analyse der Prozeß einer Aufwertung innenstadtnaher Wohngebiete nicht erklärbar ist; zum anderen werden Aussagen über den heutigen Wandel sozialräumlicher Strukturen in westdeutschen Städten aus den gewonnenen Ergebnissen abgeleitet, die über die Enge des innenstadtnahen Wohnbereiches hinausgehen.

---

1 Eine Ausnahme bildet allerdings das Kapitel 4.3, in dem in der theoretischen Diskussion der Beziehung von Lebensstil und Raumaneignung das Gerichtetsein auf andere als zentrales Argument zur Entstehung von Lebensstilgruppen herausgearbeitet wird.

2. Die Aufwertung innenstadtnaher Wohngebiete: Eine kritische Betrachtung des Forschungsstandes

"Martin Beck dachte an den Sommer vor 22 Jahren, als er Streifenpolizist auf der Revierwache Nikolai gewesen war. Gamla Stan, die Altstadt, war damals ein richtiges Kleinstadtidyll gewesen. Mehr Armut und Trunkenheit und Elend natürlich, ehe man sanierte und restaurierte und die Mieten so anhob, daß die früheren Bewohner keine Möglichkeit mehr hatten, hier wohnen zu bleiben. Hier zu wohnen galt jetzt als besonders fein, und nun gehörte er selbst zu den Privilegierten." (Sjöwall und Wahlöö 1983 [1971]: 15).

"Egon ... wohnte zu der Zeit in einem schmalen Gebäude aus dem dreizehnten Jahrhundert, an einem kleinen Platz, der eher wie ein unaufgeräumter Hinterhof aussah - abgestellte Marktwagen, Mülleimer -, inmitten anderer Häuser aus derselben Zeit, die damals noch keine zurechtsanierten Juwele waren mit Geranien vor den Fenstern und bewohnt von gutgelaunten dynamischen Menschen, sondern farblose Bauwerke voller alter Frauen mit Schürzen und Schuster und Straßenbahnschaffner, die heute, da derselbe Platz strahlt wie auf einem Kalenderblatt, verschwunden sind." (Widmer 1984: 56)

Schon 1964 hat die englische Geographin Ruth Glass zur Bestimmung des Prozesses der Aufwertung innenstadtnaher Wohnquartiere in London den Begriff 'Gentrification' gewählt, und auch in der Literatur ist der Prozeß seit Jahren immer wieder Gegenstand der Beschreibung, wie die beiden zitierten Beispiele zeigen. Obwohl der Begriff eine Reihe unterschiedlicher Prozesse umfaßt, wird er in der Literatur relativ einheitlich definiert. So ist die Kombination einer Erneuerung des Wohnungsbestandes und die Zunahme des Anteils einkommensstarker Bevölkerungsgruppen Bestandteil aller Definitionen. Auch darüber, daß im Laufe des Prozesses eine mehr oder minder starke Verdrängung der ansässigen einkommensschwächeren Bevölkerungsgruppen stattfindet, herrscht Einigkeit. Offen bleibt jedoch, in welchem Zeitraum die Aufwertung stattfindet, wann sie abgeschlossen ist und welches räumliche Ausmaß sie annimmt. Zudem ist nicht eindeutig geklärt, was mit 'Verdrängung' gemeint ist. Anstatt hier jedoch zu den schon vorhandenen Definitionen eine weitere hinzuzufügen, soll die von Hamnett (1984: 284) zugrundegelegt werden. Er definiert 'Gentrification' als:

"Simultaneously a physical, economic, social and cultural phenomenon. Gentrification commonly involves the invasion by middle-class or higher-income groups of previously working-class neighbourhoods or multi-occupied 'twilight areas' and the replacement or displacement of many of the original occupants. It involves the physical renovation or rehabilitation of what was frequently a highly deteriorated housing stock and its upgrading to meet the requirements of its new owners. In the process, housing in the areas affected, both renovated and unrenovated, undergoes a significant price appreciation. Such a process of neighbourhood transition commonly involves a degree of tenure transformation from renting to owning."[1]

Von diesem Prozeß läßt sich ein anderer Revitalisierungsprozeß unterscheiden, der von Clay (1979: 7) als "incumbent upgrading" bezeichnet und folgendermaßen definiert wird:

> "The major feature of this process is that physical improvement by incumbent residents takes place at a substantial rate with no significant change in the socioeconomic status or characteristics of the population. The lower- or working-class ambience of the neighborhood is not changed, and the physical investments reflect greater confidence on the part of owner-investors in the neighborhood."

Während damit bei einem 'incumbent upgrading' die Aufwertung von 'innen heraus' erfolgt, es somit zu keinen oder nur geringfügigen Veränderungen der Bewohnerstruktur kommt, zeichnet sich der Prozeß der 'Gentrification' durch eine Aufwertung von 'außen' aus, bei der wenig Rücksicht auf die Präferenzen und Lebensbedingungen der sozial schwachen Bevölkerungsmehrheit genommen wird. Die getätigten Maßnahmen zielen vielmehr auf die Bedürfnisse potentieller statushoher Nachfrager und bewirken damit einen Wandel der Bewohnerstruktur. Im folgenden werden anstatt der angelsächsischen Begriffe 'Gentrification' und 'incumbent upgrading' die Begriffe 'Aufwertung' und 'Instandsetzung' benutzt.[2] Diese beiden unterschiedlichen Revitalisierungsprozesse können nicht zeitgleich in einem Wohngebiet auftreten. Allerdings kann der eine den jeweils anderen Prozeß anstoßen. So kann eine Instandsetzung zu einer punktuellen Aufwertung von einzelnen Vierteln führen ('spot gentrification') oder eine Aufwertung zu einer Instandsetzung eines angrenzenden Wohngebietes ('fringe upgrading'). Während der Aufwertungsprozeß immer mehr Aufsehen erregt hat, wird von der Instandsetzung kaum noch gesprochen. Auch in dieser Arbeit liegt das Schwergewicht der Analyse bei den Bedingungen einer Aufwertung innenstadtnaher Wohngebiete.[3]

---

1 Ähnliche Definitionen finden sich bei Clay (1980: 20), Beauregard (1986: 38), Hamnett and Randolph (1986: 121), Smith und Williams (1986a: 1) und Dangschat (1988: 272).
2 Bezüglich der Aufwertung von Wohngebieten wird auf der semantischen Ebene nicht zwischen einer *Wieder*aufwertung eines Wohngebietes, das schon früher einmal von statushohen Haushalten bewohnt wurde und einer erstmaligen Aufwertung von traditionellen Arbeiterwohngebieten unterschieden.
3 Eine ausführliche Darstellung des Instandsetzungsprozesses findet sich bei Clay (1979). Der speziell an diesem Prozeß interessierte Leser sei auf diese Quelle verwiesen.

2.1 Der Aufwertungsprozeß

Ging man zunächst davon aus, daß die Aufwertung innenstadtnaher Wohngebiete durch zunehmende Zuzüge einkommensstarker Haushalte aus den Suburbs verursacht wurde und man nach der Phase der Suburbanisierung nun eine Phase der Reurbanisierung vermutete, war anhand der Daten über Wanderungsbewegungen schnell feststellbar, daß der Prozeß der Aufwertung innenstadtnaher Wohngebiete in weit stärkerem Ausmaß durch innerstädtische Umzüge induziert wird (Friedrichs 1987; Goldfield 1980: 456; Hamnett und Williams 1980: 473; London 1980: 78; London und Palen 1984: 6). Deutlich zeigt sich die damit verbundene innerstädtische räumliche Umverteilung von Bevölkerungsgruppen an dem Sachverhalt, daß sich im Laufe der achtziger Jahre die 'sozialen Brennpunkte' mehr und mehr von den Wohngebieten der Innenstadt hin zu den Großwohnsiedlungen am Stadtrand verlagert haben (vgl. Naroska 1988).

Doch sind nicht alle innenstadtnahen Wohngebiete mit der gleichen Wahrscheinlichkeit von einer Aufwertung betroffen. In der Regel handelt es sich zunächst um Gebiete mit einer architektonisch reizvollen Gebäudestruktur, mit einem hohen Anteil an Altbauten, die u.U. zwar heruntergekommen, von der Substanz her aber noch intakt sind (Deutscher Städtetag 1986: 27; Dangschat und Friedrichs 1988: 10). Es kann sich dabei sowohl um Gebiete handeln, die an bereits existierende Viertel mit einem hohen Bevölkerungsstatus angrenzen, als auch um 'isolierte' Gebiete mit einem niedrigen Bevölkerungsstatus (Hamnett und Williams 1980: 480; Zukin 1987: 132). Hamnett und Williams (1980: 472) weisen darauf hin, daß sich im Zuge des Aufwertungsprozesses die Charakteristika der Einziehenden verändern. Zunächst zieht eine kleine Anzahl risikobereiter Personen in die Nachbarschaft ein. Als risikobereit werden sie bezeichnet, da sie den noch relativ günstigen Wohnraum durch Eigeninitiative renovieren, ihre privaten Ressourcen trotz großer Unsicherheit über die weitere Entwicklung des Gebietes zur Erhöhung des Wohnwertes einsetzen. Die Einziehenden zeichnen sich, neben ihrer Risikobereitschaft, durch ein relativ geringes Einkommen, jedoch eine hohe Schulbildung aus (Künstler, Studenten, Alternative). Es sind sehr junge Personen, die entweder allein, zu zweit oder als Wohngemeinschaft leben. Investitionen von Seiten der Vermieter bzw. Wohnungseigentümer bleiben in dieser ersten Phase der Aufwertung noch aus.

Ist diese Gruppe in einem Wohnviertel eingezogen und nimmt ihre Anzahl zu, verändert sich auch die Infrastruktur. Es bildet sich eine auf die Bedürfnisse der neuen Bewohner bezogene 'Szene' mit Läden, Kneipen und Restaurants. Da sich die Interessen und Lebensstile der neuen Bewohner nicht mit denen der alten Bewohner decken, kann es zu ersten Konflikten zwischen den Gruppen kommen

(Zukin 1987: 133)[1], die sich zunächst auf die unterschiedlichen Lebensstile beschränken. Gleichzeitig wird aber das 'neue Leben' von Personen außerhalb der Gebiete wahrgenommen. Es werden "Personen bzw. Haushalte angezogen, die es attraktiv finden, dort einzukaufen, eine Wohnung zu mieten oder zu kaufen" (Dangschat und Friedrichs 1988: 11). Da diese erste einziehende Bevölkerungsgruppe das Gebiet für eine zweite Gruppe attraktiv macht, also die 'Vorarbeit' leistet, werden sie als Pioniere bezeichnet (Hudson 1980: 404).

Die zweite Bevölkerungsgruppe, für die das Gebiet durch die 'Vorarbeit' der Pioniere attraktiv geworden ist, wird die Gruppe der Gentrifier ('Veredler') genannt. Sie sind etwas älter als die Pioniere, leben zunächst ohne Kinder in Ein- oder Zweipersonenhaushalten und haben ein relativ hohes Einkommen (bei Zweipersonenhaushalten sind es in der Regel Doppelverdiener). Zum großen Teil sind sie im tertiären Sektor beschäftigt, wobei der Arbeitsort im oder nahe dem zentralen Geschäftsbezirk liegt.

Hand in Hand mit dem Bevölkerungsaustausch geht die Veränderung der Miet- und Wohnungspreise in dem Gebiet. Durch den erhöhten Nachfragedruck einkommensstarker Bevölkerungsgruppen wird es auch für Grund- und Wohnungsbesitzer wieder rentabel, zu investieren. Sobald von ihnen der Prozeß perzipiert wird, werden Wohnungen und ganze Gebäude nicht mehr nur durch die Pioniere, sondern vor allem von ihnen renoviert und instandgesetzt. Die Folge ist ein starker Anstieg der Mieten und Wohnungspreise. Oft werden auch Miet- in Eigentumswohnungen umgewandelt. Da weder die alteingesessene Bevölkerung noch die Pioniere die erhöhten Kosten tragen können, sind beide Gruppen ab diesem Zeitpunkt von einer Verdrängung bedroht (Beauregard 1986: 45), was starke Konflikte zwischen den Bewohnergruppen aufgrund von unterschiedlichen materiellen Bedingungen nach sich ziehen kann. Bei der Verdrängung kann es sich um zwei Arten handeln: eine direkte oder eine indirekte Verdrängung (vgl. Marcuse 1986: 156). Eine direkte Verdrängung liegt dann vor, wenn ein Haushalt aus dem betroffenen Gebiet aufgrund von Mieterhöhungen oder der Umwandlung von Miet- in Eigentumswohnungen aus ökonomischen Gründen zum Auszug gezwungen ist. Von einer indirekten Verdrängung ist immer dann zu sprechen, wenn nach einem 'normalen' Auszug eines Haushalts, beispielsweise aufgrund der Veränderung der Haushaltsstruktur, der Miet- oder Kaufpreis einer Wohnung so stark erhöht wird, daß sich ein hinsichtlich der ökonomischen Möglichkeiten vergleichbarer Nachfragerhaushalt die Wohnung nicht mehr leisten kann. Letztere Variante der Verdrängung ist auf dem deutschen Mietwohnungsmarkt wahrscheinlicher, da durch die im Vergleich zu anderen Ländern für den Vermieter relativ restriktiven Mieterschutz-

---

1 Auger (1979) beschreibt für eine Nachbarschaft in Boston den Ablauf dieser Konflikte.

gesetze häufig erst nach dem Auszug eines Haushaltes die Möglichkeit besteht, den Mietpreis stark anzuheben.

Gale (1979: 299f.; 1980: 103ff.) zerlegt diesen hier nur kurz geschilderten Prozeß aufgrund der Ergebnisse einer Untersuchung in Washington, D.C. in zwei bzw. drei Phasen[1], während Clay (1979: 57ff.) ein Vier-Phasen-Modell entwickelt. DeGiovanni (1983) hat versucht, diese einzelnen Phasen durch verschiedene Indikatoren abzugrenzen, um zu prüfen, inwieweit der Ablauf in unterschiedlichen Nachbarschaften nordamerikanischer Großstädte tatsächlich zu beobachten ist. Seine Indikatoren sind der Anteil an renovierten Häusern, der Anteil der von Miet- in Eigentumswohnungen umgewandelten Wohnungen, das Volumen an Wohnungs-/Hausverkäufen und ihr Verkaufspreis, sowie das Ausmaß an Spekulationen jeweils in einem Jahr, im Zeitraum von 1970 bis 1978. Anhand dieser Daten kann DeGiovanni zwar eine Aufwertung beobachten, eine klare Phasenabgrenzung jedoch nicht nachweisen. Er kommt zu folgendem Ergebnis:

> "Many of the trends in housing market activity observed in the revitalizing neighborhoods do not correspond very closely to the descriptions of the process contained in the various stage models of revitalization ... The existence of patterns of activity, in which one set of changes precedes another (as is suggested in the stage models) generally is not observed. Both the fluctuations in the housing activities and the often parallel changes in the indicators are likely to result from the influence of macroeconomic trends on neighborhood housing markets." (DeGiovanni 1983: 35)

Nun betrachtet DeGiovanni allerdings vornehmlich die Veränderung der Wohnqualität, der Wohnungspreise und der Umwandlung von Miet- in Eigentumswohnungen, während er die Entwicklung der Bevölkerungsstruktur außer acht läßt. Auf diesen Aspekt, unter Vernachlässigung der Veränderung von Wohnungs- und Wohnumfeldsmerkmalen, beziehen sich die Invasions-Sukzessions-Zyklen, wie sie aus der traditionellen sozialökologischen Forschung bekannt sind. Während Hudson (1980) in bezug auf die Veränderung der Bevölkerungsstruktur von einem klassischen Invasion-Sukzessions-Zyklus spricht, nur daß im Gegensatz zum traditionellen Verständnis diesmal nicht eine Verdrängung statushöherer Haushalte durch statusniedrigere Gruppen stattfindet, sondern der Prozeß umgekehrt verläuft, erweitert Dangschat (1988: 280) das Invasion-Sukzessions-Modell und geht in bezug auf die Aufwertung innenstadtnaher Wohngebiete von zwei zeitlich gegeneinander verschobenen Invasions-Sukzessions-Zyklen aus. Zunächst ziehen die Pioniere in das betroffene Gebiet ein und verdrängen Teile der länger ansässigen

---

1 Bei Gale (1979) sind es nur zwei Phasen: die Übergangsphase (transitional section) und die Reifephase (mature section). Erst in seinem Artikel von 1980 erweitert er das Phasenmodell auf drei Phasen.

Bevölkerung. Erst nachdem die Pioniere die Majorität bilden, werden sie ihrerseits durch die Gentrifier verdrängt (vgl. Abbildung 2.1).

Kerstein (1990: 626ff.) konnte zeigen, daß die zunächst in ein Aufwertungsgebiet Einziehenden tatsächlich einen niedrigeren sozialen Status[1] aufweisen als die später Einziehenden, doch sind sie nicht unbedingt jünger. Insgesamt kommt er zu dem Ergebnis, daß "the gentrification process is likely to vary among neighborhoods with differing characteristics, attempts should be made to establish more explicitly which factors are likely to lead to patterns that either support the predictions of the models or diverge from them" (Kerstein 1990: 635).

Abbildung 2.1: Der doppelte Invasions-Sukzessions-Zyklus nach Dangschat (1988: 281)

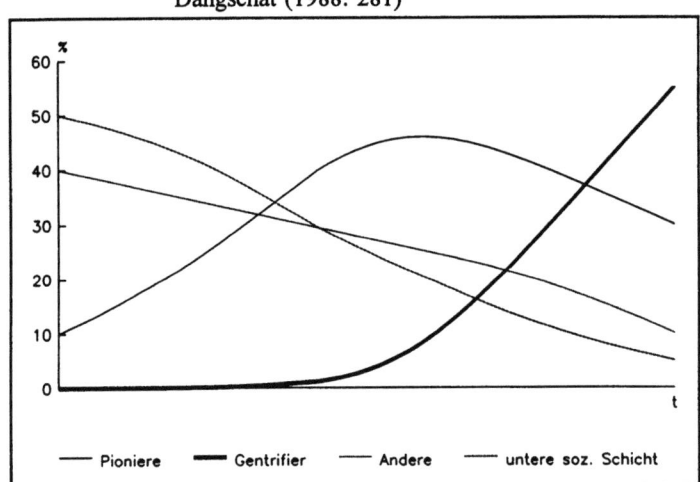

Noch weniger als in Wohnvierteln der nordamerikanischen Großstädte konnte der von Dangschat als idealtypischer Verlauf (Dangschat 1991: 104) bezeichnete Prozeß in den Städten der Bundesrepublik empirisch nachgewiesen werden. Dangschat (1991: 113ff.) meint zwar, einige Anzeichen für den Verlauf des Prozesses in Form des doppelten Invasions-Sukzessions-Zyklus nachweisen zu können, da er aber unterschiedliche Stadtgebiete Hamburgs nach dem Stadium der Aufwertung rangreiht, ist dieser Nachweis unzulänglich, oder etwas härter (aber treffender) ausgedrückt, methodisch nicht statthaft. Um den Verlauf der Veränderung der

---

1 Als Indikatoren dienen ihm der Beruf (dichotomisiert in "professional, technical, and managerial" und "other") und die Bildung.

Bevölkerungsstruktur nach dem doppelten Invasions-Sukzessions-Zyklus nachzuweisen, muß die Entwicklung über mehrere Jahre in einem Wohngebiet betrachtet werden. Erst mit derartigen Längsschnittdaten kann geprüft werden, ob das Zyklusmodell geeignet ist, die Veränderungen der Bevölkerungsstruktur im Laufe des Aufwertungsprozesses zu beschreiben. Dangschat ist sich der geringen empirischen Evidenz seines Modells anscheinend selbst bewußt, denn er leitet aus dem Grundmodell vier Typen mit unterschiedlichen Prozeßverläufen ab, die sich seiner Meinung nach "an der empirisch vorfindbaren Realität orientieren" (Dangschat 1991: 112): jeweils zwei für ehemalige Wohnviertel der Arbeiterschicht und ehemals großbürgerliche Wohngebiete. Aber auch für diese Ablaufmodelle liegen bisher keine empirischen Evidenzen vor. Ganz im Gegenteil: Der in allen deutschen Studien immer wieder nachgewiesene Sachverhalt, daß die Gentrifier eine längere mittlere Wohndauer im Viertel aufweisen als die Pioniere (Dangschat 1991: 80; Dangschat und Friedrichs 1988: 52; siehe auch die eigenen Ergebnisse im Kapitel 5.3), läßt einen anderen Prozeßverlauf vermuten. Es scheint, als wenn die Gentrifier als Pioniere einziehen, später den Status des Gentrifiers annehmen und in dem Gebiet wohnen bleiben (vgl. Kecskes 1994a).

Der dargestellte Prozeßverlauf und die Phasenmodelle weisen damit das Problem auf, daß sie in ihrer Reinform - wenn überhaupt - nur sehr selten empirisch beobachtbar sind. Zudem fehlen Angaben über die Geschwindigkeit des Prozesses völlig. Indem sie aber mögliche, plausibel erscheinende Verläufe darstellen, besitzen sie immerhin einen heuristischen Wert. Trotzdem bleibt festzuhalten: "Theory must explain multiple gentrification processes." (Beauregard 1986: 53). Die jeweils konkrete Gestalt des Prozesses, wenn er denn überhaupt auftritt, hängt fraglos von den jeweils vorfindbaren sozialstrukturellen Bedingungen ab. Diese Bedingungen gilt es zu spezifizieren. Es muß gezeigt werden, welche Wirkungen sie auf die im Prozeß involvierten Akteure, seien es Anbieter oder Nachfrager von Wohnungen, haben, welche sozialstrukturellen Veränderungen aufgrund der Handlungen dieser Akteure auftreten und welchen Einfluß diese neuen Bedingungen wiederum auf die Handlungen der Akteure haben. Nur auf diese Weise können Aussagen über die erwarteten Veränderungen und ihre Geschwindigkeit gemacht werden. Dies setzt natürlich Kenntnisse über die Akteure voraus. Zwei in den Prozeß involvierte Akteurstypen sind die Pioniere und Gentrifier, auf die ich im folgenden ein wenig genauer eingehen möchte.

2.2 Die Pioniere und Gentrifier

Mit der Klassifizierung von Akteuren auf der Nachfrageseite hat sich vor allem Dangschat in verschiedenen Publikationen beschäftigt. Die erste Klassifikation stammt von Dangschat und Friedrichs (1988: 20). Sie leiten diese nach Angaben aus der nordamerikanischen Literatur ab, derzufolge Pioniere über ein geringes Einkommen verfügen, einen hohen Bildungsstand aufweisen, relativ jung und kinderlos sind. Gentrifier würden sich ebenfalls durch Kinderlosigkeit auszeichnen, aber etwas älter als die Pioniere sein und über ein höheres Einkommen verfügen. Dementsprechend ziehen die Autoren die Merkmale Einkommen, Alter, Haushaltsgröße und Bildung heran und schlagen die in Tabelle 2.1 wiedergegebene Klassifikation von Pionieren und Gentrifiern vor.

Tabelle 2.1: Klassifikation von Pionieren und Gentrifiern nach Dangschat und Friedrichs (1988: 20)

	Pioniere	Gentrifier
Pro-Kopf-Einkommen (in DM)	< 2.000,-	> 1.999,-
Alter (Jahre)	18-35	26-45
Haushaltsgröße (Personen)	1-6, kinderlos	1 oder 2, kinderlos
Bildung (Abschluß)	mindestens Fachoberschule	--

Obwohl sich gezeigt hat, daß sich die beiden Gruppen sowohl untereinander als auch im Vergleich zu den anderen Bevölkerungsgruppen in bezug auf ihre Einstellung zur Aufwertung (Dangschat und Friedrichs 1988: 88ff.; Dangschat 1991: 85ff.) und in ihren Lebensstilen (Blasius 1990: 362ff.; 1993: 133ff.) unterscheiden, ist die Klassifikation problematisch. So sind die angegebenen Schwellenwerte willkürlich gesetzt. Eine Ausnahme bildet allenfalls die Angabe der Haushaltsgröße, da hierzu explizite Angaben in der Literatur vorliegen. Zudem bleibt offen, ob die große Restgruppe der Nicht-Pioniere und Nicht-Gentrifier ebenfalls nach bestimmten Merkmalen unterschieden werden muß. Dangschat selbst sieht in der gleichzeitigen Verwendung von Individual- und Haushaltsmerkmalen ein weiteres Problem. Er schlägt aus diesem Grund sowohl eine "revidierte Individual-Definition" als auch eine "revidierte Haushalts-Definition" von Pionieren und Gentrifiern vor (Dangschat 1991: 88ff.). Mit diesen revidierten Klassifikationen wird jeweils eine eindeutige Zuordnung in Pioniere und Gentrifier bzw. in Pionier- und Gentrifier-Haushalte möglich.

Im Unterschied zu der ersten Klassifikation fallen hier allerdings auch Individuen bzw. Haushalte, in denen eine Person zwischen 18 und 25 Jahre alt ist, in die Gruppe der Gentrifier. Zudem dürfen die Gentrifier im Gegensatz zur ersten Typologie von Dangschat und Friedrichs nun auch ein Kind haben, müssen aber mindestens mittlere Reife aufweisen. Mit den revidierten Fassungen wurde mithin nicht nur versucht, eine eindeutige Klassifikation zu erstellen, vielmehr wurden auch die Schwellenwerte der Zuordnung verändert, ohne dieses jedoch inhaltlich zu begründen. In einer anderen Publikation teilt Dangschat (1991a) dann die Gentrifier nochmals in zwei Gruppen auf: Gentrifier und Ultra-Gentrifier. Letzterer "is a gentrifier with a very high income (economic capital) and presumably a high degree of support for gentrification. The ultra-gentrifiers are those who displace the gentrifiers or the 'others' (having both high incomes and children) who had lived in the neighborhood for a while" (Dangschat 1991a: 83). Der Ultra-Gentrifier zeichnet sich also durch ein (noch) höheres Einkommen als der uns inzwischen bekannte Gentrifier aus und - hier kommt eine weitere Dimension ins Spiel - befürwortet im stärkeren Maße die Aufwertung.

Man mag nun gespannt sein, ob nicht bald auch Ultra-Pioniere in einer Klassifikation auftauchen. Dies sind dann diejenigen, die in jede Baracke einziehen, Hauptsache sie ist billig und liegt innenstadtnah, und sich gegen eine weitere Aufwertung militant verteidigen, während unsere bekannten Pioniere schon gewisse Ansprüche an eine Wohnung stellen und eher aus dem pazifistischen Milieu stammen. Derartige Differenzierungen sind zwar ganz phantasievoll und treffen auch immer einen Teil der sozialen Realität, doch tragen empiristische ad hoc-Klassifikationen zur Analyse des Prozesses der Aufwertung innenstadtnaher Wohngebiete wenig bei. Wichtiger, als sich ständig neue Klassifikationen einfallen zu lassen, sind theoretische Überlegungen über Merkmale einer umfassenden Typologie von Wohnungsnachfragern.

Ein Vorschlag in diese Richtung kommt wiederum von Dangschat (1990: 78ff). Ausgangspunkt ist die Trichotomie von Kapitalarten nach Bourdieu (1983). Bourdieu unterscheidet zwischen ökonomischem, kulturellem und sozialem Kapital. Das ökonomische Kapital bilden dabei die monetären Ressourcen, das kulturelle Kapital bestimmt sich über die Bildung und "ist unter bestimmten Voraussetzungen in ökonomisches Kapital konvertierbar" (Bourdieu 1983: 185). Das soziale Kapital umfaßt schließlich die Ressourcen, "die mit dem Besitz eines dauerhaften Netzes von mehr oder weniger institutionalisierten *Beziehungen* gegenseitigen Kennens und Anerkennens verbunden sind" (Bourdieu 1983: 190; Hervorhebung im Original). Diese drei Kapitalarten sind maßgebend für ungleiche Chancen, gesellschaftlich anerkannte Ziele durch das eigene Handeln zu erreichen. Ohne genauer hierauf einzugehen, übernimmt Dangschat diese Trichotomie und leitet sechs Gruppen von Nachfragern nach innenstadtnahem Wohnraum ab (vgl. Tabelle 2.2).

Tabelle 2.2: Nachfrager von innenstadtnahem Wohnraum nach unterschiedlicher Kapitalart und Kapitalstärke (nach Dangschat 1990: 87)

| | Kapitalart | | |
	ökonomisches	soziales	kulturelles
"untere soziale Schicht"	--	-/0	--/-
"Alteingesessene"	-/0	-/0	--/-/0
"konstante Pioniere"	--/-	0/+	-/0/+
"dynamische Pioniere"	0	+/++	+/++
"Mittel-Alte"	0/+	+/++	0/+/++
"Gentrifier"	+/++	0/+/++	0/+/++

-- sehr niedrig; - niedrig; 0 durchschnittlich; + hoch; ++ sehr hoch

Betrachtet man ausschließlich die in Tabelle 2.2 dargestellte Klassifikation nach der Kapitalausstattung, überlappen sich die einzelnen Gruppen teilweise. So gehört beispielsweise ein Haushalt, der eine hohe Ausstattung mit allen drei Kapitalarten aufweist (jeweils +) sowohl zu den "Gentrifiern" als auch zu den "Mittel-Alten". Die "dynamischen Pioniere" sind sogar eine echte Teilgruppe der "Mittel-Alten". Ein "konstanter Pionier" kann nach seiner Ressourcenausstattung auch ein "Alteingesessener" sein. Doch zieht Dangschat (1990: 87ff.) bei seiner genaueren Beschreibung der einzelnen Gruppen noch weitere Merkmale heran:

"- Mit der 'unteren sozialen Schicht' sind die gängigen 'vier A's' gemeint, die sich in den Innenstädten seit den 60er Jahren zunehmend konzentrierten: Alte, Ausländer, Arbeitslose, Arme (neuerdings auch: Asylbewerber) ...
- Die 'Alteingesessenen' sind oftmals Rentner und Pensionäre, aber auch 40 bis 60jährige, die - aus welchen Gründen auch immer - nicht an den Stadtrand gezogen sind; sie sind oft mittlere Beamte, Arbeiter, einfache Angestellte ...
- Die 'konstanten Pioniere' sind bis etwa 35 Jahre alt. Der eine Teil hat trotz seines überdurchschnittlichen Bildungsniveaus den lange üblichen sozialen Aufstieg nicht schaffen können oder wollen. Der andere Teil hat oft keine abgeschlossene Ausbildung. Sie sind häufig arbeitslos, jobben oder arbeiten unterhalb ihrer Qualifikation ...
- Die 'dynamischen Pioniere' stammen aus der gleichen Altersgruppe wie die 'konstanten Pioniere', doch schaffen sie entweder 'alternative Karrieren' oder

aber den sozialen Aufstieg, und damit den Anschluß an den Teil der Gesellschaft, der vom Wachstum profitiert...
- Die 'Mittel-Alten' sind zwischen 35 und 50 Jahre alt - zu alt, um einer der beiden 'Pionier-Formen' zugerechnet zu werden, und mit zu niedrigem Pro-Kopf-Einkommen ausgestattet, um Gentrifier zu sein ...
- Die 'Gentrifier' sind schließlich etwas älter als die 'Pioniere', haben es zu überdurchschnittlichen Einkommen, meist in den neuen gehobenen Dienstleistungsberufen gebracht. Ihre innenstadtnahe Wohnkarriere begann in der Regel als 'dynamischer Pionier' ..."

Aber auch nach der Berücksichtigung weiterer Klassifikationsmerkmale, wie dem Alter, treten noch Überlappungen der Gruppen auf. Da keine Altersangaben bei der "unteren sozialen Schicht" gemacht werden, können junge Personen dieser Gruppe nach wie vor auch zu den "konstanten Pionieren" gehören (und umgekehrt). Doch stellen sich noch weitere Fragen:

- Handelt es sich um eine Klassifikation von Individuen oder von Haushalten?

- Warum spielt die Haushaltsgröße zur Bestimmung von Pionieren und Gentrifiern in der Klassifikation keine Rolle mehr?

- Durch die Unterscheidung von "konstanten" und "dynamischen" Pionieren wird eine Zeitdimension eingeführt, die eine Zuordnung von bisher als Pioniere bezeichneten Personen zu *einem Zeitpunkt* unmöglich macht. Woher weiß man, ob eine Person mit einer hohen Schulbildung, die am Anfang ihrer beruflichen Karriere steht, den sozialen Aufstieg schaffen wird? Was ist mit der wichtigen Gruppe der Studenten? Schaffen sie nach ihrem Studium den sozialen Aufstieg oder werden sie arbeitslos und schaffen den sozialen Aufstieg nicht?

- Daraus folgt die Frage, warum überhaupt zwei Gruppen von Pionieren unterschieden werden. Nur um deutlich zu machen, daß der eine Teil von ihnen, die "dynamischen Pioniere", später den Gentrifiern und der andere Teil, die "konstanten Pioniere", der "unteren sozialen Schicht", den "Alteingesessenen" oder den "Mittel-Alten" zuzuordnen ist? Warum werden dann nicht auch andere Gruppen nach ihrer Zukunft oder Vergangenheit unterschieden? Etwa die "untere soziale Schicht" in "konstante untere soziale Schicht" und "soziale Absteiger".

- Schließlich fließt noch eine weitere Dimension in die Klassifikation mit ein: die Wohndauer in einem Viertel. So werden die "Alteingesessenen" auch darüber definiert, daß sie schon seit längerem in einem innenstadtnahen Wohnviertel leben, und auch die Gentrifier zeichnen sich dadurch aus, daß sie ihre Wohnkarriere als "dynamische Pioniere" begannen, also gar nicht als Gentrifier zugezogen sind, sondern schon geraume Zeit im Innenstadtgebiet leben. Wo sind aber dann die Gentrifier, die *durch ihren Zuzug* das Gebiet aufwerten? Statt dessen werden die sogenannten "Mittel-Alten" aufgeführt, die doch hauptsächlich an der Peripherie oder im Umland leben, wie es Dangschat (1990: 88) selbst schreibt.

Durch diese Ungereimtheiten erweist sich auch dieser Klassifikationsversuch zur Erhellung des Aufwertungsprozesses als ungeeignet. Der theoretische Hintergrund scheint mir dennoch fruchtbar zu sein. Indem explizit auf die unterschiedliche Ressourcenausstattung der Akteure Bezug genommen wird, lassen sich m.e. Hypothesen ableiten, die zur Erklärung des Phänomens der Aufwertung innenstadtnaher Wohngebiete beitragen können. Nur besteht das Problem bei der vorgestellten Klassifikation darin, daß implizit weitere Dimensionen eingeführt werden und die Typologie keine eindeutige Zuordnung in bestimmte Gruppen erlaubt. Eine fruchtbare Klassifikation sollte

1. theoretisch hergeleitet sein, denn nur so lassen sich auf der Grundlage der Typologie gehaltvolle Hypothesen ableiten;
2. sich nicht nur auf Pioniere und Gentrifier beschränken, sondern sich auf alle Nachfrager auf dem Wohnungsmarkt beziehen;
3. gewährleisten, daß alle Nachfrager zu einem bestimmten Zeitpunkt eindeutig einer Gruppe zugeordnet werden können;
4. möglichst wenige Merkmale enthalten;
5. möglichst Merkmale verwenden, die leicht zu erheben sind und bei Mehrthemenumfragen (wie dem ALLBUS) erfragt werden, damit fortlaufend Informationen über die veränderten quantitativen Relationen zwischen den verschiedenen Nachfragergruppen vorliegen.

2.3 Exkurs: Vorschlag zu einer Typologie von Nachfragern nach Wohnungen auf dem Wohnungsmarkt

Im folgenden soll der Versuch unternommen werden, diese Forderung einzulösen. Ausgangspunkt ist, wie bei Dangschat (1990), die von Bourdieu vorgenommene Unterscheidung von ökonomischem, kulturellem und sozialem Kapital und der damit verbundenen Annahme, daß die Ausstattung mit den jeweiligen Ressourcen entscheidend zur Erlangung von gesellschaftlich anerkannten Zielen ist. Dies gilt speziell für den Wohnungsmarkt: Je mehr finanzielle Ressourcen (ökonomisches Kapital) eine Person besitzt, je größer die Reichweite ihres sozialen Netzwerkes (soziales Kapital) ist und je besser eine Person gelernt hat, beides einzusetzen (kulturelles Kapital), desto besser wird sie ihre Wohnsituation nach den eigenen Vorstellungen gestalten können. Eine Typologie von Wohnungsnachfragern sollte daher bei der Ressourcenausstattung der Haushalte ansetzen.

Von zentraler Bedeutung für die Realisierung der Wohnwünsche ist natürlich das Einkommen. Es sollte daher als Indikator für die finanziellen Ressourcen, d.h. für das ökonomische Kapital, herangezogen werden. Allerdings stellt sich die Frage nach der Art des heranzuziehenden Einkommens. Schnell wird man sich auf das monatliche Nettoeinkommen einigen können. Im nächsten Schritt muß geklärt werden, ob das persönliche monatliche Nettoeinkommen oder das monatliche Haushaltsnettoeinkommen zur Realisierung der Wohnwünsche relevanter ist. Auch hier fällt die Entscheidung noch leicht: Da i.d.R. ein Haushalt in eine Wohnung zieht, sollte das Haushaltseinkommen als Indikator für die finanziellen Ressourcen herangezogen werden. Nun sind aber die monatlichen Haushaltsnettoeinkommen aufgrund der unterschiedlichen Haushaltsstruktur nur schwer vergleichbar. Aus diesem Grund wird häufig das Pro-Kopf-Einkommen berechnet, indem das Haushaltsnettoeinkommen durch die Anzahl der Haushaltsmitglieder geteilt wird. Das Problem liegt nun allerdings darin, daß alle Haushaltsmitglieder mit dem gleichen Gewicht in die Berechnung eingehen. Dies bedeutet, daß ausgehend vom Ein-Personen-Haushalt der Mehrbedarf für jede weitere Person im Haushalt den Faktor 1,00 erhält. Da aber die Kosten für jedes weitere Haushaltsmitglied um einen geringeren Betrag zunehmen, sollte dies bei der Berechnung berücksichtigt werden. Deshalb wird hier als Indikator der finanziellen Ressourcen eines Haushaltes nicht das Pro-Kopf-Einkommen, sondern das von Krause (1992) vorgeschlagene Äquivalenzeinkommen herangezogen. Das Äquivalenzeinkommen wird wie das Pro-Kopf-Einkommen berechnet, nur erhalten nicht alle Haushaltsmitglieder das gleiche Gewicht, sondern die Gewichte variieren in Abhängigkeit vom Alter der Haushaltsmitglieder. Diese sogenannten Bedarfsgewichte hat Krause der bundesdeutschen Sozialhilferegelung entnommen (Stand 1989). Sie lauten (vgl. Krause 1992, S. 7):

Person	Gewicht
Haushaltsvorstand	1,00
alle weiteren Haushaltsmitglieder im Alter von...	
0 bis 7 Jahre	0,45
8 bis 11 Jahre	0,65
12 bis 15 Jahre	0,75
16 bis 21 Jahre	0,90
über 21 Jahre	0,80

Unproblematischer ist die Bestimmung des Indikators für das kulturelle Kapital. Da es über die Bildung vermittelt wird, sollte als Indikator für das kulturelle Kapital die formale Bildung verwendet werden. Sehr viel aufwendiger ist hingegen die Ermittlung des sozialen Kapitals. Hierfür werden Informationen über Eigenschaften der sozialen Netzwerke der Personen benötigt. Egal aber, welches Netzwerkmerkmal als Indikator für das soziale Kapital herangezogen wird, sei es die Dichte, die Multiplexität, die Heterogenität hinsichtlich bestimmter Merkmale oder die räumliche Ausdehnung des Netzwerkes, notwendig ist (mindestens) die Erhebung ego-zentrierter Netzwerke und damit die Anwendung von aufwendigen Namensgeneratoren und Namensinterpretatoren. Da dieser erhebliche zusätzliche Aufwand weder in Mehrthemenumfragen noch in speziellen, jedoch nicht auf die Ermittlung sozialer Netzwerke ausgerichteten Erhebungen, zu vertreten ist, wird in der vorgeschlagenen Typologie auf einen Indikator des sozialen Kapitals aus forschungsökonomischen Gründen verzichtet. Wir müssen uns mit der Erkenntnis aus der Netzwerkforschung trösten, daß die Reichweite eines sozialen Netzwerkes (z.B. gemessen an der Dichte oder der räumlichen Ausdehnung) positiv mit dem Einkommen und der Bildung korreliert (Fischer 1982; Kecskes und Wolf 1996). Das soziale Kapital ist damit indirekt über die Indikatoren des ökonomischen und kulturellen Kapitals berücksichtigt.

Es wird hier, wie gesagt, angenommen, daß die Ausstattung mit den drei Kapitalarten in starkem Maße die Realisierungschancen der Wohnwünsche auf dem Wohnungsmarkt bestimmen. Die Wohnwünsche selbst, sprich die Präferenzen, können hieraus jedoch nur sehr begrenzt abgeleitet werden. Warum sollte eine Person mit hohem Einkommen andere Wohnpräferenzen haben als eine Person mit niedrigem Einkommen? Um etwas über die Präferenzen aussagen zu können, müssen andere Merkmale berücksichtigt werden. In Untersuchungen zu Wanderungsmotiven, zum Prozeß der Suburbanisierung und auch zur Aufwertung innenstadtnaher Wohngebiete werden durchgehend zwei Merkmale als zentral herausgestellt: ob Kinder im Haushalt leben und das Alter einer Person. So ist Personen mit Kindern die Nähe zu Kinderspielplätzen, Grünflächen und Schulen wichtiger als Personen ohne Kinder. Alte Menschen präferieren eher ruhige Wohnlagen, während junge Menschen häufiger die Nähe zu kulturellen Einrichtungen, Kneipen und Restaurants suchen. Aus diesen Gründen sollen die Merkmale 'Kinder im Haushalt' und 'Alter' ebenfalls zur Klassifikation von Wohnungsnachfragern herangezogen werden. Es werden damit zwei Arten von Merkmalen berücksichtigt: Merkmale, die primär die Wohnwünsche bestimmen (Alter, Kinder im Haushalt) und Merkmale, die primär die Realisierungschancen dieser Wünsche beeinflussen (Äquivalenzeinkommen, formale Bildung).[1]

Die Merkmale 'Äquivalenzeinkommen', 'formale Bildung', 'Alter einer Person' und 'Kinder im Haushalt' lassen sich aber nicht nur danach unterscheiden, ob sie eher einen Einfluß auf die Wohnwünsche oder dessen Realisierungschancen haben, sondern auch danach, ob sie ein Individualmerkmal (formale Bildung, Alter) oder ein Haushaltsmerkmal (Äquivalenzeinkommen, Kinder im Haushalt) darstellen. Dangschat (1991: 88ff.) hatte seine eigene Klassifikation von Pionieren und Gentrifiern (Dangschat und Friedrichs 1988) wegen der gleichzeitigen Verwendung von Individual- und Haushaltsmerkmalen verworfen und zwei revidierte Klassifikationen vorgeschlagen: eine mit ausschließlich Individualmerkmalen und eine mit ausschließlich Haushaltsmerkmalen. Eine Entscheidung darüber, welche fruchtbarer ist, wurde allerdings nicht getroffen. In der hier vorgestellten Typologie werden nun ganz bewußt beide Arten von Merkmalen verwendet. Die Grundüberlegung ist, daß sich die zu einem Zeitpunkt ermittelten Präferenzen, Bewertungen und Intentionen aus individuellen Eigenschaften und Eigenschaften des sozialen Kontextes erklären lassen. So wird ein 55jähriger Akademiker andere Interessen haben als ein 18jähriger Facharbeiter mit Hauptschulabschluß. In diesem Fall werden die Unterschiede in den Interessen durch die Individualmerkmale Alter, Beruf und Bildung 'erklärt'. Nun werden sich aber nicht alle 55jährigen Akademiker beispielsweise in ihren Wohnwünschen gleichen. Neben weiteren Individualmerkmalen sind für diese Unterschiede vor allem Kontextmerkmale entscheidend. So werden Personen mit identischen Individualmerkmalen sicherlich unterschiedliche Wohnwünsche äußern, je nachdem, ob kleine Kinder im Haushalt leben oder nicht. Für die einen wird die Nähe zu Kinderspielplätzen und die Nähe zu Grünflächen wichtiger sein als für die anderen, die wiederum u.U. größeren Wert auf die Nähe von kulturellen Einrichtungen legen. Ob die Wohnwünsche realisiert werden können, hängt wiederum von Individualmerkmalen, wie der Bildung, und von Haushaltsmerkmalen, wie dem Haushaltseinkommen, ab. Vor diesem Hintergrund ist es absolut notwendig, sowohl Individual- als auch Haushaltsmerkmale zu verwenden.

---

1 Damit soll nicht gesagt werden, daß die Merkmale 'Alter' und 'Kinder im Haushalt' keinen Einfluß auf die Realisierungschancen der Wohnwünsche und die Merkmale 'Einkommen' und 'Bildung' keinen Einfluß auf die Wohnwünsche haben. Natürlich werden Haushalte mit Kindern auf dem Wohnungsmarkt häufig anders behandelt als Haushalte ohne Kinder. Ebenso werden bestimmte Präferenzen, die auch das Wohnumfeld und damit die Wohnwünsche betreffen, durch Bildung vermittelt. Es wird hier nur behauptet, daß das ökonomische, das kulturelle und das soziale Kapital die wichtigsten Ressourcen zur Realisierung der Wohnwünsche darstellen. Innerhalb von Gruppen mit gleicher Ressourcenausstattung werden die Wohnwünsche jedoch sehr stark variieren, was u.a. durch die Altersheterogenität und die Heterogenität der Haushaltsstruktur innerhalb dieser Gruppen erklärt werden kann.

Nachdem die zur Klassifikation von Wohnungsnachfragern herangezogenen Merkmale bestimmt sind, müssen Schwellenwerte zur Abgrenzung der Nachfragertypen festgelegt werden. Hierbei sollte man sich von mehreren Überlegungen leiten lassen. Zum einen ist die Typologie möglichst übersichtlich zu halten, zum anderen muß gleichzeitig die Setzung der Schnittpunkte inhaltlich begründet sein. Zudem hängt die Bestimmung der Schwellenwerte von dem Ziel der Analyse ab. Will man versuchen, schon bestehende Ergebnisse zu replizieren oder die eigenen Ergebnisse mit Ergebnissen anderer Untersuchungen zu vergleichen, muß man sich an den dort vorgenommenen Einteilungen orientieren. Aufgrund dieser Überlegungen wird hier eine Dichotomisierung der Merkmale 'Bildung', 'Äquivalenzeinkommen' und 'Kinder im Haushalt' und eine Aufgliederung des Alters in vier Gruppen vorgeschlagen. Damit erhält man $2^3*4=32$ Zellen oder Typen von Wohnungsnachfragern.

Der Schnittpunkt bei der formalen Bildung sollte zwischen höchstens Realschulabschluß (niedrige Bildung) und mindestens (Fach-) Abitur (hohe Bildung) gelegt werden, da nur das (Fach-) Abitur einen direkten Zugang zur Hochschule gewährleistet. Der Schnittpunkt für das Äquivalenzeinkommen sollte beim arithmetischen Mittel oder beim Median gelegt werden. Welches Lagemaß gewählt wird, hängt natürlich auch von der jeweiligen Fragestellung ab. Gewährleistet die Wahl des Medians, daß die beiden Gruppen 'hohes' und 'niedriges Einkommen' gleich stark besetzt sind, bietet sich die Wahl des arithmetischen Mittels immer dann an, wenn die Analyse der Entwicklung der Einkommensverteilung ein Gegenstand der Untersuchung ist.

Bleiben das Alter und die Anzahl der Kinder im Haushalt. Der Schnitt bei der Kinderzahl wird, um die Anzahl der Zellen nicht zu groß werden zu lassen, zwischen 'Kinder unter 18 Jahren im Haushalt' (Kinder: ja) und 'keine Kinder unter 18 Jahren im Haushalt' (Kinder: nein) vorgenommen. Der Schwellenwert läßt sich durch die Erlangung der Volljährigkeit mit 18 Jahren begründen. Bei der Zusammenfassung der Altersvariable werden die Schnitte so gelegt, daß Pioniere und Gentrifier nach dem Alter wie in den diskutierten Studien klassifiziert werden können, d.h. bei 18-35 Jahre und 36-45 Jahre. Schließlich werden noch die Befragten im Alter von über 59 Jahren gesondert betrachtet, so daß auch die 46-59jährigen eine Gruppe bilden. Die Klassifizierung läßt sich durch das Familienzykluskonzept und die Einteilung in Findungs- bzw. Expansionsphase (hier die 18-35jährigen), Konsolidierungsphase (bei den 36-45jährigen), Schrumpfungsphase (bei den 46- 59jährigen) und Altersphase (bei den über 59jährigen) inhaltlich begründen (vgl. Herlyn 1990). Aufgrund der konstatierten "Deinstitutionalisierung des bürgerlichen Familienmusters" (Peuckert 1991: 27ff.) sollte man mit der Heranziehung des Familienzykluskonzeptes allerdings vorsichtig sein.

Die Tabelle 2.3 gibt die hieraus abgeleiteten Typen von Nachfragern auf dem Wohnungsmarkt wieder.[1] Die Vorteile dieser Typologie sind vielfältig und sollen hier nur kurz aufgezählt werden:

1. Die Wahl der Klassifikationsmerkmale ist theoretisch begründet. Zum einen handelt es sich um Ressourcen (Einkommen, Bildung), die zur Umsetzung der Lebensziele benötigt werden. Zum anderen sind es Merkmale, die Aussagen darüber zulassen, welche Ziele und Wünsche Priorität haben. Andere Merkmale, die ebenfalls Einfluß auf die Interessen und Wünsche (wie die Frage, ob eine Person allein oder mit dem Partner zusammen lebt) oder auf die Realisierungsmöglichkeiten haben, werden nicht berücksichtigt, um die Typologie möglichst übersichtlich zu halten. Jedes weitere dichotome Merkmal würde die Anzahl der Typen verdoppeln.

2. Alle herangezogenen Merkmale werden über Fragen der Standarddemographie erfaßt. Der Erhebungsaufwand ist damit relativ gering. Zudem sind Daten schnell verfügbar, und es lassen sich Veränderungen über die Zeit analysieren.

3. Durch die Verwendung der Merkmale 'Äquivalenzeinkommen' und 'Bildung' besteht zudem die Möglichkeit, Effekte von Statusinkonsistenz zu analysieren. So könnten folgende Fragen beantwortet werden: Unterscheiden sich in einer Altersgruppe statuskonsistente von statusinkonsistenten Personen in bezug auf ihre Wohnbedürfnisse? Wie sieht es mit Unterschieden zwischen positiv (hohes Einkommen, niedrige Bildung) und negativ (niedriges Einkommen, hohe Bildung) Statusinkonsistenten aus? Gibt es jeweils auch Altersunterschiede usw.?

4. Die Klassifikation gewährleistet eine eindeutige Zuordnung jedes Nachfragers auf dem Wohnungsmarkt zu einem Zeitpunkt. Die Typen überlappen sich nicht.

5. Es lassen sich Aussagen über die möglichen Entwicklungen der Zusammensetzung von Wohnungsnachfragern machen. So können sich die einzelnen Personen in bezug auf die Individualmerkmale 'Alter' und 'Bildung' jeweils nur in eine Richtung verändern: sie werden älter und nicht jünger und sie können durch Weiterbildungsmaßnahmen eine höhere formale Bildung erlangen, diese aber nicht wieder verlieren. Innerhalb des Haushaltskontextes ist hingegen alles möglich. So kann das Äquivalenzeinkommen fallen oder steigen, es können Kinder geboren werden, aber auch ausziehen oder sterben. Gerade bei Paneluntersuchungen bietet die Typologie damit große Vorteile bei der Überprüfung von Hypothesen, die sich auf 'Karriereverläufe' der Befragten beziehen. Zum

---

1 Einige von ihnen werden empirisch nur sehr selten auftreten, wie alte Menschen mit Kindern unter 18 Jahren im Haushalt (die Zellen 14, 16, 30 und 32), so daß die Typen u.U. zusammengefaßt werden können.

Beispiel läßt sich die Frage nach dem Anteil von 'dynamischen' und 'konstanten' Pionieren mit Hilfe der Typologie und einer Paneluntersuchung genau bestimmen.

6. Nicht nur Veränderungen auf der Individualebene lassen sich mit Hilfe der Typologie analysieren, auch die Wirkungen sozialstruktureller Veränderungen auf quantitative Verschiebungen in den Nachfragergruppen lassen sich darstellen. So sollte beispielsweise durch die Bildungsreform der Anteil von Personen mit hoher Bildung zugenommen haben, was sich quantitativ durch einen größeren Anteil der Nachfragergruppen der Zellen 17 bis 24 (Tabelle 2.3) ausdrücken würde. Nimmt die Anzahl von Personen mit hoher Bildung zu, während die Anzahl von gut bezahlten Arbeitsstellen konstant bleibt, wird die negative Statusinkonsistenz zunehmen. Die Anzahl der Nachfrager in den Zellen 17, 18, 21, 22 der Tabelle 2.3 wird mithin im Vergleich zu der Anzahl in den Zellen 19, 20, 23, 24 schneller steigen. Durch den Geburtenrückgang und die erhöhte Lebenserwartung nimmt der Anteil älterer Nachfrager zu. Gleichzeitig wird die Anzahl von Haushaltskontexten ohne Kinder ebenfalls zunehmen.

Nachdem die Vorteile der Klassifikation deutlich gemacht wurden, kann zur Bestimmung von Pionieren und Gentrifiern übergegangen werden. Hierbei wollen wir uns an die bisher in der Literatur vorgenommenen Klassifikationen halten. Danach sind Pioniere sehr jung, haben eine hohe formale Bildung, leben ohne Kinder im Haushalt und weisen ein geringes Einkommen auf. Die Merkmale treffen auf die Personen der Zelle 17 in Tabelle 2.3 zu. Diese Personen werden daher als *Pioniere* bezeichnet.

Gentrifier sind, folgt man der Literatur, ebenfalls noch relativ jung, im Schnitt allerdings älter als die Pioniere. Sie können daher bis zu 45 Jahre alt sein. Genau wie die Pioniere leben sie in der Regel in Haushalten ohne Kinder, allerdings verfügen sie über ein hohes Einkommen. Über ihre formale Bildung gibt es in der Literatur keine genauen Auskünfte. Es handelt sich damit um Personen der Zellen 3, 7, 19 und 23.

Damit wurde ein Teil der bis 45jährigen Personen in *Pioniere* und *Gentrifier* aufgeteilt. Die restlichen Personen dieser Altersgruppen sollen als Restgruppe der *Jungen* zusammengefaßt werden. Es handelt sich dabei um Personen der Zellen 1, 2, 4, 5, 6, 8, 18, 20, 21, 22 und 24. Die Personen der Zelle 1, 5 und 21 leben in Haushalten ohne Kinder und weisen ein geringes Äquivalenzeinkommen auf. Alle anderen Personen dieser Gruppe leben entweder mit hohem oder niedrigem Äquivalenzeinkommen mit Kindern in einem Haushalt. Im Vergleich zu den *Pionieren* sollte diese Gruppe im Mittel etwas älter sein und über ein höheres Einkommen, im Vergleich zu den *Gentrifiern* jedoch über ein geringeres Äquivalenzeinkommen verfügen (jeweils bei einer größeren Streuung der Merkmale in der Gruppe der Jungen).

Tabelle 2.3: Eine Typologie der Nachfrager auf dem Wohnungsmarkt

Bil-dung	Ein-kom-men	Alter							
		18-35 J.		36-45 J.		46-59 J.		> 59 J.	
		Kinder		Kinder		Kinder		Kinder	
		nein	ja	nein	ja	nein	ja	nein	ja
nied-rig	nied-rig	1	2	5	6	9	10	13	14
	hoch	3	4	7	8	11	12	15	16
hoch	nied-rig	17	18	21	22	25	26	29	30
	hoch	19	20	23	24	27	28	31	32

Neben der Unterscheidung dieser drei Gruppen legen die Ergebnisse anderer Untersuchungen (Dangschat und Friedrichs 1988; Dangschat 1991; Blasius 1993) noch die gesonderte Betrachtung der alten Befragten (*Alte*) nahe. Inwieweit diese nochmals nach der Bildung oder dem Haushaltskontext aufgeteilt werden, ist nicht nur eine theoretische Frage, sondern betrifft vor allem das Problem der Fallzahlen. Die Gruppe der *Alten* setzt sich somit zunächst aus den Personen der Zellen 13 bis 16 und 29 bis 32 zusammen. Bleibt als letzte Gruppe nur noch die der 46-59jährigen Befragten (*Gesetzte*). Diese Gruppe setzt sich demnach aus den Personen der Zellen 9 bis 12 und 25 bis 28 zusammen.

Im folgenden Teil der Arbeit werden diese fünf Gruppen durchgehend mit den Bezeichnungen *Pioniere, Gentrifier, Junge, Gesetzte und Alte* unterschieden, egal, ob von potentiellen Nachfragern nach innenstadtnahem Wohnraum oder von den Bewohnern der innenstadtnahen Viertel gesprochen wird. Auch ich selbst bin stilistisch nicht in allen Diskussionszusammenhängen mit diesen Bezeichnungen zufrieden, doch sollen sie der Klarheit und der Kürze wegen beibehalten werden.

Damit endet an dieser Stelle der kleine Exkurs. Wir werden später bei den empirischen Analysen diese Typologie zur Untersuchung der Präferenzen, Ressourcen, Handlungsoptionen und -restriktionen der Nachfrager nach und der Bewohner von innenstadtnahen Wohnungen wieder heranziehen. Jetzt wollen wir uns zunächst wieder dem bisherigen Forschungsstand zuwenden. Dazu verlassen wir die deskriptive Ebene und wenden uns den bisherigen Erklärungsansätzen des Prozesses zu.

2.4 Bisherige Erklärungsansätze

Im Zuge des Aufwertungsprozesses verändert sich sowohl die Bevölkerungsstruktur als auch der Wohnungs- bzw. Gebäudezustand und -preis. Eine adäquate Erklärung des Prozesses muß daher beide Aspekte umfassen (Beauregard 1986: 51ff.; Hamnett 1991: 32). Sie muß sowohl die verstärkte Nachfrage nach innenstadtnahem Wohnraum durch die an dem Prozeß beteiligten Nachfragergruppen (*Pioniere*, *Gentrifier*), als auch das zunehmende Angebot an qualitativ hochwertigem, relativ teurem Wohnraum erklären können und angeben, welche Mechanismen den Prozeß dynamisieren. Zunächst lagen jedoch zwei konkurrierende Erklärungsansätze vor. Der eine ist vornehmlich mit dem Namen David Ley (1980; 1981) verbunden und versucht die Aufwertung innenstadtnaher Wohngebiete durch eine veränderte Nachfrage zu erklären. Der andere Erklärungsansatz ist vornehmlich mit den Namen Neil Smith (1979; Smith und LeFaivre 1984; Reid und Smith 1993) verbunden und sieht die Aufwertung in einem veränderten Wohnungsangebot begründet. Beide Autoren fordern zwar eine Verknüpfung der beiden Ansätze (siehe Ley 1987: 468 und Smith 1987: 464), doch steht diese bis heute noch aus. Ein Ziel dieser Arbeit ist es, diese Verknüpfung herzustellen.

2.4.1 Erklärungsansatz I: Aufwertung durch eine veränderte Nachfrage

Kernstück der Überlegungen von Ley sind seine Annahmen über die gesellschaftlichen Veränderungen auf der ökonomischen, der politischen und der sozio-kulturellen Ebene (vgl. Tabelle 2.4). Auf der ökonomischen Ebene nimmt er eine Verschiebung der Beschäftigtenstruktur wahr. Aufgrund von Unternehmensverlagerungen und Rationalisierungen sinkt in den Großstädten der entwickelten Länder der Anteil der Beschäftigten im sekundären Sektor, während die Anzahl und der Anteil an Arbeitsplätzen im Management und in den unternehmens- und verwaltungsbezogenen Dienstleistungen aufgrund der technologischen Entwicklung stark zunimmt. Auf der politischen Ebene beobachtet Ley eine Entwicklung zu vermehrten Eingriffen der Administration. Die Allokation von Ressourcen würde zusehends auf der politischen Arena entschieden und nicht mehr nur dem Markt überlassen (Ley 1980: 241). Auf der sozio-kulturellen Ebene nimmt Ley schließlich einen Wechsel von materialistischen zu postmaterialistischen Wertvorstellungen an. Wie andere vor ihm, bezieht sich Ley auf Maslows Bedürfnishierarchie und meint, daß durch die abnehmende Arbeitszeit, die Möglichkeit, früher in den Ruhestand zu treten und den zunehmenden Wohlstand sich das Gewicht von "basic needs to what Maslow identified as higher need of self-actualization" (Ley 1980: 242) verlagert. Die Gruppe, die diese Werte am stärksten vertreten würde, sei die der Berufstätigen in den Arbeitsfeldern des tertiären Sektors, von denen - und nun schließt sich der Bogen zu den von Ley geschilderten Veränderungen auf der ökonomischen Ebene - es immer mehr geben würde. Ihr Lebensstil sei konsum- und karriereorientiert, das Sozialprestige hoch und der politische Einfluß zunehmend.

> "With a secure economic base, they represent the present day counterparts of Veblen's leisure class, displaying the canons of good taste, intent upon the canon of aesthetic. Their lifestyle is commonly consumption and status oriented in the pursuit of self-actualization, while their prestige is considerable and in many ways they are national opinion leaders." (Ley 1980: 243)

Tabelle 2.4: Dimensionen des sozialen Wandels nach Ley (1980: 242)

	Industrial era (early capitalism)	Postindustrial era (advanced capitalism)
Economy	Production; manufacturing; blue collar occupations	Centrality of technology; services; white collar occupations
Politics	Laissez-faire; alliances with entrepreneurs; business control	Intervention and regulation; plural interests and multiple criteria; power moving to professionals
Culture	Growth ethic; belief in progress; centrality of work	Rise of an amenity ethic; role of the aesthetic; centrality of consumption
	The industrial city	*The postindustrial city*

Betrachtet man die von Ley geschilderten Veränderungen unter einem zeitlichen Aspekt, so wird eine deutliche kausale Abfolge sichtbar. Die ökonomischen Veränderungen führen zu der Herauskristallisierung einer an Anzahl und Einfluß zunehmenden Bevölkerungsgruppe, die sich aus gebildeten und qualifizierten Beschäftigten im Dienstleistungssektor rekrutiert. Indem sie an Einfluß gewinnt, ändern sich auch die Wertmaßstäbe auf der politischen Ebene, so daß man resümieren kann:

Fehlt in diesen Ausführungen noch der explizite Bezug auf die Aufwertung innenstadtnaher Wohngebiete, wird dies von Ley (1981) ein Jahr später nachgeholt. Hier verweist er darauf, daß die neuen Arbeitsplätze des tertiären Sektors vornehmlich im zentralen Geschäftsbezirk lokalisiert sind, was starke Auswirkungen auf die Nachfrage nach innenstadtnahem Wohnraum habe. Da die Konsum- und Karriereorientierung der gebildeten, qualifizierten Beschäftigten im Dienstleistungssektor eine Zunahme von kleinen, kinderlosen Haushalten, in denen beide Partner berufstätig sind, bedeute, würden die Suburbs als Wohnstandorte für diese Bevölkerung an Attraktivität verlieren. An eine kindergerechte Umgebung müsse zunächst nicht gedacht werden. Wichtiger sei es, die Wege zu minimieren, um die knappe gemeinsame Zeit effizient zu verbringen. Die Minimierung der Wege betrifft sowohl die Arbeitswege als auch die Entfernungen zu kulturellen Einrichtungen und anderen Freizeiteinrichtungen wie Kneipen, Restaurants und Bars.

"These households have been drawn in significant numbers toward the inner-city housing market. Their small family size made large suburban lots unnecessary, and the tendency toward two wage-earners in a household allowed less free time to be spent on home maintenance ... The inner city, meanwhile, has substantial attractions of his own ... The neighbourhoods themselves include a measure of life-style, ethnic, and architectural diversity, valued attributes of middle-class movers to central city. As we shall see, these desiderata of the culture of consumption should not be underestimated in interpreting the revitalization of the inner city." (Ley 1981: 128f.)

Zusammenfassend beruht der Ansatz zur Erklärung der Aufwertung innenstadtnaher Wohnorte von Ley auf der Annahme eines sich wandelnden Arbeitsmarktes. Dieser Wandel bringt eine Bevölkerungsgruppe von qualifizierten Arbeitskräften im tertiären Sektor hervor, die sich durch ihre Konsum- und Karriereorientierung auszeichnet. Das ausgeprägte Konsum- und Karrierebewußtsein hat ein steigendes Heiratsalter, eine zunehmende Verbreitung von Empfängnisverhütung und eine abnehmende Geburtenrate und die spätere Geburt des ersten Kindes zur Folge. Verstärkt wird der Druck auf die innenstadtnahen Wohngebiete noch durch die zunehmende Berufstätigkeit von Frauen und den damit verbundenen Anstieg von Familien mit zwei Lohnempfängern, die sich dadurch relativ teuren Wohnraum leisten können. Aufgrund der Zentralität der innenstadtnahen Wohnquartiere und der damit guten Erreichbarkeit der Ausbildungs- und/ oder Arbeitsstätten, der Nähe zu Freizeiteinrichtungen der 'Szene' (Kneipen, Restaurants), zu kulturellen Einrichtungen und Dienstleistungsbetrieben sind für diese Haushalte innenstadtnahe Wohnorte besonders attraktiv. Zudem brauchen sie sich keine Sorgen um fehlende öffentliche Freiräume für Kinder zu machen, da in der Regel keine Kinder vorhanden sind (vgl. auch London 1980: 83ff.; London und Palen 1984: 14ff.; Schwirian 1983: 93ff.).

Häußermann und Siebel (1987: 11ff.) argumentieren in gleicher Weise. Bezüglich sozio-demographischer Merkmale betonen sie dabei explizit die zunächst rein quantitative Zunahme der beschriebenen Nachfragergruppe, d.h. junger, gebildeter, kinderloser und im tertiären Sektor beschäftigter Personen.

> "Es sind die, die schon immer in den Innenstädten gewohnt haben - aber davon gibt es heute mehr. Ihr Anteil an der Gesamtbevölkerung ist größer geworden, und er steigt weiter." (Häußermann und Siebel 1987: 12)

Damit werden in diesem Erklärungsansatz Aufwertungsprozesse zunächst auf quantitative Veränderungen von Nachfragergruppen zurückgeführt, die sich wiederum durch eine veränderte Beschäftigtenstruktur erklären lassen. Neben diesen quantitativen Veränderungen verweisen Häußermann und Siebel jedoch auch auf sich wandelnde Wertvorstellungen. Speziell in den Yuppies sehen sie die Verkörperung eines neuen Lebensstils, "der zwar schick, aber ebensowenig bürgerlich sein soll wie der der Alternativen. Ihre gelebte Kritik beschränkt sich aufs Private, vor allem auf eines: auf die Befreiung von den Zwängen eines Familienlebens" (Häußermann und Siebel 1987: 16). Aber nicht nur für diese Gruppe stellen sie eine Abkehr vom klassischen biographischen Modell der frühen Gründung einer Familie fest. So würden sich durch die zunehmende Berufstätigkeit der Frauen "auch bei den beruflich etablierten und an die Normen der Leistungsgesellschaft durchaus angepaßten Bevölkerungsgruppen ... starke Erosionserscheinungen gegenüber jenem Lebensmodell (zeigen), das früher zu einer kontinuierlichen Auswanderung aus den Städten in die familienfreundlichen Vororte geführt hat" (Häußermann und Siebel 1987: 17).

In ähnlicher Weise drückt sich Dangschat aus. Für ihn ist "ein *veränderter Lebensstil* aufgrund der Zunahme an Personen mit positiven Einstellungen zu innenstadtnahen Wohnstandorten" (Dangschat 1988: 284; Hervorhebung im Original) der entscheidende Grund für ein veränderte Nachfrage. Zwei Entwicklungen sieht Dangschat dabei als zentral an: ein zunehmendes Bedürfnis nach Selbstverwirklichung und eine sich wandelnde Konsumhaltung.[1] Beides führe dazu, daß

---

1 Dangschat (1991: 188ff.) bezieht sich hierbei auf die Annahmen von Hradil (1987) und Kreckel (1983; 1985), die beide klassische, vertikale Schichtungsmodelle durch die Betonung auch horizontaler Ungleichheiten erweitern wollen. Die Übertragung dieser in der Schichtungssoziologie nicht unwidersprochenen Konzeptionen auf das eigentliche Explanandum, der Aufwertung innenstadtnaher Wohngebiete, findet dann jedoch nicht mehr statt (vgl. Dangschat 1991: 295ff.).

immer mehr Personen innenstadtnahe Wohnorte attraktiv finden (vgl. auch Allen 1984). Auch hier werden, wie schon bei Häußermann und Siebel, mögliche quantitative und qualitative Veränderungen vermischt. Es bleibt offen, ob ein Wandel zentraler Ansprüche an einen Wohnort stattgefunden hat oder ob durch demographische Veränderungen nur mehr Personen einen bestimmten Lebensstil, den es schon immer gab, präferieren.

Unabhängig davon aber, ob wir von neuen Lebensstilen, neuen sozialen Milieus, neuen Konsumhaltungen usw. oder 'nur' von rein quantitativen Veränderungen ausgehen müssen, ist eine Aufwertung innenstadtnaher Wohngebiete allein durch den Verweis auf eine sich wandelnde Nachfrage nicht erklärbar. So müßte sich eine veränderte Nachfrage natürlich auch auf dem Wohnungsmarkt widerspiegeln. Dann sind die Aufwertungsprozesse aber allein durch eine den demographischen Verhältnissen angepaßte 'normale Rate des Wandels' erklärbar. Gemäß der Definition der zu erklärenden Aufwertung findet jedoch ein plötzlicher Wandel im Viertel statt, der nicht ausschließlich auf demographische Veränderungen zurückzuführen ist. Hier müssen mithin weitere Mechanismen wirken. Dies können sich verstärkende soziale Konflikte zwischen den Bewohnern sein oder aber Einwirkungen Dritter, die den Prozeß beschleunigen können, womit vor allem die Anbieter von Wohnungen angesprochen sind.

2.4.2 Erklärungsansatz II: Aufwertung durch ein verändertes Angebot

Während Ley die Gründe der Aufwertung innenstadtnaher Wohngebiete in einer Veränderung der Lebensstile aufgrund einer Tertiärisierung der Beschäftigtenstruktur sieht und daraus die sich wandelnden Konsumgewohnheiten und die Verschiebung der Nachfrage nach Wohnraum und Wohngebieten zugunsten innenstadtnaher Wohnquartiere ableitet, sieht Neil Smith die Ursachen der Aufwertung in Veränderungen auf der Angebotsseite.

> "To explain gentrification according to the gentrifier's actions alone, while ignoring the role of builders, developers, landlords, mortgage lenders, government agencies, real estate agents, and tenants, is excessively narrow. A broader theory of gentrification must take the role of producers as well as consumers into account, and when this is done, it appears that the needs of production - particular the need to earn profit - are a more decisive initiative behind gentrification than consumer preference." (Smith 1979: 540)

Klingt es hier zunächst, als wenn Smith den nachfrageorientierten Erklärungsansatz um die Angebotsseite *erweitern* will, wird in seinen weiteren Ausführungen das Anliegen deutlich, ersteren durch seinen eigenen zu *ersetzen*. Er begründet dies damit, daß Veränderungen von Konsumgewohnheiten Veränderungen der Produktion von Gütern nachgeordnet sind. Die Präferenzen und Anforderungen der Konsumenten oder Wohnungsnachfrager würden letztlich nur die konkrete Ausgestaltung der Aufwertung mitbestimmen, nicht aber den Prozeß initiieren.

> "Rather, the relationship between production and consumption is symbiotic, but it is a symbiosis in which production dominates. Consumer preference and demand for gentrified housing can be created after all ... consumer preference and demand are of primary importance in determining the final form and character of revitalized areas - the difference between Society Hill, say, and New York's SoHo." (Smith 1979: 540)

Aus Sicht von Smith ist es daher nur folgerichtig, sich auf den Produktionsbereich - die Angebotsseite - bei der Erklärung der Aufwertung innenstadtnaher Wohngebiete zu konzentrieren. Grundlegend ist dabei seine Differenzierung von a) Wert eines Hauses (house value), b) Verkaufspreis (sale price), c) erwirtschafteter Grundrente (capitalized ground rent) und d) potentieller Grundrente (potential ground rent) (Smith 1979: 542).

Der *Wert eines Hauses* bemißt sich nach Smith an der zur Erstellung notwendigen Arbeitskraft. Er fällt mit der Abnutzung des Gebäudes und steigt oder wird erhalten durch Instandsetzungen und Modernisierungen. Der *Verkaufspreis* setzt sich aus zwei Komponenten additiv zusammen: dem Wert des Hauses und der erwirtschafteten Grundrente, d.h. Verkaufspreis = Wert des Hauses + erwirtschaftete Grundrente. Mit der *erwirtschafteten Grundrente* meint Smith die bei gegebener Nutzung aktuell erzielte Grundrente des Eigentümers.

> "Capitalized ground rent is the actual quantity of ground rent that is appropriated by the landowner, given the present land use." (Smith 1979: 543)

Die erwirtschaftete Grundrente kann jedoch, so Smith, von einer maximalen, der *potentiellen Grundrente*, die bei bestmöglicher Nutzung erzielbar ist, abweichen.

> "Potential ground rent is the amount that could be capitalized under the land's 'highest and best use'." (Smith 1979: 543)

Damit es zu einer Aufwertung kommen kann, muß nach Smith eine Renditelücke zwischen der erwirtschafteten und der potentiellen Grundrente in dem Wohngebiet existieren. Diese Renditelücke wird von Smith "rent gap" genannt, daher auch "rent gap"-Theorie. Ist diese Renditelücke groß genug, dann lohne es sich für Investoren, die Kosten für den Aufkauf, die Renovierung und die Zinsen zu zahlen.

"The rent gap is the disparity between the potential ground rent level and the actual ground rent capitalized under the present land use ... Gentrification occurs when the gap is wide enough that developers can purchase shells cheaply, can pay the builders' costs and profit for rehabilitation, can pay interest on mortgage and construction loans, and can than sell the end product for a sale price that leaves a satisfactory return to the developer. The entire ground rent, or a large portion of it, is now capitalized; the neighborhood has been 'recycled' and begins a new cycle of use." (Smith 1979: 545)

Die Entstehung der Renditelücke leitet Smith aus einem Abwertungszyklus ("devalorization cycle"; vgl. Abbildung 2.2) von Nachbarschaften ab, der zwar nicht für alle Nachbarschaften zutreffen muß, da er von spezifischen Kapitalinvestitionen abhängen würde, doch durchliefen alle potentiellen Aufwertungsgebiete diesen Zyklus (Smith und LeFaivre 1984: 48f.). In der ersten Phase der Erschließung und Bebauung des Gebietes steige die Grundrente - erwirtschaftete und potentielle Grundrente weichen hier noch nicht voneinander ab - schneller als die Abnahme des Wertes des Hauses, so daß der Verkaufspreis steigt. Da der Wert des Hauses mit der Zeit abnähme, wenn nicht Modernisierungen und Renovierungen vorgenommen würden, stelle sich für den Hausbesitzer zusehends die Frage nach dem Verkauf des Hauses, solange der Verkaufspreis noch hoch ist. Ob ein Verkauf stattfindet oder die notwendigen Arbeiten an dem Haus vorgenommen werden, hänge von den Hypothekenzinsen ab.

"All of this, of course, depends on the availability of mortgage financing; if the interest rate is high, moving may be costly, and homeowners may decide to make repairs rather than incur a high interest rate on a new mortgage." (Smith und LeFaivre 1984: 49)

Ist die Situation gegeben, daß viele Hausbesitzer ihre Häuser verkaufen, komme es zur zweiten Phase des Abwertungszyklus, der Übernahme durch Immobiliengesellschaften (Landlords). Diese seien fast ausschließlich an dem Profit interessiert und würden die Eigentumswohnungen in Mietwohnungen umwandeln. Da die Besitzer nun nicht mehr selbst in den Häusern leben, sei auch das Interesse an der Erhaltung des Gebäudewerts ein anderes. Es würde solange in die Gebäude investiert, solange diese Investitionen einen Profit versprechen, der anderswo nicht zu erreichen ist. Sollten sich aber Möglichkeiten ergeben, an anderen Orten einen größeren Profit zu erlangen - wie z.B. in den Suburbs - würde nicht mehr ausreichend Geld in die Modernisierung und Renovierung der Häuser investiert. Dieses gesparte Geld könne und würde dann in den anderen Gebieten profitabler eingesetzt. Für das Wohngebiet beginne nun aber die Phase des Abschwungs. Die Häuser verfallen langsam, und es wird immer schwieriger, sie zu einem guten Preis zu verkaufen. Schließlich sinke der Wert des Hauses und die erwirtschaftete Grundrente unter die potentielle Grundrente. Die Schere beginne sich zu öffnen. Nun beginne die nächste Phase, die des "blockbusting". Die Wohnungen würden möglichst teuer an Schwarze verkauft, was häufig einen weiteren Auszug von Weißen zur Folge habe. Verstärkt werde der Verfall in der nächsten Phase durch das "redlining", d.h. die Banken verweigern die Kredite, was letztendlich zum Verfall und zur letzten Phase führe: der Aufgabe des Gebietes. In dieser letzten Phase sei die Renditelük-ke, die Differenz zwischen der erwirtschafteten und der potentiellen Grundrente so stark angestiegen, daß es wieder profitabel wird, in das Gebiet zu investieren.[1]

Abbildung 2.2: Abwertungszyklus innenstadtnaher Wohngebiete nach
Smith (1979: 544)

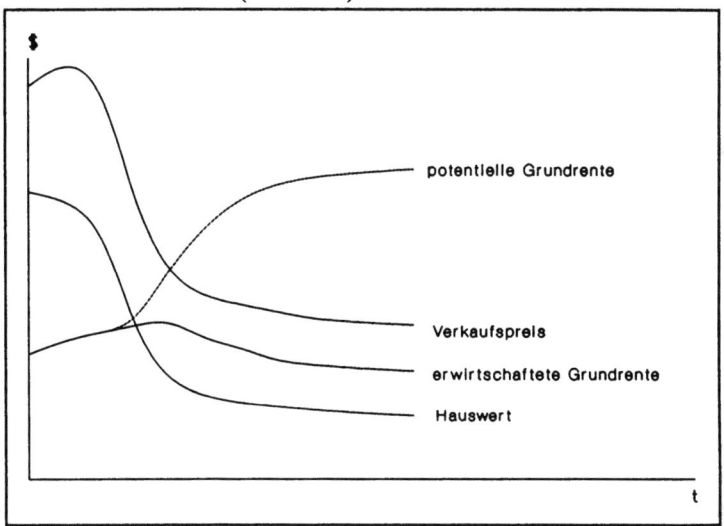

Indem Smith den Akzent auf die Angebotsseite verlagert hat, trägt er einen wichtigen Aspekt zur Erhellung des Prozesses bei. Doch wiegen die Probleme seines Ansatzes schwer. Die Achillesferse (Hamnett 1991: 39) liegt darin, daß er die Nachfrageseite vernachlässigt. Ohne Nachfrager ist aber die Entstehung und das Schließen einer Renditelücke durch De- und Reinvestitionen in den Wohnungsbestand nicht vorstellbar. Zudem wird nicht deutlich, wodurch die potentielle Grundrente eigentlich bestimmt wird. Ist es nicht gerade die zunehmende Nach-

---

1   Zur der von Smith angenommenen Entwicklung des Hauswerts, des Verkaufspreises, der erwirtschafteten und der potentiellen Grundrente im Verlauf des Abwertungszyklus siehe Abbildung 2.2.

frage nach innenstadtnahem Wohnraum durch junge, statushohe Bevölkerungsgruppen, die die Renditelücke aufreißt? Wenn dies aber der Fall ist, dann kann eine adäquate Erklärung des Aufwertungsprozesses nicht ohne die Erklärung einer sich verändernden Nachfrage auskommen. Es ist die Interdependenz zwischen Angebot und Nachfrage, mit der der Prozeß erklärt werden muß. Eine Verkürzung auf nur eine Seite kann wichtige Aspekte herausstellen, den Prozeß in seiner Komplexität jedoch nicht erklären.

Dieses Argument scheint auch Smith zu sehen, denn die Nachfrager werden implizit in seiner Unterscheidung der drei seiner Meinung nach relevanten Investorengruppen berücksichtigt. Er unterscheidet die professionellen Gesellschaften (professional developers), die Gebäude aufbauen und renovieren, um sie danach sofort wieder zu verkaufen, von großen Wohnungsgesellschaften (landlord developers), die ihre Rendite über Miete und Pacht erzielen, und Eigenheimbesitzer (occupier developers), die das gekaufte Haus bzw. die gekaufte Wohnung renovieren und danach selbst dort leben (Smith 1979: 546). Gerade letzterer Gruppe komme bei der Aufwertung eine besondere Bedeutung zu.

> "The fragmented structure of property ownership has made the occupier developer, who is generally an inefficient operator in the construction industry, into an appropriate vehicle for recycling devalued neighborhoods." (Smith 1979: 546)

Nun handelt es sich bei dieser Gruppe aber um keine andere als um die der privaten Nachfrager nach innenstadtnahem Wohnraum, sprich um die Konsumenten, denen Smith kurz zuvor noch eine relevante Verantwortung für den Aufwertungsprozeß absprach. Damit führt er seine eigene Argumentation ad absurdum.

Doch übersehen wir diesen Widerspruch einen Moment und wenden uns der Frage zu, warum in Smiths Logik einzelne Haushalte plötzlich bereit sind, Wohnungen oder Häuser zum Eigengebrauch in relativ abgewerteten Wohngebieten zu kaufen, d.h. wie Smith diese neue Nachfrage erklärt. Hierzu macht er in einem neueren Artikel einige Ausführungen am Beispiel der Entwicklung der Lower East Side in New York (Reid und Smith 1993). Die Aufwertung des Gebietes wird hier aus dem Wirken zweier 'Industrien' heraus erklärt.

> "In New York's Lower East Side two industries were primarily responsible for recreating the neighbourhood as a culturally and economically 'attractive' place. The real estate industry, traditionally central in the marketing of place, promoted the northern part of the neighbourhood as the 'East Village' to capitalise on the image of the neighbouring stable, and already gentrified, Greenwich Village. But of central importance in the establishing the new cultural and social meanings of place was the arts industry, which - through its language and images and also its physical presence - succeeded in converting the dilapidation and squalor of the neighbourhod into *ultra chic*." (Reid und Smith 1993: 196f.; Hervorhebung im Original)

Nun sind es also nicht mehr die Wohnungsanbieter, die den entscheidenden An-
stoß zur Aufwertung geben, denn diese gehen auf Nummer sicher und stützen das
statushohe Viertel. Es ist die Kulturindustrie, die ein herabgewirtschaftetes Gebiet
wieder attraktiv macht. Aber nicht genug damit, auch die Stadt müsse Vorleistun-
gen bringen, damit wieder investiert wird.

> "The City was also a player. In the construction and execution of its housing policy,
> attack on the drug industry and control of parks and public spaces, the City aimed
> less toward providing basic services for existing residents, and more toward evicting
> locals and homeless people and subsidising development for real estate industry."
> (Reid und Smith 1993: 197f.)

Damit seitens der Anbieter wieder investiert wird, sind also teilweise erhebliche
Aktivitäten anderer Akteure notwendig, die erst die Nachfrage schaffen und damit
das Investitionsrisiko minimieren. Und selbst dann sind es zunächst die als "Fron-
tier" bezeichneten Investoren, die das Restrisiko in Kauf nehmen.

Angebot und Nachfrage nach Wohnungen und anderen Nutzungsmöglichkeiten
lassen sich somit nicht trennen. Erklärungsmodelle, die jeweils nur einen Aspekt
für die Aufwertungsprozesse verantwortlich machen, greifen daher zu kurz. Eine
Renditelücke in Form einer Schere zwischen potentieller und aktueller Grundrente
kann erst entstehen, wenn die Grundbesitzer einen Nachfrageüberhang perzipieren.
Erst dann ist es für den potentiellen Investor rational, zu investieren. Letztendlich
mag es unerheblich sein, wodurch die Perzeption eines Nachfrageüberhangs her-
vorgerufen wird, sei es durch demographische Verschiebungen, durch sich wandelnde Lebens- und Konsumstile, durch planerische Maßnahmen der Städte, Kommunen oder Länder; wichtig ist, daß von den Grundbesitzern Investitionen in das
Gebiet wieder als monetär lohnenswert eingeschätzt werden. Ob es dann tatsächlich zu einer Aufwertung kommt, hängt von mehreren Faktoren ab. Hat der Investor die Entwicklung richtig eingeschätzt und herrschen reine Marktgesetze,
kann sich schnell ein sich selbst verstärkender Prozeß entwickeln. Die wahrgenommene Nachfrage führt zu ersten Investitionen, die wiederum die Nachfrage verstärken usw., bis das Angebot an renovierten Innenstadtwohnungen die Nachfrage
sättigt. Natürlich ist dies zu einfach gedacht. So kann der Prozeß durch steuerliche
Vergünstigungen oder Investitionshilfen beschleunigt, durch die restriktive Anwendung von beispielsweise Mieterschutzgesetzen oder Erhaltungssatzungen aber auch
gebremst oder ganz verhindert werden. Die Investitionsbereitschaft und schließlich
auch die konkrete Entwicklung eines Viertels ist mithin von weiteren Bedingungen, wie den Eigentumsverhältnissen (Miete oder Besitz), der Bebauung (mehr-
geschossige Mehrfamilienhäuser oder ein- bzw. zweigeschossige Einfamilienhäu-
ser) und dem Anteil an Sozialwohnungen abhängig. Neben der Entwicklung der
Nachfrage gilt es, diese zu spezifizieren. Nur so können Aussagen über die Wahr-

scheinlichkeit von Investitionen und der Stärke und das Ausmaß einer Aufwertung getroffen werden. Dazu bedarf es aber einer genauen Analyse der in den jeweiligen Ländern, Kommunen und Städten vorherrschenden Randbedingungen.

Diese Randbedingungen können und werden von Land zu Land mehr oder weniger stark variieren. Smiths 'rent-gap'-Theorie scheint mir speziell auf den nordamerikanischen Wohnungsmarkt ausgerichtet zu sein. Dies ist ein Grund, warum für den Londoner Wohnungsmarkt von Hamnett und Randolph (1986) ein anderer angebotsorientierter Erklärungsansatz herangezogen wurde. Vor dem Hintergrund der Veränderungen des Wohnungsmarktes in London von einem fast reinen Mietwohnungsmarkt hin zu einem Eigentumswohnungsmarkt sehen sie nicht im "rent gap", sondern im "value gap", d.h. in der Differenz zwischen dem Wert langfristiger Einnahmen durch Vermietung und dem Verkaufswert eines leerstehenden Wohnhauses, in dem die Wohnungen als Eigentumswohnungen verkauft werden, den entscheidenden Grund für die Aufwertung. Sie gehen davon aus, daß bei einer starken Diskrepanz zwischen dem Verkaufserlös und dem Mieterlös ("value gap") eine Umwandlung von Miet- in Eigentumswohnungen wahrscheinlich wird. Doch tritt dieser "value gap", wie sie selbst schreiben, nicht nur in innenstadtnahen Wohngebieten auf, bzw. er ist dort nicht zwangsläufig am größten, sondern ist in der Gesamtstadt zu beobachten. Daher handelt es sich bei den Ausführungen von Hamnett und Randolph auch nicht um einen Ansatz zur Erklärung des Aufwertungsprozesses innenstadtnaher Wohngebiete, sondern vielmehr um die Erklärung des starken Ausmaßes der Umwandlung von Miet- in Eigentumswohnungen in London. Es soll daher nicht weiter auf die Ausführungen von Hamnett und Randolph eingegangen werden. Es sei hier nur erwähnt, daß sich, wie Eric Clark (1987, 1991) zeigen kann, der "rent gap"- und der "value gap"-Ansatz nicht gegenseitig ausschließen. Es ist möglich, daß beide 'Lücken' in einer Stadt zur gleichen Zeit auftreten. Bleibt nur festzustellen: Es ist von Fall zu Fall zu prüfen, welche Investitionen und Umwandlungen wahrscheinlich sind.

3. Die Handlungstheorie und ihre Anwendung auf das Phänomen der Aufwertung innenstadtnaher Wohnviertel

Soziologen sind ein streitbares Volk und können sich selten einigen. Speziell, wenn es um ihr eigenes Fach geht, gehen die Positionen bezüglich des Inhalts häufig weit auseinander. Ein deutlicher Indikator hierfür ist die seit Jahrzehnten in soziologischen Lehrbüchern immer wieder gestellte Frage "Was ist Soziologie?" und die jeweils unterschiedlichen Antworten. So führt dann auch Raymond Boudon ein gleichlautendes Kapitel mit folgenden Sätzen ein:

> "Will man die Soziologie vorstellen, so ist es beinahe unumgänglich, die scherzhafte Bemerkung von Raymond Aron zu zitieren, derzufolge die Soziologen nur in einem Punkt untereinander übereinstimmen: in der Schwierigkeit, die Soziologie zu definieren." (Boudon 1980: 13)

Nun kann, soll und wird es nicht das Ziel dieses Kapitels sein, die unterschiedlichen Ansichten darzustellen und zu diskutieren. Dies ist Aufgabe von Lehrbüchern und programmatischen Abhandlungen. Mit dem Verweis auf die Uneinigkeit der Soziologen über die Soziologie an dieser Stelle soll nur betont werden, daß die folgenden Ausführungen über den Gegenstandsbereich und die Struktur soziologischer Erklärungen im Fach keineswegs unwidersprochen sind. Selbst Vertreter des nutzentheoretischen Ansatzes, dessen Konzeption sogleich in den Grundzügen dargestellt und auf stadtsoziologische Fragestellungen angewandt werden soll, sind sich untereinander in vielen Fragen uneinig. So werden die folgenden Ausführungen mit Sicherheit Widerspruch hervorrufen. Diesem Widerspruch setze ich mich gerne aus, denn ich hoffe damit zu einer Diskussion beizutragen, die hilft, die Stadtsoziologie aus ihrer Stagnation herauszuführen.

Der Ausgangspunkt meiner Überlegungen geht auf die Darstellung des Gegenstandsbereiches der Soziologie bei Georg Simmel und Max Weber zurück. Georg Simmel hat schon sehr früh in aller Deutlichkeit darauf hingewiesen, daß alle sozialen Phänomene auf die Verhaltensweisen von Individuen zurückzuführen sind. Soziologische Analysen müßten daher bei diesen ansetzen. Doch dürften die Individuen nicht als isolierte Einheiten betrachtet werden, sondern es gehe um die Wechselwirkungen zwischen ihnen, denn Gesellschaft sei nur dort, "wo Individuen in Wechselwirkung treten" (Simmel 1992 [1908]: 17). Simmel führt weiter aus:

"Irgend eine Anzahl von Menschen wird nicht dadurch zur Gesellschaft, daß in jedem für sich irgend ein sachlich bestimmter oder ihn individuell bewegender Lebensinhalt besteht, sondern erst, wenn die Lebendigkeit dieser Inhalte die Form der gegenseitigen Beeinflussung gewinnt, wenn eine Wirkung von einem auf das andere - unmittelbar oder durch ein drittes vermittelt - stattfindet, ist aus dem bloß räumlichen Nebeneinander oder auch zeitlichen Nacheinander der Menschen eine Gesellschaft geworden." (ebenda: 19)

Simmel spricht hier von der Externalität menschlichen Handelns[1], durch die eine wechselseitige Gebundenheit der Individuen entsteht und schließlich zu kollektiven Resultaten führt, die Simmel mit Gesellschaft oder auch als Einheiten bezeichnet.[2] Und genau um die Entstehung, Stabilität und Veränderung derartiger kollektiver Einheiten gehe es letztendlich in der Soziologie (Simmel 1993 [1917]: 190). Indem Simmel betont, daß es in der soziologischen Erklärung nicht um das einzelne Individuum, nicht um das individuelle Verhalten in allen Einzelheiten geht, sondern die kollektiven Resultate der individuellen Handlungen von Interesse sind, grenzt er die Soziologie eindeutig von der Psychologie ab und verweist auf die Notwendigkeit, in der Erklärung vereinfachend vorzugehen.

"Wir wollen unzählige Male gar nicht wissen, wie individuelle Dinge sich im einzelnen verhalten, sondern wir formen aus ihnen eine neue kollektive Einheit, wie wir, nach dem gotischen Stil, seinen Gesetzen, seiner Entwicklung fragend, nicht einen einzelnen Dom oder Palast beschreiben, trotzdem wir den *Stoff* jener jetzt erfragten Einheit aus diesen Einzelheiten gewinnen." (Simmel 1993 [1917]: 178; Hervorhebung im Original)

Auch Max Weber betont die Wechselwirkungen individueller Handlungen. Er definiert Soziologie als "eine Wissenschaft, welche soziales Handeln deutend verstehen und dadurch in seinem Ablauf und seinen Wirkungen ursächlich erklären will". Wobei er von Handeln nur dann sprechen will, wenn "der oder die Handelnden mit ihm einen subjektiven *Sinn* verbinden". Soziales Handeln soll ein Handeln schließlich heißen, "welches seinem von dem oder den Handelnden gemeinten Sinn nach auf das Verhalten *anderer* bezogen wird und daran in seinem Ablauf orientiert ist" (Weber 1980 [1921]: 1; Hervorhebungen im Original).

Der Soziologie geht es also auch nach Weber um die *Wirkungen* sozialen Handelns. Da sich das soziale Handeln vom einfachen sich Verhalten durch Sinnhaftigkeit und Bezogenheit auf andere unterscheidet, kann es nur um kollektive Wirkungen gehen, die es ursächlich zu erklären gilt. Indem sich die soziologische

---

1 Der Begriff 'Externalität' wird im Kapitel 3.3 noch näher erläutert.

2 "Gesellschaft ist dann nur der Name für einen Umkreis von Individuen, die durch derartig sich auswirkende Wechselbeziehungen aneinander gebunden sind und die man deshalb als eine Einheit bezeichnet ... ." (Simmel 1993 [1917]: 182).

Erklärung, gemäß der Definition, durch das deutende Verstehen der sozialen Handlungen auszeichnet, betont Max Weber, daß sich die kollektiven Wirkungen aus den sozialen Handlungen menschlicher Akteure ableiten lassen.

Sowohl Simmel als auch Weber thematisieren damit die Notwendigkeit einer Verbindung der Analyseebenen 'Individuum' und 'Kollektiv'. Esser (1993) unterscheidet zur Klärung der Stellung dieser beiden Ebenen für eine soziologische Erklärung zwischen dem *Ziel* und der *Art* der Erklärung.

> "Der *analytische* Primat des *Ziels* der Erklärungen der Soziologie liegt auf der *kollektiven* Ebene der soziologischen Phänomene ... Der *theoretische* Primat der *Art* der Erklärung liegt auf der *individuellen* Ebene der Situationsdeutungen und des Handelns menschlicher Akteure." (ebenda: 4; Hervorhebungen im Original)

Damit sind zwei Ebenen unterschieden: die Makro- oder kollektive Ebene, auf der die von Soziologen zu erklärenden Phänomene verortet sind, und die Mikro- oder individuelle Ebene, die sich auf die sozialen Handlungen von Individuen bezieht, aus denen sich die kollektiven Phänomene erklären lassen. In dem Beispiel der Aufwertung innenstadtnaher Wohngebiete ist das kollektive, zu erklärende Phänomen - allgemein formuliert - eine spezifische Veränderung sozialräumlicher urbaner Strukturen (Makro-Ebene), die durch die Handlungen von menschlichen Akteuren (Mikro-Ebene), Anbieter und Nachfrager von Wohnungen, zu erklären ist.

Eine adäquate Erklärung kollektiver Phänomene setzt damit zunächst die Erklärung der individuellen Handlungen voraus und muß dann zeigen können, welche kollektiven Effekte diese Handlungen erzeugen. In der nutzentheoretischen Konzeption soziologischer Erklärungen wird daher nicht nur versucht, Mikro- und Makro-Ebene in der geschilderten Form zu verknüpfen, sondern sowohl individuelle Handlungen als auch soziale Veränderungen zu erklären.

Wissenschaftstheoretisch wird davon ausgegangen, daß Erklärungen den Bezug des zu erklärenden Phänomens zu einem allgemeinen Gesetz, einem nomologischen Kern, voraussetzen. Aus dem allgemeinen Gesetz und dem Vorliegen von Randbedingungen muß sich der zu erklärende Tatbestand logisch ableiten, deduzieren lassen. Die Vorgehensweise ist allgemein als deduktiv-nomologische Erklärung bekannt und muß hier nicht weiter ausgeführt werden (vgl. hierzu Hempel 1965: 229ff.). Im Gegensatz zu anderen Theorien wird bei der Nutzentheorie der nomologische Kern einer Erklärung auf der Individualebene verortet, woraus folgt, daß kollektive Phänomene nicht ohne Rückgriff auf die sozialen Handlungen von Individuen, sprich Akteuren bzw. Typen von Akteuren erklärt werden können. Jede Art des Holismus, der das Individuum aus der Analyse ausschließt, aber auch jede Art des Reduktionismus, der rein auf der Individualebene verbleibt, wird damit abgelehnt. Da die Handlungen der Individuen selbst wieder einer Erklärung bedürfen, ergibt sich eine duale Struktur der Erklärung. In der ersten Hälfte wird das Handeln erklärt, in der zweiten Hälfte wird auf der Basis der erklärten Handlungen und weiteren Komponenten das kollektive Phänomen abgeleitet (vgl. Lindenberg 1977: 53ff.). Die Erklärung weist die in Abbildung 3.1 dargestellte Struktur auf.

Das Erklärungsschema macht deutlich, daß hier die Mikrotheorie nur die Basis zur Erklärung von Makrophänomenen bietet. Kollektive Phänomene werden "- im Unterschied zu anderen sozialwissenschaftlichen Theorien - aus der Aggregation individueller Entscheidungen und nicht aus dem eigenständigen Handeln von Kollektiven" erklärt (Kirchgässner 1991: 23). Dies wird auch durch die Unterscheidung von analytischem und theoretischem Primat deutlich. Das analytische Primat bezieht sich auf die zu erklärenden Sachverhalte und liegt nach der dargestellten Erklärungsskizze auf der Ebene von Kollektiven oder Aggregaten. Das theoretische Primat bezieht sich auf die Ebene, auf der die allgemeinen Propositionen bzw. Gesetzesaussagen gemacht werden. Diese Ebene liegt bei der Nutzentheorie auf der Individualebene.[1]

Abbildung 3.1: Struktur individualistischer Erklärungen kollektiver Phänomene (aus Lindenberg 1977: 54)

individualistische Propositionen	Transformationsregel
Anfangsbedingungen	
-------------------------------	
individuelle Effekte --------->	individuelle Effekte
	Randbedingungen
	----------------------
	kollektiver Effekt

Mikro- und Makroebene werden hier also systematisch verknüpft. Coleman verwendet in mehreren Publikationen zur Veranschaulichung der Struktur die als 'Badewanne' bezeichnete und in Abbildung 3.2 wiedergegebene Darstellung (vgl. Coleman 1987; 1990: 1ff.). Das Schema hat den Vorteil, daß es die zentralen Probleme einer handlungstheoretischen Erklärung kollektiver Phänomene verdeutlicht:

---

1 Weitere Ausführungen zum analytischen und theoretischen Primat finden sich bei Lindenberg (1985) und Wippler und Lindenberg (1987).

a) Das Problem der Verknüpfung von Mikro- und Makroebene betrifft

1. die Frage, wie sich die Situation oder der Kontext 1 für die Akteure darstellt (Pfeil a). Diese Frage verweist auf das Problem der Brückenhypothesen oder die *Logik der Situation*;
2. die Frage nach der Ableitung des zu erklärenden Phänomens oder des Kontextes 2 unter Einschluß des erklärten Handelns der Individuen (Pfeil c). Diese Frage verweist auf das Transformationsproblem oder die *Logik der Aggregation.*

b) Das zweite Problem betrifft den handlungstheoretischen Kern der Erklärung, d.h. wie die Akteure in einer spezifischen Situation mit den strukturellen Vorgaben umgehen und auf Grundlage welcher Entscheidungsregel welche Handlungen ausgeführt werden (Pfeil b). Hiermit ist die *Logik der Selektion* angesprochen.

Abbildung 3.2: Die Verbindung von Mikro- und Makroebene

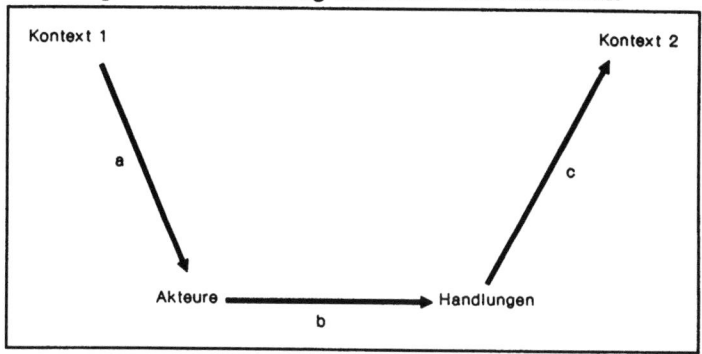

3.1 Die Logik der Selektion

In dem allgemeinen nutzentheoretischen Erklärungsmodell besteht der soziologische Teil der gesamten Erklärung aus den Einzelheiten der jeweiligen Logik der Situation und der Aggregation. Daraus allein läßt sich ein kollektives Phänomen allerdings noch nicht erklären. Was fehlt, ist ein Bezug auf einen allgemeinen Mechanismus, über den soziale Prozesse überhaupt ihre Dynamik erhalten. Dieser Bezug wird über die Logik der Selektion, über eine Theorie der Erklärung von Handlungen hergestellt, die den nomologischen Kern der Erklärung darstellt (Esser 1993: 95 und 248). In diesem nomologischen Kern unterscheidet sich dann auch die Nutzentheorie von anderen individualistischen Theorien wie der Lerntheorie, der Motivationstheorie oder der Theorie der symbolischen Interaktion (vgl. Schmid 1982).

Vertreter der Nutzentheorie gehen davon aus, daß die Individuen Ziele haben, die sie durch Abwägung der ihnen offenstehenden Handlungsalternativen so gut wie unter den gegebenen Umständen möglich realisieren. Handeln wird damit immer als zielgerichtet (Riker und Ordeshook 1973: 12) und als doppelter Prozeß angesehen: zunächst findet die Wahl aus verschiedenen Handlungsalternativen statt, dann die Handlung selbst. Die Wahl einer Handlungsalternative wird aufgrund des jeweils erwarteten Nettonutzens der Alternativen getroffen, oder alltagssprachlicher ausgedrückt, nach dem Abwägen des Für und Wider jeder Handlungsalternative. Dieses Für und Wider einer als möglich wahrgenommenen Handlung ergibt sich aus den vom Individuum *erwarteten* Konsequenzen der Handlung und den *Bewertungen* dieser möglichen Konsequenzen. Die Bewertungen stellen dabei Wünsche oder Präferenzen bzw. Werte dar. Sie können positiv oder negativ sein. Im ersten Fall sprechen wir von Nutzen, im zweiten Fall von Kosten. Eine spezielle Art von Kosten einer Handlungsalternative sind die Opportunitätskosten. Dies sind Kosten, die aufgrund des Nicht-Wählens einer anderen Handlungsalternative entstehen, d.h. der entgangene Nutzen.

Die Wahl einer Handlungsalternative und das Ausführen der Handlung selbst hängen aber nicht nur von den Präferenzen der Individuen ab, sondern auch von Restriktionen.[1] Zwischen beiden, den Präferenzen und den Restriktionen, wird bei einer nutzentheoretischen Analyse explizit unterschieden. Restriktionen stellen Begrenzungen jeglicher Art dar. Sie können einen natürlichen, wie die (biologisch) begrenzte Informationsverarbeitungskapazität von Menschen, oder einen sozialen Ursprung haben, wie institutionelle Regelungen. Allgemein begrenzen die Restriktionen die Handlungsspielräume der Individuen. So kennt ein Individuum in der Regel nicht alle potentiell möglichen Handlungsalternativen, oder es muß bestimmte Handlungsalternativen von vornherein als nicht ausführbar ausschließen. Am Beispiel eines Autokaufes läßt sich dies leicht verdeutlichen. Es ist anzunehmen, daß die Person, die ein Auto kaufen will, nicht alle Automarken und -typen kennt und von denen, die die Person kennt, sich nicht alle leisten kann (obwohl sie das Auto, wie z.B. einen Jaguar gerne besitzen würde). Allein aus diesem Grund wird die Auswahl der zu kaufenden Autos (=Handlungsalternativen) begrenzt sein.

Aber nicht nur die Handlungsalternativen sind begrenzt, es werden auch nicht alle Handlungskonsequenzen wahrgenommen. So ist es möglich, daß unser Auto-

---

1 "Menschliches Handeln als Wahl zwischen Alternativen unterliegt immer und unvermeidlicherweise bestimmten *Restriktionen*." (Esser 1993: 220; Hervorhebung im Original)

käufer als eine Handlungskonsequenz zwar den Benzinverbrauch der Autos in seine Kaufentscheidung mit einbezieht, nicht aber den Wiederverkaufswert. Schließlich führen die Restriktionen dazu, daß das Auftreten der in die Entscheidung einfließenden Handlungskonsequenzen von den Individuen nur als mehr oder weniger wahrscheinlich geschätzt werden kann, d.h. Individuen entscheiden in der Regel unter Unsicherheit. Natürlich besteht als Handlungsalternative häufig die Möglichkeit, "die eigentliche Entscheidung aufzuschieben und sich neue Informationen zu verschaffen, d.h. die Kenntnis der Handlungsmöglichkeiten und deren Konsequenzen zu erweitern" (Kirchgässner 1991: 13). Ob dies getan wird, hängt unter anderem von den Kosten der Aufschiebung der eigentlichen Entscheidung (Opportunitätskosten) und den Kosten der Informationssuche ab. Selbst aber, wenn sehr lange und intensiv nach weiteren Informationen gesucht wird, bleibt es in den meisten Fällen weiterhin bei einer Entscheidung unter Unsicherheit.

Aus der Unterscheidung zwischen Restriktionen und Präferenzen folgt, daß die gewählte Handlungsalternative das Resultat zweier aufeinander folgender Filterprozesse ist. Im ersten Schritt wird die abstrakte Menge aller denkbaren Handlungsalternativen durch strukturelle Zwänge eingegrenzt, die sich der direkten Kontrolle des Akteurs entziehen. Es bleibt eine Teilmenge als ausführbar angesehener Handlungsalternativen, aus der im zweiten Schritt eine Handlungsalternative ausgewählt wird (vgl. Franz 1986; 1989).

Noch ein kurzes Wort zu dem Verhältnis von Restriktionen und Präferenzen. Üblicherweise wird unterstellt, daß sich die Präferenzen von Menschen wesentlich langsamer verändern als die Restriktionen. Die Präferenzen werden daher häufig als konstant angenommen, und sozialer Wandel wird durch sich verändernde Restriktionen erklärt (Restriktionsansatz). Bei Stigler und Becker (1977) spielen die Präferenzen zur Erklärung von Wandel sogar so gut wie keine Rolle mehr, da sie für alle Individuen identische und stabile Präferenzen unterstellen.[1] Für sie sind die unterschiedlichen Güterpreise und das unterschiedliche Einkommen von zentraler Bedeutung. Dagegen betonen Alchian und Allen (1977) die interindividuell variierenden Präferenzen. So heißt es bei ihnen im Postulat fünf: "Not all people have identical tastes and preferences." Und weiter:

> "Even people who have identical amounts of the same goods are not likely to place the same personal marginal values on them. Nor can we say that with equal amounts they are equally well off. One person's gloried asceticism is another's stultifying poverty." (Alchian und Allen 1977: 26)

---

1 "The establishment of the proposition that one may usefully treat tastes as stable over time and similar among people is the central task of this essay." (Stigler und Becker 1977: 76)

Hier stehen sich mithin zwei unterschiedliche Akzentuierungen gegenüber.[1] Das Problem besteht für die Verfechter eines Präferenzansatzes in der Benennung der Präferenzen und der Erklärung ihrer unterschiedlichen Gewichtung durch die Individuen. Dabei entsteht die Gefahr der Immunisierung der Nutzentheorie, da bei Fehlprognosen immer behauptet werden kann, es seien nicht alle Präferenzen bzw. Handlungskonsequenzen in der Analyse berücksichtigt worden, man müsse daher nicht das Modell revidieren, sondern nur weitere Nutzenargumente einführen.[2] Bereits ausgeführte Handlungen können dann auf ex-post unterstellte Präferenzen zurückgeführt werden. Solange aber "die Präferenzen nicht unabhängig von den Handlungsweisen beobachtbar sind, lassen sich solche Aussagen nicht widerlegen: ihr empirischer Gehalt ist leer" (Kirchgässner 1991: 39).

Umgekehrt kommen Vertreter eines Restriktionsansatzes nicht an dem Tatbestand interindividueller Präferenzunterschiede und intraindividuellen Präferenzwandels vorbei. Aus diesem Grund wird von ihnen zwischen zwei Arten von Präferenzen unterschieden:

> "*universal* preferences (goals) that are identical to all human beings and therefore need no explanation, and *instrumental* preferences for the means that lead to the ultimate goals which are in fact constraints and can thus be explained in a constraint driven approach." (Lindenberg 1990: 741; Hervorhebungen im Original)

Die beiden bekanntesten als universell angenommenen Präferenzen sind von Adam Smith formuliert worden: physisches Wohlbefinden (physical well-being) und soziale Anerkennung (social approval). Sicherlich kann man darüber streiten, ob genau diese beiden Ziele das Handeln leiten; trotzdem, die Annahme der Universalität bestimmter Ziele ist relativ unproblematisch. Problematisch wird es bei der Erklärung instrumenteller Präferenzen durch Restriktionen, denn:

> "Wenn z.B. Katholiken - ceteris paribus, d.h. u.a. bei gleichem Einkommen und gleichem Bildungsstand - sich als Wähler anders verhalten als Protestanten oder Atheisten, so kann man dafür kaum Unterschiede in den Restriktionen zur Erklärung heranziehen." (Kirchgässner 1991: 41)

Ähnlich sieht es bei der Erklärung anderer Wahlhandlungen aus. So werden auch einige Wohnstandortentscheidungen nur schwerlich ausschließlich mit Restriktionen zu erklären sein. Beispielsweise wollen nicht alle jungen, einkommensstarken Ein- und Zweipersonenhaushalte in der Innenstadt wohnen. Nach wie vor lebt ein nicht geringer Teil von ihnen gewollt am Stadtrand. Oder einige Haushalte

---

1 Vergleiche zur Diskussion über die Konstanz von Präferenzen auch die unterschiedlichen Positionen von Lindenberg (1984) und Weizsäcker (1984).
2 Diese Strategie wird von Lindenberg (1977: 29) als Listenstrategie bezeichnet.

ziehen nach der Geburt des ersten Kindes an den Stadtrand oder in das Umland, andere bleiben dagegen im innenstadtnahen Wohnquartier. Derartige Verhaltensunterschiede beruhen häufig auf unterschiedlichen Präferenzen, die sich im Laufe der Sozialisationsphase entwickelt haben. Hierzu gilt es Hypothesen aufzustellen und zu überprüfen, welche Faktoren auf die Präferenzen Einfluß haben. Bezüglich der Wohnstandortwahl könnte dies u.a. die Migrationsbiographie sein.

Ohne es direkt auszusprechen, scheint Lindenberg sich dieses Problems bewußt zu sein. In seinem Framing-Modell benennt er mit "Verlustvermeidung" (Lindenberg 1989: 191)[1] nicht nur eine weitere universelle Präferenz, sondern berücksichtigt auch Sozialisationseffekte.

"In this perspective, *socialization* is not something alien to rational choice but an integral part of linking culture and rational choice through learning effects. Many social production functions will be purposefully taught. Social etiquette is just one example. In addition, every frame also contains standards, for judging the achievement of goods, and they will also be learned." (Lindenberg 1989: 191; Hervorhebung im Original)

Die Bedeutung unterschiedlicher (instrumenteller) Präferenzen für die (soziologische) Erklärung kollektiver Tatbestände ist nicht zu leugnen. Selbst die Vertreter einer sehr stark ökonomisch konzeptualisierten Nutzentheorie müssen dies eingestehen. Trotzdem ist davon auszugehen, daß sich die Restriktionen schneller ändern als die Präferenzen. Daher wird im folgenden zunächst versucht, sich wandelnde Verhaltensweisen auf veränderte Restriktionen zurückzuführen. So konnte die Lebensform 'unverheiratet zusammenlebend' erst zu einem quantitativ sich ausbreitenden Phänomen werden, nachdem seit Ende der 60er Jahre in der Bundesrepublik diese Form des Zusammenlebens von Richtern immer seltener als sittenwidrig angesehen wurde und es schließlich zu einer Novellierung des Kuppeleiparagraphen im Jahre 1973 kam (Droth und Dangschat 1985: 155). Es war weniger eine Frage von veränderten Präferenzen der Individuen, sondern sich verändernde Restriktionen führten zu der sprunghaften Zunahme an 'wilden Ehen'.

Die Annahme des starken Gewichts von Restriktionen zur Erklärung individueller Handlungen führt zum letzten Punkt. Es wird den Akteuren bei der Wahl ihrer Handlungsalternativen Einfallsreichtum unterstellt. Sollten ihnen bestimmte Handlungen aufgrund von Beschränkungen versperrt sein, werden sie möglicherweise neue Wege ausprobieren, um ihre Situation zu verbessern.[2]

---

1 An gleicher Stelle führt er als "lower level goal" auch noch Einkommen ein. Es entsteht beinahe der Eindruck, Lindenberg wird ein Anhänger der von ihm kritisierten Listenstrategie.
2 Vergleiche das sechste Postulat bei Alchian und Allen (1977: 27).

Zusammenfassend wird damit von folgenden Annahmen ausgegangen:

- Die Akteure weisen ein zielgerichtetes Verhalten auf.
- Sie gewichten die erwarteten Konsequenzen der wahrgenommenen Handlungsalternativen gemäß den Präferenzen und schätzen die Auftrittswahrscheinlichkeiten der Konsequenzen.
- Die Akteure sind bei der Auswahl der Handlungsalternativen und -konsequen-
  zen und der Einschätzung der Auftrittswahrscheinlichkeiten Restriktionen unter-
  worfen.
- Es handelt sich dadurch in der Regel um Entscheidungen mit unvollständigen
  Informationen, also unter Unsicherheit.
- Die in Erwägung gezogenen Handlungsalternativen und Konsequenzen entsprechen daher selten der Menge aller objektiven möglichen Alternativen und Konsequenzen.
- Auch die Auftrittswahrscheinlichkeiten der Handlungskonsequenzen werden
  subjektiv von dem Akteur geschätzt und müssen nicht den tatsächlichen Auf-
  trittswahrscheinlichkeiten entsprechen.
- Schließlich sind die Akteure einfallsreich bei der Entdeckung neuer Wege zur
  Erreichung ihrer Ziele.

Die eigentliche Regel der Wahl einer Handlungsalternative oder die Logik der
Selektion lautet jetzt:

> "*Maximiere* die (eigene) fitness unter den internen Erfordernissen des *Organismus*
> und unter den Bedingungen in der jeweiligen (sozialen wie nicht-sozialen) *Umge-
> bung*." (Esser 1993: 222; Hervorhebungen im Original)

Anders ausgedrückt: Als *Regel der Selektion* der Handlungsalternative wird das
Kriterium der Maximierung der subjektiven Nutzenerwartung angenommen, d.h. es
wird diejenige Handlungsalternative ausgewählt, von der das Individuum nach
Betrachtung und Bewertung von Für und Wider subjektiv den größten Nettonutzen
erwartet. Die Grundregel der Selektion ist damit die des Maximierens. Es wird
dabei keinerlei Annahme darüber getroffen, wie die kognitiven Prozesse tatsäch-
lich ablaufen. Ebensowenig wird etwas darüber ausgesagt, ob und inwieweit die
Abwägungsprozesse bewußt sind. Es wird generell nur angenommen, daß sich die
Individuen so verhalten, *als ob* sie den erwarteten Nettonutzen der jeweiligen
Handlungsalternative errechnen, also pro und contra abwägen.

Daraus ergibt sich das Menschenbild der Nutzentheorie, das sog. RREEMM-
Modell: Resourceful, Restricted, Evaluating, Expecting, Maximizing Man. Auf
deutsch ist das also ein Mensch, der einfallsreich ist, der Einschränkungen unter-

liegt, der Vor- und Nachteile gewichtet und abwägt und zwar so, daß er den erwarteten Nutzen maximiert.[1]

Dieses Menschenbild soll in den folgenden Analysen individueller Handlungen unterstellt werden. Verzichtet wird auf eine weitere Formalisierung des Abwägungsprozesses zwischen Handlungsalternativen, wie es zum Beipiel durch die Wert-Erwartungstheorie (WET) geschieht. Derartige formale Modelle der Handlungswahl haben den Vorteil der Angreifbarkeit, da alle getroffenen Annahmen expliziert werden. Die Versuche der empirischen Erhebung der Nutzen- und Kostenaspekte und der wahrgenommenen Auftrittswahrscheinlichkeiten birgt aber sowohl inhaltlich als auch methodisch statistische Probleme, deren Lösung vom eigentlichen Thema dieser Arbeit wegführen (siehe hierzu Friedrichs, Stolle und Engelbrecht 1993).

Auf der inhaltlichen Ebene bedeutet ein Versuch der empirisch-quantitativen Bestimmung von Kosten- und Nutzenwerten die Annahme, daß Individuen *tatsächlich* die Kosten und Nutzen in der erwarteten Art verknüpfen. Wie speziell aber die empirische Forschung bezüglich der WET gezeigt hat, ist diese Annahme nicht unproblematisch. Die Abweichungen der prognostizierten Handlungen von den beobachteten sind teilweise so beträchtlich, daß sie das Modell ernsthaft in Frage stellen (siehe z.B. Friedrichs und Stolle 1995). Als Folge dieser Widerspruchsprobleme können die vielfältigen Modifizierungen der einfachen WET-Formel gedeutet werden. So steht zur Diskussion, ob ein Akteur tatsächlich maximiert oder sich mit einer zufriedenstellenden Alternative begnügt (Simon 1957 [1955]; Riker und Ordeshook 1973), inwieweit auf Routinen ('habits') zurückgegriffen und eine Vereinfachung der Zielstrukturen ('frames') vorgenommen wird[2] und ob die Wahl zwischen unterschiedlichen Handlungsalternativen simultan oder sequentiell stattfindet (Friedrichs, Stolle und Sapouridis 1994).

Auf der methodischen Ebene geht es um die Quantifizierbarkeit der einzelnen Elemente, d.h. der Kosten- und Nutzenaspekte und der Wahrscheinlichkeiten, welches Skalenniveau notwendig ist, ob absolute oder relative Kosten und Nutzen erhoben werden sollen usw. Damit verbunden ist die Frage nach der adäquaten Erhebungsmethode und das Problem häufig nicht ausreichender Reliabilität der Ergebnisse. Empirisch ermittelte Kosten- und Nutzenwerte und Auftrittswahrscheinlichkeiten täuschen aufgrund dieser ungenügend gelösten Probleme oft eine Genauigkeit vor, die nicht gegeben ist.

---

1 Zur Unterscheidung dieses Menschenbildes von dem homo sociologicus und dem homo oeconomicus siehe Lindenberg (1981; 1985a).

2 Zu 'habits' siehe Heiner (1983), zu 'frames' Kahneman und Tversky (1984) und Lindenberg (1989; 1990; 1992). Zu 'habits' und 'frames' siehe Esser (1990; 1991: 61ff.) und Rothgang und Haug (1993).

Keiner der genannten Punkte greift den Kern der Nutzentheorie, die Regel der Selektion, an[1], doch weisen sie auf gravierende Probleme bei der Verwendung stark formalisierter Modelle der Handlungswahl im Rahmen eines nutzentheoretischen Ansatzes hin.[2] Wie ich hoffe zeigen zu können, ist die strikte Formalisierung auch nicht notwendig. Statt den Versuch einer *genauen* Quantifizierung von Kosten- und Nutzenaspekten und den von den jeweiligen Akteuren eingeschätzten Auftrittswahrscheinlichkeiten zu unternehmen, wird von mir versucht, empirisch prüfbare Hypothesen über Restriktion, Kosten- und Nutzeneinschätzungen zu formulieren, die zur Erklärung und damit auch Prognostizierung von Handlungen von Akteursgruppen führen, ohne eine spezielle mathematisch formale Verknüpfung zwischen den einzelnen Elementen anzunehmen. Im Mittelpunkt stehen vielmehr die Externalitäten der erklärten individuellen Handlungen, die Analyse ihrer Wechselwirkungen, aus der das kollektive Phänomen abgeleitet wird. Die skizzierte Logik der Selektion von Handlungen, die Annahme des nutzenmaximierenden Akteurs, dient dabei als allen Analysen zugrundegelegte Entscheidungslogik der Akteure.

3.2 Der Brückenschlag

Die Aussage, daß diejenige Handlung ausgeführt wird, von der sich der Akteur den größten Nettonutzen verspricht, bleibt aber eine inhaltsleere Floskel, solange nicht spezifiziert wird,

- welche Handlungsalternativen in Erwägung gezogen werden,
- welche Handlungskonsequenzen in die jeweilige Entscheidung einfließen,
- wie diese bewertet werden, also wie die Präferenzordnung aussieht,
- welche Auftrittswahrscheinlichkeiten diesen Konsequenzen zugeordnet werden,
- unter welchen Bedingungen eine Entscheidung aufgeschoben wird, um nach weiteren Alternativen oder weiteren Informationen zu suchen und

---

1 Simon (1957 [1955]) geht zwar davon aus, daß Individuen nicht ihren Nutzen maximieren, sondern sich mit zufriedenstellenden Handlungen begnügen, was der Nutzentheorie in der dargestellten Form auf dem ersten Blick widerspricht. Riker und Ordeshook (1973: 20ff.) können jedoch zeigen, daß "satisficing" unter der Annahme unvollständiger Information und mit Berücksichtigung der Suchkosten nach weiteren Informationen mit "maximizing" identisch ist.

2 Damit soll nicht gesagt werden, formalisierte Modelle seien in den Sozialwissenschaften nicht von Nutzen. In Form von Simulationsmodellen können beispielsweise die Wechselwirkungen verschiedener Effekte analytisch genau beschrieben werden. Zudem lassen sich durch theoretische, in formalisierter Weise umgesetzte Überlegungen empirisch gehaltvolle Hypothesen ableiten und testen.

- wie sich die zu erklärenden kollektiven Phänomene aus den Handlungen ableiten lassen.

Die ersten fünf Punkte betreffen die Wirkungen des sozialen Kontextes auf den Akteur (Pfeil a im Abb. 3.2) und damit die Logik der Situation, wie sie sich für den Akteur darstellt. Der letzte Punkt betrifft die kollektiven Wirkungen der sozialen Handlungen (Pfeil c in Abb. 3.2) und damit die Logik der Aggregation. Beides, die Explikation der Logik der Situation und die Aggregation der individuellen Handlungen, stellen die eigentliche soziologische Arbeit dar. Wir wollen uns daher kurz mit beiden näher beschäftigen.

Die erste Frage zielt auf den Einfluß des sozialen Kontextes auf den Akteur und damit auf die Logik der Situation, wie sie sich für die Individuen darstellt. Es müssen systematische Annahmen über Handlungsalternativen, Handlungskonsequenzen, Präferenzänderungen und subjektive Wahrscheinlichkeitseinschätzungen getroffen werden, ohne die die Nutzentheorie wie ein leerer Sack ist. Die Leere der Theorie wird mit Hilfe von Brückenhypothesen[1] überwunden. Brückenhypothesen sind systematische Annahmen, die die Nutzentheorie gehaltvoll machen (Lindenberg 1981: 26). Es handelt sich damit um empirisch prüfbare Hypothesen. Einige sehr einfache Beispiele für Brückenhypothesen aus dem Bereich der Stadtforschung, speziell der residentiellen Mobilität, die auf die Präferenzordnung zielen, lauten:

- Bei der Wahl einer Wohnung ist Haushalten mit Kindern die Nähe zu Grünflächen und Kinderspielplätzen wichtiger als die Nähe zu kulturellen Einrichtungen.

- Für Haushalte ohne Kinder spielt bei der Wahl einer Wohnung die Nähe zu Kinderspielplätzen keine Rolle.[2]

- Sobald Kinder geboren werden, ändern sich die Wohnpräferenzen zugunsten der Nähe zu Kinderspielplätzen und Grünflächen und zuungunsten der Nähe von kulturellen Einrichtungen.

Hier sind es Annahmen über die Präferenzen von Haushalten in Abhängigkeit der Haushaltsstruktur. In gleicher Weise lassen sich Annahmen über die Auswirkungen

---

1 Als Synonyme werden auch die Begriffe 'Brückentheorien' und 'Brückenannahmen' verwendet.
2 Diese Hypothese ist keineswegs trivial, denn: 1. kann für junge kinderlose Paare die Nähe zu Spielplätzen bei einer langfristigen Kalkulation der Vor- und Nachteile eines Wohngebietes sehr wichtig sein ("Wenn wir Kinder bekommen, müssen wir nicht umziehen"); 2. kann die Nähe zu Kinderspielplätzen von kinderlosen Haushalten auch als starker Nachteil (oder Kostenfaktor) angesehen werden ("Dort ist es zu laut").

unterschiedlicher Ressourcenausstattung formulieren und das Vorhandensein von Handlungsrestriktionen machen. So könnte man die Hypothese formulieren, daß *Pioniere* keine Eigentumswohnungen kaufen, da ihnen dazu die finanziellen Mittel fehlen, ihnen die Handlungsoption "Kauf einer Wohnung" aufgrund der mangelnden (monetären) Ressourcenausstattung versperrt ist (und es keine Frage der Präferenzen ist) oder daß Bürgerinitiativen vor allem von jungen Menschen mit hoher Bildung, häufig Studenten, getragen werden, da diese über die größten Zeitressourcen verfügen.

Aus den Brückenhypothesen und den vorliegenden Anfangsbedingungen können dann die individuellen Handlungen abgeleitet werden (der erste Teil der dualen Erklärungsstruktur). Bei der Ableitung der individuellen Effekte aufgrund der Brückentheorie entsteht allerdings ein Problem: Es ist nicht möglich (und in der Regel auch nicht notwendig), die Handlungen jedes einzelnen Individuums zu erklären bzw. zu prognostizieren. Da es vielmehr um eine Erklärung im Aggregat geht, d.h. um das soziale Handeln vieler und die daraus entstehenden kollektiven Phänomene, können und müssen Vereinfachungen vorgenommen werden. Dabei stellt sich ein Optimierungsproblem zwischen der Einfachheit einer Erklärung und ihrer Erklärungskraft. Allgemeiner formuliert es Esser (1991: 61):

> "Theoriebildung bedeutet immer Vereinfachung. Typisierende Modellierungen gehören daher zum unverzichtbaren Bestandteil jeder Erklärung. Dabei gibt es - bekanntlich - ein Optimierungsproblem: die Modelle sollen so einfach wie möglich und so 'realistisch' wie nötig sein."

Dieses Optimierungsproblem kann durch die Methode der abnehmenden Abstraktion (Lindenberg 1981; 1985a; 1992) gelöst werden. Die allgemeine Grundregel der Methode der abnehmenden Abstraktion besagt, zuerst mit einem möglichst einfachen Modell zu beginnen, dessen Adäquatheit zu prüfen und nur, wenn es danach notwendig ist, das Modell zu erweitern, d.h. es komplexer zu machen. Damit findet eine Schritt-für-Schritt Approximation an die Realität statt, die abgebrochen wird, "if the added satisfaction of the last step of model development does not outweigh the extra trouble one has taken for this last step, one should not only stop but actually go back one step" (Lindenberg 1992: 17).

Ist nun ein Modell entwickelt worden, das die Handlungen der Akteure in adäquater Weise erklärt, beginnt der zweite Teil der dualen Erklärung: aufgrund der individuellen Handlungen und der Berücksichtigung weiterer Randbedingungen muß das zu erklärende kollektive Phänomen abgeleitet werden. Damit ist die Logik der Aggregation und damit wiederum das Transformationsproblem angesprochen (Pfeil c in Abb. 3.2). Es ist meist der komplizierteste Teil der Erklärung (Esser 1993: 97). Das Transformationsproblem besteht darin, Bedingungskonstellationen zu formulieren, in denen individuelle Effekte und Randbedingungen so verbunden werden, daß das kollektive Phänomen korrekt ableitbar ist (Lindenberg 1977: 51). Es wird in diesem Fall auch von Transformationsregeln gesprochen.[1]

> "Die *elementarste* Art einer *Transformationsregel* ist eine *partielle Definition,* deren Definiens mindestens auch individuelle Effekte enthält und deren Definiendum ein kollektiver Tatbestand ist." (Lindenberg und Wippler 1978: 223; Hervorhebungen im Original)

Als Beispiel einer derartigen Transformationsregel sei hier eines von Lindenberg (1977: 53) zitiert:

> "Wenn die Anzahl (x) der Individuen, die Regierungsbeschlüsse befolgen, abnimmt (1) und die Anzahl (x') der Regierungsbeschlüsse, die ein Individuum befolgt, abnimmt (2) und wenn die Population (y), von der x eine Teilmenge bildet, konstant bleibt, zunimmt oder langsamer abnimmt als x (3) und wenn die Anzahl (y') der Regierungsbeschlüsse, die auf ein Individuum zutreffen konstant bleibt, zunimmt, oder langsamer abnimmt als x' (4), dann nimmt die politische Stabilität ab (5)." (Die in Klammern gesetzten Ziffern sind von mir hinzugefügt.)

Aus der Wenn-Komponente (Ziffer 1 bis 4) ergibt sich das zu erklärende kollektive Phänomen (Ziffer 5). Dabei handelt es sich um eine Definition und nicht um eine empirische Aussage, denn der Satz läßt sich auch folgendermaßen formulieren:

Wenn (1) und (2) und (3) und (4), dann wollen wir von (5) sprechen.

Die Definition ist partiell, weil sich die Wenn-Komponente durchaus weiter spezifizieren läßt. Schließlich werden mit der Wenn-Komponente die individuellen Effekte (1) und (2) aus einem ersten Erklärungsschritt mit den Randbedingungen (3) und (4) zu einer spezifischen Bedingungskonstellation verknüpft.

Komplexere Transformationsregeln stellen Implikationsaussagen dar. Von einer Implikationsaussage wird dann gesprochen, wenn die Aussage "die Bedingungskonstellation in der Wennkomponente und den zu erklärenden Effekt (oder seine allgemeinere Form) in der Dannkomponente enthält" (Lindenberg 1977: 65). Ein Beispiel für eine Implikationsaussage aus dem Bereich der Aufwertung innenstadtnaher Wohngebiete könnte lauten:

---

1 Statt vom Transformationsproblem wird auch vom Aggregationsproblem, statt von Transformationsregeln auch von Aggregationsregeln oder Transformationsfunktionen gesprochen. Da ich mich im folgenden zu großen Teilen auf die Konzeption nach Lindenberg beziehe und dieser die Begriffe 'Transformationsproblem' und 'Transformationsregeln' verwendet, werde ich ebenfalls diese Terminologie benutzen.

(1) Wenn *Pioniere* nur innenstadtnahe Wohnungen nachfragen und

(2) wenn in der Stadt A die Anzahl der *Pioniere* zunimmt und

(3) wenn die Anzahl anderer Nachfrager nach innenstadtnahen Wohnungen in der Stadt A konstant bleibt, abnimmt oder langsamer zunimmt als die Anzahl der *Pioniere* und

(4) wenn die Wohnungsvergabe durch die Anbieter von Wohnungen proportional zum jeweiligen Anteil einer Nachfragergruppe geschieht,

(5) dann erhöht sich der Anteil an *Pionieren* in innenstadtnahen Wohngebieten der Stadt A

Auch hier wurden wieder individuelle Effekte, Aussagen (1) und (4), die in einem ersten Erklärungsschritt aus individualistischen Propositionen und den Anfangsbedingungen abgeleitet sein müssen, mit Randbedingungen, den Aussagen (2) und (3), verknüpft. Im Gegensatz zum vorherigen Beispiel handelt es sich jedoch nicht um eine partielle Definition, sondern um eine logisch gültige Ableitung.

Eine spezielle, sehr präzise Art von Implikationsaussagen stellen mathematische Modelle dar. Wir wollen eine einfache Formalisierung am Beispiel verdeutlichen. Die Anzahl der Haushalte einer Bevölkerungsgruppe in einem Wohngebiet läßt sich nach folgender einfacher Gleichung schätzen[1]:

$$N_{t1\,i} = N_{t0\,i} - N_{t0\,i} * p_{aus\,i} + N(t_0 \to t_1)_{ein} * p_{ein\,i}$$

mit

$N_{t1\,i}$ = Anzahl der Gruppe i zum Zeitpunkt t_1
$N_{t0\,i}$ = Anzahl der Gruppe i zum Zeitpunkt t_0
$N(t_0 \to t_1)_{ein}$ = Gesamtzahl der Einzüge im Zeitraum zwischen t_0 und t_1
$p_{aus\,i}$ = Auszugswahrscheinlichkeit der Gruppe i
$p_{ein\,i}$ = Einzugswahrscheinlichkeit der Gruppe i

Die Gesamtzahl der Auszüge im Zeitraum zwischen t_0 und t_1 läßt sich nach der folgenden Gleichung schätzen:

$$N(t_0 \to t_1)_{aus} = \sum_{i=1}^{k} N_{t0\,i} * p_{aus\,i}$$

mit k = Anzahl der unterschiedlichen Bevölkerungsgruppen

---

1 Es wird unterstellt, daß sich die Anzahl einer Bevölkerungsgruppe ausschließlich durch Fort- und Zuzüge verändert. Veränderungen des 'Hereinwachsens' von einer in die andere Gruppe, wie vom *Pionier* zum *Gentrifier* (siehe Kapitel 2), oder Veränderungen durch Geburt oder Tod, werden nicht berücksichtigt.

Nehmen wir an, wir untersuchen ein innenstadtnahes Wohngebiet. In diesem Wohngebiet unterscheiden wir vier Bevölkerungsgruppen. In einem ersten Erklärungsschritt haben wir die Auszugswahrscheinlichkeiten für diese vier Bevölkerungsgruppen und den Modus der Vergabe frei werdender Wohnungen durch die Vermieter ableiten können (individuelle Effekte). Wir kennen zudem die Verteilung der Nachfrager nach frei werdenden Wohnungen in dem Wohngebiet (Randbedingung). Nun läßt sich folgende Implikationsaussage formulieren:

(1) Wenn die Auszugswahrscheinlichkeit der Bevölkerungsgruppe i gleich $p_{aus\,i}$ beträgt und

(2) wenn die Anzahl der zum Zeitpunkt t_0 im Wohngebiet lebenden Haushalte der Bevölkerungsgruppe i N_{t0i} beträgt und

(3) wenn die Wohnungsvergabe durch die Anbieter von Wohnungen im Wohngebiet proportional zum jeweiligen Anteil einer Nachfragergruppe geschieht und

(4) wenn der Anteil der Bevölkerungsgruppe i an allen Nachfragern nach Wohnungen im Wohngebiet zwischen den Zeitpunkten t_0 und t_1 $p_{nach\,i}$ beträgt und

(5) wenn die Gesamtzahl der Einzüge im Zeitraum zwischen t_0 und t_1 $N(t_0 \rightarrow t_1)_{ein}$ beträgt,

(6) dann beträgt die Anzahl der Haushalte der Bevölkerungsgruppe i im Wohngebiet zum Zeitpunkt t_1:

$$N_{t1i} = N_{t0i} - N_{t0i} * p_{aus\,i} + N(t_0 \rightarrow t_1)_{ein} * p_{nach\,i}$$

Anmerkungen: Aus den Aussagen (3) und (4) ergibt sich, daß die Einzugswahrscheinlichkeit einer Bevölkerungsgruppe ($p_{ein\,i}$) gleich dem Anteil der Nachfrager dieser Bevölkerungsgruppe an allen Nachfragern nach frei werdenden Wohnungen ($p_{nach\,i}$) entspricht. Dementsprechend konnte $p_{ein\,i}$ durch $p_{nach\,i}$ ersetzt werden.

Wie in dem vorangegangenen nicht formalisierten Beispiel, wurden auch hier individuelle Effekte und Randbedingungen so verbunden, daß das kollektive Phänomen logisch korrekt abgeleitet wird, jedoch weitaus präziser. Die eigentliche Erklärung im strengen Sinne findet im ersten Teil des dualen Erklärungsmusters statt, der Erklärung der individuellen Effekte aus individualistischen Propositionen und den Anfangsbedingungen. Das Transformationsproblem wird durch analytische Regeln gelöst. Da sie nicht falsifiziert werden können, kann man hier nicht von einer Erklärung sprechen. Ihr Nutzen liegt einzig in der Formulierung von Bedingungskonstellationen, aus denen der zu erklärende kollektive Sachverhalt korrekt abgeleitet werden kann. Da diese Bedingungskonstellationen die vorher erklärten individuellen Effekte mit zur Ableitung des kollektiven Effektes notwendigen

Randbedingungen verbinden, kann auf diese analytischen Transformationsregeln jedoch nicht verzichtet werden.

3.3 Soziale Prozesse

Bis zu diesem Punkt haben wir uns ausschließlich mit der Struktur einer nutzentheoretischen Erklärung kollektiver Phänomene beschäftigt. Die Darstellung sollte in noch sehr allgemeiner Form die Anwendbarkeit des Ansatzes auf soziologische, und damit auch auf stadtsoziologische Fragestellungen verdeutlicht haben. Wir wollen uns nun mit dem letzten Baustein der Struktur einer nutzentheoretischen Erklärung beschäftigen, mit der Analyse sozialen Wandels. Gudmund Hernes (1976: 514) formuliert drei Anforderungen an eine Theorie, mit der sozialer Wandel erklärt werden soll:

> "First, we should be able to use the same basic approach in studying both constancy and change. This implies that a stable structure should be seen as a process in (temporary) equilibrium. It also means that the theory must include an explanation of why the parameters governing the process are themselves regenerated or not changes...
> Second, we should be able to incorporate intrinsic sources of change into our model of a system. Changes in social systems may be induced from the outside, but not all changes can be thus induced ... The sources of change should also be intrinsic to the theory in the sense that effects of actions provide or change premises for further actions...
> Finally, social change is mediated through individual actors. Hence theories of structural change must show how macrovariables affect individual motives and choices and how these choices in turn change the macrovariables."

Beginnen wir mit dem letzten Punkt. Es wurde schon deutlich, daß mit den Annahmen über Wirkungen der Makrovariablen auf die Motive und Handlungen die Brückenhypothesen angesprochen sind (wobei als Prinzip der Handlungsselektion immer die maximierende Person unterstellt wird). Wie aber führen die Handlungen der Akteure zu einem Wandel auf der Makroebene? Der Verweis auf die Transformationsregeln zur Ableitung des kollektiven Effektes hilft uns hier nicht weiter. Sie geben schließlich 'nur' die Bedingungskonstellationen an, die zu einem spezifischen kollektiven Effekt führen. Um soziale Prozesse analysieren zu können, muß daher die Erklärungskette fortgesetzt werden. Es muß gezeigt werden, wie durch individuelle Handlungen neue Strukturen entstehen, die wiederum Auswirkungen auf die Handlungen der Akteure haben. Eines der einfachsten Beispiele einer derartigen Kette von Veränderungen der Makrostruktur aufgrund individueller Handlungen, die selbst aus der jeweiligen Makrostruktur abgeleitet wurden, stammt von Thomas C. Schelling (1971; 1972; 1978). Für die folgende Veranschaulichung der Logik der Erklärung sozialer Prozesse werde ich mich auf sein wirklich einfachstes Beispiel beschränken. Von diesem Beispiel ausgehend, hat Schelling weitere, komplexere und realitätsnähere Modelle entwickelt. Insofern handelt es sich bei seinen Segregationsmodellen auch um ein gelungenes Beispiel der Anwendung der Methode der abnehmenden Abstraktion. Für unsere Zwecke reicht hier das einfachste Modell zur Veranschaulichung aus.

Nehmen wir an, wir betrachten ein kleines Wohngebiet mit acht Haushalten, wovon vier ☺ und vier ● sind. Zudem nehmen wir ein geschlossenes System an, d.h die Haushalte können nicht aus dem Wohngebiet wegziehen und es können keine neuen Haushalte dazukommen. Die 'Erstbesiedelung' des Gebietes hat folgendes Aussehen[1]:

$$
\begin{array}{ll}
● (3) & \\
☺ (2) \quad ● (4) & \\
☺ (1) \qquad ☺ (5)^* & \qquad t_0 \\
● (8)^* \quad ● (6)^* & \\
☺ (7)^* &
\end{array}
$$

Nehmen wir weiterhin an, jeder Haushalt hat die Präferenz, daß mindestens die Hälfte der direkten Nachbarn (einer links, einer rechts) der gleichen Bevölkerungsgruppe angehört. Sind die Präferenzen nicht erfüllt, wird der Haushalt umziehen, und zwar an einem Ort, an dem die Präferenzen erfüllt werden. Wir wollen annehmen, daß es in unserem Fall möglich ist, sich einfach zwischen zwei Haushalte zu schieben.

Nach diesen Vorgaben sind für die mit einem Stern gekennzeichneten Haushalte (5), (6), (7) und (8) die Präferenzen nicht erfüllt. Sie werden über kurz oder lang einen neuen Wohnort suchen. Nehmen wir jetzt weiter an, der Haushalt (5) sucht als erstes und findet einen Ort, an dem seine Präferenzen erfüllt sind, indem er sich zwischen die Haushalte (6) und (7) schiebt. Dadurch erhalten wir folgende neue Konstellation:

$$
\begin{array}{ll}
● (3) & \\
☺ (2) \quad ● (4) & \\
☺ (1) \qquad ● (6) & \qquad t_1 \\
● (8)^* \quad ☺ (5) & \\
☺ (7) &
\end{array}
$$

---

1 Die Anordnung weicht von der bei Schelling ab, der die Haushalte entlang einer Linie anordnet.

Der Haushalt (5) ist nun mit seiner Wohnsituation zufrieden, die Präferenzen sind erfüllt. Durch seine Handlung, den Umzug, hat sich aber nicht nur für ihn die Situation verändert, sondern auch für die Haushalte (4), (6) und (7). Der Haushalt (4) hat nun beide, statt einen Nachbarn aus derselben Bevölkerungsgruppe. Da dadurch seine Präferenzen weiterhin erfüllt sind, besteht für diesen Haushalt auch jetzt kein Umzugsgrund. Die Haushalte (6) und (7) haben nun jeweils einen von zwei Nachbarn aus derselben Bevölkerungsgruppe. Vorher hatten sie ausschließlich Nachbarn der jeweils anderen Bevölkerungsgruppe. Für sie hat sich durch den Umzug von Haushalt (5) mithin die Situation grundlegend verändert. Nun besteht weder für den Haushalt (6) noch für den Haushalt (7) ein Umzugsgrund. Ohne eigenes aktives Zutun haben sich ihre Präferenzen erfüllt, so daß jetzt nur noch der Haushalt (8) mit der Wohnsituation unzufrieden ist. Lassen wir schließlich Haushalt (8) an einen Ort ziehen, an dem seine Präferenzen erfüllt sind (zwischen den Haushalten (2) und (3)), erhalten wir folgende Struktur:

t_2

Jetzt sind für alle Haushalte die Präferenzen erfüllt, und es besteht für keinen Haushalt mehr ein Umzugsgrund. Häufig wird von einem stabilen Gleichgewicht gesprochen. Dabei sollte einem jedoch bewußt sein, daß es sich nur um eine relative Stabilität handelt. Durch Präferenzänderung ist die Stabilität schnell wieder dahin.[1]

Dieses Beispiel macht auf sehr einfache Weise deutlich, wie Makrostrukturen auf die Handlungen der Akteure wirken, durch deren Handlungen wieder neue Makrostrukturen geschaffen werden, die wiederum auf die Handlungen der Akteure einen Einfluß haben.[2] Entscheidend ist, daß durch die Handlungen neue Strukturen geschaffen wurden, die nicht nur den Handelnden selbst, sondern noch weitere Haushalte betrafen, d.h. es traten *Externalitäten* auf. Von Externalitäten wird immer dann gesprochen, wenn durch Menschen herbeigeführte Ereignisse nicht nur für die jeweils Handelnden selbst, sondern auch für andere Menschen

---

1 Es könnten sich beispielsweise bei Haushalt (4) im Laufe der Zeit integrative Präferenzen entwickeln, so daß er nun jeweils einen Haushalt derselben und einen Haushalt der anderen Gruppe als Nachbar haben möchte.

2 Um allen Kritikern zuvorzukommen: Natürlich ist das Beispiel zu sehr vereinfachend und auf die realen Verhältnisse auf dem Wohnungsmarkt nicht anzuwenden. Doch bleibt die Logik des Prozeßverlaufes auch bei komplexeren, realitätsnäheren Modellen dieselbe.

Konsequenzen haben. Der im Kapitel 2.1 beschriebene angenommene Prozeßverlauf des doppelten Invasions-Sukzessionszyklus der Aufwertung innenstadtnaher Wohngebiete beruht ebenfalls auf der (dort impliziten) Annahme von Externalitäten. *Pioniere* ziehen in das Gebiet ein und machen es dadurch auch für andere Personen (*Gentrifier*, Anbieter von Dienstleistungen) attraktiv.

Auch die Entstehung sogenannter *Emergenzeffekte* aufgrund absichtsvollen Handelns individueller Akteure wird durch das Schelling-Beispiel gut veranschaulicht. Unter Emergenzeffekt soll hier eine Wirkung verstanden werden, "die von den Agenten eines Systems nicht explizit angestrebt wird, und die aus ihrer Interdependenzsituation hervorgeht" (Boudon 1980: 82). Man kann auch von den unbeabsichtigten Folgen absichtsvollen Handelns (Merton 1936) sprechen. Wieso in diesem Fall unbeabsichtigte Folgen? Die unbeabsichtigten Folgen werden deutlich, wenn man die Präferenzen der Akteure mit dem Resultat auf der Kollektivebene vergleicht. Wir hatten gesagt, jeder Haushalt möchte mindestens die Hälfte seiner Nachbarn aus derselben Bevölkerungsgruppe haben (sprich mindestens ein Verhältnis von 1:1). Vergleichen wir nun diese Präferenzen mit der Verteilung der beiden Bevölkerungsgruppen zum Zeitpunkt eines stabilen Gleichgewichtes (alle Haushalte haben eine Wohnstandort, der ihren Präferenzen entspricht), sehen wir, daß der Grad der räumlichen Segregation zwischen den beiden Gruppen bedeutend höher ist als gemäß den Präferenzen notwendig. So haben vier der acht Haushalte ausschließlich Nachbarn derselben Bevölkerungsgruppe. Von den 16 Nachbarn (jeder der acht Haushalte hat zwei Nachbarn) gehören insgesamt 12 oder 75% der jeweils gleichen Bevölkerungsgruppe an. Damit ist der für die gewählte Wohngebietsform maximale Grad der Segregation erreicht. Es sind zwar alle mit dem Ergebnis zufrieden, der hohe Grad der Segregation war aber von keinem Haushalt explizit beabsichtigt.

Der erwähnte doppelte Invasions-Sukzessionszyklus der Aufwertung innenstadtnaher Wohnorte würde ebenfalls, ließen sich der Prozeßverlauf und die angenommenen Präferenzen der Akteure nachweisen, auf einen Emergenzeffekt beruhen. Die *Pioniere*, die zunächst in das Gebiet einziehen, machen es mittelbar oder unmittelbar für die *Gentrifier* als Wohngebiet interessant. Durch das gesteigerte Interesse, der vermehrten Nachfrage einkommensstarker Bevölkerungsgruppen, haben die Anbieter der Wohnungen die Möglichkeit, die Miet- und Kaufpreise zu erhöhen, so daß *Pioniere* nicht mehr mithalten können und direkt oder indirekt durch *Gentrifier* verdrängt werden. Letztere wurden aber gerade durch die *Pioniere* angezogen. Ähnlich wie in der Marxschen Analyse der Kapitalist durch den tendenziellen Fall der Profitrate sich seiner eigenen Existenzgrundlage beraubt, gräbt der Pionier sein eigenes Grab. Nebenbei bemerkt zeichnen sich Emergenzeffekte zwar dadurch aus, daß sie zu ungewollten Resultaten führen, nicht aber unbedingt dadurch, daß sie dem Akteur immer unbewußt sind. Den *Pionieren* ist häufig bewußt, daß sie die Vorreiterrolle eines Prozesses einnehmen, der unter Umständen später zu ihrer eigenen Verdrängung führen kann.

Natürlich sind nicht alle Resultate als Folge individueller Handlungen unbeabsichtigt. Je besser die Akteure über mögliche Folgen ihrer Handlungen informiert sind, desto wahrscheinlicher ist es, daß ihr Handeln auch zu dem erwarteten Ergebnis führt. Als Beispiel ließen sich hier die Wohnungsanbieter bzw. Wohnungsvermittler anführen. Durch jahrelange berufliche Erfahrung, durch die Kenntnis sozio-demographischer Entwicklungen auf der Nachfrageseite und durch die Kalkulierung der Folgen ihres Handelns für ein Wohngebiet, steuern sie oftmals bewußt dessen Zukunft. In Nordamerika wissen die "landlords" und "broker" genau, was passiert, wenn sie zunehmend an Schwarze vermieten oder verkaufen. Die Methoden des 'Abwirtschaftens' eines Wohngebietes sind durch viele stadtsoziologische Untersuchungen belegt und man wird schwerlich behaupten können, die Wohnungsanbieter wüßten nicht, was sie dort machen. Anders stellt sich die Situation in der Regel für die Wohnungsnachfrager dar. So führt der Einzug von Schwarzen in ein vom weißen Mittelstand bewohntes Viertel häufig zu weiteren Auszügen der Weißen, was bis zu einem vollkommenen Austausch der Bevölkerungsgruppen führen kann. In diesem Fall war dies vielleicht von den Wohnungsanbietern gewollt, nicht aber von den zunächst einziehenden Schwarzen. Damit sind zwei Sachverhalte festzuhalten:

1. Nicht immer handelt es sich um Emergenzeffekte. Je besser die Akteure über die Folgen ihrer Handlungen informiert sind und je mehr Ressourcen zur Steuerung einer Entwicklung sie kontrollieren, desto wahrscheinlicher sind die Resultate ihrer Handlungen von ihnen beabsichtigt.

2. Daher ist immer zwischen den unterschiedlichen Akteuren, ihren Präferenzen, Kenntnissen und Ressourcen zu unterscheiden. Was sich für die eine Gruppe als ungeplante Folge ihrer absichtsvollen Handlungen darstellt, ist unter Umständen für die andere Akteursgruppe ein gewollter Effekt, um zu einem bestimmten Resultat zu kommen. So führen im Beispiel des doppelten Invasions-Sukzessionszyklus der Aufwertung innenstadtnaher Wohngebiete die Einzüge der *Pioniere* zu ihrer eigenen Verdrängung, was von ihnen selbst natürlich nicht beabsichtigt war. Von den Anbietern der Wohnungen kann die Wohnungsvergabe an *Pioniere* aber eine bewußte Strategie sein, um das Gebiet auch für *Gentrifier* attraktiv zu machen.

Emergenzeffekte sagen noch nichts über die Form des Prozesses aus. So kann es sich sowohl bei Stabilität als auch bei sozialem Wandel um einen Emergenzeffekt handeln. Wir wollen daher noch auf verschiedene Prozeßarten zu sprechen kommen. Dazu ist die von Gudmund Hernes (1976) eingeführte Unterscheidung von

Parameter-, Prozeß- und Output-Struktur von Nutzen. Die Parameter-Struktur stellen bei Hernes die aus den individualistischen Annahmen und den Anfangsbedingungen abgeleiteten individuellen Effekte dar. Die zu erklärenden kollektiven Resultate werden als Output-Struktur bezeichnet. Die Verbindung zwischen Parameter- und Output-Struktur geschieht schließlich über die Prozeß-Struktur, die über die Form des Prozesses Auskunft gibt (vgl. auch Raub und Voss 1981: 91ff.). Alle drei Strukturen können sich nun im Zeitverlauf wandeln. Je nachdem, in welcher Kombination dieser Wandel stattfindet, leitet Hernes (1976: 524ff.) vier Haupttypen des sozialen Wandels ab (Tabelle 3.1). Bleiben alle drei Strukturen über die Zeit unverändert, spricht er von einer einfachen Reproduktion ("simple reproduction"). Kommt es aber zu einem veränderten Resultat (Output-Struktur) bei unveränderter Parameter- und Prozeß-Struktur, handelt es sich in seiner Terminologie um eine ausgedehnte Reproduktion ("extended reproduction"). Wandeln sich Output- und Parameter-Struktur bei konstanter Prozeß-Struktur, wird dies als Übergang ("transition") bezeichnet. Wandeln sich schließlich alle drei Strukturen, spricht Hernes von Transformation oder Umgestaltung ("transformation").

Tabelle 3.1: Vier Haupttypen des Wandels nach Hernes (1976: 524)

	Typ			
	einfache Reproduktion	ausgedehnte Reproduktion	Übergang	Transformation
Wandel der Output-Struktur?	nein	ja	ja	ja
Wandel der Parameter-Struktur?	nein	nein	ja	ja
Wandel der Prozeß-Struktur?	nein	nein	nein	ja

Im folgenden soll kurz dargestellt werden, worin sich die Prozesse unterscheiden. Dazu bedienen wir uns des Beispiels der Prognose der Bevölkerungsstruktur innerhalb eines Wohnviertels. Wir hatten gesagt, daß sich die Anzahl einer Bevölkerungsgruppe zum Zeitpunkt t_1 nach der folgenden Gleichung schätzen läßt:

$$N_{t1i} = N_{t0i} - N_{t0i} * p_{ausi} + N(t_0 \rightarrow t_1)_{ein} * p_{eini}$$

mit

$N_{t1\,i}$ = Anzahl der Gruppe i zum Zeitpunkt t_1, $N_{t0\,i}$ = Anzahl der Gruppe i zum Zeitpunkt t_0
$N(t_0 \rightarrow t_1)_{ein}$ = Gesamtzahl der Einzüge im Zeitraum zwischen t_0 und t_1
$p_{aus\,i}$ = Auszugswahrscheinlichkeit der Gruppe i, $p_{ein\,i}$ = Einzugswahrscheinlichkeit der Gruppe i

Die Formel gibt Auskunft über die Form des Prozesses. Sie stellt daher die Prozeß-Struktur dar. Die Aus- und Einzugswahrscheinlichkeiten sind die individuellen Effekte, die in einem ersten Erklärungsschritt abgeleitet werden müssen. Mithin stellen sie die Parameter-Struktur. Die Bevölkerungsverteilung zu einem bestimmten Zeitpunkt ist schließlich die Output-Struktur.

Nehmen wir nun an, wir betrachten ein Wohngebiet A, in dem zum Zeitpunkt t_0 1000 Haushalte leben, und zwar 240 *Pioniere*, 160 *Gentrifier*, 360 *Andere* und 240 *Alte*.[1] Wir nehmen weiter an, daß die Auszugswahrscheinlichkeiten für die *Pioniere* 0,2, für die *Gentrifier* 0,15, für die *Anderen* 0,1 und für die *Alten* 0,05 betragen. Die Einzugswahrscheinlichkeiten sollen dem Anteil der Nachfrager aus der jeweiligen Gruppe nach frei werdenden Wohnungen in dem betrachteten Gebiet ($p_{nach\,i}$) entsprechen. Die Gleichung läßt sich daher wie folgt umformulieren:

$$N_{t1\,i} = N_{t0\,i} - N_{t0\,i}*p_{aus\,i} + N(t_0 \rightarrow t_1)_{ein}*p_{nach\,i}$$

Wir wollen hier annehmen, daß von den Nachfragern 40 Prozent *Pioniere*, 20 Prozent *Gentrifier*, 30 Prozent *Andere* und 10 Prozent *Alte* sind. Schließlich nehmen wir an, daß alle Auszüge durch neue Haushalte ersetzt werden. In dieser Situation haben wir bezüglich der Bevölkerungsverteilung innerhalb des Wohngebietes ein stabiles Gleichgewicht. Die Anzahl und damit der Anteil der Haushalte der jeweiligen Bevölkerungsgruppe verändert sich nicht über die Zeit. Es bleiben konstant 240 (=24%) *Pioniere*, 160 (=16%) *Gentrifier*, 360 (=36%) *Andere* und 240 (=24%) *Alte*. Es handelt sich mithin um eine einfache Reproduktion der Struktur.[2]

Nehmen wir nun an, wir betrachten ein anderes innenstadtnahes Wohngebiet B. Dieses unterscheidet sich von dem Wohngebiet A durch die Bevölkerungsverteilung zum Zeitpunkt t_0. Zu diesem Zeitpunkt leben zwar ebenfalls 1000 Haushalte in dem Gebiet, jedoch nur 100 *Pioniere* und keine *Gentrifier*, aber 500 *Andere*

---

1 Die Bevölkerungsgruppen wurden im zweiten Kapitel beschrieben. Zur Vereinfachung der Beispiele sind *Junge* und *Gesetzte* zur Gruppe der *Anderen* zusammengefaßt.

2 Die Anzahl der Auszüge ergibt sich aus der Multiplikation der Auszugswahrscheinlichkeit mit der Anzahl der jeweiligen Bewohnergruppe. Dementsprechend ziehen 48 *Pioniere*, 24 *Gentrifier*, 36 *Andere* und 12 *Alte* aus. Die Summe ergibt damit insgesamt 120 Auszüge. Da angenommen wird, daß die Summe der Auszüge gleich der Summe der Einzüge ist, läßt sich leicht zeigen, daß bei den vorgegebenen Parametern genau 48 *Pioniere*, 24 *Gentrifier*, 36 *Andere* und 12 *Alte* einziehen. Die Anzahl der ausgezogenen Personen einer Gruppe ist damit gleich der Anzahl der eingezogenen Personen derselben Gruppe.

und 400 *Alte*. Ansonsten unterscheidet sich das Gebiet nicht von dem Wohngebiet A. Die Parameter $p_{aus\ i}$ und $p_{ein\ i}$ (weiterhin gleich $p_{nach\ i}$) sind dieselben und auch hier werden alle ausgezogenen Haushalte durch neue Haushalte ersetzt. Betrachten wir nun, wie die Bevölkerungsverteilung nach einem Jahr aussieht. Für die einzelnen Gruppen erhalten wir die folgenden Ergebnisse:

Anzahl der *Pioniere* nach einem Jahr = 100-100*0,20+90*0,4=116;
Anzahl der *Gentrifier* nach einem Jahr = 0-0*0,15+90*0,2=18;
Anzahl der *Anderen* nach einem Jahr = 500-500*0,10+90*0,3=477;
Anzahl der *Alten* nach einem Jahr = 400-400*0,05+90*0,1=389.

Ohne Veränderung der Parameter-Struktur, der individuellen Effekte 'Auszugs-' und 'Einzugswahrscheinlichkeiten', hat sich hier die Output-Struktur gewandelt. Lebten zum Zeitpunkt t_0 10 Prozent *Pioniere* im Gebiet, sind es ein Jahr später 11,6 Prozent. Der Anteil der *Gentrifier* stieg von null Prozent auf 1,8 Prozent. Der Anteil der *Anderen* (von 50% auf 47,7%) und der *Alten* (von 40% auf 38,9%) nahm hingegen ab. Diese Output-Struktur kann nun wieder zur Grundlage der Prognose der Bevölkerungsstruktur nach zwei Jahren herangezogen werden. Bei unveränderter Parameter- und Prozeßstruktur ergibt sich dann nach zwei Jahren folgende Output-Struktur (gerundete Ergebnisse)[1]:

Anzahl der *Pioniere* nach zwei Jahren = 116-116*0,20+93*0,4=130;
Anzahl der *Gentrifier* nach zwei Jahren = 18-18*0,15+93*0,2=34;
Anzahl der *Anderen* nach zwei Jahren = 477-477*0,10+93*0,3=457;
Anzahl der *Alten* nach zwei Jahren = 389-389*0,05+93*0,1=379.

Die Anteile der *Pioniere* und *Gentrifier* haben sich weiter erhöht, während die der *Anderen* und *Alten* weiterhin abnehmen. Hier haben wir es mithin mit einem Prozeß zu tun, der von Hernes als ausgedehnte Reproduktion bezeichnet wird. Der Prozeß des Bevölkerungswandels stoppt erst, wenn bei unveränderter Parameter-

---

1 Zur Erinnerung: Die Anzahl der Auszüge in einem bestimmten Zeitraum wird nach der folgenden Formel berechnet:

$$N(t_0 \rightarrow t_1)_{aus} = \sum_{i=1}^{k} N_{t\,0i} * p_{aus\,i}$$

Da die Anzahl damit von der Anzahl der einzelnen Bevölkerungsgruppen in dem Gebiet und ihren Auszugswahrscheinlichkeiten abhängt und in diesem Beispiel die Anzahl der Bevölkerungsgruppen zwischen den einzelnen Zeitpunkten variiert, verändert sich auch die Anzahl der Auszüge. Da wiederum die Anzahl der Einzüge und die Anzahl der Auszüge innerhalb eines Zeitraumes als gleich angenommen werden, verändert sich die Anzahl der Einzüge ebenfalls.

und Prozeßstruktur 240 *Pioniere*, 160 *Gentrifier*, 360 *Andere* und 240 *Alte* in dem Gebiet leben. Diese Verteilung entspricht einem stabilen Gleichgewicht, und der Prozeß geht von einer ausgedehnten in eine einfache Reproduktion über. In unserem Beispiel ist dies nach 100 Zeiteinheiten der Fall.

Das Beispiel macht deutlich, daß Bevölkerungsveränderungen auftreten können, obwohl Auszugs- und Einzugswahrscheinlichkeiten konstant bleiben. Die Veränderungen konvergieren zu einer Gleichgewichtsverteilung, d.h. die Bevölkerungsstruktur bleibt ab diesem Zeitpunkt konstant. Die Struktur der Gleichgewichtsverteilung ist nicht von der Ausgangsverteilung im Wohngebiet, sondern von den Parametern abhängig. Damit schließt sich die Frage an, wie dieses einmal erreichte Gleichgewicht wieder zerstört wird. Diese Frage leitet auf die anderen beiden Prozeßtypen über.

Wenden wir uns zunächst dem Prozeß des Übergangs zu. Er ist durch die Veränderung von Parameter- und Output-Struktur bei unveränderter Prozeß-Struktur definiert. Um deutlich zu machen, was damit gemeint ist, ziehen wir wieder unser Beispiel des Wohngebietes A heran. Für dieses konnte bei der gegebenen Parameter-Struktur ein stabiles Gleichgewicht festgestellt werden. Nehmen wir nun an, daß aufgrund des 'baby-booms' Anfang der 60er Jahre und der Bildungsreform der Anteil der *Pioniere* zunimmt.[1] Diese Zunahme sollte sich auch in der Verteilung der Nachfrager nach innenstadtnahem Wohnraum widerspiegeln. Vereinfachend wollen wir annehmen, daß der Anteil der *Pioniere* an den Nachfragern nach freiem Wohnraum jährlich um einen Prozentpunkt zunimmt. Nehmen wir weiter an, daß diese Zunahme ausschließlich zu Lasten der Gruppe der *Anderen* geht, ihr Anteil an den Nachfragern also jährlich um einen Prozentpunkt abnimmt.[2] Da wir annehmen, daß die Anbieter von Wohnungen nicht diskriminieren, stellt der Nachfrageranteil der jeweiligen Bevölkerungsgruppe weiterhin die Einzugswahrscheinlichkeit dieser Bevölkerungsgruppe dar. Damit ändern sich also pro Zeiteinheit zwei Parameter, alle anderen (alle Auszugswahrscheinlichkeiten und die Nachfrageranteile der *Gentrifier* und der *Alten*) bleiben konstant. Für das Wohngebiet A ergibt sich dann nach dem ersten Jahr die folgende Bevölkerungsverteilung:

Anzahl der *Pioniere* nach einem Jahr = 240-240*0,20+120*0,41=241;
Anzahl der *Gentrifier* nach einem Jahr = 160-160*0,15+120*0,20=160;
Anzahl der *Anderen* nach einem Jahr = 360-360*0,10+120*0,29=359;
Anzahl der *Alten* nach einem Jahr = 240-240*0,05+120*0,10=240.

---

1 Es sei daran erinnert, daß *Pioniere* als jung, mit hoher Bildung und geringem Einkommen definiert wurden (siehe Kapitel 2.2).
2 Bei einer Unterscheidung von *Jungen* und *Gesetzten* wären hier vor allem die *Jungen* betroffen.

Dieses Resultat stellt wiederum die Grundlage für die Prognose der Bevölkerungsstruktur ein Jahr später dar, wobei der Anteil *Pioniere* an allen Nachfragern wieder
um einen Prozentpunkt zu- und der der *Anderen* um einen Prozentpunkt abnimmt.

Anzahl der *Pioniere* nach zwei Jahren = 241-241*0,20+120*0,42=243;
Anzahl der *Gentrifier* nach zwei Jahren = 160-160*0,15+120*0,20=160;
Anzahl der *Anderen* nach zwei Jahren = 359-359*0,10+120*0,28=357;
Anzahl der *Alten* nach zwei Jahren = 240-240*0,05+120*0,10=240.

Sollte der Nachfrageanteil der Pioniere weiter um einen Prozentpunkt jährlich
steigen, der der Anderen um einen Prozentpunkt jährlich sinken, würde nach zehn
Jahren die Bevölkerungsstruktur im Wohngebiet A folgendes Aussehen haben (vgl.
auch Abbildung 3.3):

	t_0	t_{10}	Diff.
Pioniere	24,0%	28,4%	+ 4,4%-Punkte
Gentrifier	16,0%	16,2%	+ 0,2%-Punkte
Andere	36,0%	31,3%	- 4,7%-Punkte
Alte	24,0%	24,1%	+ 0,1%-Punkte

In diesem Fall hat ein demographischer Wandel die Parameter-Struktur verändert
und das Wohngebiet A aus dem Gleichgewichtszustand gebracht. Die eigentliche
Bevölkerungsverteilung im Gebiet (Output-Struktur) hatte keinen Einfluß auf den
Wandel der Parameter-Struktur. Dies ist keineswegs die Regel. Die Output-Struktur kann ebenfalls direkt auf die Parameter-Struktur wirken. So könnte es sein, daß
zum Zeitpunkt t_{10} der Anteil der Pioniere inzwischen so hoch ist, daß immer mehr
Gentrifier das Wohngebiet interessant finden, es gleichzeitig jedoch für alte Menschen an Attraktivität verliert. Es soll daher angenommen werden, daß vom Zeitpunkt t_{10} an der Anteil der *Gentrifier* an allen Nachfragern jährlich um 0,5 Prozentpunkte zunimmt, der Anteil der *Alten* jährlich um 0,25 Prozentpunkte abnimmt. Zudem soll angenommen werden, daß die 'baby-boom' Generation inzwischen vollständig auf dem Wohnungsmarkt nachfragt und einige *Pioniere* in die
Gruppe der *Gentrifier* oder der *Anderen* 'hereingewachsen' sind. Der Anteil der
Pioniere an allen Nachfragern soll daher jährlich um 0,25 Prozentpunkte abnehmen, während der der *Anderen* konstant bleibt (da er in den ersten zehn Jahren um
jährlich einen Prozentpunkt gesunken ist, beträgt er nur noch 20 Prozent). Nehmen
wir diese Veränderungen der Parameter-Struktur für die nächsten zehn Jahre an,
dann steigt der Anteil der *Pioniere* von 28,4 Prozent zum Zeitpunkt t_{10} auf 30,4

Prozent zum Zeitpunkt t_{20} (trotz abnehmendem Anteil unter den Nachfragern!). Der Anteil der *Gentrifier* steigt von 16,2 Prozent auf 19,1 Prozent, der der *Anderen* sinkt von 31,3 Prozent auf 27,4 Prozent (trotz unverändertem Nachfrageranteil!), und der der *Alten* sinkt von 24,1 Prozent auf 23,1 Prozent (vgl. auch Abbildung 3.3).

Nehmen wir nun an, daß die Anbieter von Wohnungen auf diese Entwicklung reagieren. Zum einen investieren sie aufgrund der stärkeren Nachfrage der *Gentrifier*, also einkommensstarker Haushalte, wieder in den Wohnungsbestand, um die Wohnungen dann teuer zu vermieten. Dies führt zu einer weiteren Veränderung in der Parameter-Struktur. Aufgrund der gestiegenen Mietpreise nimmt der Anteil an *Pionieren*, *Anderen* und *Alten* ab, während der Anteil der *Gentrifier* zunimmt. Wir wollen annehmen, daß der Anteil der *Pioniere* und der *Alten* jährlich um 0,35 Prozentpunkte, der der *Anderen* um 0,3 Prozentpunkte abnimmt, während der Anteil der *Gentrifier* jährlich um einen Prozentpunkt zunimmt.

Zudem wollen wir annehmen, daß nicht nur der Mietpreis steigt, sondern die Anbieter von Wohnungen nun auch zwischen den Nachfragern diskriminieren. Sie bevorzugen jetzt die Gentrifier vor den Gruppen der Anderen und Alten und diese wiederum vor den Pionieren. Hiervon ist nicht die Parameter-, sondern die Prozeß-Struktur betroffen, da die Einzugswahrscheinlichkeiten nicht mehr gleich den proportionalen Anteilen der jeweiligen Nachfragergruppen sind. War vorher die Einzugswahrscheinlichkeit $p_{ein\,i}$ gleich dem Nachfrageranteil $p_{nach\,i}$, wird der Nachfrageranteil nun mit einem Diskriminierungsfaktor $p_{dis\,i}$ gewichtet. Dieser Diskriminierungsfaktor gibt an, wie groß die Wahrscheinlichkeit ist, daß ein Nachfrager die Wohnung tatsächlich erhält. Bekommt er sie auf jeden Fall, ist $p_{dis\,i} = 1$, bekommt er sie auf keinen Fall, ist $p_{dis\,i} = 0$. Daraus folgt:

$$P_{ein\,i} = p_{nach\,i} * p_{dis\,i}$$

$$N_{t1\,i} = N_{t\,0\,i} - N_{t\,0\,i} * p_{aus\,i} + N(t_0 \rightarrow t_1)_{ein} * p_{nach\,i} * p_{dis\,i}$$

mit

$N_{t1\,i}$ = Anzahl der Gruppe i zum Zeitpunkt t_1
$N_{0t\,i}$ = Anzahl der Gruppe i zum Zeitpunkt t_0
$N(t_0 \rightarrow t_1)_{ein}$ = Gesamtzahl der Einzüge im Zeitraum zwischen t_0 und t_1
$p_{aus\,i}$ = Auszugswahrscheinlichkeit der Gruppe i
$p_{ein\,i}$ = Einzugswahrscheinlichkeit der Gruppe i
$p_{nach\,i}$ = Anteil der Nachfrager der Bevölkerungsgruppe i an allen Nachfragern
$p_{dis\,i}$ = Diskriminierungsfaktor

Es soll hier angenommen werden, daß jeder sich um eine freie Wohnung bewerbende *Gentrifier* die Wohnung auch bekommt, d.h. $p_{dis\,g} = 1$, drei von vier Nachfragern aus den Gruppen der *Anderen* und *Alten* sollen die Wohnungen bekommen

80

($p_{\text{dis an}}$ = $p_{\text{dis alt}}$ = 0.75) und nur jeder zweite *Pionier* ($p_{\text{dis p}}$ = 0.5). Diese Diskriminierungsfaktoren multipliziert mit den jeweiligen gruppenspezifischen Nachfrageranteilen im Zeitraum $t_0 \rightarrow t_1$ ergeben die Einzugswahrscheinlichkeiten. Nach wie vor nehmen wir keinen Leerstand an, d.h. es finden solange Einzüge statt, bis die Summe der Einzüge gleich der Summe der Auszüge ist.

Nimmt man die unterstellten Veränderungen der Parameter-Struktur und die neue Prozeß-Struktur wieder für zehn Jahre an, sinkt der Anteil der *Pioniere* von 30,4 Prozent auf 21,1 Prozent. Die Anteile der Gruppe der *Anderen* und der *Alten* sinken ebenfalls (von 27,4% auf 25,3% bzw. von 23,1% auf 19,7%), jedoch weniger stark. Der Anteil der *Gentrifier* steigt dementsprechend von 19,1 Prozent auf 33,9 Prozent relativ stark an (vgl. Abbildung 3.3). Diese, im Vergleich zur vorherigen Entwicklung, relativ tiefgreifenden Veränderungen bei den *Gentrifiern* und *Pionieren* sind vor allem durch die veränderte Prozeß-Struktur zu erklären. Inhaltlich also durch eine geänderte Wohnungsvergabepolitik der Wohnungsanbieter. Die veränderte Parameter-Struktur verstärkt den Prozeß noch.

Abbildung 3.3:   Anteil der vier Bevölkerungsgruppen im Zeitverlauf; Ergebnisse einer Computersimulation[1]

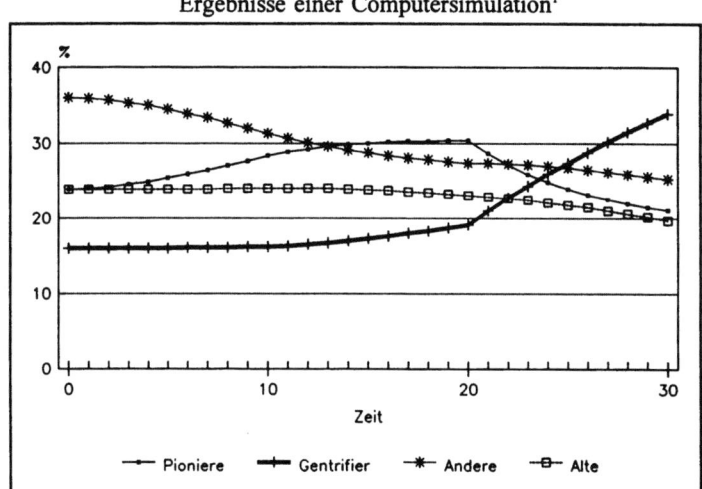

In unserem Beispiel hat sich damit im Wohngebiet innerhalb von 30 Zeiteinheiten der Anteil *Gentrifier* von 16 Prozent auf 33,9 Prozent erhöht, also mehr als ver-

---

1 Die jeweils unterstellten Parameter-, Prozeß- und Outputstrukturen sind im Text beschrieben.

doppelt. Der Anteil der *Pioniere* ist dagegen zunächst von 24 Prozent auf 30,4 Prozent gestiegen, sackte dann aber auf 21,1 Prozent ab. Der Anteil der *Anderen* ist in den 30 Zeiteinheiten von 36 Prozent auf 25,3 Prozent, der der *Alten* von 24 Prozent auf 19,7 Prozent gefallen. Wir können damit von einer Aufwertung des Gebietes sprechen. Erklärt haben wir den Prozeß jedoch nicht, wir haben nur deutlich gemacht, *wie* das Ergebnis zustande kommt, wenn bestimmte Ein- und Auszugswahrscheinlichkeiten angenommen werden. Ein Aufwertungsprozeß läßt sich aber auch durch die Annahme anderer Parameter- und Prozeßstrukturen modellieren. Um von einer Erklärung sprechen zu können, muß eine Antwort darauf gegeben werden, *warum* die Gruppen unterschiedliche Aus- und Einzugswahrscheinlichkeiten aufweisen und *warum* die Anbieter von Wohnungen die freien Wohnungen in der angenommenen Art und Weise neu vermieten[1], d.h. es müssen empirisch abgesicherte Erkenntnisse über die Parameter- und Prozeßstruktur und deren Veränderungen vorliegen. Sollte sich dabei zeigen, daß die Annahmen empirisch nicht haltbar sind, hätten wir zwar das kollektive Phänomen formal korrekt abgeleitet, jedoch aufgrund von Annahmen, die nicht der Realität entsprechen. Kurz: Um von einer vollständigen Erklärung des kollektiven Phänomens sprechen zu können, müssen wir die Aus- und Einzugswahrscheinlichkeiten und ihre Konstanz bzw. Veränderungen, sprich die individuellen Effekte, erklären.

Da durch die unterschiedlichsten Kontexteinflüsse, durch die entstehenden Externalitäten der Handlungen unterschiedlichster Akteure und den Koorientierungen der Akteure untereinander dabei ein hoher Komplexitätsgrad zu bewältigen ist, bietet sich die Heranziehung eines heuristischen Erklärungsschemas zur Strukturierung der Analyse an. Raymond Boudon (1980: 121ff.) hat ein derartiges entwickkelt. Es besteht aus drei Komponenten: dem Interdependenz- bzw. Interaktionssystem[2], die auf das Interdependenzsystem wirkende Umwelt und aus dem Interdependenzsystem ableitbare Resultate. Den zentralen Bestandteil bildet das Interdependenzsystem. Es besteht aus den relevanten Akteuren, ihren Präferenzen, ihren Ressourcen und ihrem jeweiligen Informationsstand. Im Fall der Wiederaufwertung innenstadtnaher Wohngebiete können wir zunächst sehr grob zwischen Anbietern und Nachfragern von Wohnungen unterscheiden. Die Nachfrager sind dann nochmals nach *Pionieren, Gentrifier, Jungen, Gesetzten* und *Alten* zu trennen. Die Anbieter von Wohnungen sind u.U. ebenfalls nochmals nach privaten Anbietern und öffentlichen Anbietern zu differenzieren. Zudem muß wohl der Makler/die Maklerin als intermediärer Akteur zwischen Anbietern und Nachfragern besonders

---

1 Coleman (1964: 37ff.) unterscheidet diesbezüglich erklärende von synthetischen Theorien. Mit ersteren soll erklärt werden, warum individuelle Effekte auftreten, mit letzteren, wie diese Effekte zusammengeführt werden können, um das interessierende kollektive Phänomen abzuleiten.

2 Boudon benutzt die Begriffe synonym.

betrachtet werden. Für diese Gruppen benötigen wir zahlreiche Informationen. Informationen über ihre Ressourcen und Präferenzen, über ihren Informationsstand, ihre Stellung im Lebenszyklus, ihre relative Größe etc. Die zweite wichtige Komponente bildet die relevante Umwelt. Sie enthält institutionelle, ökonomische, historische und demographische Gegebenheiten. Zudem werden auch alle Akteure, die nur mittelbar auf die Resultate Einfluß haben, zur Umwelt gerechnet. Im Fall der Aufwertung innenstadtnaher Wohngebiete gehören beispielsweise rechtliche Regelungen, wie das Mietrecht oder das Eigentumsförderungsgesetz zur Umwelt. Doch sollen an dieser Stelle nicht die Umweltfaktoren aufgezählt werden. Wichtig ist, daß bei einer Detailanalyse des Prozesses die wichtigsten auf das Interdependenzsystem wirkenden Umweltfaktoren berücksichtigt werden.

In der Abbildung 3.4 ist das Schema dargestellt. Die einzelnen Pfeile zeigen die Richtung der möglichen Effekte. In Abhängigkeit davon, welche Effekte auftreten, unterscheidet Boudon ähnlich wie Hernes verschiedene Prozeßtypen, auf die hier nicht näher eingegangen wird. Statt dessen sollen die Effekte (c), (d), (e) und (f) kurz dargestellt werden.[1] Ein Feedback-Effekt (c) liegt immer dann vor, wenn das konkrete Ergebnis eine Veränderung der Parameter- oder Prozeß-Struktur hervorruft. In unserem obigen Beispiel waren dies die angenommenen Mieterhöhungen aufgrund der Zunahme an Gentrifierhaushalten, die die Parameter-Struktur veränderten und die sich aus dem gleichen Grund wandelnde Wohnungsvergabepolitik, die die Prozeß-Struktur änderte. Der Effekt beschreibt damit die Auswirkungen der Externalitäten der Handlungen auf die direkt im Prozeß involvierten Akteure. Auch der Feedback-Effekt (d) beschreibt die Auswirkungen der Externalitäten, jedoch auf nur mittelbar betroffene Akteure. Wenn zum Beispiel eine Aufwertung von starken Mietpreissteigerungen und einer Verdrängung der alten, einkommensschwachen Bevölkerungsgruppen begleitet ist, und dadurch wiederum das Problem der Obdachlosigkeit verstärkt wird, kann dies zu einer Novellierung des Mieterschutzgesetzes führen. Dadurch hätte das Resultat zu einem Wandel der Umwelt geführt, was wiederum einen Einfluß auf das Interdepenzsystem haben kann. Da diese Veränderungen natürlich ebenfalls von Akteuren bewirkt werden, die nur in der Regel nicht unmittelbar an dem Prozeß der Aufwertung beteiligt sind, ist es legitim, ebenfalls von Externalitäten zu sprechen.

Die Akteure des Interdependenzsystems können aber auch direkt versuchen, Einfluß auf die Umwelt zu nehmen. Wenn beispielsweise ein vermehrter Zuzug von Pionieren und eine nachfolgende Veränderung der Infrastruktur zu einer

---

1 Die Effekte (a) und (b) sind schon bekannt. Sie entsprechen dem Einfluß des Kontextes 1 auf die Akteure und deren Handlungen und den Auswirkungen der Handlungen, die zum Kontext 2 führen (siehe Abbildung 3.2).

stärkeren nächtlichen Lärmbelästigung führt, wäre es denkbar, daß sich ein Teil der Bewohner an das Ordnungsamt wendet, um die Schließung einiger Kneipen zu bewirken. In diesem Fall hat das Resultat, die Zunahme der nächtlichen Lärmbelästigung, zunächst Auswirkungen auf das Interdependenzsystem. Einige Bewohner fühlen sich durch den Lärm so stark gestört, daß sie nun eine vorher nicht genutzte Handlungsalternative ausführen. Sie wenden sich an das Ordnungsamt. Da das Ordnungsamt zur Umwelt gehört, handelt es sich um einen Effekt (e). Handelt das Ordnungsamt - als korporativer Akteur - und veranlaßt die Schließung einiger Kneipen, hat dies natürlich wiederum Einfluß auf das Interdependenzsystem.

Abbildung 3.4: Das heuristische Erklärungsschema kollektiver Phänomene nach Boudon (1980: 123)

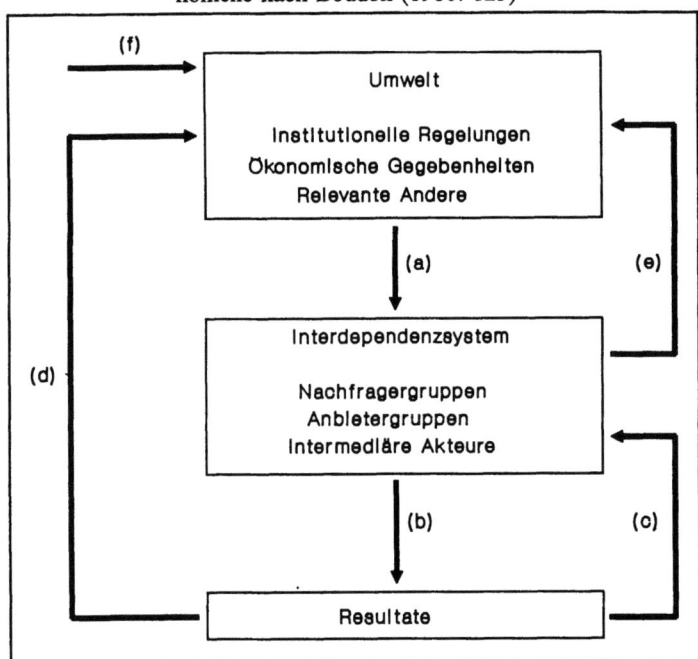

Jeder der Effekte kann nun wieder eine Reihe von Folgeeffekten auslösen. So kann es sein, daß sich die Pioniere als Folge der Schließung von Kneipen an das Ordnungsamt wenden (Effekt (e)). Gleichzeitig verliert das Wohngebiet an Attraktivität für die Pioniere, was sich in einer erhöhten Auszugswahrscheinlichkeit und einem sinkenden Nachfrageranteil deutlich macht. Die veränderte Parameter-Struktur führt dann wieder zu einer veränderten Bevölkerungsstruktur im Gebiet usw. Schließlich ist in der Abbildung 3.4 ein weiterer Effekt (f) angegeben. Dieser ist bei Boudon nicht explizit vorgesehen. Da er jedoch für jede Erklärung von außerordentlicher Bedeutung ist, muß auf ihn verwiesen werden. Der Effekt (f) steht für alle Faktoren, die von außen Einfluß auf die Umwelt haben, d.h. für alle exogenen Faktoren. So wird das Einkommensteuergesetz Effekte auf das Interdependenzsystem haben und gehört damit als rechtliche Regelung zur relevanten Umwelt. Änderungen des Gesetzes können allerdings nicht oder nur in Teilen aus dem interessierenden Interdependenzsystem oder den resultierenden Ergebnissen erklärt werden. In der Regel werden derartige Veränderungen durch Resultate anderer Interdependenzsysteme erzeugt, die nicht zum Gegenstandsbereich des spezifischen Erklärungsproblems gerechnet und damit von außen an die Umwelt herangetragen werden. Gleiches gilt für die schon erwähnte Bildungsreform, mit der sich der Anteil der Pioniere erhöhte. Auch die Bildungsreform stellt eine Veränderung der relevanten Umwelt des Interdependenzsystems dar, die nicht prozeßintern zu erklären ist; auch hier also ein exogener Einflußfaktor. In der Analyse müssen derartige exogene Faktoren ausfindig gemacht werden, denn sie geben häufig erst die Initialzündung für einen Wandel. Natürlich bedürfen die Veränderungen ebenfalls einer Erklärung, doch sollte diese anderen Forschern überlassen oder zurückgestellt werden, damit das eigentliche Erklärungsproblem nicht aus den Augen verloren wird.

3.4 Zusammenfassung und Implikationen für den weiteren forschungslogischen Ablauf der Studie

Damit sind alle Bausteine des theoretischen Konzeptes dargelegt. Es wurde der nomologische Kern der Erklärung herausgearbeitet und gezeigt, daß die eigentlich soziologische Arbeit in der Ableitung und empirischen Prüfung von Brückenhypothesen und der Aggregation der individuellen Effekte liegt. In den nachfolgenden Kapiteln wird es daher um diese beiden Punkte, die Logik der Situation und die Logik der Aggregation, gehen. Schließlich wurde eine Konzeption zur Erklärung sozialer Prozesse entwickelt. Wie am Beispiel gezeigt wurde, ist es für die Erklärung zentral, die in dem Prozeß direkt Beteiligten zu identifizieren, ihre quantitative Stärke, ihre Präferenzen, Handlungsopportunitäten und -restriktionen herauszuarbeiten. Von diesen Akteuren, die das Interdependenzsystem bilden, ist die relevante Umwelt zu unterscheiden, die keine direkten Effekte auf die Resultate hat, sondern nur mittelbar über das Interdependenzsystem wirkt. Diese Konzeption einer handlungstheoretischen Erklärung bietet die Möglichkeit, unterschiedlichste stadtsoziologische Fragestellungen anzugehen. Beispiele hierfür sind neben der Aufwertung innenstadtnaher Wohngebiete, der Prozeß der Suburbanisierung, die Entstehung und Ausbreitung von Obdachlosigkeit oder die räumliche Segregation einzelner Bevölkerungsgruppen. Aber auch Stadtentwicklungsprozesse lassen sich erklären, allerdings wird man dabei weniger von individuellen Akteuren ausgehen können, sondern stärkeres Gewicht auf korporative Akteure legen müssen.[1] Die entwickelte Konzeption wird damit als Gerüst für einen handlungstheoretischen Ansatz in der Stadtsoziologie vorgeschlagen.

Das heuristische Erklärungsschema macht es möglich, die Wechselbeziehungen der Akteure in systematischer Weise zu analysieren. In Anlehnung an die Methode der abnehmenden Abstraktion sollten in einem ersten Schritt nur wenige Akteursgruppen im Interdependenzsystem und nur eine begrenzte Anzahl von Umwelteffekten zur Erklärung herangezogen werden. Sukzessive können weitere Akteure dem Interdependenzsystem zugeordnet und zusätzliche Umweltfaktoren Berücksichtigung finden. Schritt für Schritt wird damit die Komplexität der Erklärung erhöht.

Mit diesem Erklärungsschema als Vorlage ist es dann für den Forscher auch nicht verwunderlich, daß sich der Prozeß der Aufwertung innenstadtnaher Wohnviertel weder in allen Städten gleich entfaltet hat, noch dies in Zukunft tun wird (Beauregard 1986: 53). Vor dem Hintergrund der denkbaren Umwelteinflüsse auf das Interdependenzsystem, der Vielzahl der möglichen Feedback-Effekte, seien sie direkt oder indirekt über die Umwelt und der möglichen exogen erzeugten Effekte, wäre eine in allen Städten gleichförmige Entwicklung auch überraschend. Ganz im Gegenteil, aufgrund der unterschiedlichen strukturellen Gegebenheiten, sollten variierende Prozeßverläufe geradezu erwartet werden. So nimmt in der Bundesrepublik beispielsweise der Mietwohnungsmarkt einen viel größeren Platz ein als in Nordamerika. Zudem ist der Anteil der Sozialwohnungen in der Bundesrepublik viel höher als in den USA. Auch auf der rechtlichen Seite gibt es gravierende Unterschiede, wie zum Beispiel die Mieterschutzgesetze. Aber selbst innerhalb der jeweiligen Länder existieren häufig erhebliche Unterschiede. So sind z. B. die Städte Essen und Frankfurt trotz vergleichbarer Einwohnerzahl, hinsichtlich vieler Dimensionen sehr unterschiedlich.[2] Diese Unterschiede sollten auch mehr oder

---

1 Ein Modell der Stadtentwicklung, abgeleitet aus handlungstheoretischen Annahmen und unter Verwendung des dargestellten heuristischen Erklärungsschemas, wurde von einer niederländischen Forschergruppe um Leo van den Berg und Leo H. Klaassen entwickelt (vgl. speziell Berg et al. 1982: 8ff.; Klaassen und Scimemi 1981).

2 Nur einige Beipiele (alle Angaben stammen aus dem Statistischen Jahrbuch Deutscher Gemeinden, 80.Jahrgang 1993): 1992 lag der Ausländeranteil in Frankfurt bei 28,8%, in Essen bei 8,8%. Frankfurt verzeichnete 1991 einen Wanderungsgewinn von 16,3 Personen auf 1.000 Einwohner, Essen von nur 3,0 Personen. Auf 1.000 Einwohner kamen im Wintersemester 1992/93

weniger starke Variationen bezüglich der sozialräumlichen Veränderungen urbaner Strukturen und damit von innerstädtischen Aufwertungsprozessen zur Folge haben. Es überrascht daher nicht, daß die angenommenen Phasenverläufe des Aufwertungsprozesses empirisch nicht nachgewiesen werden konnten (vgl. DeGiovanni 1983; Kerstein 1990). Ist doch die Wahrscheinlichkeit der dazu spezifischen strukturellen Gegebenheiten, der Parameter- und Prozeß-Struktur, der notwendigen Feedback-Effekte so gering, daß man sich wundern müßte, wenn der Prozeß tatsächlich in der als idealtypisch angenommenen Form verlaufen würde. Daher ist Beauregard (1986: 40) zuzustimmen, der meint:

"The diversity of gentrification must be recognized, rather than conflating diverse aspects into a single phenomenon."

Diese unterschiedlichen Randbedingungen sollten aber nicht dazu führen, jeweils ein anderes Erklärungsmodell heranzuziehen. Statt dessen sollte auf der Grundlage *eines* Erklärungsansatzes jeweils neu geprüft werden, welche Aussagen sich über die Akteure im Interdependenzsystem treffen lassen, was die relevanten Umweltfaktoren sind und zu welchen Ergebnissen die daraus abgeleiteten sozialen Handlungen der Akteure führen. Nur der Kern des handlungstheoretischen Ansatzes ist fixiert, die Annahme des nutzenmaximierenden Individuums, alle anderen Faktoren müssen immer wieder neu herausgearbeitet und empirisch geprüft werden. So wird es möglich, ein zwar weit verbreitetes, in seiner spezifischen Gestalt jedoch jeweils einzigartiges Phänomen, wie die Aufwertung innenstadtnaher Wohnorte, zu erklären.

Aus diesen Ausführungen leitet sich nun die Logik der weiteren Gliederung der Arbeit ab. Zunächst soll auf die Akteure des Interdepenzsystems eingegangen werden, wobei ich mich allerdings auf die Nachfrageseite konzentrieren werde. Es werden Typen von Wohnungsnachfragern unterschieden, ihr quantitatives Verhältnis zueinander beleuchtet, ihre Präferenzen oder allgemeiner, ihre Lebensstile diskutiert. Aus diesen Analysen sollen sich Hinweise auf Veränderungen im Ausmaß und der Zusammensetzung von Nachfragern nach innenstadtnahem Wohnraum ergeben. Danach schließt sich eine detaillierte empirische Analyse der Bewertungen, Präferenzen und Handlungsopportunitäten schon in innenstadtnahen

---

in Frankfurt 74,3, in Essen nur 35,7 Studierende. In Frankfurt waren 1992 insgesamt 319.000 sozialversicherungspflichtige Arbeitnehmer in den Wirtschaftsabteilungen "Handel", "Verkehr und Nachrichtenübermittlung", "Kreditinstitute und Versicherungsgewerbe" und "Dienstleistungen soweit anderweitig nicht genannt" beschäftigt. In Essen waren es nur 130.300. Während Frankfurt schließlich 1992 Steuereinnahmen in Höhe von DM 3.168 je Einwohner aufweisen konnte, waren es in Essen nur DM 1.726. Dies alles sind in der Literatur zur Aufwertung innenstadtnaher Wohnviertel als zentral angesehene Indikatoren.

Wohnquartieren lebender Personen an. Hier sollen Erkenntnisse über Auszugswahrscheinlichkeiten und mögliche Verdrängungsprozesse gewonnen werden.

Auf die anderen Akteure des Interdependenzsystems, die privaten und öffentlichen Wohnungsanbieter, wird nicht in dieser ausführlichen Form eingegangen. Ihre Handlungsoptionen werden im Zusammenhang mit sich wandelnden Randbedingungen und einer sich verändernden Zusammensetzung der Wohnungsnachfrager nach innenstadtnahem Wohnraum im Interdependenzsystem diskutiert. Damit sollen die grundlegenden Mechanismen eines Aufwertungsprozesses aufgedeckt werden.

4. Indikatoren einer veränderten Nachfrage nach innenstadtnahem Wohnraum

"Die wirklichen Städte haben die Eigenschaft, daß sie die Vorzüge eines Dorfes mit den Reizen einer Stadt verbinden: Sie bestehen aus Vierteln, Quartieren oder Faubourgs, die sich, um ein Zentrum gruppiert, ihre Eigenart bewahrt haben ..." (Böll 1994 [1953]: 125)

Wer sind die typischen Nachfrager nach innenstadtnahem Wohnraum? Wie hat sich ihre relative und absolute Stärke entwickelt? Welche Gründe haben sie, innenstadtnahen Wohnraum zu präferieren? Diesen und ähnlichen Fragen soll im folgenden genauer nachgegangen werden. Einen ersten Zugang finden wir durch Gans' (1974 [1962]) frühe Analyse typischer Bewohner innenstadtnaher Wohnviertel. Er unterscheidet fünf Typen, die er als a) die 'Kosmopoliten', b) die Unverheirateten oder Kinderlosen, c) die Angehörigen 'ethnischer Dörfer', d) die sozial Benachteiligten und e) die 'Mitgefangenen' oder sozialen Absteiger bezeichnet (ebenda: 70). Die beiden ersten Gruppen umfassen bei Gans die heute im Prozeß der Aufwertung innenstadtnaher Wohnviertel als *Gentrifier* und *Pioniere* bezeichneten Wohnungsnachfrager. So setzen sich die 'Kosmopoliten' aus "Studenten, Künstler, Musiker, und in der Unterhaltungsbranche Tätige, sowie andere Intellektuelle und Akademiker" zusammen (ebenda: 70f.). Viele von ihnen seien unverheiratet und kinderlos. Gans' 'Kosmopoliten' setzen sich damit sowohl aus *Pionieren* (Studenten, Künstler) als auch aus *Gentrifiern* (Intellektuelle, Akademiker) zusammen. Sie alle würden in der Innenstadt wegen der Nähe zu 'kulturellen' Einrichtungen wohnen.

Mit den Unverheirateten oder Kinderlosen sind bei Gans junge Heranwachsende gemeint, die sich zusammentun, "um sich, unabhängig von ihren Eltern und in der Nähe ihrer Arbeitsstätten oder von Unterhaltungszentren, eine Wohnung zu mieten" (ebenda: 71). Auch wenn hier die Abgrenzung zu Teilen der 'Kosmopoliten' nicht allzu trennscharf ist - denn auch dort haben wir mit unverheirateten und kinderlosen Studenten und Künstlern sehr junge Personen - ist doch eindeutig, daß Gans hier die *Pioniere* meint.

Mit den Angehörigen 'ethnischer Dörfer' sind ethnische Gruppen gemeint, wie sie z.B. an anderer Stelle von Gans (1962) selbst, von Zorbaugh (1929) oder von Wirth (1928) beschrieben werden. In Deutschland sind das Äquivalent zu diesen

Gruppen die Arbeitsmigranten aus den Anwerbeländern.[1] Die beiden letzten Gruppen zeichnen sich schließlich durch äußerst geringe Ressourcen auf allen Dimensionen (ökonomisch, kulturell und sozial) aus. Nach Gans handelt es sich um die "Mittellosen; die psychisch Gestörten oder anderweitig Behinderten; gescheiterte Familien" und spezifisch für die USA, vor allem um die farbige Bevölkerung (Gans 1974 [1962]: 72).

Diese, auf die Städte der USA bezogene Typologie, gilt sicherlich nicht in voller Form für die Städte in der Bundesrepublik, doch spricht einiges dafür, daß die genannten Gruppen auch in Deutschland einen großen Anteil an Innenstadtbewohnern ausmachen. So zeigen ältere Sozialraumanalysen und faktorialökologische Untersuchungen konsistent einen hohen Ausländeranteil in den innenstadtnahen Wohnvierteln, einen 'geringen Familienstatus', d.h. einen hohen Anteil kleiner, kinderloser Haushalte, und einen relativ geringen sozio-ökonomischen Status der Bewohner, allerdings mit einzelnen, nicht unerheblichen Ausnahmen von Innenstadtquartieren, deren Bewohner einen hohen Status aufweisen.[2] Diese empirischen Ergebnisse stehen damit durchaus im Einklang mit den beschriebenen Typen von Innenstadtbewohnern.

Kommen wir daher nochmals auf Gans zurück. Er verweist mit seiner Annahme, daß nur die 'Kosmopoliten' und die Unverheirateten oder Kinderlosen, also unsere heutigen *Pioniere* und *Gentrifier*, aufgrund freier Wahl in einem Innenstadtquartier leben, während die anderen Gruppen mehr oder weniger gezwungen sind, dort zu wohnen (Gans 1974 [1962]: 71), auf den zentralen Aspekt unterschiedlicher Handlungsopportunitäten der Nachfragergruppen. Diese wiederum lassen sich aus der Ressourcenausstattung der Wohnungsnachfrager und damit ihrer Konkurrenzfähigkeit auf dem Wohnungsmarkt ableiten. Und hier stehen die jungen, hoch gebildeten (kulturelles Kapital), die teilweise über ein hohes Einkommen verfügen (ökonomisches Kapital), auch in der Bundesrepublik im Vergleich zu Arbeitsmigranten aus den Anwerbeländern, Asylanten und deutschen sozialen Randgruppen relativ gut da.[3] Bei Konkurrenz um ein knapp gewordenes Gut 'Wohnen', werden sich daher die jungen Gebildeten gegenüber den sozialen Randgruppen durchsetzen. Bei einer absoluten Zunahme der Nachfrage nach innenstadtnahem Wohnraum durch 'Kosmopoliten' und Unverheiratete oder Kinderlose, also Pioniere und Gentrifier, und der Annahme einer größeren Konkurrenzfähigkeit im

---

1 Als Beispiel siehe die Arbeit von Hoffmeyer-Zlotnik (1977) über die Lebenssituation der Türken in Berlin-Kreuzberg.

2 Eine Übersicht über die Forschungsergebnisse geben Friedrichs (1981: 183ff.), Hamm (1982) und O'Loughlin und Glebe (1980).

3 Verstärkt wird der Konkurrenzvorteil noch durch den Sachverhalt, daß Personen mit hoher Bildung über ein weniger dichtes und räumlich ausgedehnteres soziales Netzwerk verfügen als Personen mit geringer Bildung (Fischer 1982: 146 und 159).

Wettbewerb um innenstadtnahen Wohnraum mit den anderen Nachfragergruppen, würden mithin Aufwertungsprozesse die logische Konsequenz sein. Aus diesem Grund will ich mich in der nachfolgenden Analyse auf die 'Kosmopoliten', die Unverheirateten und Kinderlosen, d.h. auf die *Pioniere* und *Gentrifier* beschränken. Damit soll nicht ausgedrückt werden, daß die Entwicklung der anderen Gruppen, ihre materielle Situation, ihre Präferenzen, Lebensformen und Lebensstile unwichtig seien. Ebensowenig meine ich, diese Gruppen hätten auf dem Wohnungsmarkt überhaupt keine Wahlmöglichkeiten. Da aber angenommen wird, auf der Nachfrageseite seien die *Pioniere* und *Gentrifier* die Antreiber von Aufwertungsprozessen, liegt der Schwerpunkt der Suche nach einer veränderten Nachfrage nach innenstadtnahem Wohnraum bei diesen Gruppen.

Zwei unterschiedliche Ursachen einer Verschiebung der Nachfragerstruktur sind dabei prinzipiell denkbar. Zum einen ein quantitativer sozio-demographischer Wandel, zum anderen ein Wandel von Wertvorstellungen, der neue Lebensstile und Haushaltstypen hervorbringt. Beide Prozesse werden in der sozialwissenschaftlichen Diskussion häufig nicht unterschieden, und tatsächlich sind sie empirisch auch nicht immer trennbar, da das dazu benötigte Datenmaterial fehlt. Wie wir noch sehen werden, kann beispielsweise empirisch nicht spezifiziert werden, ob die Zunahme nicht-ehelicher Lebensgemeinschaften im stärkeren Maße durch einen Wandel von Wertvorstellungen (d.h. Präferenzänderungen) oder abnehmender struktureller Zwänge (d.h. Restriktionsänderungen) bewirkt wurde. Die fehlenden Möglichkeiten einer empirischen Bestimmung der Stärke der jeweiligen Effekte sollte jedoch nicht dazu verleiten, auf der theoretischen Ebene die möglichen unterschiedlichen Ursachen eines Wandlungsprozesses nicht mehr zu trennen.

4.1 Quantitativer Wandel

Da sich die Aufwertung innenstadtnaher Wohnviertel als ein international auftretendes Phänomen darstellt, liegt es nahe, zunächst einige globale Trends aufzuzeigen. Eine Erscheinung in allen hoch entwickelten Ländern ist die Zunahme von Personen mit einer hohen formalen Bildung. Die Tabelle 4.1 zeigt die Entwicklung für einige ausgewählte Länder. Nicht die Unterschiede zwischen den Ländern sind hier relevant, sie sind aufgrund unterschiedlicher Ausbildungssysteme ohnehin nur schwer vergleichbar, sondern die Entwicklung innnerhalb der einzelnen Länder. In allen Ländern hat der Anteil von Schülern und Studenten im tertiären Bereich zugenommen. Die durchschnittliche Steigerung in den aufgeführten 13 Ländern beträgt 7,33 Prozentpunkte. Am höchsten ist sie mit 11,14 Prozentpunkten in Deutschland (nur alte Länder 1970-1990), am geringsten mit 2,38 Prozentpunkten in Japan (1970-1989). Die relative Zunahme ist auf einen

Anstieg der absoluten Anzahl der Schüler und Studenten im tertiären Bereich zurückzuführen. Im alten Bundesgebiet ist die Anzahl zwischen 1970 und 1990 von 700.000 auf 1.799.000, in Großbritannien von 601.000 auf 1.178.000 (1989) und in den USA von 8.498.000 auf 13.825.000 gestiegen. Diese Zahlen deuten darauf hin, daß der Anteil der Pioniere, die sich durch eine hohe formale Bildung auszeichnen, in allen Ländern zugenommen hat und noch zunehmen wird.

Tabelle 4.1: Entwicklung des Anteils von Schülern und Studenten im Tertiärbereich[1]

	1970	1975	1980	1985	1990
Deutschland[a]	6,27	8,21	9,84	14,16	17,41
Belgien	6,68	8,43	10,46	13,71	15,27[b]
Dänemark	8,21	11,38	10,19	11,52	15,08
Frankreich	7,99	9,87	10,06	11,88	14,94
Griechenland	5,68	6,82	6,87	9,66	10,36[b]
Großbritannien	5,69	6,31	7,46	10,11	12,42
Irland	3,83	6,37	7,09	8,45	10,55
Italien	7,33	9,14	10,31	11,56	15,08
Niederlande	8,56	9,52	11,67	12,22	17,32
Portugal	3,36	4,57	5,32	5,42	9,91
Spanien	3,69	7,32	8,42	10,42	12,15[c]
USA	14,88	19,52	22,36	23,07	24,57[b]
Japan	9,07	10,48	10,14	9,58	11,45[b]

[a] nur alte Bundesländer; [b] 1989; [c] 1988
Quelle: eigene Berechnungen nach Angaben aus dem Statistischen Jahrbuch 1994 für das Ausland, S. 129.

Ein genauerer Blick auf die Entwicklung in der alten Bundesrepublik in den Jahren von 1952 bis 1989 untermauert diesen Trend. So nahm der Anteil der Abiturienten unter den jeweils gleichaltrigen 18-20jährigen von sechs Prozent im Jahr 1960 auf 25 Prozent im Jahr 1990 zu. Ebenso stark stieg der Anteil der Studienanfänger an den Hochschulen. Begannen 1952 nur acht Prozent mit einem Studium an einer Fachhochschule oder Universität, waren es 1989 schon 30 Prozent (vgl. Geißler 1992: 216).

Neben der allgemeinen Bildungsexpansion ist eine zunehmende Angleichung des Anteils von Männern und Frauen an Hochschulen festzustellen. So hat sich das zahlenmäßige Verhältnis von Studenten zu Studentinnen in allen 12 Mitglied-

---

1 "Der Tertiärbereich umfaßt die Ausbildungsgänge nach Erfüllung der allgemeinen Schulpflichtzeit, die an den jeweils letzten Abschluß einer Ausbildung im Sekundarbereich II anschließen." (Statistisches Jahrbuch 1994 für das Ausland, S. 313) Die Gesamtzahl ergibt sich aus den Primär-, Sekundär- und Tertiärbereichen.

staaten der Europäischen Gemeinschaft zwischen 1971/72 und 1988/89 zugunsten der Studentinnen verändert. Insgesamt lag es 1971/72 noch bei 100:61, 1988/89 dagegen schon bei 100:90 (vgl. Eurostat 1992: 95f.). In der Bundesrepublik (alte Länder) erhöhte sich der Anteil der Frauen an den Studierenden an den Universitäten zwischen 1960 und 1989 von 27 Prozent auf 41 Prozent (Geißler 1992: 240).

Das steigende Bildungsniveau von Frauen hat Einfluß auf den Prozeß der Familienbildung und erklärt damit zum Teil einige Veränderungen hinsichtlich des Heiratsalters und der Geburtenziffern.[1] So ist in der Zwölfergemeinschaft sowohl bei den Frauen als auch den Männern das Durchschnittsalter der ersten Eheschließung seit Ende der 70er Jahre gestiegen (Eurostat 1991: 24). In der Bundesrepublik (alte Bundesländer) erhöhte sich das durchschnittliche Heiratsalter bei den Frauen von 22,9 Jahren im Jahr 1972 über 23,8 Jahre 1982 bis auf 25,5 Jahre im Jahre 1988. Bei den Männern stieg das Heiratsalter von 25,5 Jahren 1972 über 26,6 Jahre 1982 auf schließlich 28,0 Jahre im Jahr 1988 (Pöschl 1990: 705).

Während international die Anzahl der Geburten seit Mitte der 60er Jahre bis Mitte der 80er Jahre abnahm und seitdem wieder schwach ansteigt[2], steigt die Anzahl der nichtehelichen Geburten seit Ende der 70er Jahre an. Dieser Anstieg ist jedoch nicht darauf zurückzuführen, daß die Frauen immer früher ihr erstes Kind bekommen, ganz im Gegenteil, seit 1970 steigt das Durchschnittsalter der werdenden Mütter.

"Parallel zur Verkleinerung der Familie ist ein steigendes Alter der Erstgebärenden zu verzeichnen. Das Durchschnittsalter der Erstgebärenden hat sich parallel zum Durchschnittsalter bei der ersten Eheschließung entwickelt: Abnahme bis Anfang der siebziger Jahre (von 25,2 Jahren 1960 auf 24,2 Jahren 1970), danach Wiederanstieg auf 25,9 Jahre 1987 für die Zwölfergemeinschaft.

Zunehmendes Alter der Mütter, kleiner werdende Familien und wachsender Anteil der nichtehelichen Geburten kennzeichnen also die Familie der Europäischen Gemeinschaft." (Eurostat 1991: 27)[3]

Auch wenn aus diesen Zahlen nicht auf einen allgemeinen Bedeutungsverlust der Ehe und Familie geschlossen werden sollte, weisen sie doch auf einen zeitlich sich

---

1 Ob es sich dabei um eine Aufschiebung der Familienbildung (Institutionseffekt) oder um eine geringere Neigung zur Familienbildung (Niveaueffekt) handelt, soll hier nicht diskutiert werden. Vergleiche zu dieser Diskussion Blossfeld und Huinink (1989), Blossfeld und Jaenichen (1990), Blossfeld, Huinink und Rohwer (1991) sowie Brüderl und Klein (1991).
2 Dieser Anstieg erklärt sich dadurch, daß die Personen der geburtenstarken Jahrgänge Anfang bis Mitte der 60er Jahre inzwischen herangewachsen sind.
3 In der Bundesrepublik ist das Durchschnittsalter der Frauen bei der Geburt ihres ersten Kindes von 22,7 Jahre auf 26,0 Jahre gestiegen (Meyer 1992: 270).

ausdehnenden Lebensabschnitt hin, der durch Kinderlosigkeit, dem Status eines/ einer Ledigen und durch Nicht-Erwerbstätigkeit gekennzeichnet ist. Schon die Shell-Jugendstudie 1981 förderte diesen neuen, zwischen der Jugend- und Erwachsenenphase liegenden, als Post-Adoleszenz bezeichneten, Lebensabschnitt zu Tage.

> *"Zwischen Jugend und Erwachsensein tritt eine neue gesellschaftlich regulierte Altersstufe.* Das heißt, zunehmend mehr Jüngere treten nach der Jugendzeit als Schüler nicht ins Erwachsensein, sondern in eine Nach-Phase des Jungseins über. *Sie verselbständigen sich in* sozialer, moralischer, intellektueller, politischer, erotisch-sexueller, kurz gesprochen, in *soziokultureller Hinsicht,* tun dies aber, *ohne wirtschaftlich auf eigene Beine gestellt zu sein,* wie das historische Jugendmodell es vorsieht. *Das Leben als Nach-Jugendlicher* bestimmt das dritte Lebensjahrzehnt. In den USA hat man für die historisch neuartige und lebensgeschichtlich spätere Phase des Jungseins den Begriff der *'Post-Adoleszenz'* geprägt. Im führenden Land der Dienstleistungs- und Wohlstandszivilisation hat die Verlängerung und Zweiteilung des Jugendalters schon vor einigen Jahrzehnten ihren Anfang genommen. *In der Bundesrepublik etabliert sich Post-Adoleszenz im Grunde erst im letzten Jahrzehnt* als massenhaftes Phänomen." (Zinnecker 1981: 101; Hervorhebungen im Original)[1]

Verknüpft mit dem Sachverhalt, daß zu Beginn der 80er Jahre in der Bundesrepublik die geburtenstarken Jahrgänge der frühen 60er Jahre anfangen, auf den Wohnungsmarkt zu drängen, kommt es damit zu einer Überlagerung eines Kohorten-Effektes ('baby-boom-Generation') und eines Lebenszyklus-Effektes (sich ausdehnende Post-Adoleszenz-Phase). Ausdruck findet diese Entwicklung in einer veränderten Haushaltsstruktur, im Trend zu einer Zunahme von Einpersonenhaushalten und unverheiratet Zusammenlebenden. So stieg bei einer absoluten Zunahme von Privathaushalten zwischen 1961 und 1990 von 19,5 Mill. auf 28,2 Mill. der Anteil der Einpersonenhaushalte stark an (vgl. Abbildung 4.1). Während auch noch der Anteil der Zweipersonenhaushalte zunahm, nahm der Anteil aller größeren Haushalte stark ab (vgl. Bretz und Niemeyer 1992).

Absolut stieg die Anzahl der Einpersonenhaushalte in der alten Bundesrepublik zwischen 1972 und 1989 von 6 Mill. auf 9,8 Mill. (Pöschl 1990: 703). Differenziert nach Gemeindegrößenklassen zeigt sich, daß der Anteil in allen Gemeinden zunahm, wobei - trotz höheren Ausgangsniveaus - in den größeren Gemeinden mit 100.000 Einwohnern und mehr die Steigerungsraten geringfügig höher sind als in Gemeinden mit weniger als 100.000 Einwohnern. Die Niveauunterschiede haben sich zwischen den kleinen und großen Gemeinden zwischen 1972 und 1989 damit nochmals leicht verstärkt (Abbildung 4.2). Wie Statistiken für einzelne Großstädte zeigen, ist der Anteil der Einpersonenhaushalte in den innenstadtnahen Wohnberei-

---

1 In der Shell-Jugendstudie von 1992 (Jugendwerk der Deutschen Shell 1992) kommt dieser Trend durch die Erhöhung des Lebensalters der Personen der Stichprobe von 24 Jahre auf 29 Jahre zum Ausdruck.

chen nochmals höher als in der Gesamtstadt. So lag der Anteil der Einpersonenhaushalte an allen Privathaushalten in Köln 1987 insgesamt bei 45 Prozent, im
Stadtbezirk Innenstadt betrug er jedoch 62 Prozent (Stadt Köln 1990).

Abbildung 4.1: Private Haushalte nach Zahl der Haushaltsmitglieder
zwischen 1961 und 1990 (nach Bretz und Niemeyer
1992: 75)

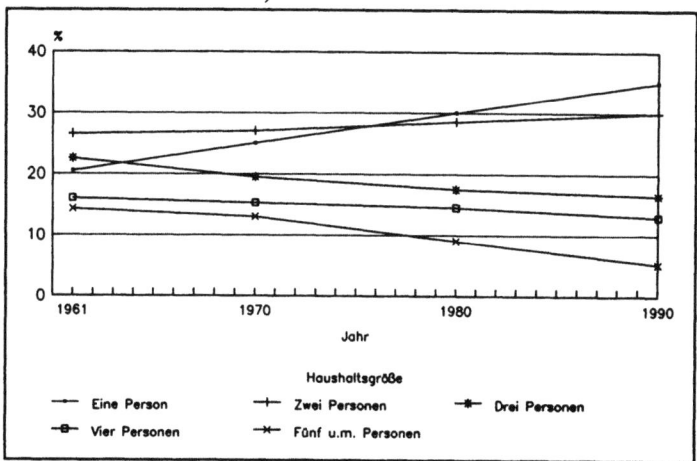

Nach wie vor stellen Männer und Frauen im Alter von 65 Jahren und älter den
größten Anteil der Einpersonenhaushalte, wobei in dieser Altersgruppe die Frauen
deutlich überwiegen. Während aber ihr Anteil an allen Einpersonenhaushalten
leicht abgenommen hat (von 44 Prozent 1972 auf 40 Prozent 1989), ist der Anteil
der 25- bis unter 45jährigen, also genau der Altersgruppe, aus der die *Pioniere*
und *Gentrifier* stammen, von knapp 18 Prozent 1972 auf 28 Prozent 1989 stark
gestiegen. Auch wenn in dieser Altersgruppe der Anteil der Männer überwiegt, ist
nach Pöschl (1990: 705) die Strukturverschiebung "in erster Linie auf eine Ver-
doppelung des entsprechenden Anteils für Frauen zurückzuführen: 1972 waren nur
8% der alleinlebenden Frauen zwischen 25 und 45 Jahre alt, 1989 waren es knapp
17%". 1989 verfügten 20 Prozent aller 25- bis unter 45jährigen Alleinlebenden
über ein monatliches Haushaltsnettoeinkommen von DM 2.500,- und mehr.
    Neben der starken Zunahme der Einpersonenhaushalte ist die Zunahme der
nichtehelichen Lebensgemeinschaften erwähnenswert, da in unserem Zusammenhang von Bedeutung. So ist die absolute Anzahl dieses Haushaltstyps zwischen
1972 und 1992, also in nur 20 Jahren, von 173 Tsd. auf 1,1 Mill. gestiegen (vgl.
Niemeyer 1994). Vor allem bei den bis 35jährigen hat diese Lebensform auf

Kosten einer ehelichen Lebensgemeinschaft zugenommen. Zudem sind 1992 über 80 Prozent der nichtehelichen Lebensgemeinschaften kinderlos[1] und in 68 Prozent dieser Haushalte sind beide Partner erwerbstätig, wobei der Anteil bei den kinderlosen nichtehelichen Lebensgemeinschaften nochmals um zwei Prozentpunkte höher liegt.[2] Wir haben es hier also vornehmlich mit sogenanten DINKS-Haushalten (Double Income No Kids) zu tun, typischen *Gentrifierhaushalten*.

Abbildung 4.2: Anteil Einpersonenhaushalte an allen Privathaushalten 1972-1989 nach Gemeindegrößenklassen (nach Pöschl 1990: 708)[3]

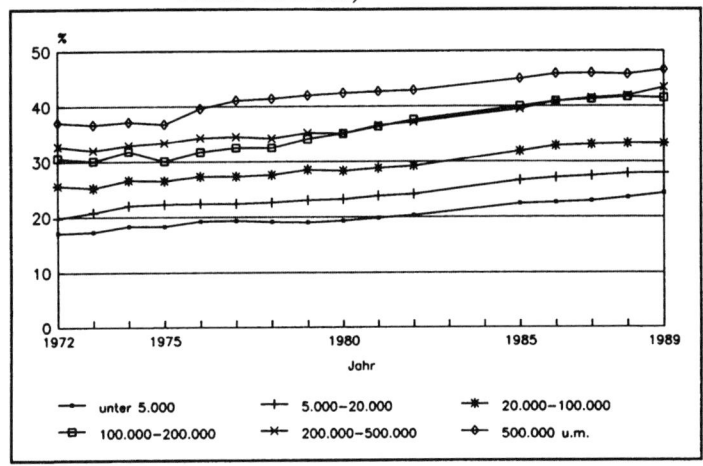

Insgesamt fördern die hier aufgeführten Trends das Auftreten von Aufwertungsprozessen, da sie quantitative Veränderungen in Richtung einer Zunahme an *Pionier-* und *Gentrifierhaushalten* darstellen. Das zunehmende Bildungsniveau, die

---

1 Faßt man allerdings die bei Bretz und Niemeyer (1992) und die bei Niemeyer (1994) dokumentierten Entwicklungen zusammen, ist der Anteil der kinderlosen nichtehelichen Lebensgemeinschaften an allen nichtehelichen Lebensgemeinschaften von 81 Prozent 1972 über 86 Prozent 1982 (beides eigene Berechnungen nach Niemeyer 1994: 509) auf 89 Prozent 1990 (Bretz und Niemeyer 1992: 80) gestiegen, um dann bis 1992 wieder auf 81 Prozent zu fallen (wiederum eigene Berechnung nach Niemeyer 1994: 509). Unter Umständen zeichnet sich hier eine Trendwende in Richtung eines stärkeren Gewichts nichtehelicher Lebensgemeinschaften *mit* Kindern ab.

2 Im Vergleich dazu sind nur 44 Prozent der ehelichen Lebensgemeinschaften kinderlos und in nur 41 Prozent der Haushalte sind beide Partner erwerbstätig.

3 Für die Jahre 1983 und 1984 sind in der Quelle keine Daten nachgewiesen. In der Abbildung wurden daher die Datenpunkte 1982 und 1985 durch eine Gerade verbunden.

Herauszögerung der Heirat und der Geburt des ersten Kindes, haben zu einer Verlängerung der Post-Adoleszenz-Phase geführt. In Kombination mit den Ende der 70er, Anfang der 80er Jahre auf den Wohnungsmarkt drängenden geburtenstarken Jahrgängen der frühen 60er Jahre, ist insgesamt von einer Zunahme von *Pionieren* und dann mit Zeitverzug auch von *Gentrifiern* auszugehen. Wie ich an anderer Stelle zeigen konnte, deutet dabei vieles darauf hin, daß *Gentrifier* sich hauptsächlich aus vormaligen *Pionieren* rekrutieren, die nach der Ausbildung und mit Einstieg in das Berufsleben den sozialen Aufstieg schaffen (vgl. Kecskes 1994a). Da damit beide Gruppen an Quantität zunahmen, die Zunahme an innenstädtischem Wohnraum aufgrund begrenzter Bauflächen und steigender Baukosten jedoch nicht mithielt, kam es in vielen Städten zu einem Nachfrageüberhang, der zu den geschilderten Aufwertungsprozessen führte.

Allein die geschilderten quantitativen Verschiebungen in der Haushaltsstruktur verweisen also auf eine sich verändernde Parameterstruktur, die Aufwertungsprozesse einzelner innenstadtnaher Wohnquartiere wahrscheinlich macht. Würde die Analyse hier enden, müßte man das Fazit ziehen, daß es heute wie damals die gleichen Gruppen sind, die innenstadtnahen Wohnraum nachfragen, nur hat die absolute Anzahl der ressourcenstärkeren Gruppen aufgrund verschiedener Umweltveränderungen ('baby-boom'; Bildungsreform; rechtliche Bedingungen, wie die Abschaffung des Kuppeleiparagraphen 1973) stark zugenommen. Dies führte zu neuen Relationen der Nachfragergruppen im Interdependenzsystem in der Form, daß die ressourcenstärkeren Gruppen mehr und mehr eine absolute Stärke erreichen, um ganze Viertel füllen zu können bzw. sich in angrenzende Viertel auszudehnen. Selbst bei gleichzeitiger absoluter Zunahme der anderen typischen Nachfragergruppen, den Ausländern und deutschen Randgruppen, für die es ebenfalls Nachweise gibt, die an dieser Stelle jedoch nicht näher behandelt werden[1], kommt es aufgrund der größeren Konkurrenzfähigkeit der jungen Gruppen zu Aufwertungsprozessen. Dabei treten die 'Aufwerter' (*Pioniere*) und 'Veredler' (*Gentrifier*) zusehends selbst in Konkurrenz zueinander. Der auf dem innenstadtnahen Wohnungsmarkt angebotene Wohnraum reicht nicht mehr aus, die Nachfrage zu sättigen. Es muß auf weiter entfernte Wohngebiete ausgewichen werden. Genau diesen Prozeß können wir seit einigen Jahren beobachten. Selbst junge, ausgebildete Akademiker mit einem relativ hohen Einkommen finden kaum noch bezahlbaren Wohnraum in den Innenstadtquartieren und müssen ihre Ansprüche reduzieren. Die sozialpolitisch relevante Frage, die sich anschließt, ist natürlich, was eigentlich mit den anderen Nachfragergruppen, den sozialen Randgruppen passiert. Ihnen gehen bei der Nachfrage nach Wohnungen nun vollkommen die Alternativen aus. Sie müssen, drastisch formuliert, 'nehmen was kommt'. In unseren Städten sind

---

1 Einen kurzen Überblick gibt Geißler (1992: 153ff.).

die Konsequenzen dieser Entwicklung schon heute sehr deutlich zu beobachten. Die Situation ist geprägt durch eine 'Abschiebung' der sozialen Randgruppen in die großen Wohnsiedlungen, die zu Kulminationspunkten sozialer Probleme aufsteigen. Durch Stigmatisierung wird dieser Prozeß noch verstärkt und nimmt die Form einer 'self-fulfilling prophecy' an. Die Berichte über die Situation in den großen Wohnsiedlungen am Rand von Paris sind hierfür das deutlichste Zeugnis. Daneben weitet sich das Problem der Obdachlosigkeit weiter aus.[1]

Wenn im folgenden von neuen Haushaltstypen, neuen Lebensformen oder neuen Lebensstilen die Rede ist, sollte daher nicht übersehen werden, daß neben Aufwertungsprozessen auch gegenläufige Entwicklungen zu beobachten sind. Prozesse der Marginalisierung oder sogar vollständigen Exklusion von Bevölkerungsgruppen aus dem Wohnungssystem sind heute keine Einzelerscheinungen mehr. Auch diese häufig nicht nur aus dem Wohnungssystem ausgeschlossenen Gruppen weisen Lebensformen bzw. Lebensstile auf, die in der Pluralisierungsdebatte jedoch nicht oder nur sehr selten berücksichtigt werden. Insofern ist Herlyn, Scheller und Tessin (1994: 366) zuzustimmen, die die Mittelschichtsorientierung der Lebensstilforschung herausstellen, da sich diese "vorzugsweise auf jene soziale Gruppen bezieht, die als Trendsetter, Meinungsführer bzw. als Multiplikatoren für moderne Lebensstile in Frage kommen".

4.2 Pluralisierung von Lebensformen

Droth und Dangschat (1985) sprechen von neuen Haushaltstypen und meinen damit Einpersonenhaushalte[2], nichteheliche Lebensgemeinschaften und Wohngemeinschaften, also Lebensformen, deren Ausbreitung ich eben zeigen konnte. Da es aber diese Haushaltstypen ohne Zweifel immer gab, sollte der Terminus 'neu', um Mißverständnisse zu vermeiden, spezifiziert werden: das Neue ist nicht ihre Existenz, sondern ihre Verbreitung und damit der Verlust des Stigmas der Abweichung. Wir könnten daher von einer Pluralisierung von Lebensformen im Sinne einer Zunahme nicht negativ sanktionierter Alternativen sprechen. Doch hat sich die Wahl einer der als neu bezeichneten Lebensformen in allen Bevölkerungsgruppen erhöht oder ist es noch immer so, daß sie nur von spezifischen Gruppen, die allerdings an Stärke zugenommen haben, gewählt werden? Ist letzteres der

---

1 Vergleiche hierzu auch Schubert (1989), die Beiträge in Kronawitter (1994) und die Ausführungen im achten Kapitel.

2 Wobei sie, ohne es explizit zu sagen, die Haushalte junger, lediger oder geschiedener, nicht die Haushalte verwitweter Personen meinen.

Fall, könnten wir zwar weiterhin von einer Pluralisierung optionaler, nicht aber von einer Pluralisierung gelebter Lebensformen sprechen. Einige Anzeichen scheint es hierfür zu geben. So kommt Strohmeier (1993: 21f.) zu dem Ergebnis, daß die neuen Lebensformen von unteren Bildungsschichten bedeutend seltener gelebt werden, der "Rückzug der Familie in die gesellschaftliche Minderheit ... eindeutig ein Mittelschichtphänomen" sei. Aber selbst die Feststellung eines Bedeutungsverlustes der Familie in höheren Bildungsschichten ist so undifferenziert nicht haltbar, wie eigene Analysen mit Daten des kumulierten ALLBUS 1980-1992[1] zeigen.

Abbildung 4.3:   Anteil alleinlebender Lediger nach Alter und Bildung 1980-1992 (kumulierter ALLBUS; eigene Berechnungen)

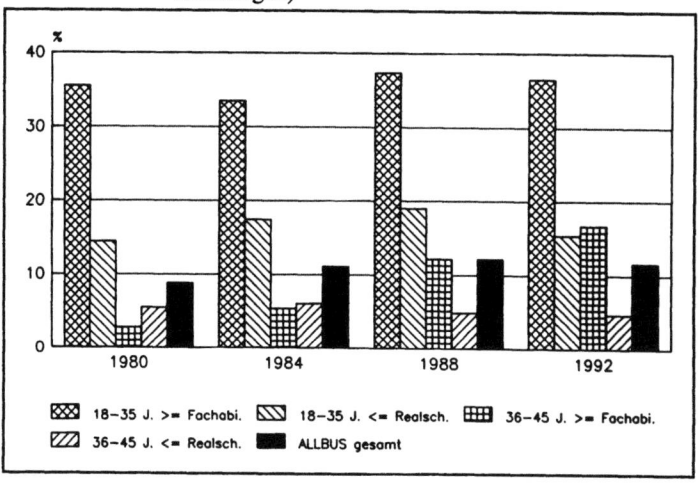

So läßt sich zwar auch mit diesen Umfragedaten eine Zunahme des Anteils alleinlebender Lediger nachweisen, doch wird diese Lebensform nach wie vor vornehmlich in der Gruppe der jungen Personen bis 35 Jahre mit hoher Bildung gelebt (Abbildung 4.3). Bedeutend seltener wird sie von Personen gleichen Alters mit geringerer Bildung gewählt. Für beide Gruppen ist auffallend, daß der Anteil der

---

1 ALLBUS: Allgemeine Bevölkerungsumfrage der Sozialwissenschaften, die seit 1980 alle zwei Jahre (zusätzlich 1991) durchgeführt wird. Seit 1991 umfaßt sie auch die deutsche Bevölkerung über 17 Jahre in Privathaushalten der neuen Bundesländern. Seit 1994 werden auch Ausländer befragt. Zudem hat sich die Ziehung der Stichprobe verändert. Alle nachfolgenden Ergebnisse beziehen sich auf die Daten von 1980 bis 1992 für die alten Bundesländer.

alleinlebenden Ledigen unter ihnen zwischen 1980 und 1988 zugenommen hat, seitdem jedoch wieder zurückgegangen ist. Völlig anders ist der Verlauf in der Altersgruppe der 36-45jährigen. Während das Alleinleben unter den Personen mit mindestens Fachabitur stark an Attraktivität gewonnen hat, spielt es bei den Personen mit höchstens Realschulabschluß noch heute nur eine untergeordnete Rolle.

Abbildung 4.4: Anteil nichtehelicher Lebensgemeinschaften ohne Kinder nach Alter und Bildung 1980-1992 (kumulierter ALLBUS; eigene Berechnungen)

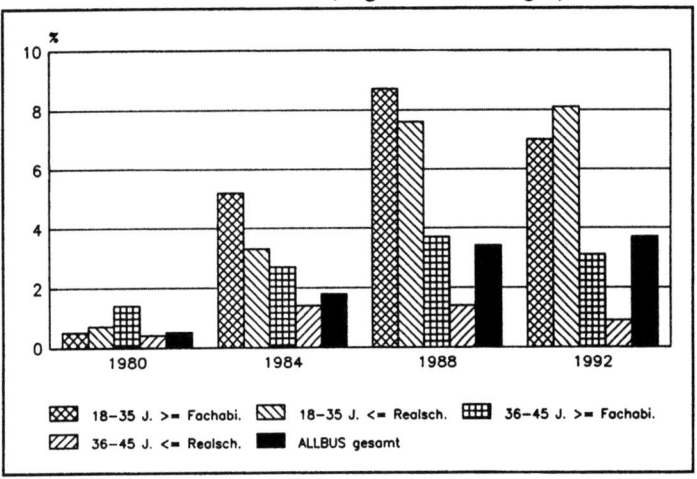

Das Zusammenleben mit dem Partner ohne Kinder[1] (Abbildung 4.4) hat auch nach den Umfragedaten insgesamt sehr stark an Attraktivität gewonnen, vor allem bei den jungen Personen. Dabei scheint es, als ob diese Lebensform zunächst von den jungen mit hoher Bildung geprobt und erst mit einem Zeitverzug von den jungen Personen mit geringerer Bildung aufgenommen wurde. Aber auch ohne die Annahme des Zeitverzuges bleibt festzuhalten, daß nichteheliche Lebensgemeinschaften ohne Kinder unter der jungen Bevölkerung unabhängig von ihrer Bildung an Attraktivität gewonnen haben. Dies gilt nicht für die nächstältere Bevölkerungsgruppe. Zwar hat auch für sie das Zusammenleben mit dem Partner ohne Kinder an Attraktivität gewonnen, jedoch auf einem viel niedrigeren Niveau und im stärkeren Maße für Personen mit hoher Bildung. In der Gruppe der Personen mit höchstens Realschulabschluß spielen nichteheliche, kinderlose Lebensgemeinschaf-

---

1 Wenn im folgenden von 'ohne' bzw. 'mit Kind(ern)' gesprochen wird, dann bezieht sich dies immer auf im Haushalt lebende Kinder.

ten ab Mitte 30 auch 1992 so gut wie keine Rolle. Vieles deutet daher darauf hin, daß diese Lebensform zeitlich begrenzt gelebt wird. Schließlich sollte auch hier auf den Sachverhalt hingewiesen werden, daß speziell bei den Personen mit hoher Bildung dieser in der Literatur als neu bezeichnete Haushaltstyp seit 1988 wieder an Gewicht verliert.

Spiegelbildlich zu den eben geschilderten Tendenzen ist die Entwicklung der ehelichen Lebensgemeinschaften ohne Kinder (Abbildung 4.5). Dieser Haushaltstyp verliert insgesamt leicht an Gewicht, wobei die Abnahme in den hier interessierenden Bevölkerungsgruppen der bis 45jährigen stärker ausgeprägt ist. Allerdings bildet die Gruppe der 36-45jährigen mit höchstens Realschulabschluß eine Ausnahme. Für diese Gruppe läßt sich keine Trendaussage formulieren. Insgesamt scheint der Anteil ehelicher, kinderloser Lebensgemeinschaften in dieser Gruppe jedoch relativ stabil zu sein.

Abbildung 4.5: Anteil ehelicher Lebensgemeinschaften ohne Kinder nach Alter und Bildung 1980-1992 (kumulierter ALLBUS; eigene Berechnungen)

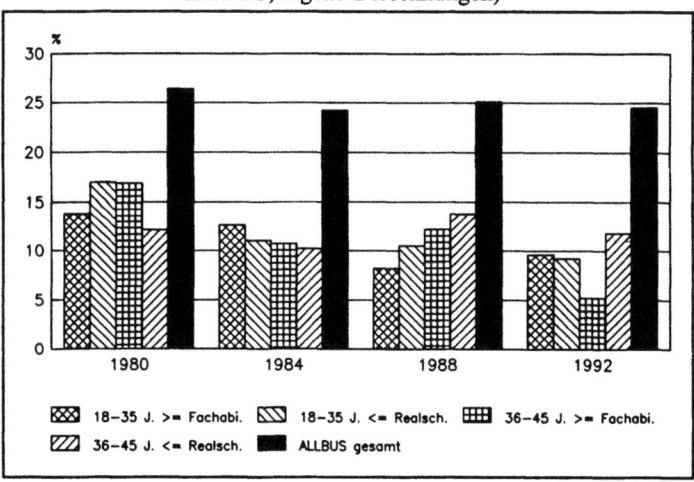

Zusammenfassend läßt sich bis hierhin festhalten, daß in der jüngsten Altersgruppe hinsichtlich der Präferierung des Alleinlebens kein Wandel nachzuweisen ist. Da sich in keiner der beiden unterschiedenen Bildungsgruppen der Anteil zwischen 1980 und 1992 grundlegend verändert hat, kam es auch zu keiner Angleichung dieser beiden Gruppen. Das Alleinleben ist auch 1992 vor allem ein Modell der jüngsten Bevölkerungsgruppe mit hoher Bildung. Da ihr Anteil insgesamt zugenommen hat (von 7,0 Prozent 1980 auf 11,9 Prozent 1992), steigt auch der Anteil der alleinlebenden Ledigen, ohne daß innerhalb der Gruppe diese Lebensform häufiger als noch 1980 gelebt wird. Gestiegen ist der Anteil allerdings in der Gruppe der 35-46jährigen mit hoher Bildung. Dies deutet darauf hin, daß mit der Ausdehnung der Ausbildungszeit eine zeitliche Ausdehnung des Alleinlebens einhergeht. Anders bei Personen mit höchstens Realschulabschluß: Nach dem 35. Lebensjahr spielt diese Lebensform bei ihnen auch heute so gut wie keine Rolle.

Die relative Verstärkung des Gewichtes nichtehelicher, kinderloser Lebensgemeinschaften im Verhältnis zu dem ehelichen Äquivalent könnte als ein Indikator eines Wertewandels interpretiert werden. Sehr deutlich ist die zunehmende Präferierung der nichtehelichen Lebensform in der jüngsten Altersgruppe, unabhängig von der Bildung. Parallel dazu verliert die eheliche Variante an Bedeutung. Doch sollte nicht zu voreilig von einer abnehmenden Bedeutung der Ehe in den jüngeren Altersgruppen gesprochen werden. Nave-Herz (1989: 216) weist vollkommen zu Recht darauf hin, daß die Verbreitung von nichtehelichen Lebensgemeinschaften das Resultat der Abnahme struktureller Zwänge zur Eheschließung ist, "denn nur über eine Heirat waren bestimmte bedürfnisbefriedigende Leistungen erreichbar". Damit wäre aber zu fragen, ob die heute beobachtbare Stärkung nichtehelicher Lebensgemeinschaften auf die abgenommenen Restriktionen und nicht auf Präferenzveränderungen beruht.

> "Dann könnte die Abnahme der Eheschließungszahlen auf keiner gesunkenen Attraktivität von Ehe und Familie, sondern auf einer Selektion der Eheschließenden beruhen. Mit anderen Worten: Der Anteil, der aus intrinsischer Motivation heraus heiratet, könnte gleich geblieben sein und nur der Teil, der früher aus einer extrinsischen Motivation heraus die Ehe geschlossen hat, nahm ab." (Nave-Herz 1989: 216)

Allein die bisher skizzierten Entwicklungen stellen die These einer Ablösung alter oder traditioneller Haushaltstypen durch neue Formen des Zusammenlebens in Frage. Noch fragwürdiger wird eine derartige These, wenn das relative Gewicht der klassischen Lebensform, der ehelichen Lebensgemeinschaft mit Kindern oder kurz: die vollständige Kernfamilie, im Zeitverlauf betrachtet wird.[1] Wie Abbildung 4.6 zeigt, nimmt das relative Gewicht zwischen 1984 und 1988 zwar um 3,6 Prozentpunkte ab, steigt aber zwischen 1988 und 1992 wieder um 3,3 Prozentpunkte, so daß ihr Anteil an allen Lebenformen von Privathaushalten über dem gesamten Zeitraum betrachtet relativ konstant geblieben ist. Bezüglich der jünge-

---

1 Als eheliche Lebensgemeinschaften mit Kindern sind hier alle Haushalte erfaßt, die im ALLBUS nach der Haushalts-Feinklassifikation von Porst (1984) mit 'Ehepaare mit ausschließlich ledigen Kindern; vollständige Kernfamilie' bezeichnet werden, wobei die Befragungsperson ein Elternteil sein muß (Code 091 der Variable V631 im kumulierten ALLBUS 1980-1992; Codebuch ZA-Nr. 1795, S. 646).

ren Altersgruppen fällt auf, daß von einem unterschiedlichen Ausgangsniveau 1980 in allen Subgruppen der Anteil ehelicher Lebensgemeinschaften mit Kind(ern) bis 1988 abnimmt, dann aber wieder relativ stark zunimmt. Sehr deutlich wird damit eine Tendenz, die sich bei der Betrachtung der Entwicklung der anderen Lebensformen punktuell schon angedeutet hat: Zwischen 1988 und 1992 scheint sich eine Trendwende bei jungen Bevölkerungsgruppen (zurück) zu klassischen Lebensformen abzuzeichnen.

Abbildung 4.6: Anteil ehelicher Lebensgemeinschaften mit Kindern nach Alter und Bildung 1980-1992 (kumulierter ALLBUS; eigene Berechnungen)

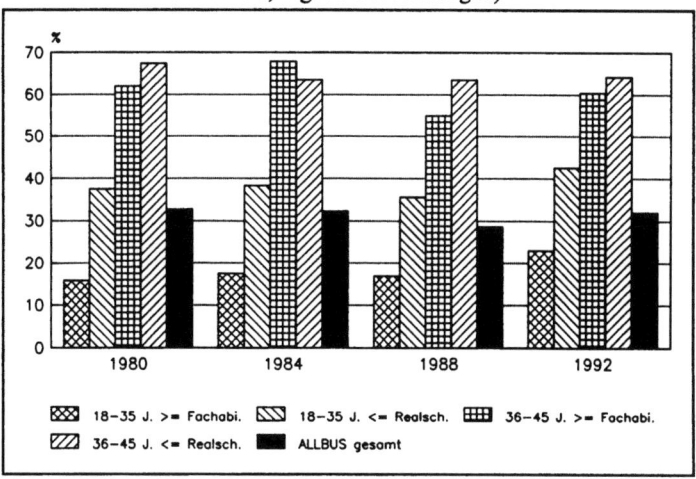

Die auf der Verhaltensebene noch sehr schwache Tendenz tritt auf der Einstellungsebene deutlicher zu Tage. Im ALLBUS finden sich zwei Items, die die Einstellung zur Familie und Heirat messen. Das Item, das auf die Einstellung zur Familie zielt, hat folgenden Wortlaut:

Glauben Sie, daß man eine Familie braucht, um wirklich glücklich zu sein - oder glauben Sie, man kann allein genauso glücklich leben?

Insgesamt nahm der Anteil Befragter, der meint, eine Familie sei notwendig, um wirklich glücklich zu sein, von 72,4 Prozent 1980 über 63,3 Prozent 1984 bis auf 60,6 Prozent 1988 ab, steigt dann bis 1992 jedoch wieder auf 67,7 Prozent. Zwischen 1988 und 1992 ist damit insgesamt eine Trendwende zu einer wieder zunehmenden Wertschätzung der Familie als eine zum Lebensglück notwendige Institution zu verzeichnen. Interessanterweise ist dieser Trend in den Altersgruppen bis 45 Jahren am deutlichsten. In der Gruppe der 18-35jährigen mit mindestens Fachabitur steigt der Anteil der Personen, die dem Item zustimmen, zwischen 1988 und 1992 am stärksten; von 37,0 Prozent auf 53,7 Prozent, also um 16,7 Prozentpunkte. In der Gruppe der 36-45jährigen mit mindestens Fachabitur steigt der Anteil um 11,2 Prozentpunkte, in der Gruppe der bis 35jährigen mit höchstens Realschulabschluß um 10,9 Prozentpunkte und in der Gruppe der 36-45jährigen mit höchstens Realschulabschluß um 10,2 Prozentpunkte (Abbildung 4.7).

Abbildung 4.7: Anteil Personen, die meinen, man brauche eine Familie, um wirklich glücklich zu sein, nach Alter und Bildung 1980-1992 (kumulierter ALLBUS; eigene Berechnungen)

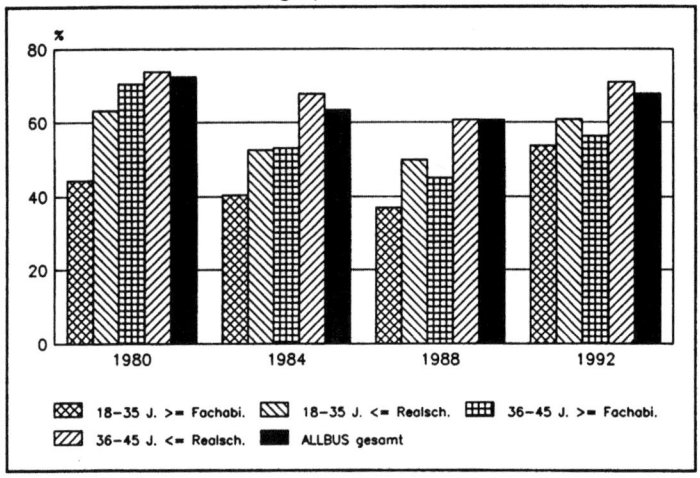

Wenn auch keine Trendwende, so ist doch auch eine Stabilisierung der Einstellung zur Heirat bei der jüngeren Bevölkerung feststellbar. Der Wortlaut des Items hierzu lautet:

Meinen sie, daß man heiraten sollte, wenn man mit einem Partner auf Dauer zusammenlebt?

Das Problem dieses Items ist, daß es eine normative Konnotation aufweist, die bei Zustimmung in die Vorgabe einer Verhaltensrichtlinie mündet. Die Antwort zu dieser Frage kann daher immer auch als allgemeine Befürwortung oder Ablehnung der Reglementierung individueller Entscheidungen gedeutet werden, ohne daß sich daraus die persönliche Einstellung des Befragten zum eigentlichen Einstellungsobjekt, der Heirat bei dauerndem Zusammenleben, ableiten läßt. Dieses Problem der Deutung tritt allerdings vornehmlich bei einer Ablehnung der Aussage auf, immer dann, wenn die Meinung vertreten wird, 'nein, allgemein bin ich nicht der Ansicht, daß man heiraten sollte, ich selbst würde (habe) es aber tun (getan)'. Der umgekehrte Fall, 'ja, man sollte heiraten, ich selbst würde es aber nicht tun', ist nur schwer denkbar. Damit ist es wahrscheinlich, daß mit dieser Frage im ALLBUS die individuelle Bedeutung der Heirat eher unterschätzt wird.

Abbildung 4.8: Personen, die meinen, man solle heiraten, wenn man mit einem Partner auf Dauer zusammenlebt, nach Alter und Bildung 1980-1992 (kumulierter ALLBUS; eigene Berechnungen)

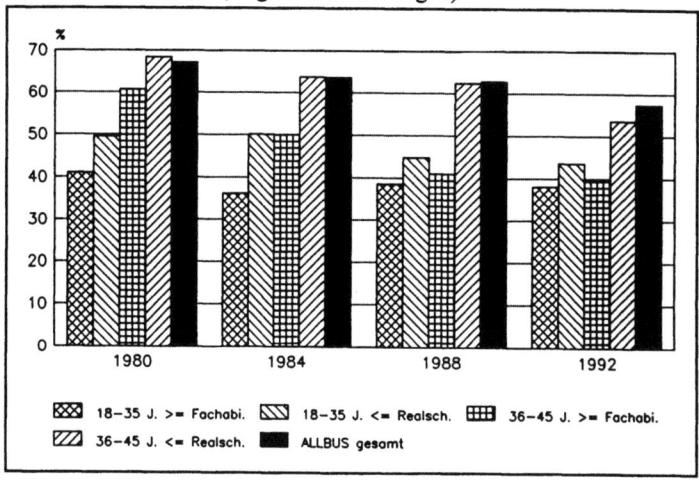

Ist einem diese Problematik bei der Analyse bewußt, legen die Ergebnisse eine Interpretation nahe, die auf eine Stabilisierung der Einstellung zur Heirat in der jüngeren Generation hinweist (Abbildung 4.8). So nimmt der Anteil der Personen, die dem Item zustimmen, seit 1980 zwar kontinuierlich ab - allein zwischen 1988 und 1992 um 5,4 Prozentpunkte - doch bei Differenzierung nach Alter und formaler Bildung zeigt sich deutlich, daß in den beiden Bildungsgruppen der Personen bis 35 Jahre die Abnahme der Zustimmung zum Item zwischen 1988 und 1992 bedeutend geringer ausgefallen ist (-0,5 bzw. -1,2 Prozentpunkte). Auch in der Gruppe der 36-45jährigen mit mindestens Fachabitur ist die Zustimmung unterdurchschnittlich gesunken (-1,6 Prozentpunkte zwischen 1988 und 1992). Anders bei den Personen gleichen Alters mit höchstens Realschulabschluß. Sie

stimmen dem Item 1992 bedeutend seltener zu als noch 1988 (-8,8 Prozentpunkte).
Nun ist es genau die Gruppe, die im Vergleich zu den anderen drei Gruppen am
häufigsten in traditionellen Haushaltsformen lebt. Dies läßt vermuten, daß der
weitere Rückgang der Zustimmung zwischen 1988 und 1992 vor allem auf eine
veränderte Einstellung von Personen beruht, die mit dem Ehepartner zusammen im
Haushalt leben bzw. gelebt haben. Die Interpretation wird durch den Sachverhalt
des verhältnismäßig geringen Rückganges der Zustimmung bei alleinlebenden
Ledigen gestärkt. Im gesamten Zeitraum zwischen 1980 und 1992 sank der Anteil
in dieser Gruppe nur um 3,1 Prozentpunkte (zwischen 1988 und 1992 um 0,6
Prozentpunkte), während er insgesamt um 9,8 Prozentpunkte abnahm (zwischen
1988 und 1992 um 5,4 Prozentpunkte).

Etwas vereinfachend formuliert, scheint es so zu sein, daß die heutigen jungen
Eltern die nichteheliche Lebensgemeinschaft als gesellschaftlich akzeptierte Lebensform durchgesetzt haben, diese eine Zeitlang lebten, bei Geburt des ersten
Kindes aber heirateten. Die nichteheliche Lebensgemeinschaft war für sie damit
nur eine temporär begrenzte Lebensform. Als Eltern könnten sie sich für die
nachfolgende Generation diese Lebensform durchaus auf Dauer vorstellen. Auch
die meisten der jüngeren Generation können sich dies vorstellen, nur nimmt ihr
Anteil nicht weiter zu. Verbunden mit dem wieder steigenden Wert der Familie
zum glücklich werden, deutet sich in dieser Altersgruppe auf der Einstellungsebene eine Stabilisierung, wenn nicht Stärkung der Familie als Institution an.
Wohlgemerkt, bei zunehmender Akzeptanz anderer Lebensformen, die nicht unbedingt selbst oder nur auf Zeit gelebt werden. Die zeitliche Herausschiebung eines
durchaus vorhandenen Kinderwunsches birgt jedoch die Gefahr, den 'richtigen
Zeitpunkt zu verpassen', was dann zu einer ungewollten Kinderlosigkeit führen
kann. Da heute die Eheschließung häufig aus einer Kinderorientierung heraus
erfolgt (vgl. Höhn und Dorbritz 1995: 169; Nave-Herz 1988; 1989: 214)[1], führt
die zeitlich sich ausdehnende Herauszögerung (nicht Ablehnung!) der Familiengründung und die damit verbundene Zunahme an Frauen bzw. Paaren, die die
'letzte Chance verpaßten', zu einer, dann erzwungenen, Zunahme von dauerhaften
(nicht-) ehelichen kinderlosen Lebensgemeinschaften. Besonders betroffen von
dieser 'Gefahr' sind, wie wir gesehen haben, die hoch gebildeten Bevölkerungsgruppen (vgl. Nave-Herz 1988). Das aber "sind gegenwärtig Trends, die die Domi-
nanz von Ehe und Familie und die Stabilität der Institution nicht in Frage stellen"
(Höhn und Dorbritz 1995: 170).

---

1 Wobei, wie Spiegel (1985: 237) betont, es weniger die bevorstehende oder bereits erfolgte
Geburt des Kindes als die rechtliche Absicherung der Vater-Kind-Beziehung ist, die die Eheschließung begründet.

Bisher wurde Lebensform implizit gleich Haushaltstyp gesetzt. Eine derartige Gleichsetzung greift jedoch zu kurz, denn die Hypothese einer Pluralisierung von Lebensformen behauptet nicht nur eine Veränderung der relativen Gewichte von unterschiedlichen Haushaltstypen, sondern auch einen Wandel der Arbeitsteilung innerhalb partnerschaftlicher Lebensgemeinschaften. Anders ausgedrückt:

> Lebensformen "werden gekennzeichnet durch die Kombination von Merkmalen der Haushalts- und Familienstruktur mit dem Familienstand und der Art der Erwerbstätigkeit der erwachsenen Haushaltsmitglieder" (Strohmeier 1993: 13).

Als ein weiterer Indikator sich wandelnder Lebensformen wird daher, neben der Ausdifferenzierung unterschiedlicher Haushaltstypen, eine Zunahme (ehe-) partnerschaftlicher Haushaltstypen, in denen beide Partner berufstätig sind, herangezogen. Die ALLBUS-Daten bestätigen diesen Trend. In allen drei unterschiedenen (ehe-) partnerschaftlichen Lebensgemeinschaften ist der Anteil der Haushalte, in denen beide Partner hauptberuflich erwerbstätig sind (ganztags oder halbtags), zwischen 1988 und 1992 gestiegen.[1] Am höchsten ist der Anteil unter den nichtehelichen Lebensgemeinschaften ohne Kinder (1988: 62,1%; 1992: 69,7%). In dieser Gruppe kann man allerdings nur schwerlich von einer Pluralisierung sprechen. Vielmehr scheint die Doppelverdienerstruktur alle anderen Kombinationen fast vollkommen zu ersetzen. Statt Pluralisierung geht die Tendenz also eher zur Konzentration auf das Modell der Doppelverdiener-Haushalte und damit in Richtung einer Abnahme von Vielfalt. Wenn man berücksichtigt, daß 'potentiell' Erwerbstätige, wie Arbeitslose oder Personen in der Endphase ihrer Ausbildung, als nicht erwerbstätig klassifiziert wurden, verstärkt sich dieser Eindruck noch.

Bedeutend geringer ist der Anteil der Doppelverdiener-Haushalte in der Gruppe der ehelichen Lebensgemeinschaften mit Kind(ern), doch ist er auch hier zwischen 1988 und 1992 relativ stark gestiegen (1988: 30,8%; 1992: 36,2%). In der Gruppe der ehelichen Lebensgemeinschaften ohne Kinder hat der Anteil Doppelverdiener-Haushalte schließlich von 24,4 Prozent 1988 auf 28,8 Prozent 1992 zugenommen. Der Anstieg des Anteils der Doppelverdiener-Haushalte unter den ehelichen Lebensgemeinschaften mit Kind(ern) deutet auf einen Wandel des Rollenverständnisses hin, allerdings muß hier offen bleiben, ob die Tendenz tatsächlich in Richtung einer gleichverteilten Arbeitsteilung geht oder in Richtung einer zunehmenden Doppelbelastung der Frau als 'erwerbstätige Hausfrau'.

Neben dem zunehmenden Anteil an Doppelverdiener-Haushalten wird in der Literatur noch auf eine weitere, an Bedeutung gewinnende Lebensform hinge-

---

1 Da im ALLBUS die Erwerbstätigkeit eines nichtehelichen Partners erst ab 1988 erhoben wird, beziehen sich alle folgenden Angaben auf den Zeitraum 1988 bis 1992.

wiesen: dem räumlich getrennten Zusammenleben ("living apart together"). Neben der ausgedehnten Post-Adoleszenz-Phase wird die Ausbreitung dieser Lebensform mit der zunehmenden Frauenerwerbstätigkeit und der gestiegenen Notwendigkeit räumlicher Flexibilität im Karriereverlauf begründet. Bei Erwerbstätigkeit beider Partner führt die im Karriereprozeß geforderte räumliche Mobilität zu erhöhten Kosten eines gemeinsamen interregionalen Umzuges, wenn nur eine Person davon berufliche Vorteile hat. Die mitziehende Person muß nicht nur ihr soziales Netzwerk aufgeben, dies gilt für beide Partner, sondern auch entweder die Berufsausübung einstellen, unterbrechen oder sich eine neue Arbeitsstelle suchen. Je stärker aber die Arbeitszufriedenheit und die Aufstiegsmöglichkeiten im ausgeübten Beruf sind, desto höher werden die Kosten eines Mitumzuges sein. Die Wahrscheinlichkeit einer räumlichen Trennung der Partner, ohne die Partnerschaft aufzugeben, nimmt dagegen zu. Durch die gestiegene Erwerbstätigkeit der Frau, durch ein allgemein höheres Ausbildungsniveau, u.U. eine damit verbundene Abwertung der Ausbildungszertifikate als Zugangsgarantie zu bestimmten Berufen und eine in vielen Berufszweigen als inzwischen selbstverständlich unterstellte räumliche Mobilitätsbereitschaft, verstärkt sich die Wahrscheinlichkeit des Auftretens einer derartigen Situation in vielen Partnerschaften, was einen Anstieg der Lebensform des räumlich getrennten Zusammenlebens zur Folge hat.

Auch die ALLBUS-Daten zeigen diesen Trend. So ist unter den alleinlebenden Ledigen der Anteil der Personen, die angaben, einen festen Partner zu haben, zwischen 1988 und 1992 von 17,1 Prozent auf 25,5 Prozent gestiegen. Alleinlebende Ledige mit hoher formaler Bildung (mindestens Fachabitur) weisen dabei die Lebensform häufiger auf als alleinlebende Ledige mit geringerer Bildung (1992: 29,6% zu 23,2%), wobei sich die Differenz zwischen den beiden Gruppen im Zeitverlauf nicht verändert hat. Aber nicht nur in dieser relativ jungen Gruppe der alleinlebenden Ledigen zeigt sich der Trend zum räumlich getrennten Zusammenleben. Auch in der Gruppe der anderen Alleinlebenden, d.h. der verheirateten, geschiedenen oder verwitweten, ist eine deutliche Zunahme nachweisbar. So gaben von diesen Personen 1988 nur ein Prozent an, einen festen (Ehe-) Partner zu haben, 1992 waren es immerhin schon 6,9 Prozent.

Die Analyse der ALLBUS-Daten zeigt damit, daß die These von einem Bedeutungsverlust von Ehe und Familie in Frage gestellt werden muß. Sowohl in der Wertpräferenz als auch als gelebte Gemeinschaftsform nimmt die klassische Kernfamilie heute wie damals die zentrale Stellung ein. Parallel dazu haben der Anteil der alleinlebenden Ledigen und der nichtehelichen Lebensgemeinschaften ohne Kinder quantitativ an Bedeutung gewonnen. Die Zunahme der Lebensform der alleinlebenden Ledigen, in der Öffentlichkeit häufig auch als 'Singles' bezeichnet, ist vor allem auf die Zunahme von Personen mit hoher Bildung zurückzuführen und weniger auf einen Wandel von Wertvorstellungen, denn nach wie vor sind es vor allem junge, höher gebildete Personen, die diese Lebensform wählen. Innerhalb dieser Gruppe hat sich der Stellenwert des Alleinlebens nicht geändert. Sie dehnen jedoch die Phase des Alleinlebens zeitlich aus. Auch in der Bevölkerungsgruppe mit niedriger formaler Bildung wird die Alternative des Alleinlebens 1992 nicht häufiger gewählt als 1980. Damals wie heute spielt die Lebensform im Alter ab Mitte 30 nur noch eine sehr untergeordnete Rolle. Die Zunahme alleinlebender Lediger ist damit hauptsächlich auf eine Zunahme der Personengruppen zurückzuführen, in denen diese Lebensform schon immer eine gewichtige Rolle gespielt hat. Etwas anders ist die Zunahme der nichtehelichen Lebensgemeinschaften ohne Kinder zu erklären. Da diese Lebensform unabhängig von der Bildung in den jungen Altersgruppen stark an Attraktivität gewonnen hat, kann der Annahme einer gestiegenen Wertpräferenz nicht widersprochen werden. Nur sollte der Einfluß abnehmender negativer Sanktionen, die die Kosten der Handlungsalternative 'nichteheliche Lebensgemeinschaft' senken, nicht unberücksichtigt bleiben. Neben den Veränderungen des relativen quantitativen Gewichts von Haushaltstypen konnten ein zunehmender Anteil Doppelverdiener-Haushalte unter den (ehe-) partnerschaftlichen Lebensgemeinschaften und ein Trend zum räumlich getrennten Zusammenleben nachgewiesen werden.

Zusammenfassend können wir festhalten, daß sich die Anzahl der Haushalte, die in der Literatur zum Aufwertungsprozeß als *Pioniere* und *Gentrifier* bezeichnet werden, zugenommen hat. Die wichtigsten Gründe hierfür sind:

1. Eine *quantitative Zunahme* der Personengruppen, die schon immer als *Pioniere* zu bezeichnen waren, d.h. vor allem junge Personen mit hoher Bildung.
2. Eine *zeitliche Ausdehnung* des Lebens in für *Pioniere* und *Gentrifier* charakteristischen Haushaltstypen (Alleinlebende, nichteheliche Lebensgemeinschaften ohne Kinder). Hieraus folgt, daß diese Lebensformen auch nach der Ausbildung noch eine gewisse Zeit beibehalten werden, was wiederum ein 'Hereinwachsen' eines *Pionierhaushaltes* in den Stand eines *Gentrifierhaushaltes* wahrscheinlicher macht.
3. Eine *Zunahme von Doppelverdiener-Haushalten*, was vor allem die Zunahme von *Gentrifierhaushalten* begründet, da sich bei kinderlosen Lebensformen die Doppelverdiener-Struktur am stärksten in einem erhöhten Haushaltsäquivalenzeinkommen niederschlägt.

4.3 Lebensstile und die Wahl des Wohnortes

Mit dem Nachweis quantitativer Verschiebungen der Nachfragerstruktur lassen sich Aussagen über eine Veränderung der Parameterstruktur ableiten, die die Entstehung des kollektiven Phänomens begründen. Beläßt man es hierbei, bleibt die Frage, warum junge, gebildete Personen, die allein oder in einer partnerschaftlichen Lebensgemeinschaft leben, innenstadtnahen Wohnraum präferieren, d.h. die Logik der Situation, offen. Dies ist zu tolerieren, solange wir davon ausgehen, daß sich der Wohnstandort nicht auf eine Wahlhandlung zurückführen läßt, sondern vollständig durch Handlungsrestriktionen bestimmt ist, was vereinfachend für die anderen typischen Nachfrager nach innenstadtnahem Wohnraum, den Ausländern und den deutschen sozialen Randgruppen, angenommen werden kann. Für die jungen, hoch gebildeten Personen, die teilweise über ein hohes Einkommen verfügen, müssen wir jedoch von Wahlhandlungen bei der Wohnstandortentscheidung ausgehen. Das heißt aber, wir müssen Aussagen darüber machen, *warum* für sie die innenstadtnahen Wohnorte von höherem Nutzen sind, als Wohnorte an der Peripherie. Im Gegensatz zum letzten Abschnitt, in dem es mir ausschließlich um den Nachweis veränderter Quantitäten ging, die als Effekte der Umwelt auf das Interdependenzsystem abgeleitet wurden und für unsere Fragestellung keiner weiteren Erklärung bedurften[1], ist daher zur Klärung der Nutzenkalküle von Akteuren des Interdependenzsystems eine theoretische Herleitung notwendig.

Nun ist die Frage nach dem Warum denkbar leicht beantwortet, wenn wir uns vergegenwärtigen, welche Merkmale die in ihrer quantitativen Stärke zunehmenden Nachfragergruppen aufweisen und in welchem Bezug diese Merkmale zum Nutzen bestimmter Lebensräume stehen. Wenn wir von *Pionieren* sprechen, dann sind damit in Deutschland in erster Linie Studierende gemeint, die relativ jung sind. Für sie gilt, was auch für Erwerbstätige gilt: ein besonders wichtiger Nutzenfaktor bei der Wahl des Wohnstandortes ist die Nähe der Ausbildungsstätte bzw. des Arbeitsplatzes. Da in vielen Universitätsstädten die Universität relativ zentral liegt, wird durch die starke Nachfrage nach Wohnraum in der Nähe der Ausbildungsstätte gleichzeitig innenstadtnaher Wohnraum nachgefragt.

Ein weiterer Nutzenvorteil innenstadtnaher Wohnlagen ist die Zentralität dieser Orte. *Pioniere* gehören zur Gruppe stark außenorientierter Personen, was sich leicht durch ihre zeitliche Flexibilität und ihre Lebensform, die sie zur Erhaltung ihrer sozialen Beziehungen zu Aktivitäten außerhalb der Wohnung zwingt, begründen läßt. Außenorientierung bedeutet hier jedoch nicht Viertelsorientierung, viel-

---

1 Was natürlich nicht bedeutet, daß die erwähnten Veränderungen der Umwelt, wie die Bildungsreform, nicht erklärungsbedürftig wären. Nur für unsere Fragestellung nehmen wir sie als gegeben an und analysieren ausschließlich ihre Effekte auf das Interdependenzsystem.

mehr sind die Aktionsräume im starken Maße Wohnviertelsübergreifend. Dies senkt nicht die Relevanz eines zentral gelegenen Wohnortes, ganz im Gegenteil; je räumlich mobiler eine Person ist, je weniger ihr Aktionsraum auf wenige Viertel beschränkt ist, desto wichtiger ist ein zentraler Wohnort zur Minimierung der Wegstrecken und -zeiten.

Schließlich sind es die *Pioniere*, die aufgrund ihrer kulturellen Kompetenz, die sie durch die familiale und schulische Sozialisation im stärkeren Maße erwerben konnten als andere Personen gleichen Alters, von den in der Innenstadt konzentrierten Angeboten an hochkulturellen Veranstaltungen (in Theatern, der Oper und Museen) angesprochen werden. Auch wenn vielleicht einige von ihnen die Hochkultur aus ideologischen Gründen ablehnen, verfügen die *Pioniere* über die zur Dekodierung der dargestellten Kunstwerke notwendigen Fähigkeiten, was sie zu Nachfragern dieser kulturellen Angebote macht.[1] Da die Kultureinrichtungen nun wiederum wegen ihres überregionalen Einzugsgebietes in den Innenstädten angesiedelt sind, ergibt sich ein weiterer Nutzenfaktor für *Pioniere*, innenstadtnah zu wohnen.

Ähnliches gilt für die *Gentrifier*. Die Nähe zum Arbeitsplatz, von dem angenommen wird, er liege vornehmlich in der Innenstadt, ist einer der wichtigsten Nutzenargumente. Bei Doppelverdiener-Haushalten ist der innenstadtnahe Wohnort oft der geographische Punkt, in dem die Summe der Fahrtwege beider Personen minimiert wird. Da *Gentrifier* zum überwiegenden Teil aus der Gruppe der *Pioniere* stammen, gelten alle anderen Argumente ebenfalls, d.h. auch bei ihnen ist aufgrund des Aktionsraumes und ihrer Nachfrage nach den (hoch-) kulturellen Angeboten in der Innenstadt ein innenstadtnaher Wohnort von hohem Nutzen. Es ist daher anzunehmen, daß beim Übergang vom *Pionier* zum *Gentrifier* aufgrund des gestiegenen ökonomischen Kapitals vielleicht die Wohnung gewechselt wird, nicht jedoch das Stadtviertel, es sei denn, die berufliche Karriere verlangt einen Umzug in eine andere Stadt.

Da sich sowohl *Pioniere* als auch *Gentrifier* zumindest zum Zeitpunkt des Zuzuges durch Kinderlosigkeit auszeichnen, spielt bei beiden der Aspekt eines kindergerechten Wohnortes, der in früheren Jahren den Trend der Suburbanisierung mitbestimmte, keine Rolle. Dieser Nutzenaspekt geht frühestens bei einer konkreten Familienplanung in die Überlegungen mit ein.

Weitere mögliche Kostenfaktoren des innenstadtnahen Wohnens, wie fehlende großflächige Grünanlagen oder zu hohe Emissionen, werden an Relevanz verloren haben. Die Gründe hierfür liegen in Umweltveränderungen, die direkt auf die Kalkulationen der Akteure des Interdependenzsystems wirken. So haben die Städte

---

1 Näheres zum Zusammenhang zwischen kultureller Kompetenz, Dechiffrierung von Kunstwerken und kulturellem Genuß findet sich bei Bourdieu (1974: 159ff.; 1982: 94ff.) und Wippler (1987).

(hier als korporativer Akteur verstanden) ihre Bemühungen um Straßenbegrünung und Verkehrsberuhigung in den letzten Jahren verstärkt und damit die Kosten des innenstadtnahen Wohnens gesenkt. Zudem führte die Phase der Suburbanisierung teilweise zu einer Zersiedelung des innenstadtferneren Raumes und damit zur Abnahme des Nutzenvorteils einer ruhigen, grünen Wohnlage am Stadtrand.

Für die *Pioniere* gibt es noch einen weiteren Grund. Da sie sich hinsichtlich ihrer materiellen Ressourcen, ihres ökonomischen Kapitals, nicht von den Randgruppen unterscheiden, sind auch sie auf möglichst günstigen Wohnraum angewiesen. Diesen fanden sie lange Zeit in innenstadtnahen, sanierungsverdächtigen oder -bedürftigen Altbauquartieren. Gleichzeitig sind im Zuge der Suburbanisierung die Mietpreise in innenstadtferneren Gebiete überproportional gestiegen, so daß auch ein materielles Nutzenargument des Wohnens am Stadtrand an Bedeutung verloren hat.

Allein diese Überlegungen sollten zur Begründung des Nutzens innenstadtnahen Wohnens, der für die genannten Bevölkerungsgruppen relativ im Vergleich zum Wohnen am Stadtrand noch zugenommen hat, ausreichen. Doch werden in der neueren, vornehmlich deutschsprachigen, stadtsoziologischen Literatur weitere Nutzenargumente mit einem Verweis auf 'neue' Lebensstile diskutiert (z.B. bei Blasius 1990; Dangschat 1991 und Häußermann und Siebel 1987).[1] Diese Argumente betreffen das 'Flair' eines Gebietes, den weniger normierten Wohnungsschnitt von Altbauten, der zum Ausleben des Stils notwendig sei (Blasius 1990: 358) oder allgemein formuliert, die "veränderten Vorlieben für bestimmte Wohnstandorte und eine spezifische sozialräumliche Umgebung" (Häußermann 1988: 79).

Nun ist der Zustand der Lebensstilforschung wohl das deutlichste Beispiel der Konzeptionslosigkeit in den Sozialwissenschaften. Weit entfernt von einer theoretischen Durchdringung des Zusammenhanges von sozialer Ungleichheit, sozialer Lage, Lebensstilen und sozialen Milieus (z.B. bei Hradil 1987) und eines empirischen Nachweises klar abgrenzbarer Lebensstilgruppen bzw. sozialer Milieus (siehe die Versuche von Becker und Nowak 1982; Gluchowski 1987 und Schulze 1992), faßt Konietzka (1995) die Probleme der neueren Lebensstilforschung treffend zusammen:

> "*Erstens* unterscheiden sich die verschiedenen Ansätze der Lebensstilforschung auf mehreren Dimensionen voneinander, so daß gefragt werden muß, worin eigentlich ihr verbindlicher Kern liegt. *Zweitens* erscheint die theoretische Relevanz insbesondere der Entstrukturierungsansätze im Hinblick auf das Problem des Wandels von Ungleichheitsstrukturen durch die weitgehende konzeptionelle Ausblendung der Strukturdimension ernsthaft in Frage gestellt. *Drittens* wurde aber von diesen Ansät-

---

1 Siehe auch die Beiträge in den Readern von Dangschat und Blasius (1994) und Hauff (1988).

zen ein Gegenentwurf in Form eines empirisch gehaltvollen Nachweises einer Struktur soziokultureller Gruppenbildung nicht erbracht. *Viertens* ist selbst der Gegenstand der Lebensstile in fast allen Ansätzen völlig unzureichend ausgearbeitet geblieben." (ebenda: 94; Hervorhebungen im Original)

Aufgrund dieser Probleme in der Lebensstilforschung kann nicht auf ein ausgearbeitetes Konzept zurückgegriffen und für unsere Fragestellung direkt nutzbar gemacht werden.[1] Da aber die Diskussion in der Stadtsoziologie nicht ignoriert werden sollte, will ich im nachfolgenden einige Überlegungen zum Zusammenhang von Lebensstilen und der Aneignung öffentlichen Raumes zur Diskussion stellen.

Lebensstile werden von mir als ein Ausdruck der Variationsmöglichkeiten der Lebensführung und Lebensorganisation innerhalb einer spezifischen sozialen Lebenslage verstanden. Von einem Lebensstil soll allerdings erst dann gesprochen werden, wenn sich die Ausgestaltung als ein relativ stabiles Muster in sozialen Interaktionen erweist. Ist bei einer größeren Zahl von Personen ein ähnlicher Lebensstil zu beobachten, dann soll von einer Lebensstilgruppe gesprochen werden. Lebensstile als stabile Muster der Lebensführung und Lebensorganisation sind im starken Maße von vorhandenen Zeit- und finanziellen Ressourcen abhängig, doch determinieren sie diese nicht völlig. Auch wenn mit der Ressourcenausstattung die Variationsmöglichkeiten zunehmen, gibt es in jeder sozialen Lage noch Handlungsspielraum zur Ausgestaltung des Lebensstils.[2] Wenn im folgenden von der Ausgestaltung oder Darstellung eines Lebensstils gesprochen wird, dann geht es immer um diesen wählbaren Teil der Lebensorganisation.

Ein Lebensstil, der zur Begründung einer Aufwertung innenstadtnaher Wohngebiete angeführt wird, wird häufig in Anlehnung an Veblen (1986 [1899]) mit dem Schlagwort 'demonstrativer Konsum' gekennzeichnet (z.B. bei Häußermann und Siebel 1987: 17). Er zeichnet sich durch den Konsum teurer Markengüter, der nach außen zur Schau gestellt wird, aus. Die Träger dieses Lebensstils werden oft als Yuppies bezeichnet. Ein weiterer angeführter Lebensstil würde sich durch die Ablehnung als bürgerlich angesehener Verhaltensweisen auszeichnen, "die Karriere-Orientierung verschwindet hinter ganzheitlichen Lebensentwürfen und der Konsumstil ist zwar distinktiv, jedoch auf niedrigem ökonomischen Niveau bis hin zum weitgehenden Konsumverzicht" (Dangschat 1994: 352). Die Träger dieses

---

1 Es sei denn, wir begnügen uns mit dem Ergebnis von Richter (1994: 364), "daß die Stadt ein Ort eher vielfältiger Lebensstile ist". Nur wissen wir dies schon seit den sozialökologischen Untersuchungen der Chikagoer-Schule (siehe Zusammenfassend Park 1925; 1952 [1929]).
2 Es sei daran erinnert, daß dem Menschen Einfallsreichtum unterstellt wird. Allein aus dieser Annahme, müssen wir mit Variationen in der konkreten Lebensorganisation auch bei Personengruppen mit gleicher Ressourcenausstattung rechnen.

Lebensstils werden häufig als Alternative bezeichnet. Innerhalb beider Gruppen können noch die Trendsetter von den Nachahmern unterschieden werden. Je nach Geschmack, Akzentuierung und Differenzierungstiefe lassen sich natürlich weitere Typen bilden, was in der Lebensstilforschung auch gern getan wird (z.B. bei Richter 1994). Warum aber die Innenstädte zur Lebensstilisierung dieser Gruppen die besten Bedingungen aufweisen, warum periphere Räume so unattraktiv sind, wird nicht im hinreichenden Ausmaß diskutiert. Ich will daher hierzu einige grundlegende Ausführungen machen.

Als Ausgangspunkt der Erklärung können wir bei den von Adam Smith genannten allgemeinen Zielen jedes Menschen, die es möglichst zu maximieren gilt, beginnen: soziale Anerkennung und physisches Wohlbefinden. Speziell aus dem Bedürfnis nach sozialer Anerkennung läßt sich ein Dualismus im menschlichen Verhalten ableiten, der von Georg Simmel in seiner Abhandlung über die Mode herausgearbeitet wurde: der Dualismus "zwischen der Verschmelzung mit unserer sozialen Gruppe und der individuellen Heraushebung aus ihr" (Simmel 1983 [1911]: 27). Schließlich definiert sich auf ein Individuum gerichtete soziale Anerkennung nur *durch andere für den einzelnen.* Der Erhalt sozialer Anerkennung setzt damit die Hervorhebung der individuellen Eigenart, die Darstellung der Persönlichkeit voraus. Nur so ist es dem einzelnen möglich, als Individuum wahrgenommen und von anderen persönlich durch Anerkennung belohnt zu werden. Hieraus entspringt der "Widerstand des Subjekts, in einem gesellschaftlich-technischen Mechanismus nivelliert und verbraucht zu werden" (Simmel 1957 [1903]: 227). Ist das Individuum erst einmal nicht mehr von der Masse zu unterscheiden, kann ihm auch keine persönliche Anerkennung mehr zukommen. Als ein Grundprinzip menschlichen Handelns wird damit ein "Kampf um Anerkennung" (Honneth 1994) unterstellt.

Dieser Kampf birgt allerdings die Gefahr des Ausstoßes aus einer Gruppe oder der Marginalisierung, d.h. die Gefahr der sozialen Isolation. Denn eine zu starke Herausstellung der eigenen Qualitäten schmälert die Anerkennung der Leistung anderer. Dies ist ein klassisches Problem sozialer Gruppe, die auf die Leistung einzelner angewiesen sind, aber nur als Gruppe überleben können. Sobald sich 'Starallüren' herausbilden, sobald eine Person ihre vorhandenen Qualitäten in den Vordergrund schiebt, wird die persönliche Leistung der anderen geschmälert und die Wahrscheinlichkeit einer sozialen Isolation der Person innerhalb der Gruppe steigt. Damit aber verliert die Gruppe für das Individuum ihren identitätsstiftenden Charakter, denn die Leitformel der sozialen Anerkennung unterstellt, "daß menschliche Subjekte in ihrer Identitätsbildung konstitutiv auf die normative Zustimmung anderer angewiesen sind, weil sie sich ihrer praktischen Ansprüche und Zielsetzungen nur anhand der positiven Reaktion eines Gegenübers vergewissern können" (Honneth 1994a: 17f.). Deshalb geht jede Herausstellung der Individualität mit einem gewissen Grad an Konformität mit der Bezugsgruppe einher. Nur so kann das Individuum die Sicherheit erlangen, bei seinem Handeln nicht allein zu stehen. Doch liegt hierin nun die Gefahr in dem Verlust des Eigenen, des Verschwindens der individuellen Fähigkeiten in der Wahrnehmung durch andere.[1] Und so ist es der Balanceakt zwischen Über- und Unterordnung, Abweichung und Anpassung, der sowohl zur Gruppenbildung führt als auch Intragruppenkonflikte erzeugt.

Der gleiche Mechanismus des Konfliktes von Individualität und Konformität liegt der Neubildung von Stilen zugrunde. Hierzu bedarf es der Trendsetter. Trendsetter sind Individuen mit einer stark ausgeprägten Persönlichkeit, die nur einen geringen Grad an Gruppenkonformität leisten. Sehr viel früher als andere versuchen sie sich abzuheben. Fast unentwegt sind sie auf der Suche nach etwas Neuem oder zumindest Anderem. Da aber auch sie auf soziale Anerkennung angewiesen sind, benötigen sie die Nachahmer. Die Trendsetter müssen darauf vertrauen, daß andere bereit sind, das Neue aufzunehmen. Passiert dies nicht, wird der Trendsetter scheitern. Haben nach einer gewissen Zeit zuviele den Trend übernommen, wird der Trendsetter wieder versuchen, sich von ihnen abzuheben.

Jeder neue Stil hat damit seinen Ursprung in dem Dualismus von Individualität und Gruppenkonformität. Dabei bedarf es Personen, die Individualität bedeutend höher gewichten als Schutz durch die Gruppe. Ohne sie kann nichts Neues entstehen. Doch es bedarf auch der Nachahmer, Personen, die ihre Individualität durch die schnelle Aufnahme von Trends oder durch die Betonung von etwas eigenem innerhalb der Gruppe darstellen, aber den Schutz durch die Gruppe so hoch gewichten, daß sie nie selbst etwas ganz Neues schaffen könnten. Eine Methode der Darstellung des Eigenen durch diese Personen ist leicht in Gruppen zu beobachten, die sich durch ihre äußere Erscheinung zu erkennen geben. Häufig werden von Gruppenmitgliedern leichte Nuancierungen vorgenommen, wie das Tragen von Armreifen, Ringen oder zweier unterschiedlich gefärbter Schuhbänder, die den Stil nicht ändern, aber die eigene Kreation herausstellen sollen. Mag das Verhalten der Nachahmer dem Trendsetter albern erscheinen, er wird immer auf sie angewiesen sein, denn durch sie erhält er seine Anerkennung, ohne sie gäbe es ihn nicht. Daneben übernehmen leichte Nuancierungen häufig eine Distinktionsfunktion innerhalb von Gruppen. So ergab sich aus der Farbe der Schuhbänder an den Springerstiefel von Skinheads, zu welcher Subgruppe sie gehörten (z.B. ob sie gewaltbereit sind oder nicht). In der männlichen Homosexuellenszene ist das sichtbare Tragen von Tüchern unterschiedlicher Farben an den Hosentaschen eine kodifizierte Mitteilung an andere Homosexuelle. Durch die Übernahme von Stilelementen der Modalkultur oder anderer Lebensstilgruppen, die Zusammenstellung

---

1 'Die Person verschwendet ihr Talent' ist eine Redewendung, die diese Gefahr zum Ausdruck bringt.

unterschiedlichster Stile zu einem Neuen und die Umdeutung von Symbolen aus Gründen der Abgrenzung, differenzieren sich schließlich mannigfaltige Substile mit unterschiedlicher Lebensdauer heraus, die von den Lebensstilforschern so schwer zu fassen sind. Hebdige (1983: 94ff.) bezeichnet dieses Mischen von Stilelementen und die Umdeutung ihrer Symbole mit dem von Levi-Strauss geprägten Begriff der 'Bricolage'.

Deutlich hervorzuheben ist weiter, daß gelebter Stil immer Publikum benötigt. Dieses erhalten die Akteure durch eine Inszenierung desselben auf einer Bühne. Diese Bühne muß einige Eigenschaften aufweisen, die die Bedürfnisse nach sozialer Anerkennung - und endlich auch physischem Wohlbefinden - mit möglichst großer Sicherheit befriedigen. Sie muß drei Bedingungen erfüllen:

1. Sie muß gewährleisten, daß die zur Schau gestellte Individualität auch gut zur Geltung kommt,
2. von einem Publikum besucht wird, von dem das Individuum soziale Anerkennung erwarten kann und
3. mögliche direkte feindliche Gegenangriffe anderer Individuen oder Gruppen mit hoher Wahrscheinlichkeit ausschließen.

Die erste Bedingung erfüllt den Wunsch nach Herausstellung der Persönlichkeit, die zweite Bedingung das Bedürfnis nach sozialer Anerkennung und die dritte Bedingung das Bedürfnis nach physischem Wohlbefinden. Aus diesen Bedingungen lassen sich nun Aussagen über die Orte der Konstituierung und die Stufen der Diffusion neuer Moden und Lebensstile ableiten. Da eine abweichende Person (bzw. kleine Gruppe von Personen), trotz relativ geringer Gewichtung von Konformität, unsicher sein wird über die Reaktion der Umwelt, wird sie ihren Stil zunächst in einem relativ engen Kreis von Vertrauten 'proben'. Dies reduziert die Gefahr der Übergriffe, bei relativ hohen Akzeptanzerwartungen. Hierin liegt der Grund, daß die Entstehung von Moden oder Lebensstilen häufig auch räumlich relativ gut lokalisierbare Keimzellen hat.

Hat die Person bzw. Personengruppe Erfolg, und folgen einige der Vertrauten und Bekannten, kann der Stil einem größeren Publikum vorgestellt werden. Wo dies sein wird, ist eng mit den konkreten Inhalten des Lebensstils verknüpft. Wichtig ist allerdings immer eine Maximierung der drei Bedingungen in ihrer Summe. Sehr ortsbezogene Lebensstile, wie es häufig die von unteren sozialen Schichten sind, werden ihre größere Bühne am eigenen Wohnort finden. Die Lebensstile der Rocker und der Skinheads, beides in ihrem Ursprung aus der Arbeiterschicht, haben beispielsweise diesen starken Raumbezug gemeinsam. Das Viertel wird als zu besitzendes Territorium angesehen, das gegenüber anderen verteidigt werden muß. Die Treffpunkte dieser Gruppe bilden daher Kneipen,

Parks oder Einkaufszentren im eigenen Wohnviertel. Der Ort des Privaten, der Wohnort, und der Ort des nach außen dargestellten Lebensstils liegen bei diesen Gruppen damit in unmittelbarer räumlichen Nähe.[1]

Sehr kosmopolitisch ausgerichtete Lebensstile brauchen Orte der Inszenierung, die ein räumlich möglichst weit gestreutes Publikum garantieren. Dies sind in der Regel innenstadtnahe Gebiete von Großstädten. Durch ihre räumliche Zentralität treffen in innenstadtnahen Gebieten unterschiedlichste Bevölkerungsgruppen aufeinnder[2], was die Wahrscheinlichkeit erhöht, auf Personen zu treffen, die sich von dem dargebotenen Lebensstil angeprochen fühlen. Zudem gewinnt der Stil Aufmerksamkeit bei Personen, die ihm zwar distanziert, vielleicht sogar ablehnend gegenüberstehen, ihn aber als soziale Realität aufnehmen und über die Medien einer größeren Öffentlichkeit zugänglich machen. Dies alles erhöht die Wahrscheinlichkeit, Aufmerksamkeit zu erlangen. Gleichzeitig ist der innenstadtnahe Bereich ein Raum der höchsten Liberalität des Umgangs mit Andersartigkeit. Aufgrund der vorherrschenden Heterogenität werden neue Abweichungen von herkömmlichen Moden und Lebensstilen eher toleriert als in sehr bevölkerungshomogenen Gebieten. Dies senkt wiederum die Gefahr direkter Anfeindungen für die Protagonisten der Inszenierung. Nachdem der kosmopolitisch ausgerichtete Lebensstil zunächst im engeren Kreise geprobt wurde, sich vielleicht schon eine kleine Gruppppe gebildet hat, bieten daher die Innenstadtgebiete die besten Voraussetzungen einer weiteren Inszenierung.

Damit erfüllt die Innenstadt alle Bedingungen der Entstehung kosmopolitisch ausgerichteter Lebensstilgruppen, sozialer Milieus und Subkulturen. Ob sich die Gruppen verfestigen, hängt vor allem davon ab, inwieweit sich eine Anhängerschaft bildet, die zu einer institutionellen Vollständigkeit führt. Nur dann ensteht eine Infrastruktur, die zum Ausleben des Stils und zum Schutz ihrer Träger beiträgt. Fischer (1975) hat dies in seinen Ausführungen über die Entstehung städtischer Subkulturen ausgearbeitet. Deutlich betont er:

> "The larger a subculture's population, the greater its 'institutional completeness'. That is, given basic market mechanism, arrival at certain critical levels of size enables a social subsystem to create and support institutions which structure, envelop, protect, and foster its subculture. These institutions (e.g., dress styles, newspapers, associations) establish sources of authority and points of congregation and delimit social boundaries. In addition to the simple fact of numbers themselves,

---

1 Natürlich gibt es Ausnahmen, wie die überregional organisierte Gruppe der Hell's Angels. Auch sind immer einige Scharmützel auf fremdem Territorium zu beobachten. Es ändert nichts an dem engen Raumbezug der Gruppen.

2 Hier ist nicht nur die Wohnbevölkerung gemeint, sondern auch die 'Nighthawks', die Touristen, die Besucher der Theater und Kinos usw.

these make possible and encourage keeping social ties within the group." (ebenda:
1325f.)

Und daher:

"With size comes 'community' - even if it is a community of thieves, counter-
culture experimenters, avant-garde intellectuals, or other unconventional persons."
(ebenda: 1328f.)

Deutlich ist nun, warum für *Gentrifier* und vor allem für *Pioniere* die Innenstädte
so attraktiv sind. Beide Gruppen sind Träger kosmopolitischer Lebensstile, deren
Darstellung an Orten höchster Erreichbarkeit am effektivsten ist. Angemerkt wer-
den sollte jedoch, daß der Ort der Treffpunkte der kosmopolitisch ausgerichteten
Lebensstilgruppen und Subkulturen, die sich nicht explizit über den Wohnort defi-
nieren, nicht auch ihre Wohnorte sein müssen. Liegen allerdings Ausbildungs-
bzw. Arbeitsort und 'Ort der Szene' nah beieinander, dann spricht allein der
Grund der Minimierung der Wegstrecken dafür, auch an diesen Orten zu wohnen.
Dies ist bei den *Pionieren* und *Gentrifiern* der Fall. Solange die innenstadtnahen
Szenetreffpunkte in unmittelbarer Nähe ihrer Ausbildungs- oder Arbeitsorte liegen,
wird für sie ein peripherer Wohnort wenig attraktiv sein.

5. Die Bewohner innenstadtnaher Wohngebiete: ihre Bewertungen, Präferenzen, Wohnzufriedenheit und Auszugswahrscheinlichkeiten

"Hier, hier ist es still, stiller als auf dem entlegensten Dorf, wo irgendwo doch immer ein Traktor brummt, Jugendliche ihre Mopeds ausprobieren, wo Städter unermüdlich ihren Zweitrasen schneiden; hier braucht nicht jeder wildwuchernde Busch - wie's uns da draußen so oft geschah - gestutzt, noch einmal gestutzt, letzten Endes auf ein Stummeldasein reduziert zu werden." (Heinrich Böll 1994 [1972]: 161)

Viele Nachfrager innenstadtnahen Wohnraums werden irgendwann auch ihre Bewohner. Trotzdem ist es wichtig, zwischen Nachfragern, also *potentiellen* Bewohnern, und den *tatsächlichen* Bewohnern zu unterscheiden, denn Nachfrager sehen ein Wohngebiet häufig mit anderen Augen als deren Bewohner. Nach der Analyse der veränderten Nachfragerstruktur nach innenstadtnahem Wohnraum, benötigen wir zur Modellierung des Aufwertungsprozesses daher einen tieferen Einblick in die Präferenzen, Bewertungen und Auszugswahrscheinlichkeiten von Bewohnern innenstadtnaher Wohngebiete. Um diesen zu erlangen, wurde im Mai 1990 vom Verfasser eine computergestützte telefonische Befragung von 841 in einem innenstadtnahen Kölner Wohnviertel lebenden Personen durchgeführt.

5.1 Das Untersuchungsgebiet

Das Untersuchungsgebiet, das Kölner Agnesviertel, gehört zum Bezirk Innenstadt (Stadtteil Neustadt-Nord) und zeichnet sich durch eine auffallende Zweiteilung aus. Der westliche Teil wird als das Gerichtsviertel bezeichnet. In diesem Viertel hat der Prozeß der Aufwertung schon vor geraumer Zeit begonnen. Der östliche Teil des Untersuchungsgebietes wird auch Dreikönigsviertel genannt. In diesem Gebiet sind bisher nur erste Ansätze des Aufwertungsprozesses zu beobachten.

Die beiden Viertel grenzen direkt aneinander und sind ein Teil der Neustadt-Nord. Sie zeichnen sich durch einen für Kölner Verhältnisse relativ großen Anteil an gründerzeitlicher Wohnbebauung aus. Während diese im Gerichtsviertel fast ausnahmslos von guter bis sehr guter Substanz ist, weisen die Gebäude im Dreikönigsviertel teilweise starke Mängel auf. Die restliche Wohnbebauung besteht in beiden Gebieten überwiegend aus Blockrandbebauung der Nachkriegszeit auf gründerzeitlichem Stadtgrundriß. Ein weiterer Unterschied zwischen den beiden Vierteln besteht in der Nutzungsmischung. Zwar überwiegt in beiden Vierteln das

Wohnen, doch während im Gerichtsviertel daneben mehrere Dienstleistungsbe-
triebe wie Supermärkte, Banken und Versicherungen zu finden sind, trifft man im
Dreikönigsviertel neben der Wohnnutzung häufig auch auf kleinere und mittlere
Gewerbebetriebe wie Tankstellen und Reparaturwerkstätten.

In bezug auf die Bevölkerungsstruktur fällt der sehr hohe Ausländeranteil im
Dreikönigsviertel auf. So lag er im Jahr 1989 bei 31,4 Prozent. Mit 19,9 Prozent
Ausländern im Jahr 1989 lag der Ausländeranteil im Gerichtsviertel ebenfalls über
dem Kölner Durchschnitt von 15,5 Prozent, doch weit unter dem Anteil im Dreikönigsviertel. Wie Tabelle 5.1 zeigt, besteht dieser Unterschied zwischen den
beiden Wohnvierteln schon seit mehreren Jahren. Der höhere Ausländeranteil im
Untersuchungsgebiet im Vergleich zum Kölner Stadtdurchschnitt ist typisch für ein
innenstadtnahes Wohngebiet. Als Anzeichen von Aufwertungsprozessen kann
jedoch der Sachverhalt angesehen werden, daß der Ausländeranteil in beiden Vierteln des Untersuchungsgebietes zwischen 1982 und 1989 gesunken ist, während er
in Köln insgesamt leicht zunahm. Obwohl schon 1982 auf einem geringeren
Niveau, ist der Ausländeranteil im Gerichtsviertel dabei stärker gesunken als im
Dreikönigsviertel, was auf ein fortgeschritteneres Stadium der Aufwertung im
Gerichtsviertel hindeutet.[1]

Tabelle 5.1: Ausländeranteile in den beiden Untersuchungsvierteln und in Köln
insgesamt 1982-1989, 1994 (in %)

Jahr	Dreikönigsviertel	Gerichtsviertel	Köln
1982	33,7	23,5	14,8
1983	33,2	23,8	14,7
1984	32,4	22,3	14,4
1985	30,9	21,1	14,0
1986	29,9	21,5	14,2
1987	29,5	21,7	14,4
1988	31,3	20,2	14,9
1989	31,4	19,9	15,5
1994	32,5	20,3	17,9

Quelle: Amt für Statistik und Einwohnerwesen der Stadt Köln - Statistisches Informationssystem
(eigene Berechnungen).

---

1 Zwischen 1989 und 1994 ist der Ausländeranteil allerdings in beiden Untersuchungsvierteln
  wieder angestiegen, jedoch in bedeutend geringerem Maße als in der Gesamtstadt.

Die Anteile der Ledigen und Verheirateten unterscheiden sich in den beiden Untersuchungsvierteln nur geringfügig, zwischen den Untersuchungsgebieten und dem Kölner Stadtdurchschnitt jedoch erheblich. So lag der Anteil der Ledigen in den beiden innenstadtnahen Wohnvierteln 1989 um 7,2 bzw. 9,3 Prozentpunkte höher, der Anteil der Verheirateten dagegen um 7,3 bzw. 9,9 Prozentpunkte niedriger als im Kölner Stadtdurchschnitt (vgl. Tabelle 5.2). Auch dieses Ergebnis ist typisch für die Unterschiede zwischen innenstadtnahen Wohnvierteln und dem Stadtdurchschnitt. Bis 1994 ist der Anteil Lediger in beiden Untersuchungsvierteln und in Köln insgesamt gestiegen.

Tabelle 5.2: Anteile der Ledigen und Verheirateten in den beiden Untersuchungsvierteln und in Köln insgesamt 1987-1989, 1994 (in %)

Jahr	Dreikönigsviertel		Gerichtsviertel		Köln	
	Ledig	Verheiratet	Ledig	Verheiratet	Ledig	Verheiratet
1987	47,4	38,5	48,3	37,8	40,4	45,9
1988	47,7	38,6	49,6	36,6	40,6	45,7
1989	48,0	38,4	50,1	35,8	40,8	45,7
1994	51,0	37,0	50,9	36,6	41,5	45,2

Quelle: Amt für Statistik und Einwohnerwesen der Stadt Köln - Statistisches Informationssystem - und Statistische Jahrbücher der Stadt Köln 1987, 1988 und 1989 (eigene Berechnungen).

Betrachtet man schließlich die Altersstruktur (Tabelle 5.3), dann fällt auf, daß in beiden Untersuchungsvierteln der Anteil der über 59jährigen gesunken ist, im Gerichtsviertel stärker als im Dreiköningsviertel, während der Anteil in Köln insgesamt gestiegen ist. Der Anteil der unter 18jährigen ist hingegen sowohl in den beiden Untersuchungsvierteln als auch in Köln insgesamt gesunken, allerdings in den beiden Vierteln des Untersuchungsgebietes schneller.[1] Auch dies kann als Indikator eines Aufwertungsprozesses gedeutet werden, da eine überproportionale Abnahme des Anteils junger *und* alter Bewohner darauf hindeutet, daß die älteren Bewohnergruppen verstärkt durch kinderlose Haushalte ersetzt werden. Auch hier scheint im übrigen die Entwicklung im Gerichtsviertel weiter fortgeschritten als im Dreikönigsviertel.

Insgesamt bleibt damit für das Untersuchungsgebiet festzuhalten, daß es sich nicht nur nach Meinung von vorher befragten Vertretern aus dem Stadtplanungsamt um

---

[1] Zwischen 1989 und 1994 ist der Anteil der 0-17jährigen in Köln insgsamt sogar leicht gestiegen.

ein sehr aufwertungsverdächtiges Gebiet handelt, sondern auch die Daten dies bestätigen. Trotz der Aufwertungstendenzen handelte es sich zum Zeitpunkt der Befragung um ein typisches innenstadtnahes Wohngebiet, mit einem überproportionalen Anteil an Ausländern und Ledigen und einem unterproportionalen Anteil Verheirateter und Personen unter 18 Jahren.

Tabelle 5.3: Anteile der unter 18jährigen und der über 59jährigen in den beiden Untersuchungsvierteln und in Köln insgesamt 1980-1989, 1994 (in %)

Jahr	Dreikönigsviertel		Gerichtsviertel		Köln	
	0-17 J.	60+ J.	0-17 J.	60+ J.	0-17 J.	60+ J.
1980	19,0	15,0	18,1	18,5	19,7	18,4
1981	18,9	14,5	18,4	18,2	19,0	18,7
1982	18,6	14,9	17,7	17,7	18,3	18,8
1983	17,8	14,6	17,6	17,6	17,6	19,0
1984	16,9	14,6	16,5	17,2	17,0	19,4
1985	16,0	14,6	16,2	17,5	16,3	19,6
1986	15,0	15,0	15,4	17,3	15,8	19,7
1987	14,3	15,1	14,8	16,9	15,5	19,7
1988	14,3	14,4	13,6	16,4	15,5	19,6
1989	14,3	14,5	12,9	16,4	15,5	19,6
1994	14,0	14,1	12,3	15,0	16,1	19,8

Quelle: Amt für Statistik und Einwohnerwesen der Stadt Köln - Statistisches Informationssystem - und Statistische Jahrbuch der Stadt Köln 1989 (eigene Berechnungen).

5.2 Die Stichprobe

Die Stichprobe wurde gezogen, indem zunächst die Namen und Adressen der Bewohner durch das Abschreiben der Namen von den Klingelschildern bzw. den Briefkästen ermittelt wurden. Da es sich bei der Untersuchung um eine computergestützte telefonische Befragung handelte, wurden dann die Telefonnummern der Haushalte aus dem Kölner Telefonbuch herausgesucht. Alle Haushalte, für die Adresse und Telefonnummer ermittelt werden konnten, wurden vor Beginn der Befragung angeschrieben und um ihre Teilnahme gebeten. Zudem wurden sie über die Ermittlung ihrer Adresse und Telefonnummer informiert und sie erhielten ein

Exemplar des Fragebogens.[1] In dem Anschreiben wurde neben der Darstellung des Untersuchungszieles darum gebeten, den Fragebogen schon vor der Befragung zusammen mit dem (Ehe-) Partner durchzugehen.[2] Das Exemplar für die Befragten enthielt nur den Fragetext und die Antwortkategorien. Alle Einträge, wie Spaltenplan und die Antwortvorgaben 'weiß nicht' und 'keine Angabe' fehlten bewußt. Bei der späteren Befragung, bei der die Interviewer keinen Fragebogen benötigten, da sie über Computer durch den Fragebogen geführt wurden[3], waren diese Antworten natürlich möglich und wurden als solche identifizierbar kodiert.

Tabelle 5.4: Brutto- und Netto-Stichprobe, Interviews und Ausfälle

	N	%	%
Brutto-Stichprobe	1438	100,0	-
falscher Anschluß	33	2,3	-
Netto-Stichprobe	1405	97,7	100,0
Interviews	841	58,5	59,9
Ausfälle	564	39,2	40,1
- Interview mit Kind	5	0,3	0,4
- abgebrochenes Interview	5	0,3	0,4
- Verweigerungen	358	24,9	25,5
- Sprachprobleme	20	1,4	1,4
- keine Terminabsprache möglich	58	4,0	4,1
- nicht angetroffen	118	8,2	8,4

Von der Versendung des Fragebogens zusammen mit dem Anschreiben versprach ich mir zwei Dinge. Zum einen die Lösung des Problems der Anwendung von Antwortskalen bei telefonischen Befragungen. Da davon auszugehen war, daß die Befragten den Fragebogen schon gelesen und bei dem Interview vor sich liegen hatten, konnten auch mehrstufige Skalen abgefragt werden. Zum anderen bietet die Vorabverschickung des Fragebogens die Möglichkeit, die Wohnzufriedenheit, den Auszugswunsch und die Auszugsintention des *Haushaltes* zu ermitteln. Durch die Aufforderung, den Fragebogen zusammen mit dem (Ehe-) Partner durchzugehen,

---

1 Der Text des gesamten Anschreibens und der Fragebogen finden sich im Anhang.
2 Lebte die Befragungsperson ohne (Ehe-) Partner in der Wohnung, sollte sie den Fragebogen natürlich allein durchgehen.
3 Zur Sicherheit hatten die Interviewer allerdings auch einen kopierten Fragebogen immer in Reichweite.

erhoffte ich mir, eben nicht die alleinige Einstellung der befragten Person zu ermitteln, sondern auch die des nicht befragten Partners.

Insgesamt läßt sich sagen, daß durch die Versendung des Fragebogens beide Ziele erreicht wurden. So war es kein Problem, im Interview fünfstufige Skalen zu verwenden. In bezug auf das zweite Ziel ist es allerdings nicht möglich, die Effekte genau einzuschätzen. Nach Einschätzung der Interviewer wurde aber häufig der Fragebogen tatsächlich mit dem Partner vorher besprochen, so daß wir davon ausgehen können, daß auch ihre bzw. seine Einstellung bei der Beantwortung der Fragen mit eingeflossen ist.

Befragt wurde schließlich die Person im Haushalt, die den Mietvertrag unterschrieben hat oder der/die (Ehe-) Partner/in dieser Person. Damit sollte gesichert sein, daß eine Person, die entscheidenden Einfluß auf eine mögliche Auszugsentscheidung des Haushaltes hat, befragt wird. Insgesamt konnten 846 vollständige Interviews durchgeführt werden, von denen jedoch fünf aus der Analyse ausgeschlossen werden mußten, da hier die Kinder befragt wurden. Insgesamt beträgt die Nettoresponserate 60 Prozent, die Verweigerungsquote liegt bei 25,5 Prozent und der Prozentsatz der nicht angetroffenen bei gut 8 Prozent. Damit ist die Ausschöpfungsquote im Vergleich zu anderen Befragungen von Bewohnern innenstadtnaher Wohngebiete sehr gut (vgl. z.B. Blasius 1993: 110; Dangschat und Friedrichs 1988: 44). Allerdings sind die nicht unerheblichen Anstrengungen zur Erlangung dieser Ausschöpfungsquote zu berücksichtigen. Zum einen wurde im Anschreiben eine Verlosung von drei Präsenten angekündigt, zum anderen wurden bis zu 12 Kontaktversuche unternommen, wobei die durchschnittliche Kontakthäufigkeit bei 3,8 lag.

Im folgenden soll die Stichprobe hinsichtlich einiger sozio-demographischer Merkmale der Befragten beschrieben werden. Von den Befragten sind 411 oder 48,9 Prozent männlich und 430 oder 51,1 Prozent weiblich. Das mittlere Alter beträgt 42,6 Jahre, der Median 39 Jahre. Die jüngste befragte Person ist 19 Jahre, die älteste 88 Jahre alt. Nach Altersklassen ergibt sich die in Tabelle 5.5 dargestellte Verteilung.

Betrachtet man die Staatsangehörigkeit, fällt die starke Verzerrung zugunsten der deutschen Befragten auf. So haben 92,7 Prozent der Befragten die deutsche Staatsbürgerschaft. Der dementsprechend geringe Anteil ausländischer Befragter von 7,3 Prozent ist auf mehrere Ursachen zurückzuführen. Durch das Abschreiben der Namen auf den Klingelschildern kann es zu Schreibfehlern gekommen sein. Dadurch konnten die Namen nicht im Telefonbuch gefunden werden. Umgekehrt ist es ebenfalls nicht unwahrscheinlich, daß ein Teil der ausländischen Namen im Telefonbuch falsch geschrieben waren und daher nicht mit denen von uns aufgelisteten Namen übereinstimmten. Leider läßt sich der daraus entstandene Ausfall nicht quantifizieren. Genau bestimmen läßt sich aber der Anteil an Ausfällen durch

Sprachschwierigkeiten. Obwohl ein türkischer Interviewer eingesetzt wurde, beträgt er 1,4 Prozent; das sind 25 Prozent aller angetroffenen ausländischen Befragungspersonen.

Tabelle 5.5: Die Altersstruktur der Stichprobe

	N	%
bis 25 Jahre	77	9,2
26 bis 35 Jahre	280	33,5
36 bis 45 Jahre	166	19,9
46 bis 55 Jahre	136	16,3
56 bis 65 Jahre	83	9,9
älter als 65 Jahre	93	11,1
insgesamt	835	100

Die Aufteilung nach dem Familienstand zeigt die Tabelle 5.6. Wie zu erwarten war, ist der Anteil der ledigen Befragten am größten, gefolgt von den Verheirateten. Während jedoch 36,6 Prozent der Befragten verheiratet sind, leben nur 33,1 Prozent mit ihrem Ehepartner zusammen, und zwar 16,1 Prozent ohne Kinder und 17,0 Prozent mit Kindern im Haushalt. Weitere 12 Prozent der Befragten leben mit ihrem Partner zusammen (10% ohne Kinder, 2% mit Kindern). Damit leben insgesamt 45,1 Prozent aller Befragten in einem partnerschaftlichen Haushaltstyp. Ebenfalls über 40 Prozent der Befragten leben vollkommen allein. Die vollständige Verteilung der Stichprobe nach Haushaltstyp gibt die Tabelle 5.7 wieder.

Tabelle 5.6: Die Struktur der Stichprobe nach Familienstand

	N	%
ledig	384	45,8
verheiratet	307	36,6
geschieden	82	9,8
verwitwet	65	7,8
insgesamt	838	100

Kommen wir schließlich zu den beiden Merkmalen des sozialen Status. Die Stichprobe zeigt einen sehr hohen Anteil an Befragten mit einem hohen Bildungsabschluß. So gaben 26,2 Prozent der Befragten an, sie hätten ein (Fach-) Abitur und sogar 28,4 Prozent, daß sie einen Fachhochschul- bzw. Universitätsabschluß hätten (vgl. Tabelle 5.8). Dieser hohe Bildungsstand der Befragten spiegelt sich jedoch nicht direkt in dem monatlichen Haushaltsnettoeinkommen wieder (vgl. Tabelle 5.9). So verfügen immerhin 26,7 Prozent der Befragten über ein monatliches Haushaltsnettoeinkommen von höchstens DM 1625,- und nur 25,2 Prozent über ein monatliches Haushaltsnettoeinkommen von über DM 3875,-.

Tabelle 5.7: Die Struktur der Stichprobe nach dem Haushaltstyp

	N	%
alleinlebend	347	41,5
alleinerziehend	37	4,4
mit Ehepartner, ohne Kinder	135	16,1
mit Ehepartner, mit Kindern	142	17,0
mit Partner, ohne Kinder	84	10,0
mit Partner, mit Kindern	17	2,0
in Wohngemeinschaft	57	6,8
sonstiges	18	2,2
insgesamt	837	100

Tabelle 5.8: Die Struktur der Stichprobe nach der formalen Bildung

	N	%
keinen Abschluß	6	0,7
Volks-/Hauptschule	223	26,7
Real-/Mittelschule	143	17,1
(Fach-) Abitur	219	26,2
Uni/Fachhochschule	237	28,4
sonstiges	7	0,8
insgesamt	835	100

Insgesamt zeigt die Struktur der Stichprobe mit den hohen Anteilen Alleinlebender und lediger Personen typische Merkmale innenstadtnaher Wohngebiete. Der sehr hohe Anteil an Personen mit hoher Bildung und der sehr niedrige Anteil älterer Befragungspersonen kann zum einen als ein Aufwertungsindiz angesehen werden, ist aber wohl zum anderen auch auf die Methode der telefonischen Befragung zurückzuführen. Wie Jung (1989; 1989a; 1990) zeigen kann, treten gerade hinsichtlich der Merkmale 'Alter' und 'Bildung' starke Unterschiede zwischen 'face-to-face' und telefonischen Befragungen auf. Sein Vergleich der Struktur der Stichprobe einer 'face-to-face' Befragung (Politbarometer 1987) und einer telefonischen Befragung (Politbarometer 1988) zeigt, daß der Anteil an alten Personen in der Stichprobe der telefonischen Befragung bedeutend geringer ist als in der Stichprobe der 'face-to-face' Befragung. Noch deutlicher ist sein Ergebnis bezüglich des Merkmals 'Bildung':

> "So sind die Gruppen mit Abitur (mit und ohne Hochschulabschluß) bei Telefoninterviews mehr als doppelt so stark wie bei den face-to-face-Interviews. Bei den Befragten mit Hauptschulabschluß (mit und ohne Lehre) ist es hingegen genau umgekehrt." (Jung 1989: 14)

Die Struktur der Stichprobe scheint dieses Ergebnis zu bestärken. Der sehr hohe Anteil an Personen mit hoher Bildung und der sehr niedrige Anteil an alten Befragungspersonen ist daher teilweise durch das Erhebungsverfahren zu erklären.

Tabelle 5.9: Das monatliche Haushaltsnettoeinkommen der Befragten

	N	%
bis DM 1625,-	189	26,7
DM 1625,- bis DM 2625,-	189	26,7
DM 2625,- bis DM 3875,-	152	21,4
mehr als DM 3875,-	179	25,2
insgesamt	709	100

5.3 Die Bewohnergruppen, ihre Bewertungen und Präferenzen

Die Tabelle 5.10 gibt die empirische Verteilung der Befragungspersonen auf die einzelnen Typen der Nachfrager von Wohnungen wieder.[1] Wir finden hier eine relativ große Anzahl von sehr jungen Personen mit einer hohen Bildung, jedoch einem geringen monatlichen Haushaltsäquivalenzeinkommen.[2] Nur in der jüngsten

---

1 Zur Entwicklung der Typologie siehe Kapitel 2.3. Personen mit hoher Bildung weisen mindestens (Fach-) Abitur auf; als hohe Äquivalenzeinkommen gelten Einkommen von über DM 1.450,- (nach Krause (1992: 8) der Mittelwert der Äquivalenzeinkommen 1990 in den alten Bundsländern).

2 Da bei Krause (1992: 6f.) die Bedarfsgewichte in Abhängigkeit vom Alter der im Haushalt lebenden Personen angesetzt sind, hier aber nur Informationen über das Alter der Befragungsperson, des Partners (wenn sie/er mit in der Wohnung lebt) und über die Anzahl der Kinder über und unter 18 Jahren im Haushalt vorliegen, weichen die Bedarfsgewichte von denen bei Krause geringfügig ab. So wurden folgende Gewichte vergeben: Für die Befragungsperson 1,00 (entspricht dem Gewicht des Haushaltsvorstandes bei Krause), für Personen über 17 Jahren das

Altersgruppe überwiegen die negativ Statusinkonsistenten gegenüber den Status-konsistenten (125 zu 118), was daran liegt, daß ein nicht geringer Teil dieser Personen noch in der Ausbildung ist. Von diesen Statusinkonsistenten gehören 101 oder 14,3 Prozent aller Befragten der Gruppe der *Pioniere* an.[1]

Tabelle 5.10: Die empirische Verteilung der Bewohnergruppen (absolute Werte)

Bil-dung	Ein-kom-men	Alter							
		18-35 J.		36-45 J.		46-59 J.		> 59 J.	
		Kinder		Kinder		Kinder		Kinder	
		nein	ja	nein	ja	nein	ja	nein	ja
niedrig	niedrig	10	22	8	21	30	11	50	1
	hoch	37	1	16	12	39	1	47	0
hoch	niedrig	101	24	9	8	9	4	1	0
	hoch	109	9	56	17	32	9	14	0

Insgesamt 218 Befragte (30,8 Prozent) lassen sich der Gruppe der *Gentrifier* zu-ordnen, wovon genau die Hälfte sehr junge Personen mit hoher Bildung sind. 141 Befragte (19,9 Prozent) gehören der Gruppe der *Jungen* an. Zu den *Gesetzten* zäh-len 135 (19,1 Prozent) der Befragten. 81,5 Prozent der *Gesetzten* leben in Haus-halten ohne Kinder unter 18 Jahren. Da nur 54 der *Gesetzten* eine hohe Bildung aufweisen, wird im folgenden auf eine Aufsplittung dieser Gruppe verzichtet. 113 (16,0 Prozent) der Befragten zählen zu der Gruppe der *Alten*. Nur eine Person lebt in einem Haushalt mit Kindern unter 18 Jahren, nur 15 weisen eine hohe Bildung auf, von denen 14 in einem Haushalt mit hohem Äquivalenzeinkommen leben.

Gewicht 0,80 (bei Krause erhalten dieses Gewicht die Personen über 21 Jahren), Personen unter 18 Jahren erhielten das Gewicht 0,60 (beruht auf den gewichteten Mittelwerten der bei Krause angegebenen Werte der verschiedenen Altersgruppen). Als Berechnungsgrundlage diente immer das von den Befragten angegebene monatliche Haushaltsnettoeinkommen.

1 Da durch Ausfälle bei der Frage zum Einkommen 133 Befragte nicht in der Typologie auftau-chen, bezieht sich die Prozentuierung auf eine Stichprobengröße von 708 Befragten.

Tabelle 5.11: Ausgewählte Merkmale der Bewohnergruppen (Mittelwerte: x̄ und Standardabweichungen: s)

	Pioniere		Gentrifier		Junge		Gesetzte		Alte	
	x̄	s	x̄	s	x̄	s	x̄	s	x̄	s
Wohndauer (in J.)										
- Wohnung	3,1	2,8	4,9	4,9	6,9	5,4	13,5	8,2	25,3	13,7
- Gebiet	3,5	3,7	6,8	7,3	10,1	9,0	16,7	10,6	30,7	16,8
Alter	26,8	3,3	33,1	5,8	35,1	7,0	51,4	3,8	69,5	6,9
Haushaltsgröße	1,3	0,6	1,4	0,5	3,1	1,2	2,3	1,2	1,5	0,6
Äquivalenzeinkom.	975,4	240,8	2500,8	817,5	1186,1	484,4	1811,7	911,1	1746,3	843,3
Wohnungsgröße										
- qm insgesamt	51,1	30,1	68,1	33,3	81,6	35,7	88,5	36,8	67,2	26,7
- qm pro Kopf	35,1	11,4	47,5	18,1	28,7	11,9	43,9	22,7	50,4	25,2
Belastungen pro qm (monatl.in DM)	10,6	3,8	10,4	3,4	8,8	3,1	8,6	3,3	7,8	2,8

Die Tabelle 5.11 zeigt einige ausgewählte Merkmale der fünf Bewohnergruppen in der Stichprobe. Im Durchschnitt sind die *Pioniere* natürlich am jüngsten, denn das Alter ist ein Definitionsmerkmal. Die *Gentrifier* sind im Schnitt gut sechs Jahre älter als die *Pioniere* und zwei Jahre jünger als die *Jungen*. Danach folgen die *Gesetzten* mit einem Durchschnittsalter von 51,4 Jahren. Die *Alten* sind im Durchschnitt 18 Jahre älter als die *Gesetzten*.

Auch die Reihenfolge in der Höhe des monatlichen Äquivalenzeinkommens überrascht nicht. Erstaunlich ist jedoch das sehr geringe Einkommen der *Pioniere*. Vor allem, wenn man berücksichtigt, daß es sich hier um sehr kleine Haushalte handelt. Der nur geringe Unterschied der durchschnittlichen Äquivalenzeinkommen von *Gesetzten* und *Alten* konnte dagegen erwartet werden, da in der Berechnung des Äquivalenzeinkommens die Haushaltsgröße mitberücksichtigt wird und diese bei den *Alten* mit durchschnittlich 1,5 Personen geringer ist als bei den *Gesetzten*, die eine durchschnittliche Haushaltsgröße von 2,3 Personen aufweisen. In bezug auf die Haushaltsgröße ist noch der sehr hohe Wert bei den *Jungen* zu erwähnen. Sie leben mit Abstand in den größten Haushalten.

Überraschend ist der geringe Anteil an Wohnungseigentümern unter den *Gentrifiern*, wurde doch behauptet, der Prozeß der Aufwertung zeichne sich auch durch die Umwandlung von Miet- in Eigentumswohnungen aus, in die die *Gentrifier* ziehen (Tabelle 5.12). *Gentrifier* sind aber nur selten Wohnungseigentümer. Mit 17 Prozent Wohnungseigentümer ist der Anteil unter den *Gesetzten* bedeutend höher. Nun stellen die *Gesetzten* eine Bewohnergruppe dar, die nach bisherigen Annahmen zum Aufwertungsprozeß stark von einer Verdrängung bedroht sein sollte. Der hohe Anteil an Eigentümerhaushalten spricht gegen diese Annahme, denn der beste Schutz gegen eine Verdrängung ist Wohnungseigentum.

Hinsichtlich der Wohnungsgröße leben die *Jungen* gemessen an der Quadratmeterzahl hinter den *Gesetzten* zwar in den größten Wohnungen, pro Kopf haben sie jedoch am wenigsten Platz. *Gentrifier*, die aus denselben Altersgruppen stammen wie die *Jungen*, leben in relativ kleinen Wohnungen, haben jedoch pro Kopf nach den *Alten* am meisten Wohnraum. *Pioniere* leben in sehr kleinen Wohnungen und haben auch pro Kopf nur relativ wenig Wohnraum. Dafür zahlen sie zusammen mit den *Gentrifiern* im Schnitt die höchste Quadratmetermiete. Wie zu erwarten war, zahlen die *Alten* am wenigsten. Die variierenden Quadratmetermieten sind allerdings nur zum Teil auf die unterschiedlich lange Wohndauer zurückzuführen. So unterscheiden sich die *Jungen* und die *Gesetzten* in bezug auf die Wohndauer in der Wohnung erheblich, haben aber in etwa die gleiche Quadratmetermiete zu zahlen. Neben der Wohndauer müssen noch andere Gründe für die Variation in der Miethöhe verantwortlich sein. Die unterschiedliche Ausstattung der Wohnungen mit Bad/Dusche, Heizung und Toilette ist es nicht. Hierin unterscheiden sich die Gruppen kaum. Die einzigen, die etwas herausfallen, sind die *Pioniere*. Ihre

Wohnungen sind etwas schlechter ausgestattet als die Wohnungen der anderen Gruppen. Interessanterweise zahlen aber die *Pioniere* die höchste Quadratmetermiete. Einen Einfluß scheint hingegen die Größe der Wohnung zu haben. Je größer eine Wohnung ist, desto günstiger ist ihr Quadratmeterpreis.

Tabelle 5.12: Ausgewählte Merkmale der Bewohnergruppen (in %)

	Pioniere	Gentrifier	Junge	Gesetzte	Alte
a) Wohnstatus					
Eigentümer	3,0	5,0	7,8	17,0	8,8
Mieter	97,0	95,0	92,2	83,0	91,2
b) formale Bildung					
keinen Abschluß	0,0	0,5	0,7	3,0	0,0
Hauptschule	0,0	8,3	29,8	37,0	61,1
Real-/Mittelschule	0,0	15,1	20,6	20,0	23,9
(Fach-) Abitur	81,2	28,4	20,6	13,3	6,2
Uni/Fachhochschule	18,8	47,2	27,0	26,7	7,1
sonstiges	0,0	0,5	1,4	0,0	1,8
c) Anteil Berufstätiger					
berufstätig	20,8	91,7	69,5	82,2	13,1
arbeitslos	6,9	0,5	9,9	7,4	1,8
Schüler/Student	70,3	6,4	7,8	1,5	0,0
Pensionär/Rentner	0,0	0,0	0,7	4,4	78,8
Hausfrau-/mann	0,0	1,4	12,1	4,4	6,2
Wehr-/Zivildienst	2,0	0,0	0,0	0,0	0,0
d) Familienstand					
ledig	95,0	72,5	29,8	18,5	13,3
verheiratet	4,0	21,1	58,2	57,0	38,1
geschieden	1,0	6,0	11,3	17,8	13,3
verwitwet	0,0	0,5	0,7	6,7	35,4
e) Haushaltstyp					
allein	61,4	56,4	8,5	24,4	57,5
alleinerziehend	0,0	0,0	17,0	7,4	0,9
Ehepartner, o.K.[1]	4,0	16,1	1,4	25,2	31,0
Ehepartner, m.K.[2]	0,0	0,0	52,5	29,6	2,7
Partner, o.K.[1]	12,9	19,3	2,8	7,4	4,4
Partner, m.K.[2]	0,0	0,0	8,5	2,2	0,0
Wohngemeinschaft	20,8	7,8	7,1	1,5	0,9
sonstiges	1,0	0,5	2,1	2,2	2,7
n (= 100%)	101	218	141	135	113

[1] mit (Ehe-) Partner, ohne Kinder; [2] mit (Ehe-) Partner, mit Kinder

Schließlich zeigt sich ein aus anderen Studien bekanntes Bild (vgl. Dangschat 1991: 80; Dangschat und Friedrichs 1988: 52): Sowohl bezogen auf die Wohnung als auch auf das Wohngebiet weisen *Gentrifier* eine längere Wohndauer als *Pioniere* auf. Dieser immer wieder festgestellte Sachverhalt läßt stark an einen Aufwertungsprozeß in Form eines doppelten Invasions-Sukzessions-Zyklus zweifeln. Berücksichtigt man zudem, daß fast alle *Gentrifier* ehemals den Status von *Pionieren* besaßen, erhärten sich die Hinweise auf einen Aufwertungsprozeß in Form eines verstärkten Einzuges von *Pionieren*, die nach Abschluß ihrer Ausbildung und mit Beginn der Aufnahme einer Erwerbstätigkeit den Status des *Gentrifiers* erlangen. Da sie in ihrem innenstadtnahen Wohnquartier verbleiben, werten sie das Gebiet dann von innen auf.

In der Tabelle 5.12 sind weitere Merkmale der Bewohnergruppen aufgeführt. Betrachtet man die formale Bildung, die ein Definitionsmerkmal darstellt, fällt bei den *Pionieren* der sehr hohe Anteil von Personen mit (Fach-) Abitur auf. Der größte Teil dieser Personen studierte zum Zeitpunkt der Befragung noch, wie der hohe Anteil an Studenten in dieser Gruppe zeigt. In der Gruppe der *Gentrifier* ist hingegen der Anteil mit einem Universitäts- bzw. Fachhochschulabschluß am größten. Wie auch der sehr hohe Anteil der Berufstätigen zeigt, ist in dieser Gruppe der Ausbildungsprozeß abgeschlossen. Auffallend hoch ist zudem der Anteil von Personen mit höchstens Hauptschulabschluß bei den *Alten*.

Das Heiraten scheint nicht ausschließlich eine Frage des Alters zu sein. Vergleicht man die *Gentrifier* mit den *Jungen*, die in etwa das gleiche Durchschnittsalter aufweisen, ist der bedeutend höhere Anteil verheirateter Personen in der Gruppe der *Jungen* auffallend. Dieser Unterschied setzt sich bei der Betrachtung der Haushaltstypen fort. So leben *Gentrifier* häufiger allein als *Junge*. Das Leben in einer Wohngemeinschaft scheint hingegen zum großen Teil auf eine bestimmte Altersphase und auf die Zeit der Ausbildung begrenzt zu sein. Während knapp 21 Prozent der *Pioniere* in einer Wohngemeinschaft leben, sind es bei den *Gentrifiern* und den *Jungen* nur (noch) acht bzw. sieben Prozent. In der Gruppe der *Gesetzten* und der *Alten* spielt diese Wohnform so gut wie keine Rolle (mehr).

In den bisherigen Studien zur Aufwertung kam man zu dem Ergebnis, daß *Pioniere* den Zuzug gut verdienender Bevölkerungsgruppen in das Gebiet negativer beurteilen als *Gentrifier*, die einen derartigen Zuzug wiederum negativer beurteilen als die Mitglieder der restlichen Gruppen. Das Ergebnis entsprach nicht den Erwartungen. Man nahm zwar an, daß *Pioniere* den Zuzug ablehnen, da sie am stärksten von den möglichen negativen Folgen betroffen sein würden, vermutete dies aber auch für die Gruppe der Anderen.[1] Es zeigte sich jedoch, daß letztere

---

1 In den frühen deutschen Studien zur Aufwertung wurde nicht zwischen *Jungen*, *Gesetzten* und *Alten* unterschieden. Sie fielen alle in die Gruppe der *Anderen*.

einen Zuzug gut verdienender Gruppen eher begrüßen (vgl. Dangschat und Friedrichs 1988: 64f.).

Auch in der eigenen Studie wurde die Beurteilung des Zuzuges gut verdienender Bevölkerungsgruppen ermittelt. Daneben wurde nach der Beurteilung eines Zuzuges junger Menschen und von Ausländern gefragt. Die Ergebnisse des Gruppenvergleiches sind in Tabelle 5.13 wiedergegeben. Der Zuzug gut verdienender Bevölkerungsgruppen wird insgesamt eher abgelehnt; am stärksten von den *Pionieren*, gefolgt von den *Gentrifiern* und den *Jungen*. Während sich die Mittelwerte dieser drei Gruppen nicht signifikant voneinander unterscheiden, lehnen die *Pioniere* und *Gentrifier* den Zuzug gut verdienender Personen signifikant ($p < 0,01$) stärker ab als die *Gesetzten* und *Alten*. Die *Jungen* differieren in ihrer Beurteilung nur von den *Alten* signifikant.

Der Zuzug junger Menschen wird von allen Gruppen eher begrüßt. Wir haben hier die gleiche Reihenfolge wie bei der Ablehnung des Zuzuges von gut Verdienenden, nur daß diesmal die *Pioniere* den Zuzug am positivsten beurteilen und die *Alten* diesem am wenigsten abgewinnen können. Während sich wiederum *Pioniere* und *Gentrifier* auf der einen Seite und *Gesetzte* und *Alte* auf der anderen Seite in ihrer Beurteilung gegenüberstehen, unterscheiden sich die *Jungen* jetzt signifikant von den *Pionieren*, jedoch nicht von den *Alten*.

Den Zuzug von Ausländern bewerten *Pioniere* im Durchschnitt mit gut bis egal, den *Gentrifiern* ist es eher egal, während die anderen drei Gruppen im Mittel einen Zuzug von Ausländern negativ bewerten. Wiederum ist die Mittelwertsdifferenz zwischen den *Pionieren* und den *Gentrifiern* nicht signifikant, während sich beide Gruppen signifikant von den anderen drei Gruppen in ihrer Bewertung unterscheiden.

Der Vergleich zeigt damit ein eindeutiges Bild bezüglich der unterschiedlichen Einschätzung durch die fünf Bewohnergruppen. Betrachtet man nur die Mittelwerte, dann unterscheiden sich die *Pioniere* nicht von den *Gentrifiern* und die *Gesetzten* nicht von den *Alten*. Während *Pioniere* den Zuzug junger Leute und Ausländer signifikant positiver beurteilen als die *Gesetzten* und *Alten*, ist es hinsichtlich der Einschätzung eines Zuzuges gut verdienender Personen umgekehrt. Die *Jungen* lassen sich keinem der beiden Pole eindeutig zuordnen. Während sie in ihrer Beurteilung des Zuzuges gut verdienender Personen eher den *Pionieren* und *Gentrifier* ähneln, entspricht ihre Bewertung des Zuzuges von jungen Menschen und von Ausländern eher der von *Gesetzten* und *Alten*.

Die fünf Gruppen unterscheiden sich aber nicht nur in bezug auf ihre Beurteilung des Zuzuges bestimmter Bevölkerungsgruppen, sondern haben auch teilweise unterschiedliche Ansprüche an eine Wohnung und ein Wohnumfeld. Tabelle 5.14 gibt das Ergebnis der Frage nach der Relevanz verschiedener Wohnungs- und

Wohnumfeldaspekte wieder. Je höher der Mittelwert ist, desto wichtiger ist der Aspekt, wobei der theoretisch mögliche Wertebereich zwischen eins und fünf liegt.

Tabelle 5.13: Beurteilung des Zuzuges von jungen Menschen, gut Verdienenden und Ausländern nach Bewohnergruppen (in % und x̄)

	Pioniere	Gentrifier	Junge	Gesetzte	Alte
Zunahme junger Menschen					
sehr gut	19,8	15,7	9,2	9,0	7,2
gut	50,5	38,7	35,5	30,8	25,2
egal	26,7	38,7	46,1	45,1	46,8
schlecht	3,0	6,0	9,2	12,8	18,0
sehr schlecht	0,0	0,9	0,0	2,3	2,7
x̄	2,1	2,4	2,6	2,7	2,8
n (= 100%)	101	217	141	133	111
Zunahme gut Verdienender					
sehr gut	0,0	1,4	0,0	3,1	0,9
gut	3,0	4,6	5,7	9,9	15,5
egal	28,7	36,9	44,3	47,3	60,0
schlecht	50,5	48,4	41,4	35,9	19,1
sehr schlecht	17,8	8,8	8,6	3,8	4,5
x̄	3,8	3,6	3,5	3,3	3,1
n (= 100%)	101	217	140	131	110
Zunahme Ausländer					
sehr gut	4,0	2,8	0,7	5,3	0,0
gut	24,8	18,1	8,6	7,6	7,1
egal	60,4	59,5	60,0	50,4	41,6
schlecht	10,9	17,2	26,4	26,7	36,3
sehr schlecht	0,0	2,3	4,3	9,9	15,0
x̄	2,8	3,0	3,3	3,3	3,6
n (= 100%)	101	215	140	131	113

Aufgrund der geringen finanziellen Möglichkeiten der *Pioniere* war zu erwarten, daß ihnen eine günstige Miete am wichtigsten sein wird. Wie wir sehen können, ist dies auch tatsächlich der Fall. Nicht zu erwarten war hingegen, daß den *Pionieren* ein Viertel mit schönen Häusern relativ unwichtig ist. Wurde doch bisher

134

immer behauptet, daß neben der zentralen Lage die Bebauung die Attraktivität eines Gebietes ausmacht. Allerdings muß berücksichtigt werden, daß hier nach der Relevanz von schönen Häusern und nicht von Altbauten gefragt wurde, was einen großen Unterschied machen kann. Für die *Gentrifier* sind alle Wohnungsaspekte in etwa gleich wichtig, wobei eine große Wohnung und der gute Zustand einer Wohnung von etwas geringerer Bedeutung sind. Von den anderen Aspekten spielen die Nähe zu Kinderspielplätzen und sozialen Einrichtungen nur eine untergeordnete Rolle, während die Nähe von Einkaufsmöglichkeiten für den täglichen Bedarf sehr wichtig ist. Den *Jungen* sind eine günstige Miete und gute Einkaufsmöglichkeiten am wichtigsten. Aber auch die anderen Wohnungsaspekte sowie die nächtliche Sicherheit eines Viertels, eine gute Ausstattung mit Kinderspielplätzen und sozialen Einrichtungen sind von großer Bedeutung. Außer der Größe der Wohnung sind in der Gruppe der *Gesetzten* und der Gruppe der *Alten* alle Wohnungsaspekte von zentraler Bedeutung. Daneben haben in beiden Gruppen die nächtliche Sicherheit, die Einkaufsmöglichkeiten und die Innenstadtnähe eine besondere Relevanz.

Tabelle 5.14: Relevanz von einzelnen Wohnungs- und Wohnumfeldsaspekten nach Bewohnergruppen (Mittelwerte: $\bar{x}$ und Standardabweichungen: s)

Relevanz	Pioniere $\bar{x}$	s	Gentrifier $\bar{x}$	s	Junge $\bar{x}$	s	Gesetzte $\bar{x}$	s	Alte $\bar{x}$	s
günstige Miete	4,5	0,7	3,9	0,9	4,4	0,7	4,1	1,0	4,4	1,0
große Wohnung	3,5	1,0	3,7	1,0	4,0	1,1	3,7	1,1	2,9	1,4
ruhige Wohnung	3,7	1,9	4,0	0,9	3,9	1,0	4,0	1,1	4,3	1,0
Zustand Wohnung	3,3	1,0	3,7	1,0	3,8	1,0	4,0	1,0	4,5	0,8
Aufteilung Zimmer	3,5	0,9	3,9	0,9	4,0	0,8	4,1	0,9	4,2	1,0
Ausstattung Whg.	3,8	0,9	4,1	0,9	4,2	0,9	4,4	0,9	4,5	0,8
schöne Häuser	2,8	1,1	3,3	1,1	3,3	1,0	3,6	1,1	3,7	1,1
Nähe Verwandte	1,5	0,8	1,6	0,9	2,1	1,3	1,9	1,2	2,4	1,5
Nähe Freunde	3,1	1,0	3,1	1,1	3,3	1,2	2,8	1,3	2,9	1,4
nächtl. Sicherheit	3,4	1,1	3,5	1,1	4,1	0,9	4,2	1,1	4,5	1,0
lebhaftes Viertel	3,0	1,1	3,1	1,2	3,3	1,1	3,0	1,2	2,5	1,4
Nachbarschaft	3,1	0,9	3,4	1,0	3,8	1,1	3,8	1,2	4,0	1,1
Einkaufsmöglichk.	3,9	0,8	4,1	0,8	4,4	0,7	4,2	0,9	4,7	0,5
soz. Einrichtungen	2,6	1,2	2,8	1,2	3,9	1,2	3,1	1,3	3,2	1,5
Kinderspielplätze	2,3	1,4	2,5	1,5	4,1	1,2	2,9	1,6	2,5	1,6
Sport/Freizeitmögl.	3,1	1,1	3,0	1,2	3,6	1,1	3,1	1,3	3,2	1,5
kult. Angebot	3,2	1,1	3,2	1,1	3,1	1,1	3,1	1,3	2,7	1,4
Restaurants	3,2	0,9	3,4	1,0	3,0	1,1	3,2	1,3	2,7	1,4
Innenstadtnähe	3,7	1,0	3,7	1,1	3,6	1,1	4,1	0,9	4,2	1,0
Arbeitsplatznähe	3,3	1,0	3,4	1,2	3,5	1,2	3,6	1,4	2,0	1,5

Interessanter als diese separate Betrachtung der Gruppen ist der Gruppenvergleich. Dazu wurden die 20 Aspekte aufgrund inhaltlicher Überlegungen und mit der methodischen Hilfe von Hauptkomponentenanalysen zu Indizes zusammengefaßt. Insgesamt konnten fünf inhaltlich interpretierbare ungewichtete additive Indizes, bestehend aus 15 der 20 Einzelaspekten, gebildet werden. Im einzelnen handelt es sich um folgende Indizes:

- *Wohnkomfort*: Der Index umfaßt die Ansprüche an den Zustand der Wohnung, die Aufteilung der Zimmer und die Ausstattung der Wohnung.
- *Soziale Infrastruktur*: Dieser Index beinhaltet die Relevanz von sozialen Einrichtungen, Kinderspielplätzen und Sport- und Freizeitmöglichkeiten.
- *Lebhaftes Viertel*: Der Index umfaßt die Relevanz eines lebhaften Viertels, eines kulturellen Angebots und von Gaststätten/Restaurants im Viertel.
- *Soziale Beziehungen*: Hier handelt es sich um die Relevanz der Nähe zu Verwandten und Freunden.
- *Lage/Atmosphäre*: Dieser Index umfaßt die Relevanz schöner Häuser, der nächtlichen Sicherheit, von Einkaufsmöglichkeiten und der Innenstadtnähe.

Alle Indizes wurden so gebildet, daß der Wertebereich zwischen eins und fünf variieren kann. Je höher der Wert, desto relevanter ist der Index. Tabelle 5.15 gibt Auskunft über die Bedeutung der Indizes für die Bewohnergruppen.

Tabelle 5.15: Relevanz von Wohnungs- und Wohnumfelddimensionen nach Bewohnergruppen (Mittelwerte: $\bar{x}$ und Standardabweichungen: s)

Relevanz	Pioniere		Gentrifier		Junge		Gesetzte		Alte	
	$\bar{x}$	s	$\bar{x}$	s	$\bar{x}$	s	$\bar{x}$	s	$\bar{x}$	s
Wohnkomfort	3,5	0,7	3,9	0,7	4,0	0,7	4,2	0,7	4,4	0,7
soziale Infrastruktur	2,6	1,0	2,8	1,0	3,9	1,0	3,0	1,2	3,0	1,2
lebhaftes Viertel	3,1	0,8	3,2	0,8	3,1	0,9	3,1	0,9	2,6	1,0
soziale Beziehungen	2,3	0,7	2,3	0,8	2,7	1,0	2,4	1,1	2,7	1,3
Lage/Atmosphäre	3,3	0,7	3,5	0,7	3,7	0,6	4,0	0,6	4,1	0,7

Hinsichtlich der Wohnungsaspekte hätte mit der Zusammenfassung der Relevanz einer günstigen Miete und der Wohnungsgröße noch ein weiterer Index gebildet werden können. Aufgrund inhaltlicher Überlegungen, die weiter unten deutlich werden, wurde jedoch davon abgesehen. Die Relevanz einer ruhigen Wohnung, einer guten Nachbarschaft und der Arbeitsplatznähe ließen sich keinem Index zuordnen.

Wenden wir uns nun zunächst den Wohnungsaspekten zu. Deutlich wird die hohe Relevanz einer günstigen Miete für die *Pioniere*, *Jungen* und *Alten* im Vergleich zu den *Gesetzten* und den *Gentrifiern* (Tabelle 5.14). Während sich die ersten drei Bewohnergruppen und die letzten beiden Gruppen jeweils nicht signifikant voneinander unterscheiden, ist für die *Gentrifier* eine günstige Miete signifikant weniger relevant als für die *Pioniere*, *Jungen* und *Alten*. Die *Gesetzten* unterscheiden sich nur von den *Pionieren* und *Jungen*. Die objektiven materiellen Möglichkeiten der einzelnen Gruppen stehen damit in statistisch negativer Beziehung zu dem Gewicht einer günstigen Miete. Die Gruppe mit den größten Ressourcen legt am wenigsten Wert auf eine günstige Miete.

Prekär könnte bei einer Wohnungssuche vor allem die Lage der *Jungen* werden. Während die *Alten* Abstriche an der Größe einer Wohnung machen können, um absolut möglichst wenig Geld für die Miete aufbringen zu müssen, und die *Pioniere* sowohl bezüglich der Größe der Wohnung als auch am Wohnkomfort ihre Ansprüche reduzieren können, sind die *Jungen* auf eine bestimmte Mindestgröße und einen gewissen Mindestkomfort der Wohnung angewiesen. Die Haushaltsgröße und -struktur, vor allem das Vorhandensein von Kindern, macht sie weniger flexibel und stärker vom jeweiligen Angebot abhängig. Deutlich wird dies auch durch die im Vergleich zu den *Pionieren* höhere Relevanz einer großen Wohnung (vgl. Tabelle 5.14) und des Wohnkomforts (vgl. Tabelle 5.15).

Die *Jungen* sind aber auch hinsichtlich der Ansprüche an das Wohnumfeld eine besondere Bewohnergruppe, denn sie sind am stärksten auf ihr Wohnviertel orientiert. Aufgrund ihrer geringen finanziellen Möglichkeiten und durch das Vorhandensein von Kindern sind ihre Aktionsräume sowohl durch materielle als auch durch zeitliche Restriktionen stark eingeschränkt. Vor allem die Bereitstellung einer intakten sozialen Infrastruktur im Viertel ist für sie daher von zentraler Bedeutung. Hier unterscheiden sie sich signifikant von allen anderen Gruppen, selbst dann noch, wenn die Relevanz von Kinderspielplätzen aus der Indexberechnung herausgenommen wird. Aber auch die sozialen Beziehungen, speziell die Nähe von Verwandten, und die Lage/Atmosphäre sind für sie von größerer Bedeutung als für die *Pioniere* und *Gentrifier*. Neben dieser hohen Bedeutung der Wohnumfeldaspekte, die auf die Notwendigkeit der Bereitstellung von Hilfeleistungen hindeuten, hat für die *Jungen* aber auch ein lebhaftes Viertel eine relativ hohe Relevanz, wodurch ihr Bedürfnis nach Freizeitaktivitäten trotz starker Restriktionen zum Ausdruck kommt.

Auch die *Gesetzten* und *Alten* sind eher viertelsorientiert, doch spielen für sie, im Vergleich zu den *Jungen*, die soziale Infrastruktur und ein lebhaftes Viertel nur eine untergeordnete Rolle. Betrachtet man dagegen die *Gentrifier* und *Pioniere*, scheinen diese unabhängiger von der Ausstattung eines Viertels zu sein. Aufgrund ihrer größeren Ungebundenheit können *Pioniere* und *Gentrifier* leichter auf andere

Stadtviertel ausweichen, wenn das Gesuchte im eigenen Viertel nicht angeboten wird.

Die Unterscheidung von Kosmopoliten (*Pioniere* und *Gentrifier*) und Lokaliten (speziell die *Jungen*) drängt sich hier auf (Merton 1968: 441ff.). Wie für Mertons Lokaliten, ist für die *Jungen* der Wohnort ihre Lebenswelt, während die Lebenswelt der *Pioniere* und *Gentrifier* die Grenzen des Wohnortes überschreitet, oder: "If the local type is parochial, the cosmopolitan is ecumenical." (ebenda: 447) Unterstützt wird dieser Eindruck auch durch den Sachverhalt, daß 26 Prozent der *Jungen* im Vergleich zu 9 Prozent der *Pioniere* und 14 Prozent der *Gentrifier* ihren vorherigen Wohnsitz im gleichen Stadtteil hatten. Dagegen sind 13 Prozent der *Pioniere* und 19 Prozent der *Gentrifier* aus einer anderen Großstadt zugezogen, hingegen nur 7 Prozent der *Jungen*.

Um die These der starken Wohnortorientierung der *Jungen* näher zu prüfen, wurde auf Ergebnisse einer weiteren Untersuchung zurückgegriffen. Hierbei handelt es sich um eine Erhebung der christlichen Religiosität und der sozialen Netzwerke von Bewohnern eines anderen Stadtteils in Köln, die im Frühjahr 1993 durchgeführt wurde.[1] Obwohl die Untersuchung eine andere Fragestellung behandelte, erbringt die Sekundäranalyse der Daten doch auch für das hier behandelte Thema einige interessante Ergebnisse.

Als Netzwerkgeneratoren zur Erhebung ego-zentrierter Netzwerke wurden in der Studie Fragen nach konkreten tatsächlichen Interaktionen gestellt. Sie lauteten:

1. Hin und wieder besprechen die meisten Leute wichtige Angelegenheiten mit anderen Personen. Wenn Sie an die letzten *14 Tage* zurückdenken:
   a) An wen haben *Sie* sich gewandt, um Dinge zu besprechen, die *Ihnen* wichtig waren bzw. sind?
   b) Und wer hat sich *an Sie gewandt*, um Dinge zu besprechen, die *ihr oder ihm* wichtig waren bzw. sind?

2. Es gibt viele Dinge, die durch die praktische Hilfe anderer erleichtert werden können, wie z.B. Reparaturen im Haushalt oder am PKW, die Erledigung von Besorgungen, die Hilfe im Krankheitsfall und die Betreuung von Kindern oder alten Menschen.
   a) Wem haben Sie in den letzten *14 Tagen* in der einen oder anderen Weise praktische Hilfe geleistet?
   b) Wer hat Ihnen in diesem Zeitraum in der einen oder anderen Weise praktische Hilfe geleistet?

---

1 Es handelt sich hier um eine Untersuchung, die der Verfasser zusammen mit Christof Wolf im Rahmen eines empirischen Praktikums an der Universität zu Köln durchgeführt hat. Näheres zur Anlage der Studie und den Ergebnissen findet sich bei Kecskes und Wolf (1995; 1996).

3. Kommen wir nun auf alle Personen zu sprechen, mit denen Sie ihre Freizeit verbringen. Wenn Sie wiederum an die letzten *14 Tage* denken:
   a) Wer hat Sie in dieser Zeit zu Hause besucht?
   b) Wen haben Sie in dieser Zeit besucht?
   c) Mit wem haben Sie in den letzten *14 Tagen* Freizeitaktivitäten außerhalb des Hauses unternommen? Wir meinen damit beispielsweise den Besuch von Kinos, Theater- und Sportveranstaltungen oder Gaststätten- und Restaurantbesuche.

Nachdem alle vom Befragten genannten Personen aufgelistet wurden, wurde ihm die Liste mit den Namen vorgelegt und gefragt:

4. Wenn Sie sich jetzt einmal alle Namen auf dieser Liste anschauen. Fehlen dort noch Personen, die Ihnen wichtig sind?

Da alle notwendigen Informationen zur Klassifizierung der Nachfragergruppen vorlagen, konnten diese hinsichtlich ihrer sozialen Netzwerke verglichen werden. Und auch hier zeigen sich deutliche Unterschiede zwischen den Gruppen, die die vorherigen Ergebnisse bestärken. Nimmt man den Anteil der im gleichen Stadtteil lebenden Netzwerkpersonen an allen genannten Personen des sozialen Netzwerkes (alteri) als Indikator zur Klassifizierung in Kosmopoliten und Lokaliten, erweisen sich die *Pioniere* und *Gentrifier* eindeutig als Kosmopoliten, die *Jungen* hingegen als Lokaliten. So leben von im Durchschnitt 10 genannten alteri der *Pioniere* 20 Prozent im gleichen Stadtteil wie ego[1], bei den *Gentrifiern* sind es bei im Durchschnitt 11 genannten alteri 21 Prozent. Von den im Durchschnitt 10 genannten alteri der *Jungen* wohnen hingegen 41 Prozent im selben Stadtteil wie ego. Damit ist der Anteil, der im gleichen Stadtteil lebenden alteri bei den *Jungen* um 20 Prozentpunkte höher als bei den *Pionieren* und *Gentrifiern*. Selbst die *Gesetzten* und *Alten* weisen nicht einen so hohen Anteil alteri aus dem gleichen Stadtteil auf (*Gesetzte*: 37% bei durchschnittlich neun Personen; *Alte*: 35% bei durchschnittlich acht Personen).

Dies macht die starke Orientierung der *Jungen* an das jeweilige Wohnviertel nochmals sehr deutlich. Sie sind von Veränderungen am stärksten betroffen. Eine veränderte soziale Zusammensetzung der Bewohnerschaft durch eine Aufwertung des Gebietes kann ihr soziales Netzwerk ernsthaft in Gefahr bringen. Geht mit einer Aufwertung eine Erhöhung der Mietpreise einher, sind sie aufgrund ihrer geringen finanziellen Ressourcen zudem in ihrer materiellen Existenz bedroht. Die

---

1 Bei der Erhebung ego-zentrierter Netzwerke werden die Befragungspersonen 'ego' und die von ego genannten Netzwerkpersonen 'alteri' genannt.

am längsten in einem Aufwertungsgebiet verbleibenden *Jungen* würden, bei angenommenen Austausch der Bevölkerung und starken Mietpreiserhöhungen, mithin
sowohl materiell als auch sozial ins Abseits geraten. Auf der anderen Seite deutet
vieles darauf hin, daß sie selbst bei aufkommender Unzufriedenheit im Wohnviertel verbleiben werden, da sie nur wenige Alternativen auf dem Wohnungsmarkt
haben. Sie werden seltener als andere Bewohnergruppen mit einem freiwilligen
Auszug reagieren können und müssen andere Formen der Reaktion auf Unzufriedenheit wählen. Welche Formen allgemein zur Auswahl stehen und mit welcher
Wahrscheinlichkeit auf die Alternative 'Auszug' zurückgegriffen wird, soll im
folgenden Kapitel untersucht werden.

5.4 Ein Modell der residentiellen Mobilität

5.4.1 Das Modell

Bevor wir weitere Annahmen über die Auszugswahrscheinlichkeiten der unterschiedlichen Bewohnergruppen machen können, müssen wir uns mit der Entwicklung eines allgemeinen Modells der residentiellen Mobilität beschäftigen. Im Jahr
1955 erschien mit "Why Families Move" von Peter H. Rossi (1980 [1955]) eine
für die Erforschung der Determinanten räumlicher Mobilität richtungsweisende
Studie. Sie wurde zum Klassiker, da Rossi Faktoren angeben konnte, die eine
treffsichere Prognose der residentiellen Mobilität von Individuen und Haushalten
erlauben (Franz 1984: 80).[1] Danach läßt sich ein tatsächlich vorgenommener Auszug durch einen mehrstufigen Prozeß erklären. Zunächst muß ein *Auszugswunsch*
vorliegen. Unter der Annahme, daß Personen bestrebt sind, ihre Ansprüche an eine
Wohnung und an das Wohnumfeld mit der wahrgenommenen Situation in Einklang zu bringen, entwickelt sich dieser Auszugswunsch bei einer negativen Divergenz zwischen den Ansprüchen an die Wohnung und das Wohnumfeld auf der
einen Seite und den wahrgenommenen Verhältnissen auf der anderen Seite. Diese
negative Divergenz kann auf zwei Weisen verursacht werden. Zum einen durch
sich verändernde Wohnungs- und Wohnumweltbedingungen, wie die Zusammensetzung der Nachbarschaft, die Verkehrssituation oder der Wohnungszustand. Zum
anderen durch sich wandelnde Ansprüche aufgrund einer Veränderung der Haus-

---

1 In dem Vorwort der hier zitierten zweiten Auflage des Buches von 1980 unterscheidet Rossi
   explizit residentielle Mobilität von Migration. Letztere würde einen Wechsel von einem lokalen
   Arbeitsmarkt zu einem anderen beinhalten. Residentielle Mobilität könne hingegen auch ohne
   einen Wechsel des Arbeitsplatzes stattfinden (Rossi 1980 [1955]: 19). Im folgenden wird diese
   Unterscheidung beibehalten.

haltsstruktur, z.B. in bezug auf die Größe und Zusammensetzung. Bei der Untersuchung der Determinanten des Auszugswunsches muß dementsprechend zwischen *wahrgenommenen Veränderungen der Umwelt* und *Veränderungen der Ansprüche an die Umwelt* unterschieden werden. Im ersten Fall wandeln sich in der Wahrnehmung der Bewohner die Umweltbedingungen (exogene Faktoren), die Ansprüche bleiben hingegen konstant. Im zweiten Fall ist es genau umgekehrt. Während sich die Umweltbedingungen nicht verändern, wandeln sich die Ansprüche aufgrund von Veränderungen in der Haushaltsstruktur (endogene Faktoren).

Mit der Kenntnis darüber, ob ein Auszugswunsch vorliegt, läßt sich ein tatsächlicher Auszug allerdings noch nicht prognostizieren. Erst bei Vorliegen eines Schwellenwertes des Auszugswunsches kristallisiert sich eine konkrete *Auszugsintention* heraus, mit der eine relativ treffsichere Prognose eines *tatsächlichen Auszuges* vorgenommen werden kann. Rossi (1980 [1955]: 157f.) faßt seine Ergebnisse wie folgt zusammen:

> "It has been shown that the actual behavior of families interviewed conforms closely with their verbalized desires and intentions. If one knows certain crucial characteristics of a family, its desires, and its intentions, the prediction of its mobility can be made with considerable accuracy."

Brown und Moore (1971) erweiterten dieses einfache Stufenmodell der residentiellen Mobilität. Aufbauend auf der Arbeit von Wolpert (1966) entwickeln die Autoren ein auf der individuellen Wohnstandortnützlichkeit ("place utility") basierendes Modell, nach dem ein Wohnstandortwechsel in zwei Phasen verläuft. In einer ersten Phase muß eine Entscheidung darüber getroffen werden, ob ein neuer Wohnstandort gesucht werden soll. Hierzu kommt es nach Brown und Moore dann, wenn Unzufriedenheit mit der derzeitigen Wohnsituation vorliegt und diese Unzufriedenheit einen Schwellenwert überschritten hat. Wie bei Rossi können die Gründe der Entstehung von Unzufriedenheit sowohl einen internen als auch einen externen Ursprung haben. Die Erweiterung im Vergleich zu Rossi liegt in dem expliziten Hinweis, daß nach der Überschreitung eines Schwellenwertes von Unzufriedenheit zwar eine Streßreduktion stattfinden wird, diese aber nicht zwangsläufig in eine Entscheidung zum Auszug mündet. Vielmehr gäbe es drei Möglichkeiten der Streßreduktion:

1. Die Bedürfnisse und Ansprüche werden den Umweltgegebenheiten angepaßt.
2. Es wird versucht, die Umwelt so zu verändern, daß sie den Ansprüchen besser entspricht.
3. Es wird eine Entscheidung zum Wohnstandortwechsel getroffen.

Wird die dritte Option gewählt, beginnt nach Brown und Moore die zweite Phase, die Suche nach einem neuen Wohnstandort. Die Autoren gehen davon aus, daß bis zu diesem Zeitpunkt die Vorstellungen über eine neue Wohnung und ein neues Wohnumfeld noch sehr vage sind. Erst jetzt werden Kriterien zur Bewertung freien Wohnraums entwickelt. Die Suche selbst kann wiederum zu zwei Ergebnissen führen. Entweder wird eine neue adäquate Wohnung gefunden und ein Wohnstandortwechsel vorgenommen oder aber die Suche wird abgebrochen und eine der ersten beiden Optionen der Streßreduktion gewählt.

Trotz einiger Probleme des Modells von Brown und Moore, wie beispielsweise die Festlegung von Schwellenwerten der Unzufriedenheit, die, wie sie selbst sagen (Brown und Moore 1971: 201f.), individuell variieren können, stellt der explizite Verweis auf die drei Optionen der Streßreduktion eine entscheidende Erweiterung des Rossi-Modells dar. Deutlich wird, daß außer der Wohnstandortverlagerung auch noch andere Handlungsalternativen bestehen. Ergebnisse wie die von Foote et al. (1960; zitiert nach La Gory und Pipkin 1981: 143), daß selbst bei einem entspannten Wohnungsmarkt weniger als 50 Prozent der unzufriedenen Haushalte umgezogen sind, werden dadurch besser erklärbar. Allerdings benötigt eine Erklärung mit dem Verweis auf die drei Handlungsalternativen empirisch geprüfte Annahmen darüber, welche Bevölkerungsgruppen auf welche Handlungsalternative zurückgreifen (müssen).

Durch die Arbeit von Speare (1974; vgl auch Speare, Goldstein und Frey 1975) verlagerte sich die Diskussion jedoch zunächst auf die Frage, ob die Wohnzufriedenheit als intervenierende Variable zwischen strukturellen Faktoren und der residentiellen Mobilität fungiert.[1] Nur implizit wurde dabei auf die anderen beiden Handlungssets eingegangen. So stellt Deane (1990: 65) fest, daß bisher kein Versuch unternommen wurde, ein Modell zu testen, welches neben dem Umzug auch weitere Handlungsalternativen explizit berücksichtigt. Da aber nur hierdurch geklärt werden kann, warum außer der Wohnzufriedenheit auch andere Faktoren einen direkten Einfluß auf die Auszugsentscheidung haben, soll im folgenden explizit auf die möglichen Handlungsalternativen eingegangen werden. Ausgangspunkt bleibt dabei die Annahme, daß die Wohnzufriedenheit der wichtigste Faktor zur Erklärung und Prognose residentieller Mobilität ist, die Prognosekraft jedoch bedeutend verbessert wird, wenn man theoretisch herleiten kann, daß bestimmte Bevölkerungsgruppen bei Unzufriedenheit mit der Wohnsituation nicht unbedingt mit einem Umzug reagieren werden, sondern auf eine andere Handlungsalternative zurückgreifen.

---

1 Vgl. hierzu auch Landale und Guest (1985), Leslie und Richardson (1961) und McHugh, Gober und Reid (1990).

Die drei von Brown und Moore aufgeführten Handlungsalternativen erinnern sehr stark an die von Hirschman (1974) vorgenommene Unterscheidung von Abwanderung ("exit"), Widerspruch ("voice") und Loyalität ("loyalty") und legen eine einfache Zuordnung nahe. Doch müssen bei einer Anwendung der Handlungssets, wie sie bei Hirschman beschrieben sind, auf das Problem der residentiellen Mobilität einige Erweiterungen vorgenommen werden (vgl. dazu auch Franz 1989: 77ff.). Problemlos ist eigentlich nur die Gleichsetzung von Abwanderung mit einem Wohnstandortwechsel. Die Restrukturierung von Umweltgegebenheiten gemäß den eigenen Ansprüchen entspricht dem Handlungsset 'Widerspruch', wobei allerdings zu beachten ist, daß im Falle der Veränderung der Wohnsituation nicht nur öffentlicher Protest ein adäquates Mittel sein kann. Zwar gilt bei Hirschman (1974: 25) als Widerspruch "jeder wie immer geartete Versuch, einen ungünstigen Zustand zu verändern, anstatt ihm auszuweichen", doch indem er weiter fortführt, "sei es durch individuelle oder kollektive Petition an die unmittelbar Verantwortlichen, durch Berufung an eine höhere Stelle in der Absicht, einen Führungswechsel zu erzwingen, oder durch verschiedene Arten von Aktionen und Protesten, einschließlich jener, die zur Mobilisierung der öffentlichen Meinung dienen", bezieht sich Widerspruch ausschließlich auf öffentlichen Protest. Im Fall von Wohnungs- und Wohnumfeldverbesserungen können aber auch die stillen, privat durchgeführten Veränderungen der Wohnsituation, wie z.B. der in Eigenarbeit oder durch eine beauftragte Firma vorgenommene Einbau einer Heizung oder das Zusammenlegen von Zimmern durch das Entfernen nicht tragender Wände, Möglichkeiten darstellen, die ohne eine Veränderung der Ansprüche oder einen Umzug zur Verbesserung der Wohnsituation führen. Unter Widerspruch sollen daher hier alle Handlungen verstanden werden, mit denen versucht wird, die Wohnsituation zu verbessern, ohne einen Wohnstandortwechsel vorzunehmen oder die Ansprüche reduzieren zu müssen. Die Übertragung des Handlungssets 'Widerspruch' auf das Erklärungsproblem der residentiellen Mobilität stellt somit eine Erweiterung der bei Hirschman beschriebenen Handlungsalternativen dar.[1]

Als dritte Option bei Unzufriedenheit bleibt schließlich noch die Möglichkeit einer Anpassung der Ansprüche an die wahrgenommenen Gegebenheiten. Diese Möglichkeit ist von Hirschman nicht vorgesehen. Die Handlungsalternative sollte keinesfalls mit Loyalität in Hirschmans Sinne verwechselt werden. Loyalität drückt

---

1 Es sei an dieser Stelle auf die Unterscheidung zwischen dem Handlungsset und den Handlungsalternativen hingewiesen. Mit dem Handlungsset ist immer der Oberbegriff der Reaktion auf Unzufriedenheit gemeint (z.B. Widerspruch). Die Reaktion kann jedoch unterschiedliche Formen annehmen. So kann Widerspruch durch eine Demonstration, aber auch durch eine Unterschriftensammlung geäußert werden. Die einzelnen Handlungsmöglichkeiten innerhalb des Handlungssets werden daher als Handlungsalternativen bezeichnet.

bei Hirschman eine besondere Anhänglichkeit an eine Organisation aus, die jedoch nicht zu einer Anpassung der Ansprüche führt. Ganz im Gegenteil, Loyalität hemme zwar die Neigung zur Abwanderung, aktiviere aber den Widerspruch (Hirschman 1974: 67). Der Loyale ist bei Hirschman nur insofern loyal, als daß er dem Unternehmen noch eine 'zweite Chance' gibt. Verbessert sich die als negativ wahrgenommene Situation auch langfristig nicht, wird er protestieren, und führt dies nicht zum Erfolg, ist auch eine Abwanderung denkbar. Diese Verhaltensweise kann als eine zunächst passive Reaktion beschrieben werden. Die Anpassung der Ansprüche an die Gegebenheiten ist - wie gesagt - bei Hirschman nicht vorgesehen. Franz (1989: 102f.) spricht aus diesem Grund auch nicht von Loyalität als drittes Handlungsset, sondern von "non-exit/non-voice" als Sammelbecken aller nicht zur Abwanderung oder zum Widerspruch gehörenden Handlungsalternativen. Es soll hier jedoch von dem Handlungsset 'Passivität' gesprochen werden, da es für alle Handlungsalternativen steht, die an der als negativ wahrgenommenen Ausgangssituation nichts verändern. Demnach fällt unter 'Passivität' sowohl die Anpassung der Ansprüche an die wahrgenommenen Gegebenheiten als auch ein (vorläufiges) Abwarten, was der Loyalität bei Hirschman entspricht. Im Gegensatz zu Franz wird aggressives, nach außen gerichtetes Verhalten dem Widerspruch zugerechnet, da derartige Handlungen durchaus den Status quo verändern und als eine Form des Protests angesehen werden können, auch wenn objektiv die Situation dadurch eher noch verschlechtert wird.

Die bisherigen Ausführungen sind in der Abbildung 5.1, die eine Übersetzung der Abbildung von Orbell und Uno (1972: 486) darstellt, zusammenfassend wiedergegeben. Sie gibt den angenommenen Ablauf des Entscheidungsprozesses wieder. Unzufriedenheit mit der Wohnsituation, entstanden durch Veränderungen in der Umwelt des Haushaltes (exogene Faktoren) oder durch Veränderungen im Haushalt selbst (endogene Faktoren), kann drei Reaktionen zur Folge haben: Abwanderung, Widerspruch oder Passivität. Die Wahl des einen Handlungssets schließt dabei die zeitgleiche Wahl eines anderen Handlungssets aus. Es handelt sich danach um gegenseitig exklusive Möglichkeiten der Reaktion auf einen als unbefriedigend wahrgenommenen Zustand. Weiter wird angenommen, daß zunächst zwischen der Effizienz von Abwanderung und Widerspruch abgewogen und das Set gewählt wird, welches als am effizientesten angesehen wird. Es werden dabei rationale Akteure angenommen, die das Für und Wider der Möglichkeiten und die Wahrscheinlichkeiten des Auftretens des gewünschten Zustandes durch die Wahl des Handlungssets abwägen. Welche Handlungsalternativen aus der Menge der potentiell unendlichen Anzahl von Alternativen eines Handlungssets (Wohnorte, Formen des Widerspruches) berücksichtigt werden, soll hier der Einfachheit des Modells wegen nicht thematisiert werden. Es reicht die Annahme aus, daß der Akteur zunächst nur einen groben Überblick über die Handlungsalternativen in den

Handlungssets haben muß. Hat er sich für einen Handlungsset entschieden, wird er u.u. weitere Informationen beschaffen und die Alternative wählen, von der die größte Verbesserung im Vergleich zum Status quo erwartet wird. Führt die gewählte Alternative nicht zum erwarteten Erfolg, tritt der beschriebene Abwägungsprozeß erneut ein. Wird schließlich weder Abwanderung noch Widerspruch als adäquate Lösung des Problems wahrgenommen, bleibt nichts anderes als Passivität.

Abbildung 5.1: Modell der Wahl eines Handlungssets nach Orbell und Uno (1972: 486)

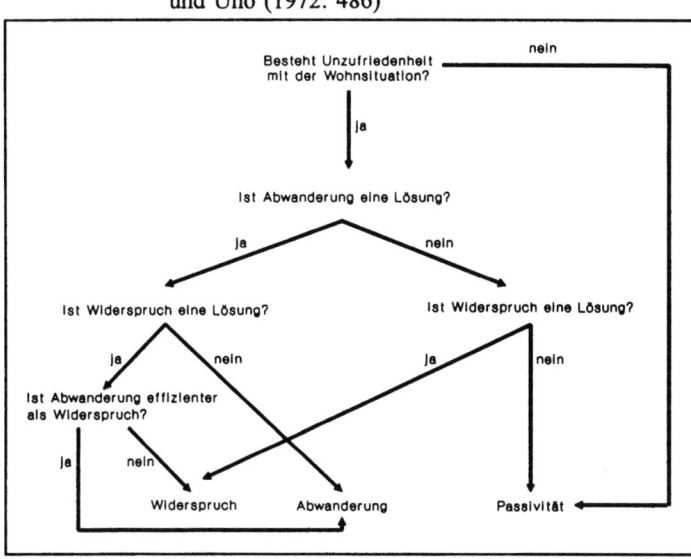

Wie deutlich geworden sein sollte, wird hier von rationalen, unter Unsicherheit handelnden Akteuren ausgegangen, die bei gegebenen Bedingungen, sprich unter Berücksichtigung von Handlungsrestriktionen, die Handlungsalternative ausführen, von der sie sich im Vergleich zu den anderen als durchführbar angesehenen Handlungsalternativen den größten Nutzen versprechen. Das Menschenbild entspricht dem in Kapitel 3.1 beschriebenen und von Lindenberg (1981, 1985) mit RREEMM bezeichneten Modell. Als Vorgehensweise bei der Auswahl der Handlungsalternativen wird das Prinzip des "satisficing" (Simon 1957 [1955]) angenommen. Daß sich die Handlungsprinzipien "maximizing" und "satisficing" nicht widersprechen, haben Riker und Ordeshook (1973: 21ff.) schon vor zwei Jahrzehnten zeigen können. Es besteht nur dann ein Unterschied, wenn für das Prinzip

145

des Maximierens vollständige Informationen der Akteure unterstellt werden. Ist dies nicht der Fall, sind beide Vorgehensweisen identisch.[1] Da bei den geschilderten Modellannahmen ebenfalls von unvollständigen Informationen ausgegangen wird, besteht zwischen Lindenbergs RREEMM-Modell und der Vorgehensweise des Akteurs bei Simon kein Widerspruch.

Nachdem jetzt das Modell mit seinen grundlegenden Annahmen dargestellt ist, beginnt die eigentliche Arbeit, nämlich mit Hilfe des Modells die Wahl des Handlungssets und der Handlungsalternative zu prognostizieren. Dazu müssen Antworten auf folgende Fragen gefunden werden:

1. Auf welches Set von Handlungsalternativen werden welche Haushalte unter welchen Bedingungen zuerst zurückgreifen?

2. Hat sich ein Haushalt für ein Set von Handlungsalternativen entschieden, welche konkrete Handlung oder Kombination von Handlungen wird ausgeführt? Hat sich der Haushalt z.B. für Abwanderung entschieden, stellt sich die Frage, wohin der Haushalt ziehen möchte. Hat sich der Haushalt für Widerspruch entschieden stellen sich Fragen nach der Art und Intensität des Widerspruchs und ob bestimmte Handlungen kombiniert oder nacheinander durchgeführt werden. Hat sich der Haushalt zur Passivität entschlossen muß geklärt werden, ob eine Anpassung der Ansprüche vorgenommen wird, sich der Haushalt nur abwartend verhält oder ob beides simultan stattfindet, eine Anpassung einiger weniger Ansprüche und in bezug auf andere Aspekte ein Abwarten?

3. Was passiert, wenn festgestellt werden muß, daß die gewählte Handlung bzw. die gewählten Handlungen nicht zum Erfolg führen? Schließen sich einige 'Handlungspassagen' aus?[2]

Da die Analyse aller drei Fragen im Rahmen der vorliegenden Studie nicht durchführbar war, muß ich mich auf die Erörterung des ersten Punktes beschränken. Dazu wird analysiert, für welche Haushalte Abwanderung bei Unzufriedenheit am wahrscheinlichsten und für welche diese Option am unwahrscheinlichsten ist.

---

1 "It is apparent ... that the principle of satisficing is distinguishable from the principle of maximizing only if, under the latter, perfect information is assumed. Otherwise the principles are identical. (...) This is to say that humans are restricted to choice over the set A, in which the satisficing and maximizing standard lead to exactly the same result. (...) Furthermore, when considerations of anticipated cost enter the calculus, it becomes clear that, for all human decision makers, maximizing and satisficing must be the same standard of behavior." (Riker und Ordeshook 1973: 22)

2 Mit 'Handlungspassagen' sind hier zeitlich nacheinander ablaufende Versuche gemeint, die Situation zu verbessern, wenn man feststellen mußte, daß die zunächst gewählte Handlung zu keinem Erfolg führt.

Leider ist mit den vorhandenen Daten eine Bestimmung des Ausmaßes von Widerspruch und Passivität bei Unzufriedenheit nicht möglich. Die nachfolgende Prüfung des Modells muß daher als ein erster tentativer Schritt angesehen werden. Da aber bei der Ableitung von Hypothesen zu Auszugswahrscheinlichkeiten und tatsächlichen Auszügen die Möglichkeiten des Widerspruches und der Passivität mit berücksichtigt werden, sollte sich das Modell als erklärungskräftiger als ein einfaches Stufenmodell der residentiellen Mobilität erweisen, das in der einfachsten Version die Abfolge Unzufriedenheit, Auszugswunsch, Auszugsintention und schließlich tatsächlicher Auszug unterstellt.

5.4.2 Die Hypothesen

Wovon ist die Wahl des Handlungssets bei gegebener Unzufriedenheit abhängig? Anzunehmen ist, daß vor allem die materiellen Ressourcen hier von großer Bedeutung sein werden. Ein Haushalt wird auch bei großer Unzufriedenheit nicht umziehen können, wenn die dazu notwendigen materiellen Ressourcen nicht vorhanden sind. In Zeiten eines sehr entspannten Wohnungsmarktes wird dies selten der Fall sein. Anders bei einem stark angespannten Wohnungsmarkt, wie wir ihn seit geraumer Zeit in den Städten Deutschlands vorfinden. Hier führt ein Umzug i.d.R. sowohl zu erheblichen kurzfristigen finanziellen Belastungen durch die Zahlung von (häufig überhöhtem) Abstand und/oder Maklercourtage als auch zu langfristigen Mehrkosten, da für Vermieter die Neuvermietung einer leeren Wohnung aufgrund des Nachfrageüberhangs die Möglichkeit bietet, den Mietpreis erheblich anzuheben (Eekhoff 1987: 95). Alle Haushalte, die mit ihrer Wohnsituation unzufrieden sind, stehen mithin vor der Situation, daß eine Verbesserung der Wohnqualität durch einen Umzug immer schwieriger finanzierbar wird. Da die starken Mietsteigerungen der letzten Jahre im Mittelpunkt des öffentlichen Interesses standen, kann von der Wahrnehmung dieses Sachverhaltes in allen Bevölkerungsgruppen ausgegangen werden. Nun sind zwar alle unzufriedenen Haushalte von dieser Situation betroffen, jedoch in unterschiedlichem Ausmaß. Mit Abnahme der finanziellen Ressourcen sinkt die Wahrscheinlichkeit, eine finanzierbare Wohnung zu finden, die den Ansprüchen mehr entspricht als die derzeitige Wohnung, überproportional. Doch selbst wenn Haushalte mit geringen finanziellen Ressourcen eine neue, bessere Wohnung finanzieren könnten und dazu auch bereit wären, sind sie aufgrund des starken Nachfrageüberhangs und der damit verbundenen stärkeren Überlappung von Wohnungsteilmärkten in einer benachteiligten Situation, da immer häufiger auch Personen mit größeren finanziellen Ressourcen sich um die

147

Wohnungen bemühen, die vormals den einkommensschwächeren Haushalten vorbehalten waren.[1]

Die schlechteren Chancen auf dem Wohnungsmarkt begründen sich jedoch nicht allein aufgrund der geringeren finanziellen Ressourcen. Von den wenigen noch sehr preisgünstigen Wohnungen werden viele durch soziale Beziehungen vermittelt. Aus der Netzwerkforschung ist nun bekannt, daß Personen mit geringen finanziellen Mitteln über ein dichteres soziales Netzwerk mit einer geringeren räumlichen und sozialen Reichweite verfügen als Personen mit größeren finanziellen Möglichkeiten (Fischer 1982: 146; Kecskes und Wolf 1995; 1996), was in bezug auf die Wohnungssuche als Nachteil angesehen werden muß, da dadurch die Möglichkeit, an Informationen über freie Wohnungen in unterschiedlichen Wohnvierteln zu gelangen, stark eingeschränkt ist.

Insgesamt folgt daraus die Annahme, daß Unzufriedenheit mit der Wohnsituation und ein vorhandener Auszugswunsch mit abnehmenden finanziellen Ressourcen seltener zu einer konkreten Auszugsintention führt. Schließlich wird angenommen, daß mit abnehmenden finanziellen Ressourcen auch eine Auszugsintention seltener in einen tatsächlichen Auszug umgesetzt wird, da für die Realisierung häufig die Mittel fehlen. Statt dessen bleibt Haushalten mit geringen finanziellen Ressourcen oft nur die Anpassung der Ansprüche.

Etwas anders sehen die Annahmen bezüglich der Bildung, einem weiteren Statusmerkmal, aus. Zwar verfügen Personen mit hoher Bildung - ebenso wie Personen mit hohem Einkommen - über ein weniger dichtes und räumlich weiteres soziales Netzwerk als Personen mit niedriger Bildung, was für mehr Möglichkeiten auf dem Wohnungsmarkt spricht. Daher ist bei Unzufriedenheit mit zunehmender Bildung eher mit einem Umzug zu rechnen. Auf der anderen Seite stellt Bildung ein kulturelles Kapital dar (Bourdieu 1983), das im Umgang mit Institutionen Vorteile verschafft. So ist davon auszugehen, daß Personen mit hoher Bildung in stärkerem Maße über ihre Rechte und die Möglichkeiten der Durchsetzung dieser Rechte informiert und geübt sind. Bei Unzufriedenheit mit der Wohnsituation wird daher mit zunehmender Bildung auch der Widerspruch wahrscheinlicher. Da für Personen mit hoher Bildung sowohl die Wahl des Handlungssets 'Abwanderung' als auch die Wahl des Handlungssets 'Widerspruch' wahrscheinlicher ist als für Personen mit geringer Bildung, wird angenommen, daß Personen mit hoher Bildung bei Unzufriedenheit nicht häufiger einen Auszugswunsch äußern als Personen

---

1 Dies trifft nur für frei finanzierte Wohnungen zu. Sozialwohnungen sind nach wie vor finanziell schwächer gestellten Haushalten vorbehalten. Allerdings gilt dies nur bei der Neuvermietung, wie der hohe Anteil an Fehlbelegungen zeigt (in Köln betrug der Fehlbelegungsanteil 1992 immerhin 22%). Durch das Auslaufen vieler Sozialbauwohnungen aus der Sozialbindung (vgl. Kapitel 7.2) wird sich das geschilderte Problem jedoch weiter verstärken.

mit geringerer Bildung. Ein Unterschied zwischen den beiden Gruppen müßte sich vielmehr hinsichtlich der Handlungssets 'Widerspruch' und 'Passivität' zeigen: während die unzufriedenen Personen mit hoher Bildung, die keinen Auszugswunsch aufweisen, vornehmlich das Handlungsset 'Widerspruch' wählen werden, wird es bei unzufriedenen Personen mit geringerer Bildung eher die 'Passivität' sein. Liegt jedoch ein Auszugswunsch vor, dann sollte die Bildung als kulturelle Ressource eingesetzt werden und damit einen direkten Effekt auf die Auszugsintention und einen tatsächlichen Auszug aufweisen, da Personen mit hoher Bildung mehr Möglichkeiten besitzen, einen Auszugswunsch auch umzusetzen.

Sehr alte Menschen verfügen häufig nicht (mehr) über die zu einem Auszug notwendigen Ressourcen, seien sie finanzieller oder sozialer Art. Abgesehen von ihrer eher starken Verbundenheit mit der Wohnung bzw. dem Wohnviertel, werden sie daher selbst bei Unzufriedenheit mit der Wohnsituation nur selten die Kraft aufbringen, einen Auszugswunsch in eine Auszugsintention bzw. in einen Auszug umzusetzen. Vielmehr muß auch hier erwartet werden, daß ältere Menschen eher ihre Ansprüche an die Wohnsituation anpassen.

Unzufriedenheit sollte ebenfalls bei Wohnungseigentümern seltener als bei Mietern von Wohnungen zu einem Auszug führen. Während die geringere Umzugswahrscheinlichkeit bei Haushalten mit geringen finanziellen Ressourcen und bei alten Menschen jedoch durch fehlende Handlungsopportunitäten begründet werden kann, woraus abgeleitet wurde, daß bei Unzufriedenheit häufig eine Anpassung der Ansprüche stattfinden wird und damit eine Art 'Zwangsimmobilität' vorliegt, liegt der Fall bei Eigentümerhaushalten anders. Im Vergleich zu Mietern von Wohnungen haben sie bei Unzufriedenheit mit der Wohnsituation mehr Möglichkeiten des aktiven Eingreifens, was die Wahl des Handlungssets 'Widerspruch' wahrscheinlicher macht. Es kommt jedoch noch ein weiterer Grund verstärkend hinzu: Jeder Umzug bedeutet für Eigentümerhaushalte, daß sie nicht nur eine adäquate neue Wohnung finden, sondern auch ihre alte Wohnung möglichst ohne Verlust zurücklassen (sei es durch den Verkauf oder durch eine Vermietung) müssen. Ein umzugswilliger Eigentümerhaushalt muß also nicht nur eine neue Wohnung finden, sondern sich auch um einen Interessenten für die alte Wohnung bemühen. Die Suchkosten werden damit erhöht und ein tatsächlicher Umzug unwahrscheinlicher als bei einem Mieterhaushalt. Im Gegensatz zu Haushalten mit geringen finanziellen Ressourcen und zu alten Menschen wird damit für Eigentümerhaushalte angenommen, daß sie bei Unzufriedenheit mit Wohnungs- und Wohnumfeldaspekten zunächst versuchen werden, eine aktive Veränderung der Zustände am Wohnort vorzunehmen, sprich zuerst das Handlungsset 'Widerspruch' wählen werden. Erst wenn der Widerspruch nicht zum gewünschten Erfolg führt, ist mit einem Umzug zu rechnen. Konkret heißt dies: Bei gleicher Unzufriedenheit weisen Eigentümerhaushalte seltener als Mieterhaushalte einen Auszugswunsch auf. Hat sich jedoch ein Auszugswunsch herauskristallisiert, unterscheiden sich Mieter- und Eigentümerhaushalte hinsichtlich der Umsetzung des Auszugswunsches in eine Auszugsintention und schließlich in einen tatsächlichen Auszug nicht mehr.

Schließlich wurde weiter oben gesagt, daß bei der Wahl eines Handlungssets die Handlungsalternativen schon mitgedacht werden (selbst wenn sie nur implizit bleiben). Personen, die alternative Wohnorte wahrnehmen, von denen sie annehmen, diese würden ihre Ansprüche an einen Wohnort besser erfüllen, sollten daher eher einen Auszugswunsch äußern als Personen, die keine Alternativen sehen.

Fassen wir die Hypothesen zusammen:
Ausgangspunkt ist das einfache Stufenmodell der residentiellen Mobilität, d.h. es wird angenommen, daß mit zunehmender Unzufriedenheit der Auszugswunsch zunimmt, der wiederum einen statistisch positiven Effekt auf die Auszugsintention hat. Die Auszugsintention stellt schließlich den besten Prädiktor eines tatsächlichen Auszuges dar. Erweitert wird das Modell durch folgende Hypothesen:

Bei gleicher Unzufriedenheit wird
- mit zunehmendem Alter seltener,
- von Mietern häufiger als von Wohnungseigentümer und
- mit der Wahrnehmung alternativer Wohnungen häufiger
ein Auszugswunsch geäußert.

Nach Kontrolle von Unzufriedenheit und Auszugswunsch kristallisiert sich
- mit zunehmenden finanziellen Ressourcen häufiger,
- mit zunehmender Bildung ebenfalls häufiger und
- mit zunehmendem Alter seltener
eine Auszugsintention heraus.

Schließlich wird nach Kontrolle der Unzufriedenheit und der Auszugsintention
- mit zunehmenden finanziellen Ressourcen häufiger,
- mit zunehmender Bildung ebenfalls häufiger und
- mit zunehmendem Alter seltener
ein tatsächlicher Auszug vorgenommen.

5.4.3 Zur Operationalisierung zentraler Konstrukte

Bevor die Hypothesen geprüft werden, wollen wir uns zunächst der Messung der zentralen theoretischen Konstrukte zuwenden. Die Wohnzufriedenheit wurde mit der folgenden Frage zu insgesamt 17 Wohnungs- und Wohnumfeldaspekten erhoben:

150

Wir möchten jetzt etwas über Ihre Zufriedenheit mit Ihrer jetzigen Wohnung bzw. Ihrem jetzigen Wohnort erfahren. Dazu haben wir eine Reihe von Aspekten aufgelistet, mit denen man zufrieden aber auch unzufrieden sein kann. Sagen Sie mir bitte zu jedem Aspekt, wie es bei Ihnen (und Ihrem (Ehe-) Partner) ist: Sind Sie mit dem jeweiligen Aspekt völlig zufrieden, überwiegend zufrieden, mittelmäßig zufrieden, wenig zufrieden oder gar nicht zufrieden?

Die Antwortkategorien wurden wie folgt vercodet:

- 2   *gar nicht zufrieden*
- 1   *wenig zufrieden*
  0   *mittelmäßig zufrieden*
+ 1   *überwiegend zufrieden*
+ 2   *völlig zufrieden*

Tabelle 5.16 gibt die Mittelwerte, Standardabweichungen und die Anzahl der Personen, die sich einer der fünf Kategorien zuordnen konnten, wieder. Wie sich zeigt, sind die Befragten im Mittel mit den einzelnen Aspekten eher zufrieden. Kaum etwas auszusetzen haben sie an den Einkaufsmöglichkeiten im Wohngebiet. Überwiegend zufrieden sind die Befragten auch mit den verschiedenen Wohnungsaspekten. Noch am schlechtesten kommt die Ausstattung des Gebietes mit Kinderspielplätzen weg. Allerdings gehen hierzu die Meinungen stärker als bei anderen Aspekten auseinander.

Tabelle 5.16: Zufriedenheit mit Wohnungs- und Wohnumfeldaspekten (Mittelwerte: $\bar{x}$ und Standardabweichungen: s)

Zufriedenheit mit ...	$\bar{x}$	s	n
Miethöhe	.95	1.02	814
Größe der Wohnung	.88	1.21	841
Aufteilung der Zimmer	.86	1.10	837
Zustand der Wohnung	.85	1.02	841
Ausstattung der Wohnung	.85	1.13	841
Aussehen der Häuser	.93	.89	836
Nähe zu Verwandten	.95	1.06	620
Nähe zu Freunden	1.11	.83	778
Sicherheit im Gebiet	.80	.98	805
Einkaufsmöglichkeiten	1.73	.51	839
soziale Einrichtungen	.73	.95	663
Kinderspielplätze	.16	1.20	526
Sport-/Freizeitmöglichkeiten	.35	1.06	722
kulturelles Angebot	.64	.99	751
Gaststätten und Restaurants	.94	.88	784
Arbeitsplatznähe	1.00	1.06	682
Nachbarschaft	1.01	0.95	836

Mit Hilfe einer Hauptkomponentenanalyse wurde in einem zweiten Schritt geprüft, ob sich die Aspekte nicht auf wenige Dimensionen der Wohnzufriedenheit reduzieren lassen. Es ließen sich sechs voneinander unabhängige Dimensionen mit einem Eigenwert größer eins (Kaiser-Kriterium) extrahieren.[1] Tabelle 5.17 gibt die Faktorenstruktur wieder. Die Struktur ist eindeutig und gut zu interpretieren. Jedes Item lädt nur auf jeweils einen Faktor mit einem Wert größer als 0,49. Die höchsten Faktorladungen für die Items sind in der Tabelle wiedergegeben. Nur das Item der Zufriedenheit mit der Nachbarschaft lädt auf keinem der Faktoren in ausreichender Höhe. Es wird daher in den folgenden Analysen gesondert aufgeführt.

Tabelle 5.17: Ergebnisse der Hauptkomponentenanalyse mit den Variablen der Wohnzufriedenheit

Faktor	Variablen	Faktor-ladung	Kommu-nalität	Eigen-wert
1 Infrastruktur	Sport-/Freizeitmöglichkeit	0.77	0.61	3.16
	Kinderspielplätze	0.72	0.65	
	kulturelles Angebot	0.71	0.59	
	soziale Einrichtungen	0.68	0.53	
2 Größe/Miete der Woh-nung	Größe der Wohnung	0.81	0.69	1.97
	Aufteilung der Zimmer	0.70	0.62	
	Miethöhe	0.66	0.49	
3 Ausstattung/Zustand der Wohnung	Ausstattung d. Wohnung	0.87	0.77	1.41
	Zustand der Wohnung	0.85	0.76	
4 Soziale Beziehungen	Nähe zu Verwandten	0.86	0.75	1.18
	Nähe zu Freunden	0.81	0.71	
5 Atmosphäre	Sicherheit im Gebiet	0.78	0.65	1.10
	Aussehen der Häuser	0.72	0.61	
6 Lage	Einkaufsmöglichkeiten	0.69	0.51	1.04
	Arbeitsplatznähe	0.63	0.43	
	Gaststätten/Restaurants	0.50	0.49	

---

1 Bei der Durchführung der Hauptkomponentenanalyse entstand ein nicht unerhebliches Problem. Zu einzelnen Items gab ein teilweise nicht geringer Anteil der Befragungspersonen an, daß ihnen der Aspekt 'egal' sei. Immer wenn diese Angabe geäußert wurde, wurde sie gesondert codiert. Schließt man diese Fälle listenweise aus der weiteren Analyse aus, reduziert sich die Fallzahl stark. Bei der durchgeführten varimax rotierten Hauptkomponentenanalyse wurden daher die Werte paarweise aus der Analyse ausgeschlossen. Um die Stabilität des Ergebnisses zu prüfen, wurden weitere Hauptkomponentenanalysen durchgeführt und zwar sowohl mit einem listenweisen Ausschluß als auch mit einer Mittelwertersetzung der fehlenden Werte. Schließlich wurde noch eine Hauptkomponentenanalyse durchgeführt, bei der die 'egal' Angaben mit Null codiert, also der Mittelkategorie zugeordnet wurden. Bei allen Analysen ergab sich die gleiche Faktorenstruktur.

Durch die Addition der Werte der einzelnen Items des jeweiligen Faktors wurden sechs ungewichtete additive Indizes der Wohnzufriedenheit gebildet, wobei immer, wenn auf einem Item mit 'egal' geantwortet wurde, der Wert Null, während bei den Angaben 'weiß nicht' bzw. 'keine Angabe' der jeweilige Mittelwert eingesetzt wurde. Schließlich wurden die sechs Indizes jeweils durch die Anzahl der zu dem jeweiligen Faktor zählenden Items geteilt, so daß der Wertebereich zwischen -2 und +2 normiert ist. Die Tabelle 5.18 zeigt die Mittelwerte und Standardabweichungen der sechs Indizes.

Tabelle 5.18: Mittelwerte ($\bar{x}$) und Standardabweichungen (s) der sechs Indizes der Wohnzufriedenheit

Index	$\bar{x}$	s	n
Infrastruktur	0.41	0.68	841
Größe/Miete Wohnung	0.90	0.83	841
Zustand/Ausstattung Wohnung	0.85	0.96	841
Soziale Beziehungen	0.88	0.77	841
Atmosphäre	0.85	0.74	841
Lage	1.15	0.53	841

Der Auszugswunsch wurde in der Studie mit folgender Frage ermittelt:

Angenommen der Wohnungsmarkt wäre hier in Köln derzeit nicht so angespannt und Sie hätten die Auswahl zwischen einer Menge von Wohnungen und Wohnorten: Würden Sie dann lieber hier in der Wohnung bleiben oder würden Sie lieber ausziehen?

1 würde mit Sicherheit bleiben
2 würde wahrscheinlich bleiben
3 unbestimmt
4 würde wahrscheinlich ausziehen
5 würde mit Sicherheit ausziehen

Um dem Sachverhalt eines sehr angespannten Wohnungsmarktes Rechnung zu tragen, wurde die Frage bewußt hypothetisch formuliert, damit tatsächlich der Auszugswunsch der Befragungspersonen frei von irgendwelchen objektiven oder subjektiv wahrgenommenen Restriktionen geäußert wird. Das Ergebnis war, daß 32 Prozent der Befragten mit Sicherheit und 21 Prozent wahrscheinlich bleiben würden. Bei 9 Prozent der Befragten war es noch unbestimmt, während 21 Prozent wahrscheinlich und 17 Prozent mit Sicherheit ausziehen würden.

Im Gegensatz zu dem Auszugswunsch, der unabhängig von objektiven oder subjektiv wahrgenommenen Restriktionen besteht, wurde die Auszugsintention ermittelt, indem nach den konkreten Plänen in den nächsten 12 Monaten nach dem Interview gefragt wurde. Die Frage hatte folgenden Wortlaut:

Nun zu etwas anderem. Wir würden gerne etwas über Ihre Pläne erfahren. So wie es jetzt aussieht, glauben Sie, daß Sie in einem Jahr, also in 12 Monaten noch hier wohnen werden oder daß Sie bis dahin ausgezogen sind?

  1 werde keinesfalls ausziehen
  2 werde wahrscheinlich nicht ausziehen
  3 werde vielleicht ausziehen
  4 werde ziemlich wahrscheinlich ausziehen
  5 werde ganz sicher ausziehen

Insgesamt 60 Prozent der Befragten gaben an, in den nächsten 12 Monaten keinesfalls auszuziehen. Weitere 21 Prozent meinten, daß sie wahrscheinlich nicht ausziehen werden, 10 Prozent gaben an, daß sie vielleicht, 6 Prozent, daß sie wahrscheinlich und 4 Prozent, daß sie ganz sicher ausziehen werden.

Die Ermittlung der Verzogenen erwies sich als das größte methodische Problem der Untersuchung. Es wurden hierzu insgesamt drei Quellen herangezogen:

a) Ermittlung der im Untersuchungsgebiet zwischen Juni 1990 und Mai 1991 umgezogenen Personen durch das *Amt für Statistik und Einwohnerwesen der Stadt Köln.*

b) *Begehung des Gebietes* 12 Monate nach Abschluß der Interviews und Prüfung, ob die Angaben auf den Klingelschildern bzw. Briefkästen noch mit denen der Adressenermittlung übereinstimmten.

c) Heranziehung der *Telefonbücher der Stadt Köln für die Jahre 1991/1992 und 1992/1993* und Prüfung, ob die Einträge der Haushalte in diesen Telefonbüchern noch mit den Einträgen im Telefonbuch 1990/91, welches die Grundlage zur Bestimmung der Zielhaushalte darstellte, übereinstimmen.

Das Amt für Statistik und Einwohnerwesen der Stadt Köln stellte die Namen und Adressen der in dem angegebenen Zeitraum offiziell umgezogenen Personen des Untersuchungsgebietes zur Verfügung. Bei dem Vergleich der Stichprobe mit den amtlichen Daten kam es vor, daß zwar Personen aus dem Haushalt der befragten Person ausgezogen waren, es sich jedoch nicht um die Befragungsperson handelte. Hierbei kann es sich entweder um andere Mitglieder einer Wohngemeinschaft, die Kinder der Befragungsperson, oder auch um den Partner handeln. Möglich ist auch, daß es sich um eine Person handelt, die schon zum Zeitpunkt der Befragung nicht mehr in der Wohnung lebte und sich erst später abgemeldet hat. In insgesamt 19 Fällen trat dies auf.

Umgekehrt kann es aber auch sein, daß eine Person nicht mehr in der Wohnung lebt, sich aber nicht oder erst sehr viel später abmeldet. Diese Personen würden dann in den amtlichen Daten der Verzogenen nicht auftauchen. Um auch diese Personen zu erfassen, wurden zum einen ein Jahr nach der Befragung nochmals die Namen von den Klingelschildern und Briefkästen abgeschrieben und mit der Namensliste, die ein Jahr vorher auf identische Weise erstellt wurde, verglichen. Zum anderen wurden die Einträge in den Kölner Telefonbüchern von 1991/92 und 1992/93 mit denen in dem vor der Befragung zur Ermittlung der Telefonnummern der Befragungspersonen herangezogenen Telefonbuch von 1990/91 verglichen. Alle Personen, die durch diese Vorgehensweise zusätzlich zu denen aus der amtlichen Statistik erfaßt wurden, sind als verzogen klassifiziert worden. Im einzelnen handelt es sich um folgende Fälle:

In 13 Fällen waren die Namen zwischenzeitlich von den Klingelschildern bzw. Briefkästen verschwunden, in der amtlichen Statistik jedoch nicht als verzogen angegeben. Von diesen 13 Fällen tauchten zehn weder in dem Telefonbuch von 1991/92 noch in dem von 1992/93 auf (während sie im Telefonbuch 1990/91 einen Eintrag hatten). In zwei Fällen stimmte der Eintrag im Telefonbuch von 1991/92 noch mit dem im Telefonbuch des vorherigen Jahres überein, mit dem des Telefonbuches von 1992/93 jedoch nicht mehr. Damit wurde also nur ein Fall ermittelt, der bei der zweiten Namensauflistung nicht mehr auftauchte, jedoch noch einen Eintrag in den Telefonbüchern hatte.

Schließlich gab es zwei Fälle, bei denen der Name zwar noch am Klingelschild aufzufinden war, jedoch nicht mehr in den Telefonbüchern von 1991/92 und 1992/93. Bei weiteren sechs Fällen fanden wir ebenfalls den Namen bei der zweiten Begehung noch am Klingelschild, jedoch keinen Eintrag mehr im Telefonbuch von 1992/93. Auch diese Fälle wurden als verzogen klassifiziert, obwohl es möglich ist, daß bei einigen ein Umzug nicht in einem Zeitraum von 12 Monaten nach der Befragung stattgefunden hat, sondern etwas später.

Insgesamt wurden durch diese Vorgehensweise 64 Personen als innerhalb von 12 Monaten verzogen klassifiziert, 43 laut amtlichen Daten plus 21 zusätzliche nach einer zweiten Namens- und Adressenauflistung und Durchsicht der Telefonbücher. Damit sind insgesamt 7,6 Prozent der Befragten innerhalb eines Jahres aus ihrer Wohnung ausgezogen, was eine sehr geringe Auszugsrate ist und auf den sehr angespannten Wohnungsmarkt zurückgeführt werden kann.

5.4.4 Die empirische Prüfung des Modells der residentiellen Mobilität

Im folgenden sollen die Ergebnisse der Prüfung des hier als einfaches Stufenmodell der residentiellen Mobilität bezeichneten Modells den Ergebnissen des
erweiterten Modells gegenübergestellt werden. Betrachten wir dazu zunächst die
bivariaten Korrelationen (Tabelle 5.19). Mit Ausnahme der Zufriedenheit mit den
sozialen Beziehungen haben alle Zufriedenheitsindizes einen signifikant negativen
Effekt auf den Auszugswunsch. Die stärksten Effekte weisen die beiden Indizes
der Zufriedenheit mit der Wohnung auf. Nur diese beiden und die Zufriedenheit
mit der Nachbarschaft haben auch einen negativen Effekt auf die Auszugsintention. Auf den konkreten Auszug haben schließlich von den Zufriedenheitsindizes
nur noch die beiden Wohnungsindizes einen Effekt.

Tabelle 5.19: Bivariate Korrelationen der unabhängigen mit den abhängigen Variablen

	Auszugswunsch	Auszugsintention	Auszug
Zufriedenheit mit			
Infrastruktur	-0,09**	-0,03	-0,01
Größe/Miete Whg.	-0,52***	-0,37***	-0,13***
Zustand/Ausstatt. Whg.	-0,33***	-0,18***	-0,10**
Soziale Beziehungen	-0,01	-0,04	0,02
Atmosphäre	-0,11**	-0,01	0,01
Lage	-0,08*	-0,07	0,01
Nachbarschaft	-0,25***	-0,13***	-0,02
Einkommen	-0,14***	-0,04	-0,04
Bildung	0,09*	0,18***	0,10**
Alter	-0,34***	-0,30***	-0,18***
Wohnstatus[a]	0,21***	0,10**	0,04
Alternativen[b]	0,27***	0,12**	0,08*
Auszugswunsch	---	0,45***	0,18***
Auszugsintention	---	---	0,53***

* p < 0,05; ** p < 0,01; *** p < 0,001
[a] Dummy-Variable: 0 Eigentümer, 1 Mieter; [b] Dummy-Variable: 0 nein, 1 ja.

Von den sozio-demographischen Merkmalen hat das Einkommen[1] einen negativen
Effekt auf den Auszuswunsch. Dies kann natürlich unter Umständen auf eine
höhere Wohnzufriedenheit und einen größeren Anteil von Wohnungseigentümern

---

[1] In dieser und allen nachfolgenden Analysen wurde das monatliche Haushaltsnettoeinkommen
herangezogen. Alle Berechnungen wurden auch mit dem Pro-Kopf-Einkommen des Haushalts
und dem Äquivalenzeinkommen durchgeführt. Das monatliche Haushaltsnettoeinkommen wies
durchgehend die stärksten Effekte auf die jeweils abhängige Variable auf, selbst wenn sie sich
als sehr gering erwiesen.

unter den Haushalten mit hohen Einkommen zurückgeführt werden. Bezüglich der bivariaten Zusammenhänge erscheinen mir die Effekte der Bildung interessanter. Nur bei diesem Merkmal ist der Effekt auf den Auszugswunsch geringer als auf die Auszugsintention. Dies könnte darauf zurückzuführen sein, daß Personen mit hoher Bildung räumlich mobiler sein müssen als Personen mit geringer Bildung, um auf der 'Karriereleiter' voranzukommen. Sie müssen also häufiger bereit sein, einen Wohnort, der ihnen gefällt, zu verlassen. Das Alter hat schließlich durchgehend einen negativen Effekt auf die drei abhängigen Variablen.

Wie angenommen, erweisen sich bivariat die Mieter als räumlich mobiler als die Wohnungseigentümer, allerdings unterscheiden sich die beiden Gruppen nicht mehr hinsichtlich eines tatsächlichen Auszugs. Ebenfalls wie vermutet, nimmt die Auszugswahrscheinlichkeit zu, sobald alternativer Wohnraum, der den Bedürfnissen besser entspricht, wahrgenommen wird. Bevor wir zu den multivariaten Analysen kommen, bleibt noch der relativ starke Zusammenhang zwischen der Auszugsintention und einem tatsächlichen Auszug festzuhalten.

Wenden wir uns nun der Frage zu, wie stark die relativen Effekte der einzelnen Indizes der Wohnzufriedenheit auf den Auszugswunsch sind. Eine Regressionsanalyse mit dem Auszugswunsch als abhängige Variable und den Indizes der Wohnzufriedenheit als unabhängige Variablen zeigt, daß nur die beiden Indizes der Zufriedenheit mit den Wohnungsaspekten und die Zufriedenheit mit der Nachbarschaft einen eigenständigen Einfluß auf den Auszugswunsch haben, wobei eine Unzufriedenheit mit der Größe/Miete der Wohnung den stärksten Effekt hat. Insgesamt werden mit den drei Variablen 31 Prozent der Gesamtvarianz im Auszugswunsch erklärt. Vergleicht man dieses Resultat mit denen anderer Untersuchungen (z.B. bei Bach und Smith 1977; Clark und Cadwallader 1973; McHugh, Gober und Reid 1990; Newman und Duncan 1979; Speare 1974), ist die Erklärungskraft der Zufriedenheitsindizes ausgesprochen hoch.

Trotzdem läßt sich das Ergebnis weiter verbessern, wenn die Variablen des erweiterten Stufenmodells berücksichtigt werden. Es zeigt sich, daß neben den drei Indizes der Wohnzufriedenheit, das Alter der Befragungsperson, der Wohnstatus und die Wahrnehmung alternativer Wohnorte einen signifikanten Einfluß auf den Auszugswunsch haben (vgl. Tabelle 5.20). Alle Koeffizienten weisen dabei die erwartete Richtung auf. In bezug auf diese Merkmale bestätigen sich somit die Hypothesen. Bei gegebener Unzufriedenheit scheinen alte Menschen und Wohnungseigentümer tatsächlich seltener als andere Personengruppen auf das Handlungsset 'Abwanderung' zurückzugreifen. Zudem spielt die Wahrnehmung alternativer Wohnorte eine entscheidende Rolle bei der Herauskristallisierung eines Auszugswunsches. Wie ebenfalls angenommen, haben hingegen die Bildung und das Einkommen keinen Effekt auf den Auszugswunsch. Durch die zusätzliche Berücksichtigung der Variablen des erweiterten Stufenmodells der residentiellen

157

Mobilität erhöht sich die Erklärungskraft des Regressionsmodells auf ein R^2 von insgesamt 0,38.

Tabelle 5.20: Die Determinanten des Auszugswunsches und der Auszugsintention

	Auszugs-wunsch	Auszugsintention (Analyse 1)	Auszugsintention (Analyse 2)
Zufriedenheit Infrastruktur	.05	.03	.02
Zufriedenheit Größe/ Miete der Whg.	-.38*	-.15*	-.12*
Zufriedenheit Ausstattung/Zustd. Whg.	-.09*	-.02	-.01
Zufriedenheit Soziale Beziehungen	.01	-.01	-.02
Zufriedenheit Atmosphäre	-.04	.05	.05
Zufriedenheit Lage	-.02	-.04	-.05
Zufriedenheit Nachbarschaft	-.12*	.00	.00
Einkommen	-.05	.00	-.00
Bildung	-.03	.09*	.09*
Alter	-.15*	-.12*	-.14*
Wohnstatus[a]	.08*	.01	.02
Alternativen[b]	.18*	-.00	-.00
Auszugswunsch	---[c]	.33*	---
exp(Auszugswunsch)	---	---	.39*
R^2	.38	.26	.30
$R^2_{adj.}$	.37	.25	.28

[a] Dummy-Variable: 0 Eigentümer, 1 Mieter; [b] Dummy-Variable: 0 nein, 1 ja; [c] nicht berücksichtigt; * signifikant ($p < .05$)

Kommen wir nun zu der Beziehung zwischen dem Auszugswunsch und der Auszugsintention. Bivariat ergab sich eine Korrelation von 0,45. Die Tabelle 5.21 zeigt diese positive Beziehung nochmal deutlich. So gaben 82 Prozent der Befragten, die keinen Auszugswunsch äußerten, an, daß sie in den nächsten 12 Monaten keinesfalls ausziehen werden. In der Gruppe der Befragten mit dem stärksten Auszugswunsch waren es hingegen nur 25 Prozent. Umgekehrt sagten nur zwei Prozent der Befragten ohne Auszugswunsch, daß sie mit Sicherheit ausziehen werden, während dies 13 Prozent der Befragten mit starkem Auszugswunsch angaben. Allerdings scheint der Zusammenhang nicht linear zu sein. So nimmt der Anteil der Personen mit einer Auszugsintention zunächst nicht mit dem Auszugswunsch zu, sondern bleibt relativ konstant. Erst bei einem sehr starken Auszugswunsch (Antwortkategorie 5: 'würde mit Sicherheit ausziehen') ist auch die Auszugsintention relativ hoch.

Tabelle 5.21: Der Zusammenhang zwischen dem Auszugswunsch und der Auszugsintention (in %)

Auszugs-intention	Auszugswunsch					insge-samt
	mit Si-cherheit bleiben	wahr-scheinlich bleiben	unbe-stimmt	wahr-scheinlich ausziehen	mit Si-cherheit ausziehen	
keinesfalls	82,3	71,3	60,0	40,5	25,0	59,5
wahrsch. nicht	11,3	23,0	28,0	34,7	15,0	20,8
vielleicht	3,0	0,6	4,0	16,8	27,1	9,6
wahrscheinlich	1,1	4,0	4,0	5,2	20,0	6,0
sicher	2,3	1,1	4,0	2,9	12,9	4,1
n (=100%)	265	174	75	173	140	827

chi-square: 271.57   df: 16   p < .001   E.F.<5 = 8% (2 von 25)

Dies zeigt auch Abbildung 5.2, in der der Anteil der Personen mit einer Auszugsintention ('werde wahrscheinlich ausziehen' und 'werde sicher ausziehen') nach dem Auszugswunsch aufgeführt ist. Bis zu der Antwortkategorie 'würde wahrscheinlich ausziehen' steigt der Anteil der Personen mit einer Auszugsintention nur langsam. Erst in der Gruppe der Personen mit einem sehr starken Auszugswunsch nimmt der Anteil dieser Personen ein beachtliches Ausmaß an. Anstatt linear, scheint der Zusammenhang zwischen dem Auszugswunsch und der Auszugsintention eher expotentiell zu sein. Trägt man diesem Schwellenwert Rechnung und transformiert die Rohdaten des Auszugswunsches in die Form e^x, erhalten wir einen Korrelationskoeffizienten von r = 0,48 (p < 0,001), was die Varianzaufklärung um drei Prozentpunkte auf 23 Prozent erhöht. Da allein durch die Unterscheidung der Handlungssets nicht angenommen werden kann, daß alle Personen, die einen Auszugswunsch äußern auch eine konkrete Auszugsintention aufweisen, kann die festgestellte Beziehung zwischen dem Auszugswunsch und der Auszugsintention als relativ hoch angesehen werden.

Daneben schwächt natürlich auch eine 'Zwangsmobilität', d.h. die Planung eines Auszugs ohne einen Auszugswunsch die statistische Beziehung zwischen Wunsch und Intention. Insgesamt sind es nur 27 von den 827 (= 3,3%) Befragten, für die Informationen über den Auszugswunsch und die Auszugsintention vorliegen, die keinen Auszugswunsch ('mit Sicherheit' oder 'wahrscheinlich bleiben') haben, jedoch auf die Frage nach der Auszugsintention angaben, daß sie vielleicht, wahrscheinlich oder sicher ausziehen werden. Trotz dieses geringen Anteils soll kurz auf die Gründe für eine Auszugsintention eingegangen werden. Alle Personen, die vielleicht, wahrscheinlich oder sicher einen Auszug in den nächsten 12 Monaten nach der Befragung planten, wurden nach ihren Gründen gefragt; insgesamt 163 Befragte. Am häufigsten wurden wohnungsbezogene Gründe genannt:

- 64 Befragte sagten, die Wohnung sei zu klein, 36 Befragte bemängelten ihren Zustand.[1]
- 25 Befragte gaben einen Arbeitsplatzwechsel als Grund an. Wie schon vermutet, wurde dieser Grund mit einer Ausnahme (ein Hauptschüler) nur von Personen mit hoher formaler Bildung genannt (15 mit (Fach-) Abitur, neun mit Universitäts- bzw. Fachhochschulabschluß).
- 24 Personen nannten eine Veränderung der Zusammensetzung des Haushaltes als Grund,
- 22 Personen war es zu laut bzw. zu wenig grün im Viertel und
- 13 Befragte meinten, die Wohnung sei zu teuer.

Abbildung 5.2: Anteil Befragter mit Auszugsintention nach Auszugswunsch

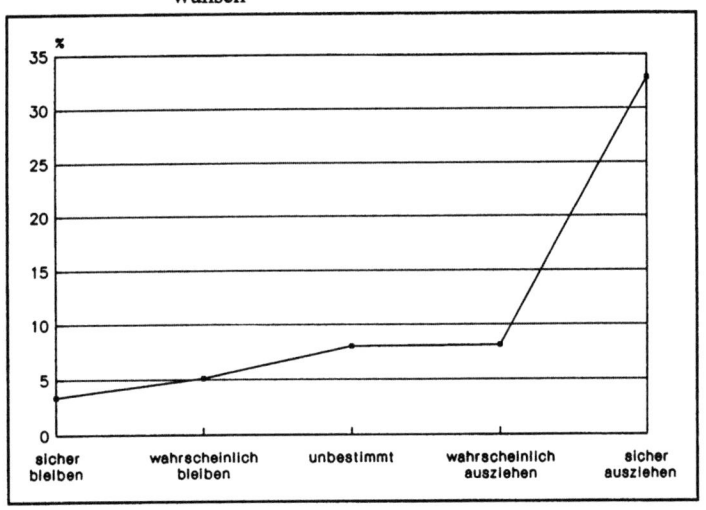

Alle anderen Gründe spielten nur eine untergeordnete Rolle (maximal drei Nennungen). Von diesen sind drei zu nennen, da sie Auskunft über mögliche Ver-

---

1 Bei der Frage nach den Gründen der Auszugsintention waren Mehrfachnennungen zugelassen, so daß die Summe aller Nennungen die Anzahl der Befragten übersteigt.

drängungen geben. Nur zwei Personen gaben an, daß die Wohnung in eine Eigentumswohnung umgewandelt wird, nur jeweils eine Person wurde gekündigt bzw. hatte Ärger mit dem Vermieter.

Betrachten wir nun die 27 'Zwangsmobilen'. Eine Person gab an, wegen der Umwandlung in eine Eigentumswohnung einen Auszug zu planen (zudem war ihr die Wohnung zu klein). Eine weitere Person gab Ärger mit dem Vermieter *und* den Nachbarn *und* einen zu hohen Mietpreis der Wohnung als Grund an. Damit können wir also nur bei zwei von 27 'Zwangsmobilen' (7,4%) von einem Verdrängungseffekt sprechen. Dagegen gaben sieben der 27 'Zwangsmobilen' (25,9%) einen Arbeitsplatzwechsel als Grund der Auszugsintention an. Weiteren vier Personen (14,8%) Prozent war die Wohnung zu klein. Schließlich nannten drei weitere Befragte eine veränderte Haushaltszusammensetzung als Grund für die Auszugsintention. Da sich die drei Gruppen nicht überschneiden, können wir also bei 14 von 27 oder 51,9 Prozent der 'Zwangsmobilen' davon ausgehen, daß sie nicht aufgrund von Verdrängungsmechanismen zu einem Auszug gezwungen werden.

Kommen wir jetzt wieder auf das Modell der residentiellen Mobilität zurück. Auch die Erklärung der Varianz in der Auszugsintention kann durch das erweiterte Modell noch deutlich verbessert werden. Wie sich zeigt, haben neben dem Auszugswunsch von den weiteren Variablen noch die Zufriedenheit mit der Größe/ Miete der Wohnung, das Alter und die Bildung der Befragungsperson einen eigenständigen Einfluß auf die Auszugsintention. Mit diesen Variablen kann 26 Prozent bzw. 30 Prozent der Varianz in der Auszugsintention erklärt werden. Im Vergleich mit dem einfachen Stufenmodell der residentiellen Mobilität erhöht sich damit die Erklärungskraft um sechs bzw. sieben Prozentpunkte. Wichtiger sind jedoch die einzelnen Effekte (vgl. Tabelle 5.20, 3. und 4. Spalte). Besonders interessant ist dabei die Betrachtung der beiden Statusmerkmale Bildung und Einkommen. Während Personen mit hoher Bildung wie angenommen einen Auszugswunsch eher in eine Auszugsintention umsetzen, ist dies bei Personen mit hohem Einkommen entgegen der Vermutung nicht der Fall. Auf der Ebene der Handlungsdisposition, sprich Auszugswunsch und Auszugsintention, scheint es daher keinen Unterschied zwischen einkommensschwachen und einkommensstarken Haushalten zu geben.

Wie sieht es aber mit der tatsächlichen Handlung, dem Auszug aus? Es zeigt sich, daß die tatsächlichen Auszüge sehr gut durch die Kenntnis der Auszugsintention prognostizierbar sind. Die Tabelle 5.22 macht diesen Zusammenhang deutlich. So sind tatsächlich nur knapp zwei Prozent der Befragten ohne Auszugsintention ('keinesfalls' und 'wahrscheinlich nicht' ausziehen) ausgezogen. Auch von denen, die angaben, vielleicht auszuziehen, sind nur wenige tatsächlich ausgezogen (6,3 Prozent). Von denen, die wahrscheinlich ausziehen wollten, sind hingegen 40 Prozent, und von denen, die ganz sicher ausziehen wollten, sogar knapp 77 Prozent tatsächlich ausgezogen. Der Produkt-Moment Korrelationskoeffizient beträgt r = 0.53 (p < 0.001), was bivariat einer erklärten Varianz von 28 Prozent entspricht.

Nun ist es allerdings problematisch, mit einer dichotomen abhängigen Variable, bei der das Ereignis entweder eintreten oder nicht eintreten kann, eine klassische Regressionsanalyse durchzuführen. Der Hauptgrund hierfür liegt darin, daß in diesem Fall die mit einer Regressionsanalyse prognostizierten Werte nicht als Wahrscheinlichkeiten interpretiert werden können, da der Wertebereich nicht zwischen Null und Eins eingegrenzt ist, Wahrscheinlichkeiten aber nur in diesem Intervall auftreten. Statt einer linearen sollte daher eine logistische Regression durchgeführt werden, da die logistische Regressionsfunktion die Eigenschaft aufweist, bei beliebigen Wertekombinationen der unabhängigen Variablen nur Werte zwischen Null und Eins anzunehmen (Hartmann 1991: 18; Norusis 1990: 45). Um die Prognosekraft der Auszugsintention für einen tatsächlichen Auszug zu ermitteln, wurde aus diesem Grund auch hier eine logistische Regression durchgeführt. Abbildung 5.3 zeigt einen Vergleich der empirisch ermittelten Anteile der umgezogenen Befragten und der aufgrund der logistischen Regressionsgleichung vorhergesagten Anteile in Abhängigkeit von der Auszugsintention.

Tabelle 5.22: Tatsächlicher Auszug nach Auszugsintention (in %)

	Umzug		
Auszugsintention	ja	nein	n (=100%)
keinesfalls ausziehen	1,8	98,2	496
wahrscheinlich nicht ausziehen	1,7	98,3	174
vielleicht ausziehen	6,3	93,7	79
wahrscheinlich ausziehen	40,0	60,0	50
ganz sicher ausziehen	76,5	23,5	34
insgesamt	7,6	92,5	833

Die Kurven weichen nur geringfügig voneinander ab. Mit der logistischen Regressionsfunktion lassen sich die empirisch ermittelten Werte also relativ gut schätzen. Da hier nur eine unabhängige Variable betrachtet wird, soll an dieser Stelle nicht auf den Regressionskoeffizienten (der signifikant ist) und den Effektkoeffizienten eingegangen werden (vgl. hierzu Kühnel, Jagodzinski und Terwey 1989: 55ff.). Von größerer Bedeutung ist im Augenblick die durch die unabhängige Variable erklärte Varianz des tatsächlichen Auszugs, die Erklärungskraft des logistischen Regressionsmodells. Da die Verwendung des Determinationskoeffizienten der linearen Regression für das logistische Regressionsmodell ungeeignet ist, wird ein sogenanntes Pseudo-R^2 berechnet. Das Pseudo-R^2, das wir wie Kühnel, Jagodzinski und Terwey (1989: 61ff.) mit P^2 bezeichnen wollen, beträgt in unserem Fall 0,39. Die Auszugsintention erklärt mithin 39 Prozent der Varianz des tatsächlichen Auszuges, was bei nur einer erklärenden Variable in dem Modell ein sehr hoher Wert ist. In der Tabelle 5.23 sind die Ergebnisse der logistischen Regression nochmals dargestellt.

Abbildung 5.3: Anteil der tatsächlich ausgezogenen in Abhängigkeit von der Auszugsintention

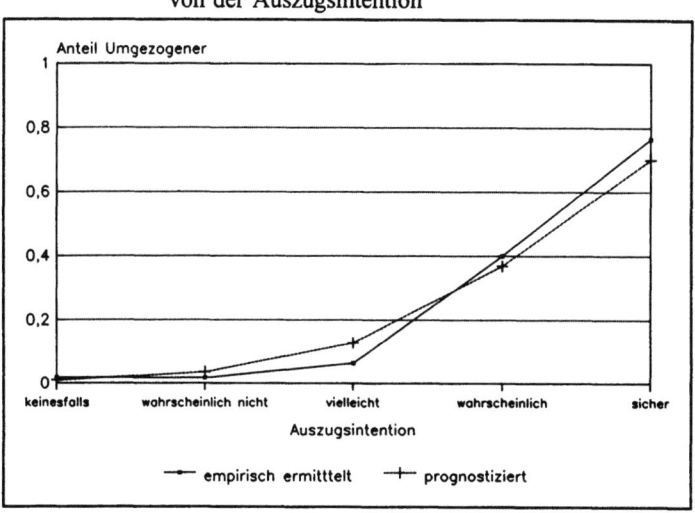

Das Modell läßt sich durch das Hinzufügen der Variablen des erweiterten Modells der residentiellen Mobilität nicht mehr verbessern, so daß die Hypothesen des Einflusses der Statusmerkmale auf die Umsetzung einer Auszugsintention auf den tatsächlichen Auszug zurückgewiesen werden müssen. Hat sich erstmal die Handlungsdisposition 'Auszug', sprich die Disposition zur Wahl des Handlungssets 'Abwanderung', über den Auszugswunsch zur konkreten Auszugsintention erhärtet, ist die Umsetzung der Auszugsintention in einen tatsächlichen Auszug unabhängig von dem Alter und den Statusmerkmalen Bildung und Einkommen.

Insgesamt bestätigen die Analysen die Fruchtbarkeit des erweiterten Stufenmodells der residentiellen Mobilität. Obwohl das einfache Stufenmodell im Vergleich mit nordamerikanischen Ergebnissen nicht schlechter abschneidet, konnte durch die Berücksichtigung von 'Abwanderung', 'Widerspruch' und 'Passivität' und den hieraus abgeleiteten Hypothesen, die Erklärung der Entstehung eines Auszugswunsches und einer Auszugsintention noch verbessert werden. Im einzelnen zeigten sich folgende Resultate:

Tabelle 5.23: Ergebnisse der logistischen Regression

-2 ln(Likelihood) des Nullmodells:	446.42968
-2 ln(Likelihood) des Endmodells:	271.979

Reduktion: $P^2 = 0.3908$ $chi^2 = 174.451$ df = 1   p < .001

erklärende Variable	B	S.E.	Wald	df	Sig	R	Exp(B)
Auszugsintention	1.3867	.1284	116.6099	1	.0000	.5067	4.0015
Konstante	-6.0822	.4528	180.3887	1	.0000		

Die Beziehung zwischen Auszugswunsch und Auszugsintention ist nicht linear, sondern eher expotentiell. Erst ein starker Auszugswunsch führt zu einer konkreten Auszugsintention. Hier wäre zu prüfen, ob dies ein Effekt des sehr angespannten Wohnungsmarktes ist. So ist zu vermuten, daß bei einem weniger angespannten Wohnungsmarkt ein Auszugswunsch schneller in eine Auszugsintention umgesetzt wird, mithin eine eher lineare Beziehung besteht.

Hinsichtlich der Zufriedenheitsindizes zeigte sich deutlich, daß Wohnumfeldaspekte so gut wie keinen Effekt auf einen Auszug haben. Allein die Zufriedenheit mit der Nachbarschaft hat einen negativen Einfluß auf den Auszugswunsch. Dagegen sind die Wohnungsaspekte von entscheidender Bedeutung. Betrifft die Unzufriedenheit die Wohnung, entwickelt sich hieraus schnell ein Auszugswunsch und eine Auszugsintention, wobei die Zufriedenheit mit der Größe und Miete der Wohnung einen stärkeren Effekt hat als die Zufriedenheit mit der Ausstattung bzw. dem Zustand der Wohnung.

Alte Menschen greifen seltener als junge Menschen auf das Handlungsset 'Abwanderung' zurück. Dies zeigt sich darin, daß bei gleicher Unzufriedenheit mit zunehmendem Alter seltener ein Auszugswunsch und eine Auszugsintention geäußert wird. Wir können damit weiterhin annehmen, daß alte Menschen auf Unzufriedenheit mit der Wohnsituation eher mit einer Anpassung ihrer Ansprüche reagieren.

Auch Wohnungseigentümer reagieren seltener mit einem Auszug als Mieter. Bei gleicher Unzufriedenheit äußern Wohnungseigentümer seltener einen Auszugswunsch. Hat sich der Auszugswunsch jedoch einmal entwickelt, dann setzen Wohnungseigentümer diesen genauso häufig wie Mieter in eine konkrete Auszugsintention um. Insgesamt können wir auch hier an unserer Hypothese festhalten, daß Eigentümer bei Unzufriedenheit zunächst mit Widerspruch reagieren werden. Erst wenn sie merken, daß diese Option nicht zum Erfolg führt, wird sich ein Auszugswunsch entwickeln.

Auch in bezug auf die Bildung haben sich die Hypothesen bewährt. Personen mit hoher Bildung äußern mit der gleichen Wahrscheinlichkeit wie Personen mit geringerer Bildung einen Auszugswunsch. Allerdings setzen sie diesen häufiger in eine Auszugsintention um. Begründet werden kann dies mit den größeren Handlungsmöglichkeiten der Personen mit hoher Bildung.

Nicht bewährt haben sich die Hypothesen bezüglich des Einkommens. Personen mit geringen Einkommen unterscheiden sich hinsichtlich der Auszugsintention und eines tatsächlichen Auszuges nicht von Personen mit hohen Einkommen. Bei gleicher Unzufriedenheit wird auch mit der gleichen Wahrscheinlichkeit ein Auszugswunsch geäußert und dieser mit der gleichen Wahrscheinlichkeit in eine Auszugsintention umgesetzt. Anscheinend spielen finanzielle Möglichkeiten bei einer Auszugsentscheidung nur eine untergeordnete Rolle.

Während durch die Hinzunahme der aus dem erweiterten Stufenmodell residentieller Mobilität abgeleiteten Merkmale ein Auszugswunsch und eine Auszugsintention deutlich besser erklärt werden kann als durch das einfache Stufenmodell, stellt die Auszugsintention den einzigen Prädiktor eines tatsächlichen Auszuges dar. Hat sich erst einmal eine starke Auszugsintention entwickelt, wird diese unabhängig von anderen Merkmalen auch in einen tatsächlichen Auszug umgesetzt.

5.5 Anwendung des Modells der residentiellen Mobilität auf die Bewohnergruppen innenstadtnaher Wohnorte

Aufgrund der Ergebnisse der Prüfung des allgemeinen Modells der residentiellen Mobilität und den Erkenntnissen über die Unterschiedlichkeit in der Wohnviertelsorientiertheit der Bewohner innenstadtnaher Wohngebiete lassen sich einige Annahmen über ihre Auszugswahrscheinlichkeiten ableiten. Da die *Pioniere* qua Definition relativ jung sind und eine hohe formale Bildung aufweisen, sie relativ selten Wohnungseigentümer sind und zudem ihr Aktionsraum und das soziale Netzwerk weit über das eigene Wohnviertel hinausgeht, sollten sie die mobilste Gruppe sein, d.h. bei Unzufriedenheit mit der Wohnsituation am schnellsten mit einem Auszugswunsch reagieren und diesen dann auch häufiger in eine konkrete Auszugsintention umsetzen. Auch die *Gentrifier* werden zur mobileren Bevölkerungsgruppe gehören. Da sie doch im Mittel etwas älter sind und eine geringere Bildung als die *Pioniere* aufweisen, wird die Umsetzung von Unzufriedenheit in einen Auszugswunsch und Auszugsintention weniger wahrscheinlich sein als bei den *Pionieren*. Bilden die *Pioniere* und *Gentrifier* auf dem räumlichen Mobilitätskontinuum den einen Pol, werden die *Alten* und die *Gesetzten* den anderen Pol besetzen, wobei die *Alten* aufgrund ihres hohen Durchschnittsalters weniger mobil sein werden als die *Gesetzten*. Eine gesonderte Position werden schließlich die *Jungen* einnehmen. Aufgrund ihres Alters und des geringen Anteils an Wohnungseigentümern unter ihnen, werden sie eher zu den mobilen Personengruppen gehören. Ihre starke Orientierung auf das Wohnviertel wirkt den 'mobilitätsfördernden' Effekten jedoch entgegen. Es ist daher anzunehmen, daß sie bei Unzufriedenheit durchaus einen Auszugswunsch äußern werden, diesen aber seltener als die *Pionie-*

re und *Gentrifier* in eine Auszugsintention und einen tatsächlichen Auszug umsetzen werden.

In Tabelle 5.24 sind die Mittelwerte für die sechs Zufriedenheitsindizes und die Zufriedenheit mit der Nachbarschaft nach Bewohnergruppen wiedergegeben. Am stärksten unterscheiden sich die Gruppen hinsichtlich der Zufriedenheit mit den Wohnungsaspekten. Am unzufriedensten sind hier die *Pioniere*, gefolgt von den *Jungen* und den *Gentrifiern*. Aufgrund der Unzufriedenheit mit der Wohnung erweisen sich die *Pioniere* auch insgesamt als unzufriedenste Gruppe. Da die beiden Indizes der Zufriedenheit mit der Wohnung zusammen mit der Zufriedenheit mit der Nachbarschaft, wie wir gesehen haben, für die Entstehung eines Auszugswunsches von zentraler Bedeutung sind, sollten auch nach diesen Ergebnissen *Pioniere* im stärkeren Maße einen Auszugswunsch aufweisen als *Junge* und *Gentrifier*, die wiederum häufiger als *Gesetzte* und *Alte* einen Auszugswunsch geäußert haben sollten.

Tabelle 5.24: Die Wohnzufriedenheit der Bewohnergruppen (Mittelwerte: $\bar{x}$ und Standardabweichungen: s)

Zufriedenheit mit ...	Pioniere		Gentrifier		Junge		Gesetzte		Alte	
	$\bar{x}$	s	$\bar{x}$	s	$\bar{x}$	s	$\bar{x}$	s	$\bar{x}$	s
Infrastruktur	0,4	0,6	0,4	0,6	0,4	0,8	0,5	0,7	0,6	0,7
Größe/Miete Whg.	0,6	0,9	0,8	0,8	0,7	0,9	1,0	0,7	1,3	0,6
Zustand Whg.	0,5	1,0	0,8	0,9	0,8	1,0	0,9	0,9	1,1	0,9
soz. Beziehungen	0,8	0,9	0,9	0,7	1,0	0,7	0,9	0,7	0,8	0,8
Atmosphäre	0,8	0,8	1,0	0,7	0,8	0,7	0,8	0,7	0,7	0,8
Lage	1,1	0,5	1,2	0,5	1,2	0,5	1,3	0,5	1,0	0,4
Nachbarschaft	0,9	0,9	1,0	0,9	1,0	1,0	1,1	0,9	1,1	1,0

Betrachten wir also die durchschnittliche Stärke des Auszugswunsches in den jeweiligen Gruppen (Tabelle 5.25). Die Werte entsprechen den eben formulierten Annahmen. Die jüngste *und* unzufriedenste Gruppe, die *Pioniere*, weisen mit Abstand den stärksten Auszugswunsch auf. *Gentrifier* und *Junge* folgen mit gleich starkem Auszugswunsch. Bei den bedeutend älteren *Gesetzten* und *Alten* ist schließlich ein Auszugswunsch relativ selten vorhanden.

Auch die unterschiedliche Stärke der Auszugsintention entspricht den Erwartungen. Besonders deutlich wird hier der Unterschied zwischen den *Pionieren* und *Gentrifiern* auf der einen Seite und den *Jungen* auf der anderen Seite. Während erstere relativ häufig einen Auszugswunsch in eine konkrete Auszugsintention umsetzen, ist dies bei den *Jungen* bedeutend seltener beobachtbar.[1] Schließlich zeigt die Tabelle 5.25, daß *Pioniere* auch hinsichtlich des tatsächlichen Verhaltens die mobilste Gruppe darstellt. Von ihnen sind 18 Prozent spätestens nach einem Jahr aus der Wohnung ausgezogen. Auch die *Gentrifier* sind noch relativ mobil. Auffallend ist, daß nur 5 Prozent der *Jungen* tatsächlich aus der Wohnung gezogen sind. Im tatsächlichen Verhalten unterscheiden sie sich damit nicht mehr von den *Gesetzten*, trotz starkem Auszugswunsch und auch noch stärkerer Auszugsintention.

Tabelle 5.25: Auszugswunsch, Auszugsintention und tatsächlicher Auszug nach Bewohnergruppen (Mittelwerte: $\bar{x}$ und Standardabweichungen: s)

	Pioniere		Gentrifier		Junge		Gesetzte		Alte	
	$\bar{x}$	s	$\bar{x}$	s	$\bar{x}$	s	$\bar{x}$	s	$\bar{x}$	s
Auszugs-wunsch	3,43	1,3	3,00	1,5	3,02	1,6	2,11	1,3	2,10	1,5
intention	2,27	1,4	2,06	1,2	1,78	1,1	1,40	0,8	1,26	0,7
Auszug	0,18	0,4	0,11	0,3	0,05	0,2	0,04	0,2	0,02	0,1

Betrachten wir nun die Beziehung zwischen dem Auszugswunsch und der Auszugsintention. In der Abbildung 5.4 ist für jede Bewohnergruppe der Anteil der Personen mit einer Auszugsintention nach der Stärke des Auszugswunsches aufgeführt. Deutlich zu erkennen ist der lineare Zusammenhang bei den *Pionieren*: mit der Stärke des Auszugswunsches nimmt auch die Auszugsintention zu. Anders ist es bei den *Gentrifiern*. Bei ihnen ist deutlich ein Schwellenwert zu erkennen: erst wenn ein sehr starker Auszugswunsch existiert, kommt es zur konkreten Auszugsintention. Ähnlich, nur bedeutend weniger stark, ist dies auch bei den *Jungen* und - noch schwächer ausgeprägt - bei den *Gesetzten* zu beobachten. Die *Alten* setzen einen Auszugswunsch überhaupt nur in eine Auszugsintention um, wenn der Auszugswunsch sehr stark ist. Insgesamt ergibt sich, daß bei *Pionieren* relativ schnell und häufig auf einen Auszugswunsch eine Auszugsintention folgt, während bei allen anderen erst ein Schwellenwert des Auszugswunsches überschritten sein muß. Ist dieser überschritten, entwickelt sich vor allem bei den *Gentrifiern* eine konkrete Auszugsintention, bei den *Jungen*, den *Gesetzten* und den *Alten* ist dies selbst beim Überschreiten des Schwellenwertes bedeutend seltener.

---

1 Die Korrelation zwischen Auszugswunsch und -intention beträgt unter der Annahme eines linearen Zusammenhangs bei den Pionieren 0,54, bei den Gentrifiern 0,49 und bei den Jungen 0,32. Nimmt man einen expotentiellen Zusammenhang an, betragen die Korrelationskoeffizienten 0,50, 0,56 bzw. 0,38.

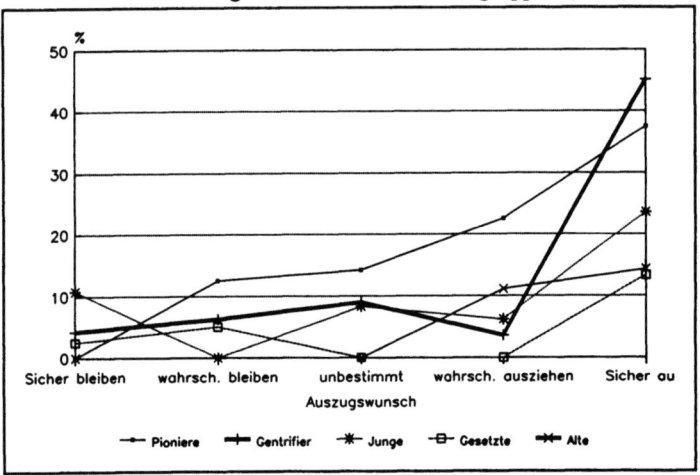

Ähnlich ist das Ergebnis bei der Betrachtung der Beziehung zwischen der Auszugsintention und dem tatsächlichen Auszug. Mit Ausnahme der *Alten* ist bei allen Bewohnergruppen erst bei einer starken Auszugsintention mit einem Auszug zu rechnen, wobei die Wahrscheinlichkeit eines tatsächlichen Auszugs zwischen den Gruppen stark variiert. Während 50,0 Prozent der *Pioniere*, die angaben, sie werden wahrscheinlich ausziehen, und 88,9 Prozent, die angaben, sie werden sicher ausziehen, tatsächlich ausgezogen sind, waren es bei den *Gentrifiern* 53,3 Prozent bzw. 76,9 Prozent, bei den *Jungen* 12,5 Prozent bzw. 71,4 Prozent und bei den *Gesetzten* 25,0 Prozent bzw. 50,0 Prozent (vgl. Abbildung 5.5).[2] Es ist daher nicht überraschend, daß insgesamt 18 Prozent der *Pioniere* und 11 Prozent der *Gentrifier*, aber nur 5 Prozent der *Jungen*, 4 Prozent der *Gesetzten* und 2 Prozent der *Alten* innerhalb eines Jahres aus ihrer Wohnung ausgezogen sind.

Um zu prüfen, ob sich die Effekte der Wohnzufriedenheit von den Effekten der Handlungsrestriktionen bzw. -opportunitäten trennen lassen, wurden analog zum

---

1 Befragte mit Auszugsintention sind diejenigen, die auf die entsprechende Frage mit 'werde wahrscheinlich' oder 'werde sicher' ausziehen geantwortet haben.

2 Von den Alten sind insgesamt nur zwei Personen ausgezogen. Diese gaben auf die Frage nach der Auszugsintention an, daß sie keinesfalls ausziehen werden. Die drei Personen, die eine Auszugsintention äußerten (zwei Personen meinten, wahrscheinlich auszuziehen, die dritte war sich sicher), sind hingegen nicht ausgezogen. In Abbildung 5.5 verläuft die Kurve der Alten ab der Kategorie 'wahrscheinlich nicht' entlang des Nullpunktes.

Kapitel 5.4.4 mehrere Regressionsanalysen durchgeführt. Anstatt der Merkmale 'Einkommen', 'Alter' und 'Bildung' als Indikatoren für Restriktionen bzw. Opportunitäten wurde das Merkmal 'Bewohnergruppe' in Form von Dummy-Variablen eingeführt, wobei die Gruppe der *Jungen* als Referenzgruppe gewählt wurde. Die Ergebnisse mit dem Auszugswunsch bzw. der Auszugsintention als abhängige Variable sind in der Tabelle 5.26 wiedergegeben.

Abbildung 5.5: Anteil der verzogenen Befragten nach Auszugsintention und Bewohnergruppen (in %)

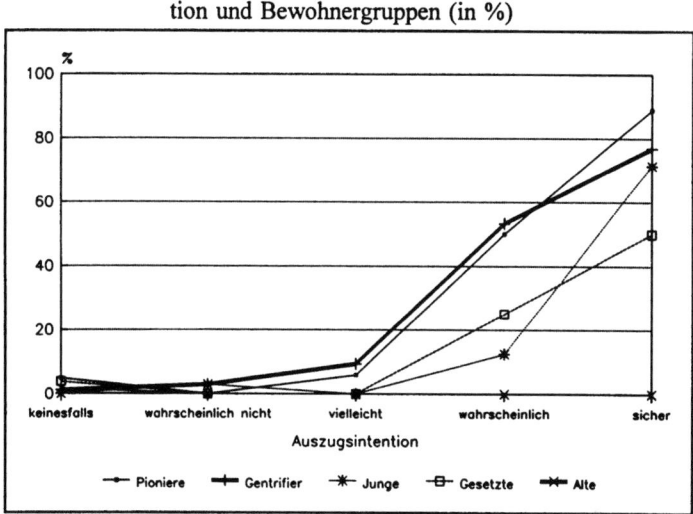

Interessant an den Ergebnissen ist der Sachverhalt, daß sich die *Jungen* nach Kontrolle der Wohnzufriedenheit, des Wohnstatus' und der Wahrnehmung von Alternativen in der Stärke des Auszugswunsches nicht von den *Pionieren* und *Gentrifiern* unterscheiden. *Gesetzte* und *Alte* äußern hingegen seltener einen Auszugswunsch. Eine konkrete Auszugsintention wird jedoch nach zusätzlicher Kontrolle des Auszugswunsches von den *Jungen* seltener geäußert als von *Pionieren* und *Gentrifiern*. Die *Jungen* unterscheiden sich hier nicht von den *Gesetzten* und - in der Analyse 1 - auch nicht von den *Alten*. Eine logistische Regressionsanalyse zeigt schließlich neben dem schon nachgewiesenen starken Effekt der Auszugsintention, daß die *Jungen* signifikant seltener einen tatsächlichen Umzug vornehmen als die *Pioniere*.

Tabelle 5.26: Bewohnergruppen und die Effekte auf Auszugswunsch und Auszugsintention

	Auszugswunsch	Auszugsintention (Analyse 1)	Auszugsintention (Analyse 2)
Bewohnergruppen[a]			
Pioniere	.02	.09*	.11*
Gentrifier	-.02	.10*	.12*
Gesetzte	-.17*	-.04	-.03
Alte	-.10*	-.07	-.08*
Zufriedenheit Infrastruktur	.04	.02	.02
Zufriedenheit Größe/Miete der Whg.	-.39*	-.16*	-.13*
Zufriedenheit Ausstattung/Zustd. Whg.	-.10*	-.02	-.02
Zufriedenheit Soziale Beziehungen	.01	-.00	-.01
Zufriedenheit Atmosphäre	-.05	.05	.05
Zufriedenheit Lage	-.01	-.04	-.04
Zufriedenheit Nachbarschaft	-.12*	.00	.00
Wohnstatus[b]	.09*	-.02	-.01
Alternativen[c]	.18*	-.00	-.00
Auszugswunsch	---[d]	.32*	---
exp(Auszugswunsch)	---	---	.39*
R^2	.39	.26	.30
$R^2_{adj.}$	.38	.25	.28

[a] Dummy-Variablen, Referenzgruppe: *Junge*; [b] Dummy-Variable: 0 Eigentümer, 1 Mieter; [c] Dummy-Variable: 0 nein, 1 ja; [d] nicht berücksichtigt; * signifikant (p < .05)

5.6 Zusammenfassung der Ergebnisse

Nach der Betrachtung der *Nachfrage* nach innenstadtnahem Wohnraum, haben wir durch die Analyse der Präferenzen, Bewertungen und Auszugswahrscheinlichkeiten von *Bewohnern* eines innenstadtnahen Wohngebietes weitere Bausteine zur Erklärung des Prozesses einer Aufwertung innenstadtnaher Wohngebiete gewonnen. Zunächst ist nochmals die starke Orientierung der *Jungen* auf das Wohnviertel zu betonen. Im Vergleich zu den ebenfalls viertelsorientierten *Gesetzten* und *Alten*, legen sie besonderen Wert auf das Vorhandensein von sozialen Einrichtungen, Kinderspielplätzen und Sport- und Freizeitmöglichkeiten. Eine gute Nachbarschaft ist für sie im Vergleich zu den *Pionieren* und *Gentrifiern* von höherer Bedeutung. Wie die Sekundäranalyse eines Netzwerkdatensatzes zeigte, weisen die *Jungen* zudem den höchsten Anteil an Beziehungspersonen aus dem eigenen Wohnviertel auf. Von einem Wandel des Wohngebietes in Richtung einer Aufwertung, bei der mit einer veränderten Bewohnerstruktur eine sich wandelnde Infrastruktur einhergeht, die auf die Befriedigung der Bedürfnisse der neuen Bewohner ausgerichtet ist, sind die *Jungen* daher besonders stark betroffen. Ihre Wohnzufriedenheit wird abnehmen. Doch führt dies nur selten zu einem Auszug, denn, wie wir gesehen haben, hat die Unzufriedenheit mit Wohnumfeldaspekten so gut wie keinen Einfluß auf einen Auszug der *Jungen*. Erst wenn die materiellen Wohnkosten steigen, wenn die knappen frei verfügbaren finanziellen Ressourcen durch Mieterhöhungen weiter reduziert werden, kommt es zu einem Auszugswunsch. Es scheint genau diese Befürchtung eines sich verändernden Wohnumfeldes und einer steigenden Miete zu sein, was die *Jungen* zu einer Ablehnung des Zuzuges gut verdienender Personen veranlaßt.

Aber selbst wenn die Miete steigt, wird der sich hieraus entwickelnde Auszugswunsch bei einem angespannten Wohnungsmarkt selten in einen Auszug umgesetzt. Aufgrund der fehlenden Alternativen und der relativ starken Bindung an das Quartier sind die *Jungen* gezwungen, auf andere Handlungsalternativen auszuweichen. Ohne es geprüft zu haben, ist die Annahme plausibel, daß die *Jungen* vor allem mit Passivität reagieren werden, denn zum Widerspruch fehlen ihnen die notwendigen Ressourcen. Widerspruch verlangt Kenntnisse über die Möglichkeiten des Widerspruchs (kulturelles Kapital), verlangt frei verfügbare Zeit und zum Teil finanzielle Ressourcen (ökonomisches Kapital). Alle drei Ressourcen sind bei den *Jungen* aber sehr knapp. Über das kulturelle und ökonomische Kapital wurde schon gesprochen, die freie Zeit ist wegen der starken Gebundenheit durch Berufstätigkeit und Kindererziehung sehr begrenzt.

Auch die Auszugswahrscheinlichkeiten der *Gesetzten* und *Alten* sind, wie gezeigt, sehr gering. Die Gründe hierfür scheinen jedoch andere als bei den *Jungen*. Zum einen ist das im Vergleich zu den anderen Gruppen hohe Durchschnittsalter mobilitätshemmend, denn jeder Umzug bedeutet auch teilweise erhebliche Vorinvestitionen in die Zukunft. Zudem fallen Kosten an, nicht nur materieller, sondern auch sozialer Art, die erst nach einer gewissen Zeit durch einen erhöhten Nutzen des neuen Wohnortes ausgeglichen werden können. So müssen neue soziale Kontakte geknüpft werden, man muß sich einrichten, die Wohnung 'einwohnen', 'seine' Einkaufsläden finden. Je länger man nun schon in einer Wohnung wohnt, als desto schwerer und langwieriger wird dieser Prozeß eingeschätzt und je älter man ist, desto unwahrscheinlicher wird es, von den getätigten Vorinvestitionen später profitieren zu können. Daher sind viele alte Menschen bei Unzufriedenheit mit der aktuellen Wohnsituation nicht zu einem Umzug bereit.

Es gibt aber noch einen weiteren Grund für die seltene Umsetzung von Unzufriedenheit mit der Wohnsituation in einen Auszug, der die Gruppe der *Gesetz-*

ten betrifft. Sie haben bedeutend mehr Möglichkeiten des Widerspruchs als die *Jungen*. Mit einem hohen Wohnungseigentümeranteil, einem relativ hohen Anteil an kinderlosen Haushalten, einer hohen Bildung und einem hohen ökonomischen Kapital verfügen viele Personen dieser Gruppe über die Möglichkeiten zum Widerspruch. Folgt man der Beurteilung des Zuzuges bestimmter Bevölkerungsgruppen, wird sich dieser Widerspruch allerdings in weit stärkerem Maße gegen eine *Abwertung* als gegen eine *Aufwertung* des Wohngebietes richten.

Am räumlich mobilsten erweisen sich schließlich die *Gentrifier* und vor allem die *Pioniere*. Obwohl sich zeigte, daß von 24 Personen, die einen Arbeitsplatzwechsel als Grund der Auszugsintention angaben, 12 der Gruppe der *Gentrifier* und neun der Gruppe der *Pioniere* angehören, beruhen die höheren Auszugswahrscheinlichkeiten nicht ausschließlich auf berufliche Mobilitätserfordernissen. Aufgrund ihrer relativ geringen Ortsgebundenheit setzen vor allem die *Pioniere* eine Unzufriedenheit mit der Wohnsituation und einen Auszugswunsch schnell in eine konkrete Auszugsintention um, auf die dann auch ein Auszug folgt. Da aber die *Pioniere* auf günstigen Wohnraum angewiesen sind, sie zudem über ein hohes kulturelles Kapital und, da zum überwiegenden Teil noch in der Ausbildung, über sehr viel flexibel einsetzbare freie Zeit verfügen, wird mit der Abnahme an Wohnungsalternativen für sie die Wahrscheinlichkeit des Widerspruches zunehmen. Dieser wird sich vor allem gegen Aufwertungsprozesse richten, da diese als größte Gefahr für die eigene Wohnsituation angesehen werden, wie die starke Ablehnung des Zuzuges gut verdienender Personen zeigt. Weiterhin ist anzunehmen, daß es wegen der fehlenden finanziellen Ressourcen eher zu unkonventionellen Formen des Widerspruchs kommen wird.

Ein durch starke soziale Konflikte zwischen den Bewohnergruppen begleiteter Aufwertungsprozeß ist daher dann am wahrscheinlichsten, wenn die *Gentrifier* verstärkt ein Wohngebiet nachfragen, daß einen sehr hohen Anteil an *Pionieren* aufweist, deren Anzahl die kritische Masse zum Aufbau einer eigenen Infrastruktur erreicht bzw. überschritten hat (vgl. Fischer 1975). Die Infrastruktur gibt ihnen die Möglichkeit, den Widerspruch zu organisieren. In diesem Fall werden sich die *Pioniere* zur Rettung ihrer 'Szene' stark gegen ein Eindringen statushoher Gruppen zur Wehr setzen. Der Widerspruch wird häufig zum offenen Widerstand. Er verstärkt sich noch, wenn die Widerständler meinen, auch die Interessen anderer benachteiligter Gruppen zu vertreten (z.B. der ausländischen Bewohnergruppen). Als Beispiele hierfür lassen sich die Konflikte in Teilen Berlin-Kreuzbergs und im Hamburger Schanzenviertel nennen. In beiden Fällen trafen bzw. treffen Aufwertungsprozesse auf eine stark politisierte Subkultur, deren Mitglieder nur wenige Wohnungsalternativen haben, also auf den angeeigneten Raum zum Ausleben ihres Lebensstils angewiesen sind. Sollte sich der Aufwertungsprozeß gegen den Widerstand durchsetzen, wird sich das Gebiet relativ schnell wandeln, denn es lebte vorher von der 'Szene', die dann aufgelöst ist.

Sind dagegen Gebiete von einer Aufwertung betroffen, in denen hauptsächlich *Junge*, *Gesetzte* und *Alte* leben, wird der Prozeß mit hoher Wahrscheinlichkeit relativ ruhig ablaufen; aufgrund der geringen Auszugswahrscheinlichkeiten der ansässigen Bevölkerungsgruppen allerdings auch sehr langsam und daher über kurze Zeiträume kaum wahrnehmbar. Eine Forcierung des Aufwertungsprozesses wird hier nur über andere Akteure, wie Wohnungsanbieter, möglich sein.

Schließlich lassen sich auch noch Aussagen über eine Instandsetzung ("incumbent upgrading") ableiten. Dieser Prozeß, der hier nicht thematisiert wurde, ist vor allem in Gebieten mit einem sehr hohen Anteil *Gesetzter*, der durch einen gewissen Gentrifieranteil ergänzt wird, wahrscheinlich. Die *Gesetzten* planen ein dauerhaftes Wohnen in dem Wohngebiet, worauf die geringe Auszugsneigung hinweist, und werden daher am ehesten bereit sein, ihre vorhandenen Ressourcen zur Verbesserung der Wohnsituation am eigenen Wohnort einzusetzen.

6. Aufwertung durch eine veränderte Nachfrage nach innenstadtnahem Wohnraum: Simulationsergebnisse

Allein an den geschilderten möglichen Prozeßverläufen sehen wir, warum Dangschat sein Modell des doppelten Invasions-Sukzessions-Zyklus immer wieder modifizieren bzw. in seiner Gültigkeit relativieren mußte (Dangschat 1988: 281; 1991: 102ff.). Welche Form ein Aufwertungsprozeß annimmt, hängt von den jeweiligen Randbedingungen ab und ist letztendlich nur durch eine systematische Beobachtung der interessierenden Viertel über einen großen Zeitraum beschreibbar. Das im Kapitel 3.3 entwickelte Prozeßmodell gibt uns jedoch die Möglichkeit, verschiedene Prozeßverläufe mit variierenden Bedingungen zu modellieren. Die Ergebnisse der vorhergehenden Analysen machen es wiederum möglich, Annahmen mit empirischem Gehalt in die Simulationsabläufe einzuführen. Im folgenden sollen daher die Prozeßverläufe unter variierenden Bedingungen analysiert werden.

Wie bisher werden fünf Nachfrager- bzw. Bewohnergruppen unterschieden: *Pioniere*, *Gentrifier*, *Junge*, *Gesetzte* und *Alte*. Für die jeweils aktuellen Bewohner des innenstadtnahen Wohngebietes werden die empirisch festgestellten Auszugswahrscheinlichkeiten angenommen, für die *Pioniere* 0,18, für die *Gentrifier* 0,11, für die *Jungen* 0,05, für die *Gesetzten* 0,04 und für die *Alten* 0,02. Zudem wird angenommen, daß im Zeitraum einer betrachteten Zeiteinheit (z.B. ein Jahr), ein bestimmter Anteil der Bewohner ihren Gruppenstatus durch Alterungsprozesse, der Aufnahme einer Erwerbstätigkeit oder Familiengründung wechselt. Es sollen innerhalb dieser Zeiteinheit ein Prozent der *Pioniere* zu *Gentrifiern*, 0,5 Prozent der *Pioniere* zu *Jungen*, ein Prozent der *Gentrifier* zu *Jungen*, 0,5 Prozent der *Gentrifier* zu *Gesetzten*, ein Prozent der *Jungen* zu *Gesetzten* und ein Prozent der *Gesetzten* zu *Alten* werden. Im Simulationsmodell werden zunächst stark vereinfachend die Auszugswahrscheinlichkeiten und die Übergangsraten von einem zum anderen Gruppenstatus in Höhe der angegeben Werte konstant gehalten.[1] Nur das Verhältnis der Nachfragergruppen zueinander wird variiert. Zudem wird kein Wohnungsleerstand in dem Gebiet zugelassen.

Bevor die Ergebnisse der Simulation vorgestellt werden, soll der Vorgang des Aus- und Einzuges an einem Beispiel kurz verdeutlicht werden. Nehmen wir an, wir betrachten ein Wohngebiet, das zu einem Zeitpunkt t_0 von 1000 Haushalten

---

[1] Die Übergangsraten werden in keinem der nachfolgenden Simulationsmodellen variiert. Auch in den Modellen des nächsten Kapitels gelten die angegebenen Übergangsraten.

bewohnt wird, jeweils 200 aus jeder der fünf Bewohnergruppen. Nach einer Zeiteinheit werden von den 200 *Pionieren* zwei zu *Gentrifiern* und einer wechselt zur Gruppe der *Jungen*. Es bleiben 197 *Pioniere*, von denen 18 Prozent, d.h. 36 Haushalte ausziehen werden. Von den 200 *Gentrifiern* werden zwei zu *Jungen* und einer zu einem *Gesetzten*. Da aus der Gruppe der *Pioniere* zwei hinzukommen, beträgt die Anzahl der *Gentrifier* nach einer Zeiteinheit 199. Von ihnen ziehen 11 Prozent, d.h. 22 Haushalte, aus. Von den *Jungen* werden zwei zu *Gesetzten*. Da aber aus der Gruppe der *Pioniere* einer und aus der Gruppe der *Gentrifier* zwei hinzukommen, beträgt ihre Anzahl nach einer Zeiteinheit 201, von denen fünf Prozent auszuziehen, d.h. 10 Haushalte. Von den *Gesetzten* werden zwei zu *Alten*. Es kommen jedoch einer aus der Gruppe der *Gentrifier* und zwei aus der Gruppe der *Jungen* hinzu, so daß die Gruppengröße nach einer Zeiteinheit ebenfalls 201 beträgt. Da die Auszugswahrscheinlichkeit der *Gesetzten* 0,04 beträgt, werden acht Haushalte ausziehen. Schließlich besteht die Gruppe der *Alten* nach einer Zeiteinheit aus 202 Haushalten, von denen zwei Prozent oder vier Haushalte ausziehen werden.

Insgesamt sind damit 80 Haushalte verzogen. Die Gruppe der *Pioniere* besteht nun aus 161 Haushalten, die der *Gentrifier* aus 177, die der *Jungen* aus 191, die der *Gesetzten* aus 193 und die der *Alten* aus 198 Haushalten. Da kein Leerstand der Wohnungen zugelassen wird, müssen alle 80 verzogenen Haushalte wieder ersetzt werden. Durch welche Nachfragergruppen dies geschieht, soll nun ausschließlich durch die relative Stärke der Gruppen bestimmt werden, d.h. es wird in diesem Modell keine Diskriminierung einzelner Gruppen bei der Wohnungsvergabe angenommen. Nehmen wir nun an, die Nachfrager bestehen aus 30% *Pionieren*, 20% *Gentrifiern*, 30% *Jungen*, 15% *Gesetzten* und 5% *Alten*. Wir unterscheiden keine Wohnungsteilmärkte, so daß sich alle Nachfrager für alle frei gewordenen Wohnungen bewerben. Von den 80 verzogenen Haushalten würden dann jeweils 30 Prozent, also 24 Haushalte, von *Pionieren* und *Jungen* ersetzt werden. Zudem würden 16 *Gentrifier*, 12 *Gesetzte* und 4 *Alte* hinzukommen. Nach Abschluß der Aus- und Einzugsperiode würden dann 185 *Pioniere*, 193 *Gentrifier*, 215 *Junge*, 205 *Gesetzte* und 202 *Alte* im Wohngebiet leben. Diese Verteilung stellt die Ausgangsverteilung der nächsten Zeiteinheit dar. Lassen wir alle Parameter des Modells konstant und verändern wir auch die Prozeßstruktur nicht, handelt es sich um einen Prozeß der ausgedehnten Reproduktion, der bei einer Bewohnerstruktur von 9% *Pionieren*, 10% *Gentrifiern*, 31% *Jungen*, 24% *Gesetzten* und 26% *Alten* seine Gleichgewichtsverteilung findet und in einen Prozeß der einfachen Reproduktion übergeht. Es handelt sich bei der Simulation damit um sehr einfache Annahmen, die später erweitert und der Komplexität des realen Vorgangs angenähert werden können. Wir wollen aber zunächst der Methode der abnehmenden Abstraktion folgen und prüfen, zu welchen Erkenntnissen wir mit einfachen Modellannahmen kommen.

Im folgenden wird daher wie eben geschildert vorgegangen, nur daß jetzt die Verteilung der Nachfrager variiert wird. Alle anderen Faktoren, wie Auszugswahrscheinlichkeiten und Übergangsraten von einer Bewohnergruppe zur anderen, werden konstant gehalten. Wir verändern damit ein Teil der Parameterstruktur, die Prozeßstruktur bleibt hingegen immer dieselbe.[1]

Natürlich stellt sich die Frage, in welche Richtung Nachfrageveränderungen angenommen werden. Die Ausführungen im 4. Kapitel legen eine absolute Zunahme der Nachfrage durch *Pioniere* und *Gentrifier* nahe. Doch es wurde dort schon angedeutet, daß durch Zuwanderungen absolut auch die Nachfrage durch die anderen Gruppen zugenommen hat. Insgesamt ist damit eine absolute Zunahme aller Gruppen anzunehmen, was schließlich den starken Nachfrageüberhang begründet. Wie aber haben sich die relativen Anteile der Nachfragergruppen nach innenstadtnahem Wohnraum entwickelt? Hierzu macht Kreibich (1990) Angaben. Er kommt nach seinen Analysen zu folgendem Ergebnis:

> "Auf den städtischen Wohnungsmärkten in der Bundesrepublik verstärkt sich der Wettbewerb um Wohnungen zwischen der immer noch leicht zunehmenden Zahl der Haushalte mit niedrigen Einkommen oder geringer Akzeptanz und der schnell anwachsenden Zahl der Mieter oder Kaufbewerber mit hohen Einkommen." (ebenda: 188)

Es soll daher den nachfolgenden Simulationsmodellen die Annahme zugrunde liegen, daß die Zunahme durch *Pioniere* und *Gentrifier* schneller steigt als die Nachfragezunahme durch die anderen Gruppen.

Zunächst wollen wir ein innerstädtisches Wohngebiet annehmen, dessen Wohnbevölkerung sich aus 8% *Pionieren*, 1% *Gentrifiern*, 60% *Jungen*, 17% *Gesetzten* und 14% *Alten* zusammensetzt. Es handelt sich damit um eine Bewohnerstruktur, die dem Typ eines 'Arbeiterwohnviertels' bei Dangschat (1991: 107) entspricht. Das Wohngebiet ist bei gegebenen Auszugswahrscheinlichkeiten und Übergangsraten bei einer Nachfrage und einem Einzug (da keine Diskriminierung durch die Wohnungsanbieter vorliegt) von 27% *Pionieren*, 1% *Gentrifiern*, 65% *Jungen*, 5% *Gesetzten* und 2% *Alten* in einem Zustand des Gleichgewichtes, d.h. die Prozeßform ist die einer einfachen Reproduktion. Interessant hieran ist, daß durch die hohe Auszugswahrscheinlichkeit der *Pioniere* auch die Nachfrage durch *Pioniere* sehr hoch sein muß, um den Bewohneranteil von acht Prozent zu halten. Im Gegensatz dazu kann die Nachfrage der *Gesetzten* und *Alten* wegen ihrer geringen

---

1 Die im nachfolgenden vorgestellten Modelle werden in den weiteren Kapiteln als Grundmodelle bezeichnet.

Auszugswahrscheinlichkeit und dem Hineinwachsen der anderen Bewohner in diesen Gruppenstatus nur sehr gering sein, ohne daß ihr Bewohneranteil sinkt.

Nehmen wir nun ausschließlich demographische Veränderungen an, die sich in der Nachfragerstruktur nach innenstadtnahem Wohnraum widerspiegeln. Aufgrund der Bildungsreform, des 'baby-booms' und der ausgedehnten Post-Adoleszenzphase wird zunächst der Anteil der *Pioniere* unter den Nachfragern zunehmen. Wir wollen annehmen, daß sich ihr Anteil über zehn Zeiteinheiten pro Zeiteinheit um einen Prozentpunkt erhöht. Die Zunahme soll ausschließlich auf Kosten der Nachfrage der *Jungen* gehen, deren Anteil daher im gleichen Zeitraum pro Zeiteinheit um einen Prozentpunkt abnimmt. Nach zehn Zeiteinheiten ist der Anteil der *Pioniere* in dem Wohngebiet dann von acht auf zehn Prozent gestiegen, der der *Jungen* von 60 auf 58 Prozent gesunken. Die Anteile der anderen Bewohnergruppen sind konstant geblieben. Obwohl der Anteil der das Wohngebiet nachfragenden *Pioniere* von 27 Prozent auf 37 Prozent gestiegen und der Anteil der nachfragenden *Jungen* von 65 Prozent auf 55 Prozent gesunken ist, hat sich im Wohngebiet relativ wenig verändert (Abbildung 6.1, Zeitintervall 0 bis 10). Die wichtigsten Gründe hiefür sind die hohe Auszugswahrscheinlichkeit der *Pioniere*, wodurch sehr häufig *Pioniere* durch *Pioniere* ersetzt werden, und die geringe Auszugswahrscheinlichkeit der *Jungen*, so daß es nur relativ wenig *Junge* gibt, die durch *Pioniere* ersetzt werden können.

Abbildung 6.1: Simulation 1a: Aufwertung eines 'Arbeiterwohnviertels' durch eine veränderte Nachfrage

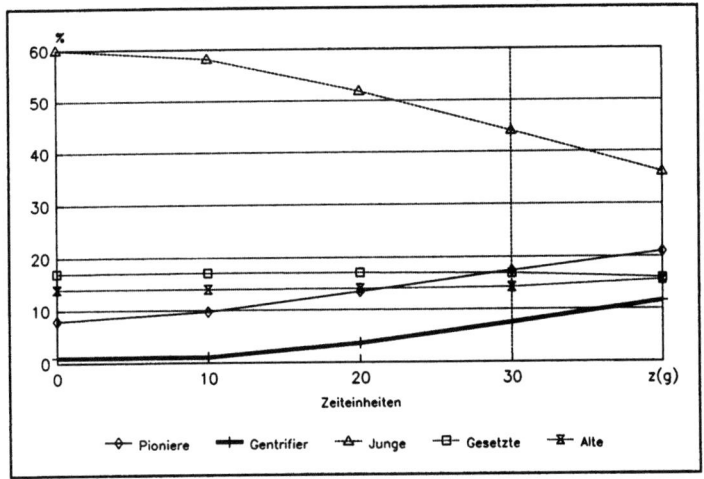

Nehmen wir weiter an, daß der demographische Effekt nach den zehn Zeiteinheiten auch einen steigenden Anteil nachfragender *Gentrifier* zur Folge hat, da ein Teil der *Pioniere* inzwischen zu *Gentrifiern* herangewachsen sind. Wir wollen daher unterstellen, daß in den nächsten zehn Zeiteinheiten der Nachfrageranteil der *Gentrifier* um einen Prozentpunkt pro Zeiteinheit steigen wird. Zudem soll auch der Anteil der nachfragenden *Pioniere* weiter um ebenfalls einen Prozentpunkt pro Zeiteinheit zunehmen. Die steigenden Nachfrageranteile der *Pioniere* und *Gentrifier* sollen wiederum ausschließlich auf Kosten der *Jungen* gehen, so daß ihr Nachfrageranteil um jetzt zwei Prozentpunkte pro Zeiteinheit sinken wird. Unter diesen Bedingungen steigt nach 20 Zeiteinheiten der Anteil der *Pioniere* im Wohngebiet auf 13 Prozent, der der *Gentrifier* auf vier Prozent, während der Anteil der *Jungen* auf 52 Prozent absinkt. Die Anteile der *Gesetzten* und der *Alten* bleiben weiter konstant bei 17 Prozent bzw. 14 Prozent. Nach den 20 Zeiteinheiten ist der Bewohneranteil der *Pioniere* mithin um fünf Prozentpunkte gestiegen, während ihr Nachfrageranteil um 20 Prozentpunkte zunahm (Abbildung 6.1, Zeitintervall 10 bis 20).

Gehen wir jetzt noch weiter und nehmen ein Abflachen des demographischen Wandels an, das dazu führt, daß in den nächsten zehn Zeiteinheiten die Nachfrageranteile der *Pioniere* und *Gentrifier* nur noch um 0,5 Prozentpunkte pro Zeiteinheit zunehmen und der Nachfrageranteil der *Jungen* nur noch um einen Prozentpunkt pro Zeiteinheit abnimmt. Am Ende dieser 30 Zeiteinheiten leben dann 17% *Pioniere*, 8% *Gentrifier*, 44% *Junge*, 17% *Gesetzte* und 14% *Alte* in dem Wohngebiet (vgl. Abbildung 6.1, Zeitintervall 20 bis 30).

Nehmen wir nach 30 Zeiteinheiten keine weiteren Veränderungen der Parameterstruktur an, geht der Prozeß vom Typ des Übergangs in einen Typ der ausgedehnten Reproduktion über. Dieser Zeitpunkt ist in der Abbildung 6.1 durch die gestrichelte, orthogonal zur Zeitachse verlaufende Linie markiert. Bei einer Bewohnerverteilung von 21% *Pionieren*, 12% *Gentrifiern*, 36% *Jungen*, 16% *Gesetzten* und 15% *Alten* ist schließlich ein Gleichgewichtspunkt erlangt (Punkt z(g) auf der Zeitachse), ab dem der Prozeß die Form einer einfachen Reproduktion annimmt. Diese Verteilung ist nach etwa 70 Zeiteinheiten erreicht. Die Steigung zwischen der Verteilung nach 30 Zeiteinheiten und der zum Zeitpunkt z(g) in der Abbildung 6.1 darf daher nicht mit denen zwischen den anderen Zeiteinheiten verglichen werden. Trotz gleicher Intervallbreite in der Abbildung handelt es sich um deutlich unterschiedliche Zeitsprünge.

Durch den gestiegenen Anteil an *Pionieren* und *Gentrifiern* kann mithin von einer Aufwertung gesprochen werden, doch berücksichtigt man, daß nach 30 Zeiteinheiten 52 Prozent der Wohnungsnachfrager des Gebietes *Pioniere* und 16 Prozent *Gentrifier* sind (im Vergleich zu 27 Prozent bzw. ein Prozent zu Beginn des Prozesses), handelt es sich hier um eine Anpassung an den demographischen

Wandel. Nichts anderes war nach den empirischen Ergebnissen zu erwarten, denn wir hatten gesehen, daß eine sich wandelnde Bevölkerungsstruktur in Richtung einer Aufwertung die Auszugswahrscheinlichkeiten der Bewohnergruppen nicht beeinflußt. Da jedoch die Zufriedenheit mit der Nachbarschaft zumindest einen indirekten Einfluß auf einen tatsächlichen Auszug aufweist und die *Pioniere* und *Gentrifier* den Zuzug gutverdiender Gruppen eher ablehnen, die *Gesetzten* und *Alten* ihn aber begrüßen, hätte allenfalls angenommen werden können, daß durch den verstärkten Zuzug von *Gentrifiern* die Auszugswahrscheinlichkeiten der *Pioniere* und *Gentrifier* in dem Gebiet leicht *zunehmen*, während die Auszugswahrscheinlichkeiten der *Gesetzten* und *Alten* leicht *abnehmen*. Nur, dann wäre der Aufwertungsprozeß noch schwächer ausgefallen. Da aber die Ablehnung des Zuzuges sich vor allem auf befürchtete negative *Folgen* bezieht, wie Mieterhöhungen oder Umwandlungen von Miet- in Eigentumswohnungen und sich weniger direkt gegen die neuen Bewohner richtet, wurden die Auszugswahrscheinlichkeiten konstant gehalten.

Betrachten wir jetzt ein Wohngebiet, das zu Prozeßbeginn eher zu den ehemals 'bürgerlichen Wohnvierteln' (Dangschat 1991: 109ff.) gerechnet werden kann. Aufgrund der Alterung seiner Bewohner sollen hier die Anteile der *Gesetzten* und *Alten* relativ hoch sein. Für die *Gesetzten* wird ein Anteil von 40 Prozent, für die *Alten* von 23 Prozent angenommen. Da das Wohngebiet hinsichtlich seiner Bevölkerungsstruktur nie als ein sozial schwaches Gebiet galt, ist auch der Anteil der *Gentrifier* zum Ausgangszeitpunkt schon relativ hoch. Er wird auf 15 Prozent gesetzt. Die Anteile der *Pioniere* und *Jungen* sollen mit neun Prozent bzw. 13 Prozent relativ niedrig sein. Bei weiterhin unveränderten Auszugswahrscheinlichkeiten und Übergangsraten für die Bewohnergruppe ist diese Ausgangsverteilung bei einem Nachfrageranteil von 30% *Pionieren*, 29% *Gentrifiern*, 10% *Jungen*, 30% *Gesetzten* und 1% *Alten* im Gleichgewichtszustand. Wieder fällt hier der hohe Nachfrageranteil der *Pioniere* auf, um den geringen Bewohneranteil halten zu können. Umgekehrt genügt in diesem Wohngebiet ein Nachfrageranteil von ein Prozent *Alten* um konstant bei einen Bewohneranteil von 23 Prozent zu bleiben.

Im Gegensatz zu dem vorher betrachteten Wohngebiet ist der Ausgangsanteil statushoher Bewohnergruppen bedeutend höher. Dementsprechend sollten auch die Mietkosten in dem Gebiet höher sein. Wir wollen daher annehmen, daß durch den demographischen Wandel der Nachfrageranteil der *Pioniere* nur um 0,5 Prozentpunkte steigen wird. Dies soll wiederum für die ersten zehn Zeiteinheiten gelten und ausschließlich auf Kosten der *Jungen* gehen. Nach den zehn Zeiteinheiten ist der Nachfrageranteil der *Pioniere* mithin auf 35 Prozent gestiegen, der der *Jungen* auf fünf Prozent gesunken. Wie in der vorherigen Simulation, schlägt auch hier der Anstieg des Nachfrageranteils der *Pioniere* nur wenig zu Buche. So ist der

Bewohneranteil nur von neun auf zehn Prozent gestiegen (Abbildung 6.2, Zeitintervall 0 bis 10).

Abbildung 6.2: Simulation 2a: Aufwertung eines 'bürgerlichen Wohnviertels' durch eine veränderte Nachfrage

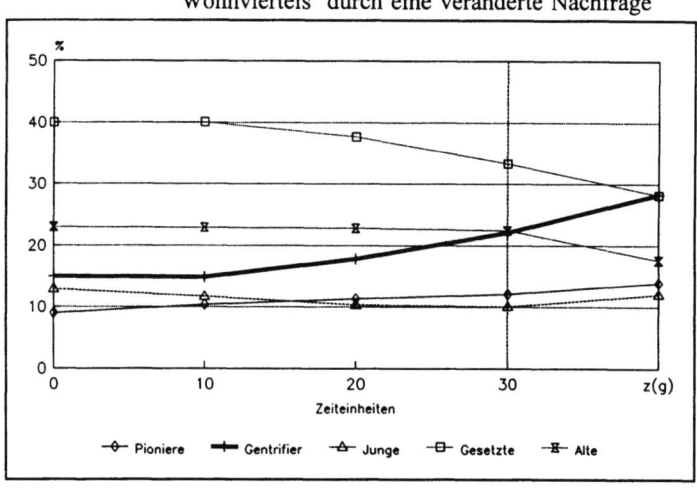

Da nach den zehn Zeiteinheiten der demographische Wandel zu einer Erhöhung des Anteils der *Gentrifier* führt, soll wiederum ab diesem Zeitpunkt ihr Nachfrageranteil um einen Prozentpunkt pro Zeiteinheit zunehmen, diesmal jedoch nicht auf Kosten des Nachfrageranteils der *Jungen*, der mit fünf Prozent schon sein Minimum erreicht hat. Statt dessen wird eine Abnahme des Nachfrageranteils der *Gesetzten* um einen Prozentpunkt pro Zeiteinheit angenommen. Die Nachfrageranteile der *Pioniere* und *Alten* werden konstant gehalten, so daß nach 20 Zeiteinheiten die Nachfrageranteile wie folgt verteilt sind: 35% *Pioniere*, 39% *Gentrifier*, 5% *Junge*, 20% *Gesetzte* und 1% *Alte*. Durch diese Erhöhung des Nachfrageranteils der *Gentrifier* steigt ihr Bewohneranteil auf 18 Prozent, während der Anteil der *Gesetzten* um zwei Prozentpunkte auf 38 Prozent sinkt. Interessanterweise sinkt aber auch der Bewohneranteil der *Jungen* trotz nun unverändertem Nachfrageranteil weiter (um zwei Prozentpunkte von 12% auf 10%), und der Anteil der *Pioniere* nimmt leicht zu (um einen Prozentpunkt von 10% auf 11%), ebenfalls trotz unverändertem Nachfrageranteil in dieser Zeitspanne (Abbildung 6.2, Zeitintervall 10 bis 20).

Nehmen wir nun an, in den nächsten zehn Zeiteinheiten nimmt der Nachfrageranteil der *Gentrifier* auf Kosten der *Gesetzten* weiter zu, nur abgeschwächt mit einer Zunahme von 0,5 Prozentpunkten pro Zeiteinheit. Am Ende dieser Periode liegt dann der Nachfrageranteil der *Gentrifier* bei 44 Prozent, der der *Gesetzten* bei 15 Prozent. Der Bewohneranteil der *Gentrifier* erhöht sich in diesem Zeitraum um vier Prozentpunkte und liegt bei 22 Prozent. Der Bewohneranteil der *Gesetzten* sinkt auf 33 Prozent. Auch in diesem Intervall von zehn Zeiteinheiten nimmt der Anteil der *Pioniere*, trotz konstantem Nachfrageranteil, leicht zu. Er liegt schließlich bei 12 Prozent. Die Anteile der *Jungen* und *Alten* betragen nach 30 Zeiteinheiten 10 Prozent bzw. 22 Prozent (Abbildung 6.2, Zeitintervall 20 bis 30).

Wird wie auch bei dem anderen Wohnviertel der Effekt des demographischen Wandels als beendet angenommen, beginnt die Phase der ausgedehnten Reproduktion, die den durch die Nachfragerverschiebungen in Gang gesetzten Aufwertungsprozeß fortsetzt. Nach gut 110 Zeiteinheiten geht dieser in eine einfache Reproduktion über. Die Gleichgewichtsverteilung der Bewohner liegt dann bei 14% *Pionieren*, 28% *Gentrifiern*, 12% *Jungen*, 28% *Gesetzten* und 18% *Alten*. Bemerkenswert ist die Verjüngung des Gebietes. So nimmt der Anteil der *Gesetzten* von Beginn des Prozesses bis zur neuen Gleichgewichtsverteilung um 12 Prozentpunkte, der Anteil der *Alten* um fünf Prozentpunkte ab. Während die Abnahme des Bewohneranteil der *Gesetzten* auf den abnehmenden Nachfrageranteil dieser Gruppe zurückzuführen ist, erklärt sich die Abnahme des Anteils der *Alten* als ein Folgeeffekt. Da immer weniger *Gesetzte* im Gebiet leben, 'wachsen' auch immer weniger in die Gruppe der *Alten*.

Betrachten wir abschließend ein drittes Gebiet mit hohem Anteil *Pioniere* im Ausgangsstadium: ein klassisches Wohnviertel subkultureller Gruppen. Der Anteil der *Pioniere* soll 50 Prozent betragen. *Gentrifier* sind dort nicht allzu gern gesehen und haben auch nur wenig Lust, in dem Gebiet zu leben. Ihr Anteil liegt daher nur bei sechs Prozent. Sozial benachteiligte Gruppen finden hier allerdings finanzierbaren Wohnraum. Dies ist durch einen relativ hohen Anteil *Junger* von 26 Prozent ausgedrückt. Auch für die *Gesetzten* und *Alten* ist das Gebiet wenig attraktiv. Von ihnen leben nur noch diejenigen, die kaum Möglichkeiten zum Auszug haben, in dem Wohnviertel; acht Prozent *Gesetzte* und 10 Prozent *Alte*. Diese Bewohnerstruktur ist bei weiterhin gegebenen Auszugswahrscheinlichkeiten und Übergangsraten im Gleichgewicht, wenn frei werdender Wohnraum durch 84% *Pioniere*, 3% *Gentrifier*, 11% *Junge*, 1% *Gesetzte* und 1% *Alte* neu belegt wird.

Auch hier nehmen wir wiederum zunächst eine Zunahme des Nachfrageranteils der *Pioniere* auf Kosten des Anteils der *Jungen* an. Da der Nachfrageranteil der *Pioniere* jedoch schon äußerst hoch ist, wird das Maximum fast erreicht sein. Der Nachfrageranteil soll sich daher in den ersten zehn Zeiteinheiten nur um 0,25 Prozentpunkte pro Zeiteinheit erhöhen und der Nachfrageranteil der *Jungen* dementsprechend abnehmen. Nach zehn Zeiteinheiten beträgt der Nachfrageranteil der *Pioniere* also 86,5 Prozent, der der *Jungen* 8,5 Prozent. In der Bewohnerstruktur hat sich wenig getan: der Anteil der *Pioniere* ist um einen Prozentpunkt gestiegen, der der *Jungen* um einen Prozentpunkt gesunken (Abbildung 6.3, Zeitintervall 0 bis 10 Zeiteinheiten).

Abbildung 6.3: Simulation 3a: Aufwertung eines 'subkulturellen Wohnviertels' durch eine veränderte Nachfrage

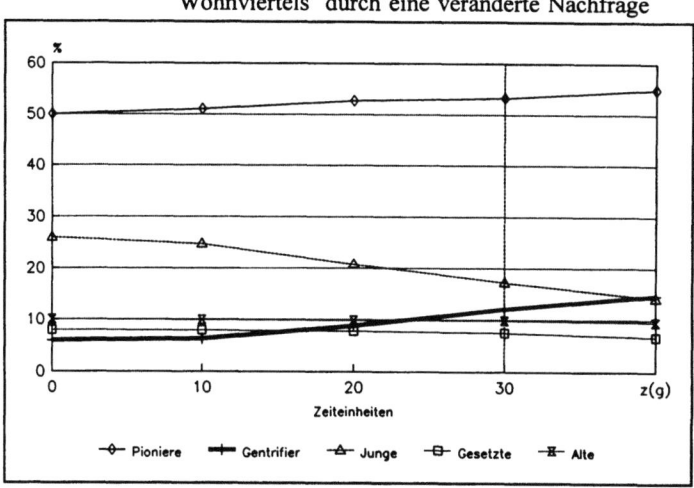

Wir wollen annehmen, daß der Nachfrageanteil der *Pioniere* sein Maximum erreicht hat und trotz allgemeinem demographischen Wandel nicht mehr steigt, allenfalls konstant bleibt. In den nächsten zehn Zeiteinheiten nimmt aber der Nachfrageanteil der *Gentrifier* zu. Da die meisten *Gentrifier* zu diesem Zeitpunkt das Wohnviertel nicht allzu attraktiv finden werden, soll die Zunahme nur 0,5 Prozentpunkte betragen. Diese Zunahme wird wiederum ausschließlich auf Kosten der *Jungen* gehen, da die Nachfrageanteile der *Gesetzten* und *Alten* schon zu Beginn des Prozesses auf ihren Minima lagen. Nach 20 Zeiteinheiten beträgt damit der Nachfrageanteil der *Gentrifier* acht Prozent, der der *Jungen* nur noch 3,5 Prozent. Der Bewohneranteil der *Gentrifier* steigt in dieser Periode um immerhin drei Prozentpunkte, auf neun Prozent. Daneben ist aber auch, trotz unverändertem Nachfrageanteil in diesem Zeitintervall, der Anteil der *Pioniere* weiter leicht gestiegen, von 51 Prozent auf 53 Prozent (Abbildung 6.3, Zeitintervall 10 bis 20 Zeiteinheiten).

Nehmen wir jetzt weiter an, der Anstieg des Bewohneranteils der *Gentrifier* reicht nicht aus, um das Gebiet für andere *Gentrifier* attraktiv zu machen. Im weiteren Verlauf wird dann der Nachfrageanteil der *Gentrifier* nur aufgrund des demographischen Wandels steigen. Da wir annehmen, dieser schwächt sich ab, soll der Nachfrageranteil der *Gentrifier* in den nächsten zehn Zeiteinheiten nur noch um 0,25 Prozentpunkte pro Zeiteinheit zunehmen. Der Nachfrageranteil der *Jungen* liegt inzwischen bei seinem Minimum. Der Anstieg bei den *Gentrifiern* wird daher auf Kosten der *Pioniere* gehen. Nach 30 Zeiteinheiten ist damit der Nachfrageranteil der *Gentrifier* auf 10,5 Prozent gestiegen, der der *Pioniere* wieder auf 84 Prozent gesunken. Natürlich steigt dadurch auch der Bewohneranteil der *Gentrifier* weiter. Wichtiger ist hier jedoch der ebenfalls weiter ansteigende Bewohneranteil der *Pioniere*, obwohl ihr Nachfrageranteil wieder abgenommen hat. Zudem sinkt der Bewohneranteil der *Jungen* trotz konstantem Nachfrageranteil um weitere fünf Prozentpunkte (Abbildung 6.3, Zeitintervall 20 bis 30 Zeiteinheiten).

Nehmen wir wie für die anderen Wohngebiete an, daß sich nach 30 Zeiteinheiten die Parameterstruktur nicht weiter verändert, steigen sowohl der Bewohneranteil der *Pioniere* als auch der der *Gentrifier* weiter an, während der Anteil der *Jungen* abnimmt. Die neue Gleichgewichtsverteilung ist schließlich nach ca. 64 Zeiteinheiten erreicht. Die Bewohnerschaft besteht dann aus 55% *Pionieren*, 15% *Gentrifiern*, 14% *Jungen*, 7% *Gesetzten* und 10% *Alten*.[1]

Zusammenfassend machen die Simulationsmodelle auf einige interessante Effekte aufmerksam. So zeigt sich, daß der Bewohneranteil einer Gruppe nach einer kurzzeitigen Veränderung der Nachfrageranteile über einen längeren Zeitraum zu- oder abnehmen kann, obwohl sich der Nachfrageranteil der Gruppe nicht mehr weiter verändert. Wie das Beispiel der *Pioniere* im letzten Wohngebiet zeigt, kann der Bewohneranteil sogar eine gewisse Zeit bei abnehmendem Nachfrageranteil weiter zunehmen. Zudem machen die Simulationen deutlich, daß nach Abklingen der verursachenden Effekte der Prozeß weiter voranschreiten kann, wenn auch mit abnehmender Grenzrate. Erst nach einer gewissen Zeit stellt sich eine neue Gleichgewichtsverteilung ein. Nachdem also ein Prozeß vom Typ einer einfachen Reproduktion durch sich wandelnde Parameter in einen Typ des Übergangs wechselt, wird eine Entwicklung in Gang gesetzt, die auch noch anhält, wenn sich die Parameterstruktur nicht mehr ändert. Der Prozeß erhält dann die Form einer ausgedehnten Reproduktion. Erst nach einer gewissen Zeit ist eine Gleichgewichtsverteilung erlangt, und der Prozeß geht in eine einfache Reproduktion über. Des weiteren ist festzuhalten, daß unter den explizierten Annahmen in allen drei Wohngebieten eine Aufwertung des Viertels durch eine veränderte Bewohnerstruktur stattfindet, denn der Anteil der *Gentrifier* nimmt jeweils zu, während der Anteil der *Jungen* an den Bewohnern abnimmt. Dies ist nicht weiter überraschend, wichtiger ist hier die Berücksichtigung der Geschwindigkeit des Prozesses: In allen

---

1 Die Addition der Prozentwerte ergibt hier wegen Rundungsfehler insgesamt 101 Prozent. Bei den *Pionieren, Gentrifier, Gesetzten* und *Alten* wurde auf-, bei den *Jungen* abgerundet.

drei Wohngebieten erwies sich der Aufwertungsprozeß als nicht unerheblich, jedoch als relativ langwierig, wenn wir uns eine Zeiteinheit als ein Jahr denken. Würde ein Aufwertungsprozeß in diesem Zeitraum vorgehen, hätte er wahrscheinlich nicht das Aufsehen erregt, das ihm in der stadtsoziologischen Forschung zukommt. Es müssen daher weitere Faktoren vorliegen, die den Prozeß beschleunigen.

7. Weitere Einflußfaktoren einer Aufwertung

7.1 Akteure des Interdependenzsystems: private Wohnungsanbieter

Wir haben gesehen, daß Aufwertungsprozesse aufgrund einer veränderten Nachfrage zwar wahrscheinlich sind, der Prozeßverlauf jedoch relativ langsam vonstatten gehen wird, da die geringen Auszugswahrscheinlichkeiten der sozial schwächeren und älteren Bevölkerungsgruppen die Konsequenz haben, daß die *Pioniere* und die *Gentrifier* sich zu einem großen Teil selbst austauschen. Es ist auch wenig wahrscheinlich, daß die *Jungen*, *Gesetzten* und *Alten* bei einem vermehrten Zuzug junger und einkommensstarker Haushalte ausziehen werden, weil ihnen die soziale Zusammensetzung der Bewohnerschaft nicht mehr gefällt. Wie gezeigt werden konnte, stehen sie dem Zuzug dieser Gruppen sehr aufgeschlossen gegenüber. Ganz im Gegenteil, man könnte sogar annehmen, die schon sehr niedrigen Auszugswahrscheinlichkeiten würden weiter abnehmen, bedeutet doch für die einkommensschwächeren Gruppen eine Aufwertung ihres Wohngebietes durch den Zuzug einkommensstarker Haushalte einen Statusgewinn, denn ihre 'Wohnadresse' erlangt ein höheres Ansehen. Um von einer über eine normale Rate des Wandels hinausgehende Aufwertung sprechen zu können, muß es also zusätzliche Einflußfaktoren geben, die den Prozeß beschleunigen. Es liegt nahe, als erstes nach der Rolle weiterer Akteure im Interdependenzsystem zu fragen. Damit sind die Anbieter von Wohnungen angesprochen. Betrachten wir also ihre Möglichkeiten, in den Prozeß einzugreifen und die Wahrscheinlichkeit, mit der sie bestimmte aufwertungsfördernde Maßnahmen ergreifen.

Konzentrieren wir uns zunächst auf die privaten Anbieter von Wohnungen. Ihnen soll unterstellt werden, sie perzipierten die Veränderungen auf der Nachfrageseite frühzeitig. Ihre erste Reaktion könnte dann eine andere Wohnungsvergabepolitik sein. Die Wohnung wird nicht mehr an den ersten sich bewerbenden Haushalt vergeben, wie es in den bisherigen Simulationsmodellen vereinfachend angenommen wurde, sondern es werden bestimmte Nachfragergruppen bevorzugt. Dies ist natürlich nur bei einem Nachfrageüberhang möglich, d.h. die absolute Zunahme bestimmter Nachfragergruppen ist hier wichtiger als eine Verschiebung der Nachfrageranteile.

Das Risiko, das ein Wohnungsanbieter in einer solchen Situation durch die Diskriminierung bestimmter Nachfragergruppen eingeht, ist verschwindend gering. Allenfalls erhöhen sich die Suchkosten geringfügig, denn eine Wohnung wird auf dem Markt durch eine öffentliche Ausschreibung angeboten, z.B. in der Zeitung.

Die darauf folgenden Bewerbungen werden in der Regel zunächst von einem Wohnungsmakler gesammelt. Statt aber, wie bisher angenommen, aus dem Stapel an Bewerbungen eine zufällig zu ziehen, wird jetzt unterstellt, der Vermieter bzw. der von ihm eingesetzte Makler sichtet die Bewerbungen zunächst, und wählt dann eine nach bestimmten Kriterien aus. Die Suchkosten sind damit vernachlässigbar.

Es stellt sich nur die Frage, nach welchen Kriterien gewählt wird. Hier fällt eine Bestimmung außerordentlich schwer, denn ein relativ junger Vermieter, der nur über sehr wenige Wohnungen verfügt, vielleicht gerade ein Mietshaus geerbt hat oder im Extremfall nur eine einzelne Wohnung vermietet, wird u.U. andere Kriterien haben als eine Erbengemeinschaft. Ganz anders kann es wiederum bei Anbietern von sehr vielen Wohnungen aussehen. Diese haben vielleicht konkrete Vorstellungen über ein ihrer Meinung nach wünschenswertes Mischungsverhältnis. Trotzdem lassen sich zwei Kriterien nennen, die wohl für alle Anbieter als zentral unterstellt werden können: die Sicherheit, die Miete pünktlich zu erhalten und möglichst wenig Beschwerden über den Mieter durch Nachbarn.

Beide Kriterien werden es vor allem den *Pionieren* und *Jungen* bei einem Nachfrageüberhang auf dem Wohnungsmarkt schwerer machen. Da sie beide nur über relativ begrenzte finanzielle Ressourcen verfügen, sind sie hinsichtlich des ersten Kriteriums gegenüber den anderen Gruppen im Nachteil. Hinsichtlich des zweiten Kriteriums sind sie ebenfalls in einer schlechteren Position, jedoch aus unterschiedlichen Gründen. Bei *Pionieren* vermuten Wohnungsanbieter oft einen Lebensstil, der sich nicht mit dem der älteren Bewohner verträgt. Bei diesen Befürchtungen kann es sich um vermeintliche nächtliche Ruhestörungen handeln, da noch Studierende oder im künstlerischen Bereich Tätige einen anderen Tagesablauf haben als der Durchschnitt der Erwerbstätigen. Die Befürchtung kann sich aber auch auf vermutete Abweichungen von bestimmten Regeln im Wohnbereich richten (Unregelmäßigkeiten beim Putzen des Treppenhauses, Hauseingangstür nicht zur vorgeschriebenen Zeit abschließen usw.). Bei den *Jungen* werden sich die Vorbehalte vornehmlich auf Haushalte mit Kindern beziehen, die noch immer von vielen Vermietern als 'Ruhestörer' angesehen werden. Es gibt also Gründe für die Annahme, daß *Pioniere* und *Junge* unter der Bedingung eines Nachfrageüberhangs auf dem Wohnungsmarkt bei der Vergabe von Wohnungen benachteiligt werden. Novy (1990) faßt die diskriminierten Gruppen etwas differenzierter zusammen:

> "Vom Markt diskriminierte Gruppen reichen von den traditionellen sog. Problemgruppen wie Ausländer, Sozialhilfeempfängern über kulturell auffällige Jugendliche und Studenten, Wohngemeinschaften, Alleinerziehende bis hin zu Personen und Haushalten mit ungewöhnlichem Lebensstil." (ebenda: 43)

Auch bei Novy sind es mithin Personen und Haushalte, die wir in unserem Diskussionszusammenhang als *Pioniere* und *Junge* bezeichnen (vgl. auch Gude 1990;

Specht 1990: 233). In die Modellierung soll daher nun ein Nachfrageüberhang angenommen und eine Diskriminierung der *Pioniere* und *Jungen* bei der Wohnungsvergabe eingebaut werden. Um zu prüfen, zu welchen Effekten eine derartige Benachteiligung bei der Wohnungsvergabe führt, wollen wir wieder die drei Typen von Wohngebieten der ersten Simulationsmodelle betrachten. Die Diskriminierung soll zum Zeitpunkt der Zunahme des Nachfrageranteils von Gentrifierhaushalten einsetzen, also jeweils nach zehn Zeiteinheiten. Modelliert wird die Diskriminierung wie folgt: Wie auch bei der vorherigen Modellierung trifft ein Vermieter mit einer dem Nachfrageranteil entsprechenden Wahrscheinlichkeit auf einen Bewerber einer spezifischen Nachfragergruppe. Handelt es sich dabei um *Gentrifier*, *Gesetzte* oder *Alte*, bekommt der Bewerber die Wohnung. Handelt es sich aber um einen *Pionier* oder einen *Jungen*, bekommt er die Wohnung nur mit einer Wahrscheinlichkeit von 0,8. Durch die weitere Zunahme der Nachfrage im Zeitverlauf, wird die Wahrscheinlichkeit für beide Gruppen nach 20 Zeiteinheiten nochmals auf 0,5 gesenkt, danach bleibt sie konstant bei diesem Wert. Technisch gesprochen wird also eine Veränderung der Prozeßstruktur aufgrund einer veränderten Parameterstruktur angenommen.

In Abbildung 7.1 sind die Ergebnisse für die unterschiedlichen Wohnviertel wiedergegeben. In allen drei Fällen wird durch das angenommene Vorgehen der Vermieter ein Aufwertungsprozeß forciert. Im Vergleich zu den Grundmodellen (vgl. die Abbildungen 6.1 bis 6.3) liegt der Anteil *Gentrifier* nach 30 Zeiteinheiten in allen drei Gebieten bedeutend höher. In dem ersten Wohnviertel liegt der Anteil der *Gentrifier* um 3,46 Prozentpunkte höher als im Grundmodell, im zweiten Wohnviertel um 2,90 Prozentpunkte und im dritten Wohnviertel um 4,95 Prozentpunkte (vgl. auch Tabelle 7.1). Interessant ist, daß im Vergleich zu den Grundmodellen durch das diskriminierende Verhalten der Vermieter der Anteil der *Pioniere* in allen drei Wohnvierteln stärker betroffen ist als der der *Jungen*. Dies ist ein Effekt der bedeutend höheren Auszugswahrscheinlichkeit der *Pioniere*. Schon bei einem nicht diskriminierenden Verhalten bei der Wohnungsvergabe benötigt man einen sehr hohen Nachfrageranteil an *Pionieren*, um die Auszüge dieser Gruppe zu kompensieren. Dieser erhöht sich natürlich nochmals beträchtlich, wenn nun noch die Einzugswahrscheinlichkeit gesenkt wird.

Insgesamt wird mit dem unterstellten Verhalten der Wohnungsanbieter eine Aufwertung im Sinne einer Zunahme von *Gentrifiern* erheblich beschleunigt. Doch wir können den Vermietern neben der Mietsicherheit und dem Wunsch nach ruhigen Mietern noch ein weiteres Interesse unterstellen: die Erlangung eines maximalen Mietzins.

Aufwertung innenstadtnaher Wohngebiete durch eine veränderte Nachfrage und diskriminierendem Verhalten der Vermieter

a) Simulation 1b: 'Arbeiterwohnviertel'

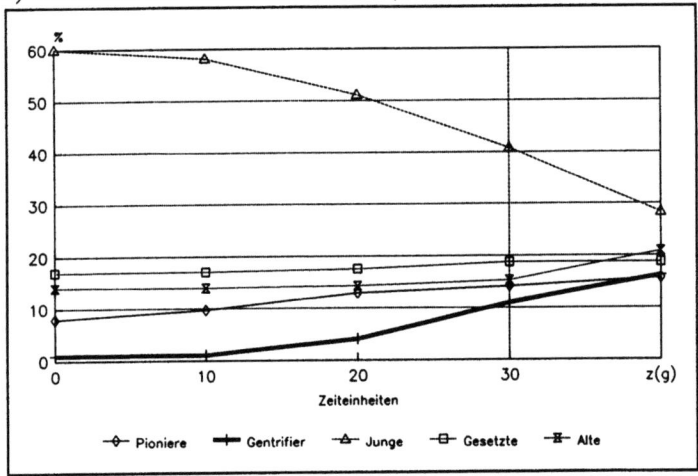

b) Simulation 2b: 'bürgerliches Wohnviertel'

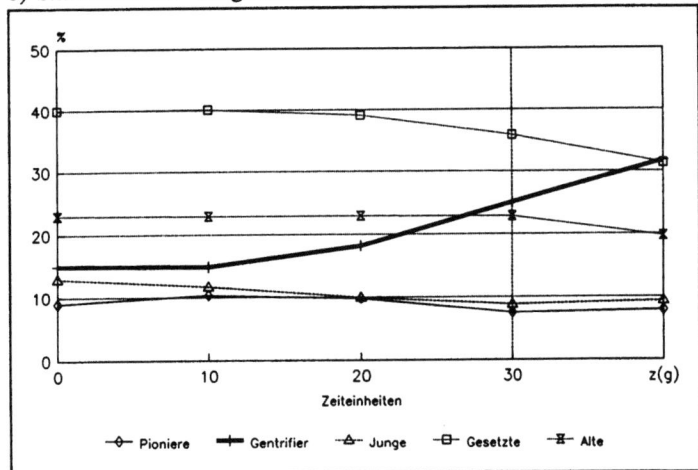

Fortsetzung Abbildung 7.1

c) Simulation 3b: 'subkulturelles Wohnviertel'

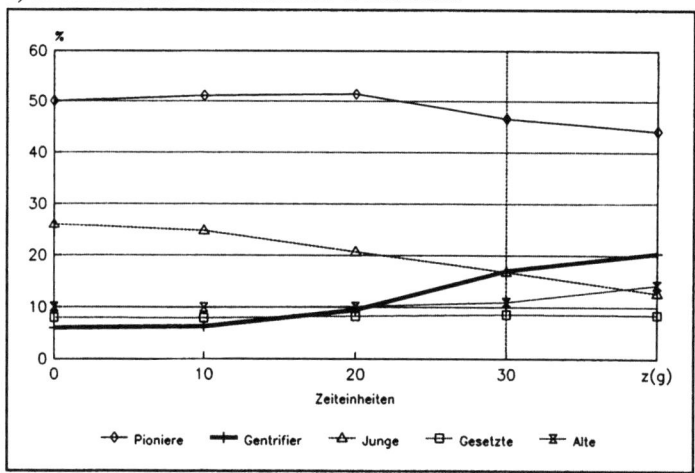

Wie Abbildung 7.2 zeigt, erhöht sich unter der Voraussetzung eines freien Wohnungsmarktes bei konstantem Angebot an Wohnraum (A) und zunehmender Nachfrage von N_0 auf N_1 der Mietpreis von r_0 auf r_1. Wird der Mietpreis nicht erhöht, bleibt er also bei r_0, dann entsteht ein Nachfrageüberhang der Größe des Intervalls m_0-m_1, der die eben angenommene Diskriminierung bei der Wohnungsvergabe möglich macht (vgl. Wachter 1993: 162).

Wir wollen jetzt annehmen, der Wohnungsanbieter nützt die zunehmende Nachfrage zur Erhöhung des Mietzins und verzichtet damit auf die Möglichkeit, sich diskriminierend zu verhalten. Da die Mietverträge nicht bei jeder Nachfrageveränderung neu ausgehandelt werden und der Vermieter durch Kündigungsschutzgesetze dem Mieter nicht kündigen kann, um durch einen neuen Vertrag der veränderten Nachfrage Rechnung zu tragen (§ 1 Miethöhegesetz), sind zwei andere Reaktionsmöglichkeiten der Wohnungsanbieter wahrscheinlich und tatsächlich häufig zu beobachten. Erstens eine starke Mieterhöhung nach einem 'normalen' Auszug eines Haushalts, u.U. mit einer vertraglich festgelegten gestaffelten Mieterhöhung (§ 2 Absatz 3 Miethöhegesetz). Zweitens die Durchführung von Modernisierungsmaßnahmen und die Umlegung der Kosten in Höhe von maximal 11 Prozent auf die Jahresmiete nach § 3 Absatz 1 Miethöhegesetz, denn dieser "vom Gesetzgeber eingeräumte Spielraum ist größer als die unter normalen Marktbedingungen erforderliche und durchsetzbare Mieterhöhung" (Eekhoff 1987: 65).

Von besonderer Bedeutung ist für unsere Fragestellung, daß von den beiden Maßnahmen unmittelbar unterschiedliche Gruppen betroffen sind. Von einer Mieterhöhung bei Neuvermietung sind die zu dem Zeitpunkt Wohnungssuchenden betroffen; in unserem Fall die Nachfrager nach innenstadtnahem Wohnraum. Von der Umlegung der Modernisierungskosten auf die Miete sind die aktuellen Bewohner der Wohnungen betroffen. Während die erste Maßnahme die Nachfrage nach Wohnraum reduzieren wird, da einige potentielle Nachfrager sich die Wohnung nach der Mietpreissteigerung nicht leisten können, kann die zweite Maßnahme zu einer Erhöhung der Auszugswahrscheinlichkeiten einiger Bewohner führen, da sie sich die bewohnte Wohnung nach der Modernisierung nicht mehr leisten können. Besondere Brisanz bekommen die beiden Maßnahmen, wenn von ihnen die gleichen Bevölkerungsgruppen in der beschriebenen Weise betroffen sind. Es liegt auf der Hand, daß dies der Fall sein wird. Auf der Nachfrageseite werden als erstes die Haushalte mit den geringsten finanziellen Ressourcen herausfallen. Die gleichen Haushalte sind aber auch als Bewohner am stärksten von den Modernisierungskosten betroffen; in unserem Fall also vor allem die *Pioniere* und die *Jungen*.

Wird bei Neuvermietungen von Wohnungen die Miete sehr stark angehoben, scheiden beide Gruppen häufig als Nachfrager aus, da der neue Mietpreis ihre finanziellen Möglichkeiten übersteigt. Ihnen bleibt dann nur, auf andere Wohnviertel auszuweichen, die Ansprüche an eine Wohnung zu reduzieren (Größe, Ausstattung usw.), oder durch den Zusammenschluß mit anderen zu Wohngemeinschaften ihre Konkurrenzfähigkeit zu erhalten. Da letztere Möglichkeit wegen ihrer Lebensform (unverheiratet, kinderlos) eher den *Pionieren* als den *Jungen* offensteht, werden die *Jungen* stärker als die *Pioniere* betroffen sein. Insgesamt bedeutet dies aber, daß die Anzahl der Nachfrager aus diesen beiden Gruppen durch die Mieterhöhungen stärker abnehmen wird als die Anzahl der anderen Nachfragergruppen, was sich natürlich in den Nachfrageanteilen niederschlägt.

Komplizierter ist die Ableitung möglicher Folgen aufgrund Mieterhöhungen durch eine Umlegung von Modernisierungskosten. Hier sind mehrere Punkte zu beachten. Zunächst sind natürlich alle Haushalte von finanziellen Mehrbelastungen betroffen. Auch hier sollte dies wiederum die einkommensschwächeren Haushalte stärker treffen, da ihre materielle Ressourcen schneller erschöpft sind. Damit wäre anzunehmen, daß bei allen Bewohnergruppen die Auszugswahrscheinlichkeiten zunehmen werden, bei den *Pionieren* und *Jungen* jedoch schneller als bei den anderen Bewohnergruppen. Auf der anderen Seite erhöhen Modernisierungsmaßnahmen den Wohnwert, d.h. die Bewohner erhalten eine Gegenleistung für die finanziellen Mehrbelastungen. Die Frage ist nun, wie stark dieser Nutzengewinn gewichtet wird, inwieweit also die durch die Modernisierung entstandenen Mehrkosten durch den Nutzenzuwachs kompensiert werden.

Im Kapitel 5.4.4 konnte gezeigt werden, daß sowohl die Zufriedenheit mit der Miete und Größe der Wohnung als auch die Zufriedenheit mit der Ausstattung und dem Zustand der Wohnung einen signifikanten Effekt auf den Auszugswunsch und die Auszugsintention haben. Mit Modernisierungsmaßnahmen und gleichzeitiger Umlegung der Kosten auf die Miete werden also tatsächlich zwei gegenläufige Resultate erzeugt. Die Modernisierung wird die Zufriedenheit mit der Ausstattung bzw. dem Zustand der Wohnung erhöhen und den Auszugswunsch und die Auszugsintention senken. Die mit der Modernisierung verbundene Mieterhöhung wird dagegen die Zufriedenheit mit der Miethöhe senken und den Auszugswunsch und die Auszugsintention erhöhen. Weiter konnte gezeigt werden, daß die Zufriedenheit mit der Miete/ Größe der Wohnung einen stärkeren Effekt auf Auszugswunsch und -intention hat als die Zufriedenheit mit der Ausstattung und dem Zustand der Wohnung. Hieraus könnte nun eine leichte Erhöhung der Auszugswahrscheinlichkeiten durch Modernisierungsmaßnahmen abgeleitet werden. Doch sollte man mit dieser Interpretation der empirischen Ergebnisse vorsichtig sein, denn es wurde nicht nach vergleichenden Bewertungen von Veränderungen gefragt.

Abbildung 7.2: Der Zusammenhang zwischen Mietpreis und Nachfrage (nach Wachter 1993: 158)

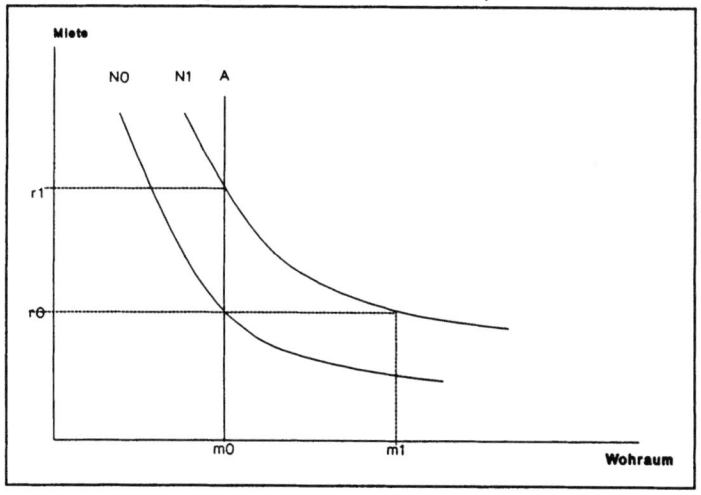

Bei Betrachtung der Bewohnergruppen kommt man dann auch zu unterschiedlichen Annahmen. Die Ergebnisse des Kapitels 5.3 verweisen darauf, daß für die *Pioniere* sowohl im Vergleich zu den anderen Bewohnergruppen als auch im Vergleich zur Relevanz einer günstigen Miete der Wohnkomfort von relativ geringer

Bedeutung ist. Wir könnten für die *Pioniere* daher eine stärkere Erhöhung der Auszugswahrscheinlichkeit annehmen als für die anderen Gruppen, da der Kostenzuwachs bei ihnen nicht durch den Nutzengewinn kompensiert wird. Für alle anderen Gruppen lassen sich keine Aussagen machen. Allenfalls könnte für die *Gentrifier* eine *Verringerung* der Auszugswahrscheinlichkeit angenommen werden. Wie die Ergebnisse der Befragung zeigen, müssen sie den geringsten Anteil ihres Haushaltsnettoeinkommens für die Miete aufbringen[1], gleichzeitig ist ihnen ein hoher Wohnkomfort relativ wichtig und eine günstige Miete von geringerer Bedeutung. Daraus ließe sich eine höhere Akzeptanz von Modernisierungskosten bei einer Erhöhung des Wohnwertes durch die Modernisierung ableiten.

Schließlich ist ein letzter Punkt zu beachten. Liegt eine Nachfrageerhöhung auch in anderen Wohnvierteln vor, dann wird auch in diesen Gebieten bei einer Neuvermietung der Wohnungen mit erheblichen Mietsteigerungen zu rechnen sein. Das heißt aber, für die von Modernisierungskosten betroffenen Haushalte reduziert sich die Anzahl der Wohnortalternativen, denn bei einem Umzug müssen sie ebenfalls mit einer starken Mietsteigerung rechnen. In diesem Fall wäre dann sogar teilweise mit *abnehmenden* Auszugswahrscheinlichkeiten bei steigenden finanziellen Kosten zu rechnen.

Auch die Effekte von Mieterhöhungen sollen mit Hilfe von Simulationsmodellen beleuchtet werden. Ausgangspunkt ist wiederum das Grundmodell des sechsten Kapitels. Für alle drei Typen von Wohnvierteln wird die dort angenommene Entwicklung in den ersten 10 Zeiteinheiten übernommen, d.h. in allen drei Gebieten nimmt die Nachfrage durch *Pioniere* in der geschilderten Höhe zu und die Bewohnerstruktur verändert sich dementsprechend. Im Gegensatz zu dem Grundmodell wird jetzt angenommen, daß die Vermieter nach 10 Zeiteinheiten mit leichten Mieterhöhungen bei der Neuvermietung frei gewordener Wohnungen auf die zunehmende Nachfrage reagieren. Modernisierungsmaßnahmen bleiben noch aus oder schlagen sich noch nicht in veränderten Auszugswahrscheinlichkeiten nieder. Nach 20 Zeiteinheiten wird, bei angenommenem anhaltenden Nachfragezuwachs, die Miete weiter nach jedem Auszug erhöht. Nun sollen zudem aber auch vorgenommene Modernisierungsmaßnahmen zunehmende Auszugswahrscheinlichkeiten bei den *Pionieren* und *Jungen* bewirken.[2] Es wird hier kein diskriminierendes Verhal-

---

1 Von den befragten Bewohnern des innenstadtnahen Wohnviertels in Köln (Kapitel 5) müssen *Pioniere* im Mittel 41%, *Gentrifier* 22%, *Junge* 27%, *Gesetzte* 25% und *Alte* 26% ihres Haushaltsnettoeinkommens für die Miete aufbringen.

2 Trotz der vorher diskutierten Gründe gegen die Annahme von erhöhten Auszugswahrscheinlichkeiten wird davon ausgegangen, daß einige *Pioniere* und *Junge* durch die Mieterhöhungen infolge von Modernisierungsmaßnahmen an ihre finanziellen Grenzen geraten und damit die Auszugswahrscheinlichkeit in diesen Gruppen zunimmt.

ten bei der Wohnungsvergabe angenommen. Betrachten wir die drei Wohngebietstypen im einzelnen:

1. 'Arbeiterwohnviertel': Im Grundmodell wurde als Ausgangsverteilung eine Bewohnerstruktur von 8% *Pionieren*, 1% *Gentrifiern*, 60% *Jungen*, 17% *Gesetzten* und 14% *Alten* angenommen. Die Verteilung der Nachfrageranteile, bei der die Bevölkerungsstruktur im Gleichgewicht ist, beträgt 27% *Pioniere*, 1% *Gentrifier*, 65% *Junge*, 5% *Gesetzte* und 2% *Alte*. Die Veränderungen nach 10 Zeiteinheiten sind dem Grundmodell zu entnehmen. Nach diesen 10 Zeiteinheiten soll sich die Erhöhung der Mietpreise so auswirken, daß innerhalb der nächsten 10 Zeiteinheiten der Nachfrageranteil der *Pioniere* nicht um einen Prozentpunkt pro Zeiteinheit zunimmt, sondern nur um 0,5 Prozentpunkte. Der Anteil der *Jungen* nimmt weiterhin um zwei Prozentpunkte pro Zeiteinheit ab, während der Anteil der Gentrifier unter den Nachfragern von einem Prozentpunkt auf 1,5 Prozentpunkte pro Zeiteinheit zunimmt. Nach 20 Zeiteinheiten nimmt der Nachfrageranteil der *Jungen* wie im Grundmodell nur noch um einen Prozentpunkt pro Zeiteinheit ab. Während im Grundmodell jedoch eine Steigerung des Nachfrageranteils der *Pioniere* um 0,5 Prozentpunkte pro Zeiteinheit angenommen wurde, soll sich jetzt aufgrund der Mieterhöhungen ihr Nachfrageranteil nach 20 Zeiteinheiten nicht mehr ändern. Der Nachfrageranteil der Gentrifier steigt dagegen pro Zeiteinheit um einen Prozentpunkt. Die Verteilung der Nachfrager beträgt damit nach 30 Zeiteinheiten 42% *Pioniere*, 26% *Gentrifier*, 25% *Junge*, 5% *Gesetzte* und 2% *Alte*. Zudem sollen nach 20 Zeiteinheiten die Auszugswahrscheinlichkeiten der *Pioniere* um 0,2 Prozentpunkte und der *Jungen* um 0,1 Prozentpunkte pro Zeiteinheit steigen.

2. 'Bürgerliches Wohnviertel': Die Ausgangsverteilung beträgt 9% *Pioniere*, 15% *Gentrifier*, 13% *Junge*, 40% *Gesetzte* und 23% *Alte*. Die Verteilung der Nachfrageranteile, bei der die Bevölkerungsstruktur im Gleichgewicht ist, setzt sich aus 30% *Pionieren*, 29% *Gentrifiern*, 10% *Jungen*, 30% *Gesetzten* und 1% *Alten* zusammen. Die Veränderungen nach 10 Zeiteinheiten sind wiederum dem Grundmodell zu entnehmen. Nach den 10 Zeiteinheiten soll sich die Erhöhung der Mietpreise in diesem Gebiet so auswirken, daß der Nachfrageranteil der *Gesetzten* um einen Prozentpunkt pro Zeiteinheit sinkt. Daneben nimmt aber auch der Nachfrageranteil der *Pioniere* und der *Jungen* ab: jeweils um 0,25 Prozentpunkte je Zeiteinheit. Der Nachfrageranteil der *Gentrifier* nimmt daher um 1,5 Prozentpunkte zu. Nach 20 Zeiteinheiten soll dann der Nachfrageranteil der *Gentrifier* nur noch um einen Prozentpunkt pro Zeiteinheit zunehmen, die Nachfrageranteile der *Pioniere* und der *Gesetzten* jeweils um 0,5 Prozentpunkte abnehmen. Die Verteilung der Nachfrager beträgt damit nach 30 Zeiteinheiten 27,5% *Pioniere*, 54% *Gentrifier*, 2,5% *Junge*, 15% *Gesetzte* und 1% *Alte*. Wieder sollen als Effekt der angenommenen Modernisierungsmaßnahmen und der damit verbundenen Mieterhöhungen die Auszugswahrscheinlichkeiten der *Pioniere* nach 20 Zeiteinheiten um 0,2 Prozentpunkte, die der *Jungen* um 0,1 Prozentpunkte je Zeiteinheit zunehmen.

3. 'Subkulturelles Wohngebiet': Hier setzt sich die Wohnbevölkerung aus 50% *Pionieren*, 6% *Gentrifiern*, 26% *Jungen*, 8% *Gesetzten* und 10% *Alten* zusammen. Die Gleichgewichtsverteilung der Nachfrageranteile besteht aus 84% *Pionieren*, 3% *Gentrifiern*, 11% *Jungen*, 1% *Gesetzten* und 1% *Alten*. Wie bisher, sind die Veränderungen in den ersten 10 Zeiteinheiten dem Grundmodell zu entnehmen. Nach den 10 Zeiteinheiten soll sich die Erhöhung der Mietpreise in diesem Gebiet so auswirken, daß nicht nur der Nachfrageranteil der *Jungen* abnimmt (um 0,75 Prozentpunkte je Zeiteinheit), sondern auch der Anteil der *Pioniere* (um 0,25 Prozentpunkte). Dementsprechend nimmt der Nachfrageranteil der *Gentrifier* um einen Prozentpunkt zu. Nach 20 Zeiteinheiten hat der Nachfrageranteil der *Jungen* sein Minimum erreicht, so daß er nicht weiter abnimmt. Dafür nimmt der Anteil der *Pioniere* mit 0,5 Prozentpunkten stärker ab, als im Grundmodell angenommen. Der Nachfrageranteil der Gentrifier steigt damit um 0,5 Prozentpunkte. Die Verteilung der Nachfrager beträgt nach 30 Zeiteinheiten 79% *Pioniere*, 18% *Gentrifier*, 1% *Junge*, 1% *Gesetzte* und 1% *Alte*. Wiederum wird nach 20 Zeiteinheiten die auch in den anderen beiden Wohngebieten angenommene Steigerung der Auszugswahrscheinlichkeiten der *Pioniere* und *Jungen* in die Simulation eingeführt.

Die Abbildung 7.3 zeigt die Simulationsergebnisse für die drei Wohngebiete. Nach 30 Zeiteinheiten wurden keine weiteren Veränderungen in der Parameter- bzw. Prozeßstruktur vorgenommen. Die danach resultierende Verteilung ist damit wiederum das Ergebnis des Prozeßtyps der 'ausgedehnten Reproduktion'. Im Punkt $z(g)$ ist die resultierende Gleichgewichtsverteilung angegeben. Danach geht der Prozeß in eine 'einfache Reproduktion' über. Deutlich wird auch hier wieder die starke Zunahme der *Gentrifier*. Im Vergleich zu den Modellen mit Diskriminierungsannahmen gegenüber *Pionieren* und *Jungen*, steigt der Anteil der *Gentrifier* sogar noch stärker. Der Anteil der *Jungen* nimmt dagegen im Vergleich zu den Diskriminierungsmodellen in den 'bürgerlichen' und 'subkulturellen' Wohngebieten stärker ab. Die Steigerung des Anteils an *Pionieren* in den Wohngebieten wird durch die unterstellten Annahmen des 'Mieterhöhungsmodells' weniger stark beeinträchtigt als bei Diskriminierungsannahmen.

Damit wurden zwei Reaktionsmöglichkeiten der privaten Anbieter von Wohnungen auf eine verstärkte Nachfrage modelliert. Die Annahme der Mieterhöhungen kann als 'Marktreaktion' verstanden werden. Die Wohnungsanbieter nutzen die gestiegene Nachfrage zu einer Mieterhöhung von r_0 auf r_1 in Abbildung 7.2. Die Annahme des diskriminierenden Verhaltens kann als Reaktion auf Einschränkungen des Marktmechanismus abgeleitet werden. Ist es den Anbietern nicht möglich, bei steigender Nachfrage die aktuelle Miete an die Marktmiete anzupassen, kommt es zu einem Nachfrageüberhang, der zu einer gezielten Auswahl von Mietern verhilft.

Abbildung 7.3: Aufwertung innenstadtnaher Wohngebiete durch eine veränderte Nachfrage und Mieterhöhungen

a) Simulation 1c: 'Arbeiterwohnviertel'

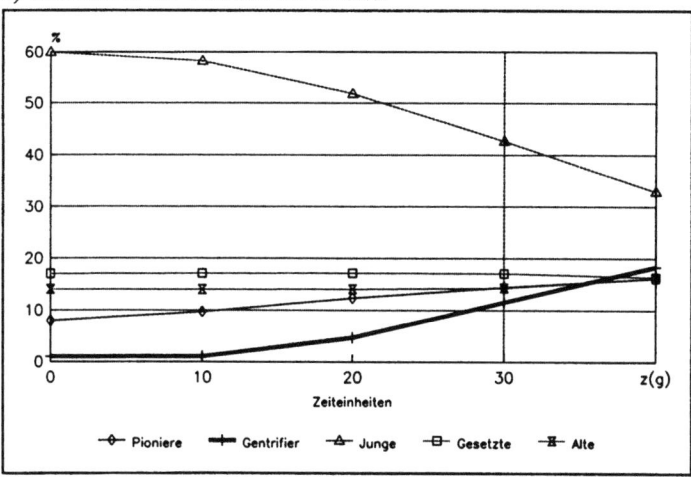

b) Simulation 2c: 'bürgerliches Wohnviertel'

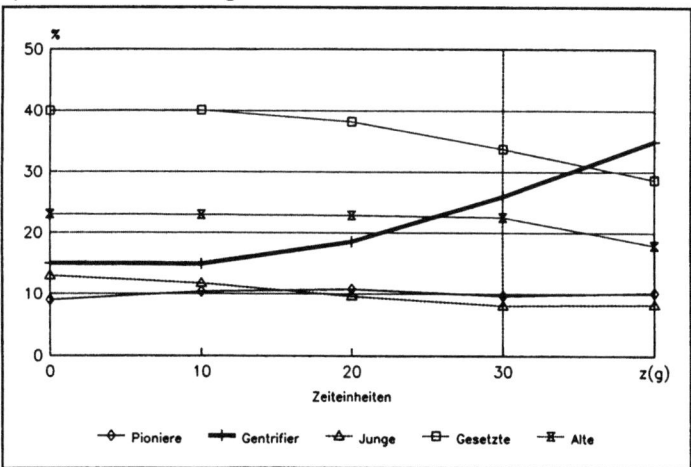

Fortsetzung Abbildung 7.3

c) Simulation 3c: 'subkulturelles Wohnviertel'

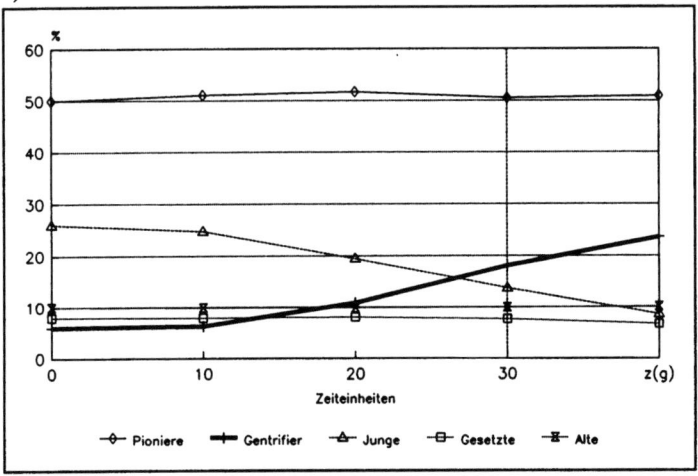

Da in der Bundesrepublik zwar Mieterhöhungen möglich sind, jedoch durch die im Miethöhegesetz festgelegten Begrenzungen (Kappungsgrenze, Vergleichsmietenregelung) der Marktmechanismus teilweise außer Kraft gesetzt wird, ist bei sehr starken Nachfragesteigerungen mit beiden Reaktionsmöglichkeiten durch die Vermieter zu rechnen. Da die Marktmiete nicht vollständig durchgesetzt werden kann, bleibt ein Nachfrageüberhang bestehen, der die Möglichkeit der Diskriminierung bietet. Genau diese Situation ist durch die skizzierten Entwicklungen in den letzten Jahren in den alten Bundesländern der Bundesrepublik beobachtbar.

Durch die im vierten Kapitel geschilderten Entwicklungen nahm die Nachfrage durch junge, hochgebildete Haushalte stark zu. Zudem stieg die Nachfrage nach (nicht überwiegend, aber auch innnenstadtnahem) Wohnraum durch die starken Zuwanderungen von Aussiedlern, Asylbewerbern und Arbeitsmigranten. Verstärkt wurde die Entwicklung schließlich auch durch die Wiedervereinigung, die in den ersten Jahren einen starken Nettozuwanderungsgewinn der alten Bundesländer zur Folge hatte. Es sollen daher abschließend für die drei Wohngebiete Prozesse modelliert werden, die durch Mieterhöhungen *und* diskriminierendem Verhalten durch Wohnungsanbieter gekennzeichnet sind. Anstatt neue Parameter und Prozeßstrukturen einzuführen, werden dazu die Annahmen der Diskriminierungs- und Mieterhöhungsmodelle übernommen, nur treten die Veränderungen jetzt zeitgleich auf.

Die Abbildung 7.4 zeigt die Ergebnisse. In allen drei Wohngebieten sind sehr deutliche Aufwertungsprozesse erkennbar. Diese sehen nun allerdings ganz anders aus, als die von Dangschat angenommene Invasions-Sukzessions-Zyklusmodelle. In keinem Wohngebiet benötigen wir als erste Stufe eine sehr starke Zunahme des Anteils der *Pioniere*, die das Gebiet für die *Gentrifier* attraktiv machen. Die einfachen Annahmen der veränderten Nachfrage und einer 'marktgerechten' Reaktion der Wohnungsanbieter sind ausreichend, um Aufwertungsprozesse zu erklären. Natürlich ist es denkbar und wahrscheinlich, daß die veränderte Nachfrage und die sich wandelnde Bevölkerungsstruktur im Wohngebiet nicht nur auf die Anbieter von Wohnungen im Interdependenzsystem zurückwirkt, sondern auch auf diejenigen *Pioniere* und *Gentrifier*, für die das Wohngebiet vorher nicht attraktiv war. Dadurch würde sich die Nachfrage weiter zugunsten des Anteils von *Pionieren* und *Gentrifiern* verschieben und der Aufwertungsprozeß forciert. Doch selbst dann ist zu bezweifeln, daß der Aufwertungsprozeß die Form des doppelten Invasions-Sukzessions-Zyklus annimmt. Der Grund ist nach den Ergebnissen der empirischen Analysen naheliegend. So ist kaum mit sehr starken sozialen Konflikten zwischen *Pionieren* und der ansässigen Bevölkerung zu rechnen. Zumindest nicht mit Konflikten, die eine Verdrängung der alteingesessenen Bevölkerung bewirken. Die empirischen Analysen ergaben zudem, daß die *Pioniere* räumlich am mobilsten sind. Aufgrund ihrer vergleichsweise hohen Auszugswahrscheinlichkeit wird eine sehr hohe Nachfragesteigerung durch *Pioniere* nötig, damit es überhaupt zu einer starken Bevölkerungszunahme dieser Gruppe in einem Wohngebiet kommt. Natürlich ist es möglich, daß bei einem Nachfrageüberhang *Pioniere* bei der Wohnungsvergabe von den Vermietern zunächst *bevorteilt* werden, da sich die Wohnungsanbieter durch eine weitere Zunahme von *Pionieren* eine Anschubwirkung für die Nachfrage von *Gentrifiern* versprechen. Doch wie die Modelle zeigen, benötigen wir zur Erklärung des Aufwertungsprozesses diese eher spekulative Annahme nicht. Ein Vergleich der unterschiedlichen Simulationsergebnisse gibt die Tabelle 7.1. Dort ist die jeweilige Bewohnerstruktur nach 30 Zeiteinheiten abzulesen.

Ohne Zweifel sind die Quantifizierungen der angenommenen Veränderungen der Parameterstruktur angreifbar. Schließlich wurde auch deswegen die Modellierung immer mit drei unterschiedlichen Ausgangsverteilungen durchgeführt. Doch ging es mir letztlich nicht um eine genaue Bestimmung der einzelnen Parameter. Wichtiger ist mir, mit den Modellen die Struktur der Erklärung deutlich gemacht zu haben. Mit relativ wenigen, jedoch empirisch abgesicherten Annahmen und einer systematischen Verknüpfung der 'Umwelt-Interdependenzsystem-Resultate' Relationen konnte nachgewiesen werden, wie Prozesse der Aufwertung innenstadtnaher Wohngebiete erklärbar werden. Deutlich geworden ist auch die enge Wechselbeziehung zwischen der Nachfrage- und Angebotsseite. Nur durch die Berücksichtigung der Interdependenzen kann der Aufwertungsprozeß erklärt werden. So führt eine veränderte Nachfragerstruktur nach innenstadtnahem Wohnraum zu Aufwertungsprozessen. Doch bleiben diese ohne die Handlungen weiterer Akteure des Interdependenzsystems im Rahmen einer normalen Rate des Wandels. Insofern kann Ley (1980; 1981) nicht zugestimmt werden, wenn er die Aufwertungsprozesse allein auf eine sich wandelnde Berufsstruktur, neue Lebensstile und Lebensformen zurückführt. Es bedarf auch der Handlungen von Wohnungsanbietern, um einen schnellen Wandel erklären zu können. So führt die verstärkte Nachfrage und, damit verbunden, ein Nachfrageüberhang nach innenstadtnahem Wohnraum zu einer Renditelücke. Durch die Reaktion auf den Nachfrageüberhang innerhalb des institutionell vorgegebenen Rahmens, der von Land zu Land unterschiedlich sein wird, haben die Wohnungsanbieter einen entscheidenden Einfluß auf den Prozeß. Doch löst ihr Verhalten den Prozeß nicht aus, wie Smith (1979; 1985) es annimmt. Dazu bedarf es eben den zumindest potentiellen Nachfragern nach innenstadtnahem Wohnraum.

Tabelle 7.1: Anteile der Bewohnergruppen zu Beginn des Prozesses und nach 30 Zeiteinheiten nach Wohnviertel und Simulationsmodell

Modell	Pioniere	Gentrifier	Junge	Gesetzte	Alte
Arbeiterwohngebiet zu t_0	8,00	1,00	60,00	17,00	14,00
zum Zeitpunkt t_{30}					
Simulation 1a	17,37	7,54	44,01	16,85	14,22
Simulation 1b	14,13	11,00	40,81	18,76	15,29
Simulation 1c	14,42	11,56	42,64	17,09	14,29
Simulation 1d	11,01	16,37	38,66	18,73	15,24
Bürgerl. Wohngebiet zu t_0	9,00	15,00	13,00	40,00	23,00
zum Zeitpunkt t_{30}					
Simulation 2a	12,08	22,14	10,05	33,28	22,46
Simulation 2b	7,48	25,04	8,82	35,82	22,84
Simulation 2c	9,68	25,94	8,10	33,76	22,53
Simulation 2d	5,76	28,49	7,46	35,50	22,80
Subkult. Wohngebiet zu t_0	50,00	6,00	26,00	8,00	10,00
zum Zeitpunkt t_{30}					
Simulation 3a	53,29	12,10	17,24	7,51	9,87
Simulation 3b	46,55	17,05	16,81	8,62	10,97
Simulation 3c	50,52	18,07	13,74	7,71	9,97
Simulation 3d	41,19	25,56	13,65	8,67	10,93

Sicherlich gibt es viele weitere Faktoren, die einen Einfluß auf den Prozeß haben, die ihn bremsen oder verstärken können. Auf zwei, die sich auf die Situation in der Bundesrepublik beziehen, soll gleich noch eingegangen werden. Zuvor will ich aber kurz zusammenfassen, welche Annahmen bisher gemacht wurden, da einige vielleicht auch in meiner Darstellung eher implizit geblieben sind.

Abbildung 7.4: Aufwertung innenstadtnaher Wohngebiete durch eine
veränderte Nachfrage, Mieterhöhungen und diskriminierendem Verhalten der Vermieter

a) Simulation 1d: 'Arbeiterwohnviertel'

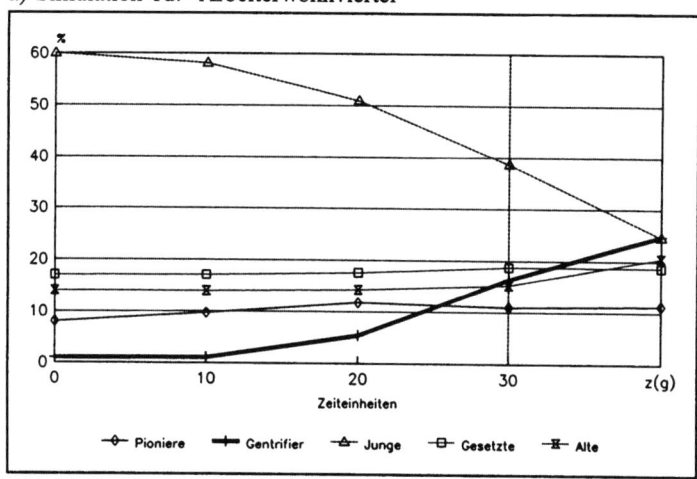

b) Simulation 2d: 'bürgerliches Wohnviertel'

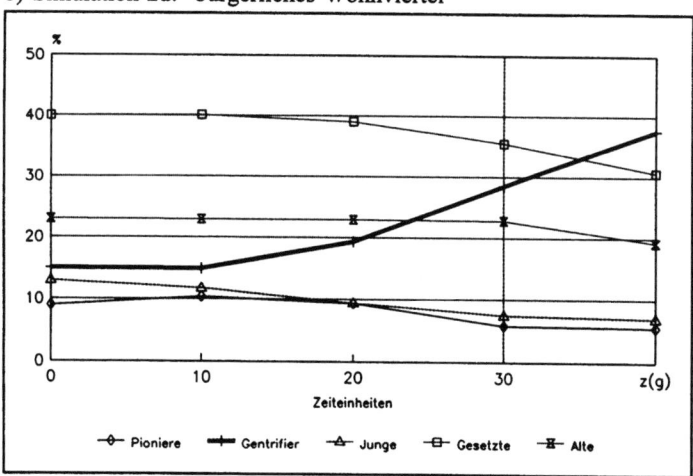

c) Simulation 3d: 'subkulturelles Wohnviertel'

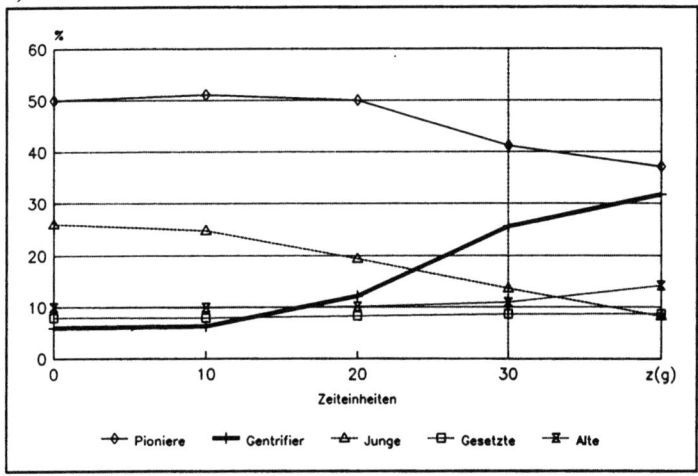

Innerhalb des Interdependenzsystems wurde zwischen Wohnungsnachfragern nach innenstadtnahem Wohnraum, den Bewohnern innenstadtnahen Wohnraums und Wohnungsanbietern von innenstadtnahem Wohnraum unterschieden. Die Nachfrager bzw. Bewohner wurden in fünf Gruppen differenziert. Weniger deutlich ist vielleicht, daß bisher nur auf die *privaten* Anbieter von *Mietwohnungen* eingegangen wurde. Als weitere Akteure des Interdependenzsystems könnten aber auch *öffentliche* Wohnungsanbieter und Anbieter von *Eigentumswohnungen* berücksichtigt werden.

Als Umwelteffekte wurde der 'baby-boom' und die veränderten Lebensformen berücksichtigt, die einen Effekt auf die Zusammensetzung der Nachfrager- und Bewohnergruppen im Interdependenzsystem haben. Zudem wurden rechtliche Rahmenbedingungen (Miethöhegesetz), die die Handlungsmöglichkeiten der Akteure beeinflussen, zur Erklärung herangezogen. Weitere rechtliche Regelungen und ihre Modifikationen werden in der Diskussion um eine Aufwertung innenstadtnaher Wohngebiete als Ursachen des Prozesses diskutiert und sollten daher berücksichtigt werden (z.B. das Einkommenssteuergesetz). Bei sehr innenstadtnahen Gebieten müßte auch die Entwicklung der Raumansprüche von anderen Bodennutzungen berücksichtigt werden (z.B. das Stagnieren der Ausdehnung des zentralen Geschäftbezirks). Sicherlich lassen sich leicht weitere Umwelteffekte ausfindig machen. Gerade hier sollte daher die Methode der abnehmenden Abstraktion besonders ernst genommen werden, da ansonsten die vermeintliche Komplexität den Blick für das Wesentliche verstellt.

Wie gezeigt, kann allein mit den bisher vorgenommenen Annahmen ein Prozeß der Aufwertung innenstadtnaher Wohnviertel erklärt werden. Die berücksichtigten Entwicklungen und ihre Effekte scheinen mir auch diejenigen zu sein, die die Aufwertung zu einem international weit verbreiteten Phänomen machen, denn alle hoch entwickelten Länder weisen hier ähnliche Tendenzen auf. Die weiteren Einflußfaktoren, von denen eben einige aufgezählt wurden, sind dann für die konkrete Ausgestaltung des Prozesses verantwortlich.

7.2 Öffentlich geförderter Wohnungsbau

Der Wohnungsmarkt der Bundesrepublik Deutschland unterscheidet sich von den Wohnungsmärkten anderer hoch entwickelter Länder sowohl aktuell als auch bezüglich seiner historischen Entwicklung in vielerlei Hinsicht. Neben spezifischen rechtlichen Rahmenbedingungen, die auf eine Reglementierung des freien Wohnungsmarktes zielen, sind für unsere Fragestellung der soziale Wohnungsbau und die Folgen der Kriegszerstörung von besonderer Bedeutung. Schließlich konnte speziell in den innenstadtnahen Wohngebieten durch den im sozialen Wohnungsbau stattgefundenen Wiederaufbau preisgünstiger Wohnraum mit zeitgemäßen Ausstattungsstandards geschaffen werden, der entscheidend zur Entstehung sozial relativ heterogen besetzter Wohngebiete beitrug. Die sozialräumlichen Verteilungsmuster in den Städten der Bundesrepublik sind daher bedeutend ausgeglichener als z.B. die Verteilungsmuster in den Städten der USA (vgl. Kreibich 1990a: 52; Novy 1990: 38). Auch eine 'Verslumung' größerer innenstadtnaher Wohnquartiere konnte verhindert werden.

Trotz eines Rückgangs des Sozialwohnungsbestandes (Veser 1991: 365ff.) und zunehmender Marktkompatibilität der Förderungsinstrumentarien (Riege 1993: 36) sind die Sozialwohnungen noch heute der wichtigste Sektor zur Wohnungsversorgung von Haushalten mit niedrigen Einkommen (Kreibich 1990: 179). Wie Kreibich anhand der Anträge auf Vermittlung einer Sozialwohnung in Köln 1987 zeigen kann, gehört der überwiegende Teil der Bewerber der Gruppe der *Jungen* an. Zudem ist der Anteil der *Alten* und der *Pioniere* nicht unerheblich, wobei letztere allerdings bedeutend seltener bei der Vermittlung berücksichtigt werden (vgl. Tabelle 7.2). Da einkommensstarke Haushalte durch die Belegungsbindungen keine Sozialwohnungen anmieten können, wird in Wohngebieten mit einem hohen

Anteil Sozialwohnungen das Auftreten eines Aufwertungsprozesses, solange die Reglementierungen greifen, so gut wie unmöglich sein.[1]

Tabelle 7.2: Anträge auf Vermittlung einer Sozialwohnung, Köln 1987 (nach Kreibich 1990: 182)

Gruppen	Anträge		Vermittlungen	
	abs.	v.H.	abs.	v.H.
junge Familien	3.144	21,5	1.579	24,3
ältere Personen (>60 J.)	2.309	15,8	1.402	21,6
Student, Auszubildende	3.789	25,9	893	13,7
Elternteile mit				
1 oder 2 Kindern	1.938	13,3	1.200	18,4
3 und mehr Kindern	212	1,5	173	2,7
Familien mit				
3 und mehr Kindern	1.227	8,4	398	6,1
Behinderte	1.986	13,6	860	13,2
Gesamt	14.605	100,0	6.505	100,0

Der soziale Wohnungsbau stellt damit einen Wohnungsteilmarkt dar, in dem durch eine 'marktunabhängige' Regulierung der Mietpreise und eine Ausgrenzung einkommensstarker Haushalte qualitativ wie quantitativ ausreichend Wohnraum für einkommensschwache Bevölkerungsgruppen sichergestellt werden soll. Im Unterschied zu anderen Ländern ist jedoch der Anteil des *unmittelbar* in öffentlicher Hand befindlichen Wohnungsbaus in der Bundesrepublik immer sehr niedrig gewesen. Der soziale Wohnungsbau besteht vielmehr aus einem System von öffentlichen Zuwendungen, mit denen die jeweiligen Bauherren subventioniert werden und die an bestimmte Auflagen (Mietpreis- und Belegungsbindungen) geknüpft sind (Riege 1993: 35).

Dieses mit dem ersten Wohnungsbaugesetz von 1950 für den sozialen Wohnungsbau geschaffene und seitdem modifizierte und erweiterte Förderungssystem in der Bundesrepublik Deutschland zielte damit nie auf die Einrichtung zeitlich unbegrenzter Mietpreis- und Belegungsbindungen ab. Die Bindungen wurden vielmehr mit den Laufzeiten der öffentlichen Baudarlehen gekoppelt. Bei Tilgungssätzen von einem Prozent p.a. und anfänglichen Tilgungsaussetzungen konnten die

---

1 Wir wollen hier von Fehlbelegungen absehen. Fehlbelegungen treten auf, wenn Haushalte zwar zum Zeitpunkt des Einzugs die Bedingungen zur Anmietung einer Sozialwohnung erfüllen, sie aber nachdem sie eingezogen sind verlieren (z.B. durch berufliche Karrieren oder den Auszug der Kinder).

theoretischen Laufzeiten zwar 100 und mehr Jahre betragen (Veser 1991: 359), durch Vereinbarungen von höheren Tilgungssätzen beträgt nach Kirchner (1992: 482) der faktische Bindungszeitraum bei Wohnungen, die mit Hilfe des ersten Förderungsweges erstellt wurden, in der Regel 30 bis 35 Jahre. Der wichtigste Grund für die Reduzierung der Laufzeiten sind aber die wiederholten Erhöhungen der Zinsen für Baudarlehen (vgl. Veser 1991: 360f.).

Damit beinhaltet das Förderungssystem des sozialen Wohnungsbaus von Beginn an eine nur temporäre Mietpreis- und Belegungsbindung. Nach Rückzahlung der staatlichen Förderung kann die dann ehemalige Sozialwohnung auf dem freien Wohnungsmarkt angeboten werden und unterliegt nur noch den dort vorherrschenden Reglementierungen. Von dieser Entwicklung sind zunehmend die großen Baujahrgänge der 50er und 60er Jahre betroffen (Novy 1990: 31; Riege 1993: 36).

Verstärkt wird dieser Prozeß durch den zunehmenden Umfang von vorzeitigen Darlehensrückzahlungen seit Anfang der 80er Jahre, wodurch die Bindungszeiten verkürzt werden. Auch hier sind wieder vor allem zunächst die älteren Sozialwohnungen betroffen. So stellt Veser (1991: 362) fest:

"Die vorzeitigen Rückzahlungen konzentrieren sich in hohem Maße auf die am meisten entschuldeten älteren Sozialwohnungen. Auf Bundesebene fanden 72,3% aller vorzeitigen Rückzahlungen bei Sozialwohnungen der Baujahre bis 1959 statt. Immerhin 12,9% entfielen auf die drei Baujahrgänge von 1960 bis 1962. Bei den sechs Baujahren von 1963 bis 1969 war der Anteil mit 12,8% in etwa gleich hoch. Die ab 1970 gebauten Wohnungen hielten mit 2,0% einen verschwindend kleinen Anteil."

Während die Gründe für eine vorzeitige Darlehensrückzahlung bei gemeinnützigen Eigentümern vielfältig sind, sind sie bei nicht-gemeinnützigen Eigentümern eindeutig: es sind die Möglichkeiten einer freieren Mietkalkulation und Belegung (ebenda: 364).

Schließlich wurde die Entwicklung eines beschleunigten Abgangs an preiswertem Wohnraum für einkommensschwache Haushalte durch die Abschaffung der Wohngemeinnützigkeit zum 1. Januar 1990 verstärkt. Damit sind "die für diesen Sektor geltenden Mietpreisbegrenzungen nach dem Kostenmietenprinzip entfallen; und zwar sowohl für die 2,4 Millionen Sozialwohnungen der (ehemaligen) gemeinnützigen Wohnungswirtschaft, die ja auch hier nach und nach aus den Bindungen herausfallen, als auch für die knapp eine Million freifinanzierten Wohnungen" (Riege 1993: 36).

Daneben wurde mit dem zweiten Wohnungsbaugesetz 1956 eine Umorientierung der Förderung von Mietwohnungs- in Eigenheimbau eingeleitet (zweiter Förderungsweg). Schließlich stellte der Bund zwischen 1986 und 1989 die Subventionen für den sozialen Mietwohnungsbau ein. Durch diese Maßnahmen wurde und wird der Bestand an Sozialmietwohnungen sehr schnell abgebaut. Die Tabelle 7.3 zeigt die Entwicklung des Sozialmietwohnungsbestands in Köln zwischen 1988 und 1993. Deutlich wird, daß der Neubau nicht mit dem Abgang an Sozialmietwohnungen Schritt halten kann. Insgesamt verlor die Stadt Köln zwischen 1989 und 1993 dadurch 12.357 Sozialmietwohnungen. Vor dem Hintergrund der gleichzeitigen Zunahme an Haushalten (+8.510 Haushalte zwischen 1990 und 1993), Arbeitslosen (+2.800 arbeitslos gemeldete Personen zwischen 1990 und 1993) und Sozialhilfeempfängern (+3.810 Haushalte zwischen 1988 und 1993), wiegt dieser Abgang an preisgünstigem Wohnraum besonders schwer. Durch die schon heute prognostizierbaren weiteren Abgänge in den nächsten Jahren (vgl. Tabelle 7.4), wird sich die Situation für einkommensschwache Haushalte noch verschärfen.

Tabelle 7.3: Bestand, Zugang und Abgang an Sozialmietwohnungen in Köln 1988-1993

Jahr	Bestand	Zugang durch Neubau	Abgang durch Bindungsende	Ausgestellte Abgeschlossenheitsbescheinigungen	Umwandlungen von Miet- in Eigentumswohnungen
1988	*	122	*	200	19
1989	106.908	566	*	544	625
1990	104.187	934	1820	57	168
1991	101.615	1335	2465	102	61
1992	97.972	1285	3801	401	149
1993	94.551	780	3944	935	315

* keine Daten angegeben
Quelle: Geschäftsstatistik des Amtes für Wohnungswesen und des Bauaufsichtsamtes
Amt für Statistik und Einwohnerwesen der Stadt Köln - Statistisches Informationssystem
Aus: Stadt Köln (1992/93: 91)

Welche Effekte hat diese Entwicklung nun aber auf den Prozeß der Aufwertung innenstadtnaher Wohngebiete? Kreibich (1990a) kann für Köln zeigen, daß der Anteil der Sozialmietwohnungen am gesamten Wohnungsbestand im innenstadtnahen Bereich eher unterdurchschnittlich ist; der größte Teil innenstadtnaher Wohnungen unterliegt damit dem freien Wohnungsmarkt. Die in innenstadtnahen Wohnvierteln liegenden Sozialmietwohnungen sind jedoch relativ alt; der weitaus überwiegende Teil ist zwischen 1948 und 1965 erbaut worden. Dementsprechend wird hier sehr früh ein großer Teil der noch vorhandenen Sozialmietwohnungen durch das Erreichen des Bindungsendes dem freien Wohnungsmarkt zugeführt (vgl. Kreibich 1990a: 57ff.).

Die Folgen liegen auf der Hand. Mit dem Bindungsende sind die Wohnungen nicht mehr einkommensschwachen Haushalten vorbehalten. Durch Mieterhöhungen bis zum Vergleichsmietniveau (Kreibich 1990: 190), werden die Auszugswahrscheinlichkeiten der ansässigen Bewohner der dann ehemaligen Sozialwohnungen steigen. Gleichzeitig werden sich bei einer Neuvermietung viele einkommensschwache Haushalte die Wohnung nicht mehr leisten können. Zudem hat der Vermieter nun Belegungsfreiheit, d.h. er kann sich seine neuen Mieter frei wählen. Da der überwiegende Teil der Mieter von Sozialwohnungen aus *Jungen*, *Gesetzten* und *Alten* besteht, wird mit der Verringerung des Sozialwohnungsbestandes in einem Wohngebiet auch der Anteil dieser Bewohnergruppen abnehmen. Weitere Aufwertungsprozesse sind also absehbar. Sie werden nur dann nicht eintreten, wenn die ehemaligen Sozialwohnungen auch auf dem freien Wohnungsmarkt ausschließlich an einkommensschwache Haushalte vermietet werden. Es ist schon deutlich geworden, daß dies alles andere als wahrscheinlich ist. Trotzdem soll kurz näher betrachtet werden, welche Auswirkungen der Zugang von ehemaligen Sozialwohnungen auf den freien Wohnungsmarkt hat.

Tabelle 7.4: Das Ende der Sozialmietwohnungen in Köln (Kreibich 1990: 191)

Jahr der Baugenehmigung	An das Wohnbindungsgesetz gebunden bis ...	
	bei planmäßigen Rückzahlungen	bei vorzeitigen Rückzahlungen
1948-1957	1997	1996
1958-1963	2024	2008
1964-1968	2028	2017
1969-1976	2082	2024
1977-1985	2082	2033

Da das Angebot an Wohnungen zunehmen wird, d.h. das Angebot in Abbildung 7.2 sich auf der Abzisse nach rechts verschiebt, wird die Marktmiete bei gegebener Nachfrage sinken. Man könnte sich also eine Entlastung des freien Wohnungsmarktes erhoffen. Doch muß berücksichtigt werden, daß auch die Nachfrage zunehmen wird und zwar über die 'demographische' Zunahme von N_0 auf N_1 in Abbildung 7.2 hinaus. Schon heute, also ohne die prognostizierten Abgänge, besteht ein starker Nachfrageüberhang nach Sozialwohnungen.[1] Dieser Engpaß wird durch eine Reduzierung des Bestandes an Sozialmietwohnungen selbst bei konstanter Anzahl von Antragstellern auf die Vermittlung einer Sozialwohnung

---

1 Vergleiche dazu auch die Differenz der Summen von Anträgen und Vermittlungen in Tabelle 7.2. Kreibich (1990: 189) zitiert den Leiter des Amtes für Wohnungswesen der Stadt Köln mit den Worten: "Wir sind völlig ausgebucht. Es gibt überhaupt keine freie Sozialmietwohnung mehr."

noch verstärkt. Dies hat zur Folge, daß immer mehr einkommensschwache Haushalte auf den freien Wohnungsmarkt ausweichen müssen und dort als Nachfrager auftreten werden.

Die einkommensschwachen Haushalte sind nun aber in doppelter Hinsicht benachteiligt, denn sie müssen zwei Filter passieren, um auf dem freien Wohnungsmarkt eine Wohnung anmieten zu können. In einem ersten Filter werden diejenigen Haushalte 'hängen' bleiben, die die neue Miete nicht zahlen können. In einem zweiten Filter müssen diejenigen, die die Miete aufbringen können, mit den einkommensstärkeren Haushalten um die Wohnung konkurrieren. 'Hängen' bleiben diejenigen, die besonderen Diskriminierungen durch die Anbieter ausgesetzt sind. Welche Haushalte dies sind, wurde weiter oben schon diskutiert.

Parallel zur starken Zunahme der Nachfrage nach innenstadtnahem Wohnraum durch einkommensstarke Haushalte gehen somit den einkommensschwachen Haushalten die ihnen vorbehaltenen Sozialmietwohnungen in innenstadtnahen Wohnvierteln verloren. Diese werden dem freien Wohnungsmarkt zugeführt und sind damit dann auch den einkommensstarken Haushalten zugänglich. Die Anbieter der Wohnungen werden die Miete der ehemaligen Sozialwohnungen der veränderten Nachfragestruktur anpassen, d.h. bei der stark gestiegenen Nachfrage die Miete im Rahmen der rechtlichen Möglichkeiten erhöhen. Dies geschieht entweder sofort oder aber nach steuerlich begünstigten Modernisierungsmaßnahmen, mit denen eine von der Ausstattung und Wohnungsschnitt unattraktive Wohnung auf die Ansprüche der neuen Nachfrager umgestaltet wird.

Die Mieten werden dann so hoch sein, daß die meisten einkommensschwachen Haushalte schon den ersten Filter nicht mehr passieren werden. Dort, wo aufgrund rechtlicher Restriktionen die Mieten nicht sofort der Nachfrage vollständig angepaßt werden können, verhindern die mit dem Nachfrageüberhang verbundenen Möglichkeiten der Diskriminierung bei der Wohnungsvergabe das Passieren des zweiten Filters. Der Aufwertungsprozeß wird mithin durch den Abgang der Sozialmietwohnungen in den innenstadtnahen Wohnvierteln nochmals verstärkt.

7.3 Die Umwandlungen von Miet- in Eigentumswohnungen

Bisher haben wir uns ausschließlich mit Veränderungen innerhalb des Mietwohnungssegmentes und deren Effekte beschäftigt. In der Diskussion um die Aufwertung innenstadtnaher Wohngebiete spielt daneben das Ausmaß der Umwandlungen von Miet- in Eigentumswohnungen eine zentrale Rolle. Wir wollen uns daher abschließend diesem Aspekt zuwenden.

Als entscheidendes Datum einer Forcierung an Umwandlungen von Miet- in Eigentumswohnungen wird allgemein das Jahr 1977 gesehen. Im Zuge einer

Umorientierung von einer Neubau- auf eine Bestandspolitik wurde mit der Übertragung der Eigentumsförderung auf Gebrauchtimmobilien auch der Erwerb bestehender Wohnbauten steuerlich begünstigt (§ 7b, heute § 10e Einkommenssteuergesetz). Bis dato wurde die private Eigentumsbildung nur im Neubau mit Sonderabschreibungen und Vergünstigungen bei der Grunderwerbssteuer gefördert. Ab 1977 gelten die steuerlichen Anreize auch für die Eigentumsbildung im Wohnungsbestand (Novy 1990: 33).

Die Folge dieser Änderung war eine Zunahme der Umwandlungen von Miet- in Eigentumswohnungen. So wurden laut Holtmann und Killisch (1993: 9) "in München in den achtziger Jahren über 50.000 preisgünstige Mietwohnungen umgewandelt, in Nürnberg waren es über 10.000".[1] Durch detaillierte Analysen der Umwandlungsfälle in Nürnberg zwischen 1981 und 1987 konnten Killisch, Gütter und Ruf (1990) zeigen, daß vor allem ältere (vor 1919 und zwischen 1949 und 1957 erbaute) Wohnungen betroffen waren. Räumlich konzentrierten sich die Umwandlungen auf den innenstadtnahen Wohnbereich; d.h. genauer "auf attraktive Wohnlagen der Altstadt und des Innenstadtrandes" (Gütter und Killisch 1992: 456).

Ein Vergleich von ehemaligen mit neuen Bewohnern der umgewandelten Wohnungen ergab deutliche Unterschiede zwischen ihnen.[2] Während die Verzogenen über alle Familienzyklusphasen in etwa gleich verteilt sind, sind über 50 Prozent der Zugezogenen jüngere Ein- (34%) und Zweipersonenhaushalte (22,3%). Damit ist mehr als jeder zweite neu zugezogene Haushalt in der Gründungsphase (Killisch, Gütter und Ruf 1990: 348).

Auch hinsichtlich der Sozialstruktur konnten deutliche Unterschiede festgestellt werden. Der Anteil der Zugezogenen aus der Oberschicht liegt um knapp 20 Prozentpunkte höher als der Anteil Verzogener aus dieser Schicht. Umgekehrt verhält es sich bei der Unterschicht; hier liegt der Anteil der Verzogenen deutlich über dem der Zugezogenen (ebenda: 349).[3] Gütter und Killisch (1992: 456f.) unter-

---

1 Gütter und Killisch (1992: 456) geben für Nürnberg genau 13.805 Umwandlungen im Zeitraum zwischen dem 1.1.1981 und dem 31.12.1991 an.
2 Das nachfolgend vorgestellte Datenmaterial wurde zwei Quellen entnommen: Gütter und Killisch (1992) und Killisch, Gütter und Ruf (1990). Bei letzterer Quelle müssen die Ergebnisse vorsichtig interpretiert werden, wie die Autoren selbst betonen (ebenda: 348), da nur Informationen über 110 zugezogene Haushalte, von denen 53 als Mieter und 57 als Eigentümer einzogen, vorliegen (verzogene Haushalte wurden 488 befragt). Leider fehlt in der Quelle ein Hinweis, ob sich die 53 neuen Mieter der Eigentumswohnungen von den 57 selbstnutzenden Eigentümerhaushalten unterscheiden. Die Ergebnisse der ersten Quelle beruhen auf bedeutend höheren Fallzahlen. Allerdings fehlt eine Angabe über die genauen Größen.
3 Die Bezeichnungen 'Ober-' bzw. 'Unterschicht' wurden der angegebenen Quelle entnommen. Die Autoren unterscheiden von diesen beiden Gruppen noch die 'untere' und die 'obere Mittelschicht'. Als Klassifikationsmerkmale wurden von ihnen das Einkommen, die Stellung im Beruf und die Ausbildung herangezogen. Zu den Schwellenwerten der Abgrenzungen finden sich keine Angaben.

scheiden die Altmieter noch etwas genauer. Sie stellen fest, daß aus 2.539 umgewandelten Wohnungen in Nürnberg innerhalb von maximal eineinhalb Jahren 1.109 (=44%) Haushalte ausgezogen sind. Von diesen gaben 82 Prozent (912 Haushalte) an, verdrängt worden zu sein. Diese Verdrängten unterscheiden sich nicht unerheblich von den freiwillig Verzogenen:

"Bei den Verdrängten gehören 25% der Unterschicht, weitere 36% der unteren Mittelschicht an (Referenzwerte für freiwillig Ausgezogene: 9% Unterschicht, 14% untere Mittelschicht). Betrachtet man allein die finanzielle Leistungsfähigkeit der Mieterhaushalte, so ergibt sich eine noch deutlichere Unterscheidung: 53% der verdrängten Haushalte, aber nur 27% der freiwillig Ausgezogenen verfügten über ein nur geringes ökonomisches Potential, 12% (freiwillig Ausgezogene: 40%) dagegen über ein hohes. Verdrängt werden deutlich häufiger ältere Haushalte (25% gegenüber 9% unter den freiwillig Ausgezogenen). Der Anteil freiwillig ausgezogener junger Haushalte in der Gründungsphase ist demgegenüber etwa doppelt so hoch (34%) wie jener unter den Verdrängten (15%)." (ebenda: 456)

Aufschlußreich ist auch ein Vergleich des ökonomischen Potentials. In Abbildung 7.5 sind neben den Verdrängten und freiwillig Verzogenen noch die Altmieter, die die Wohnung selbst gekauft haben (Mieterkäufer), die als Mieter in die umgewandelten Wohnungen neu hinzugezogenen Haushalte (neue Mieter) und die selbstnutzenden neuen Eigentümerhaushalte (neue Eigentümer) aufgeführt. Deutlich wird das sehr geringe ökonomische Potential der Verdrängten. Dies deutet darauf hin, daß bei verstärkten Umwandlungen von Miet- in Eigentumswohnungen in einem Wohngebiet die Auszugswahrscheinlichkeiten der *Jungen*, eines Teils der *Gesetzten* und der *Alten* zunehmen werden. Während sich das ökonomische Potential der freiwillig Verzogenen und der als Mieter neu Zugezogenen in etwa gleicht, ist das der neuen Eigentümerhaushalte mit Abstand am größten. Dies deutet darauf hin, daß mit der Umwandlungsrate in einem Wohngebiet auch die Einzugswahrscheinlichkeiten einkommensstarker Nachfragergruppen zunehmen werden. Auf der einen Seite also *höhere Auszugswahrscheinlichkeiten von einkommensschwachen Bewohnern*, auf der anderen Seite *zunehmende Einzugswahrscheinlichkeiten einkommensstarker Nachfrager*. Beides Entwicklungen, die einen Aufwertungsprozeß nochmals beschleunigen.

Auch der Blick auf die Stellung im Familienzyklus der betroffenen Haushalte führt zu dem Schluß einer beträchtlichen Verstärkung eines Aufwertungsprozesses durch Umwandlungen von Miet- in Eigentumswohnungen (Abbildung 7.6). Während die Anteile der freiwillig Verzogenen in etwa den empirischen Ergebnissen des Kapitels 5.4.4 entsprechen, sind die Anteile der Haushalte in der Stagnations- und Altersphase bei verdrängten Haushalten überproportional hoch. Dies kann als ein Anzeichen dafür gewertet werden, daß im Falle von Umwandlungen nicht mehr von einer hauptsächlichen Ersetzung verzogener *Pioniere* und *Gentrifier* durch neu hinzuziehende *Pioniere* und *Gentrifier* gesprochen werden kann.

Zusammenfassend können wir damit festhalten, daß sich die Umwandlungen von Miet- in Eigentumswohnungen auf innenstadtnahe Wohnviertel konzentrieren und einen Bevölkerungsaustausch in Form einer Ersetzung älterer, einkommensschwächerer Bewohner durch junge, einkommensstarke Haushalte beschleunigen. Gestützt werden die hier nur für die Stadt Nürnberg ermittelten Resultate durch Berichte anderer Studien[1], so daß wir von ähnlichen Entwicklungen auch in weiteren Städten ausgehen können. Dieser Trend, der mit der Novellierung des § 7b Einkommensteuergesetz im Jahr 1977 in Gang gesetzt wurde, ist heute keineswegs abgeschlossen. Um vor allem die Umwandlungen von Altbaumietwohnungen zu reduzieren, setzten die Kommunen 1988 die sogenannte 'Münchener Linie' durch. Mit ihr wurde die Entscheidungspraxis bei der Erteilung von Abgeschlossenheitsbescheinigungen, die für Umwandlungen von Miet- in Eigentumswohnungen notwendig sind, geändert. Abgeschlossenheitsbescheinigungen wurden nur noch dann erteilt, wenn die Räumlichkeiten den aktuellen Anforderungen an den Brand-, Wärme- und Schallschutz entsprachen. Da die meisten Altbauten den aktuell gültigen baurechtlichen Normen nicht entsprechen, wurden damit in vielen Fällen die Kosten von Umwandlungen wegen nun erforderlicher bautechnischer Nachrüstungen stark erhöht. Durch die Bestätigung dieser Praxis vom Bayerischen Verwaltungsgerichtshof, vom Bundesverwaltungsgerichtshof und vom Bundesverfassungsgericht, kamen die Umwandlungen zwischen 1989 und 1991 fast zum Erliegen (Holtmann und Killisch 1993: 9). Nachdem jedoch der Gemeinsame Senat der obersten Gerichtshöfe die 'Münchener Linie' mit seinem 'Umwandlungsurteil' vom 30.9.1992 verwarf, ist die Zahl der Anträge auf Erteilung von Abgeschlossenheitsbescheinigungen in den großen bundesdeutschen Städten wieder stark (und sprunghaft) gestiegen (vgl. Killisch, Ruf und Holtmann 1993: 717f.). Deutlich sichtbar ist dieser Anstieg auch in der Entwicklung der Anzahl der von Miet- in Eigentumswohnungen umgewandelter (ehemaliger) Sozialmietwohnungen in Köln (siehe Tabelle 7.3). Kronawitter (1994a: 119) schätzt für München, der Stadt mit den höchsten Miet- und Wohnungspreisen, noch immer ein Potential von fast 200.000 Altbaumietwohnungen, "die nach und nach in teure Eigentumswohnungen (vielfach als Kapitalanlage) umgewandelt werden können". Mit einem Ende der Umwandlungen von Miet- in Eigentumswohnungen ist also auch in nächster Zukunft nicht zu rechnen.

---

1 Siehe für Hamburg: Dangschat (1991: 272ff.); für Köln: Schulz (1990); für einen frühen Vergleich von alten und neuen Bewohnern umgewandelter Wohnungen: Infratest (1980).

Abbildung 7.5: Ökonomisches Potential alter und neuer Haushalte umgewandelter Wohnungen nach Gütter und Killisch (1992)[1]

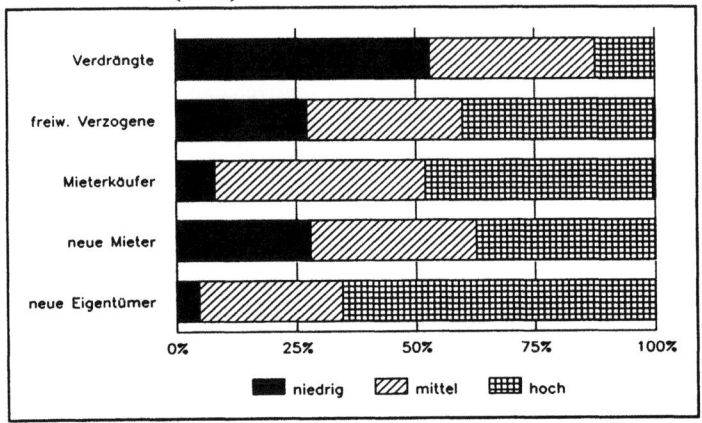

Abbildung 7.6: Umwandlungsbetroffene Haushalte nach Familienzyklusphasen (aus: Gütter und Killisch 1992: 457)

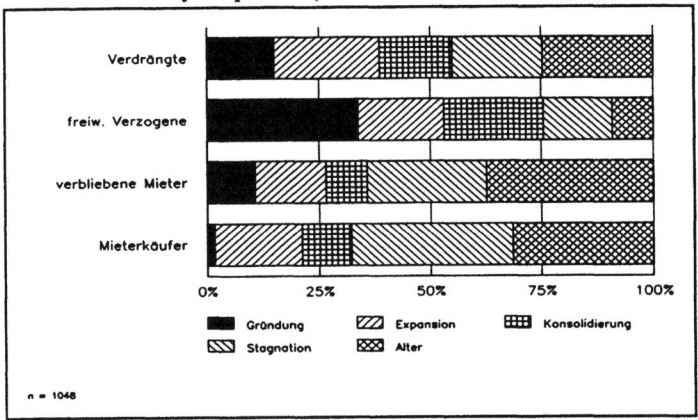

---

1 Für eine weitere von den Autoren unterschiedene Gruppe, die als Mieter in den Wohnungen verbliebenen Haushalte, wurden hinsichtlich des ökonomischen Potentials keine Angaben gemacht. Die Ergebnisse basieren auf einer Datenbasis von 355 Verdrängten, 92 freiwillig Ausgezogenen, 287 neuen Mietern und 215 neuen Eigentümern. Die Gruppengröße der Mieterkäufer wurde nicht angegeben.

8. Akteure, Handlungen und die Veränderung sozialräumlicher Strukturen

Mit der Untersuchung sollte anhand des Beispiels der Aufwertung innenstadtnaher Wohngebiete gezeigt werden, wie Veränderungen sozialräumlicher Strukturen handlungstheoretisch erklärt werden können. Dazu wurde der eigentliche Kern der Theorie expliziert und die Struktur der Erklärung aufgezeigt. Die Unterscheidung von Umwelt, Interdependenzsystem und Resultaten half schließlich, die einzelnen Erklärungsschritte zu strukturieren und sich auf die relevanten Akteure zu konzentrieren. So konnte zum einen der Komplexität des Prozesses Rechnung getragen werden, zum anderen wurde verhindert, sich in der Komplexität zu verirren. Dies machte natürlich vereinfachende Annahmen notwendig, die nach und nach durch Berücksichtigung weiterer Gesichtspunkte komplexer wurden. So konnten die wichtigsten Gründe, die zu einer Aufwertung führen, aufgedeckt und der Prozeß erklärt werden. Dabei wurde deutlich, daß es keinen typischen Verlauf gibt, denn dieser hängt von sehr unterschiedlichen Bedingungen ab. Zu nennen sind hier die Bewohnerstruktur zu Beginn des Prozesses, die absolute und relative Verteilung der Nachfrager und ihre Veränderung, der Anteil an frei finanzierten Mietwohnungen in einem Wohngebiet, der Anteil an Sozialwohnungen und der Zeitpunkt und das Ausmaß des Auslaufens der Sozialbindungen, der Anteil an Eigentumswohnungen und die Rate der Umwandlungen von Miet- in Eigentumswohnungen.

Flankiert wird der Aufwertungsprozeß durch weitere Maßnahmen, wie die Ausschreibung von Vierteln als Sanierungsgebiete und stadtplanerische Eingriffe zur Erhöhung bzw. Stabilisierung der Lebensqualität in innerstädtischen Wohnquartieren, auf die hier nicht näher eingegangen wurde. Die Effekte dieser Maßnahmen können zur Erklärung von Aufwertungsprozessen von zentraler Bedeutung sein und sollten bei der Analyse der Entwicklung einzelner Wohnquartiere berücksichtigt werden. Da es hier aber um die Erklärung des Phänomens als einem in fast allen Großstädten der Bundesrepublik zu beoabachtenden Prozeß ging, mußten diese Aspekte vernachlässigt werden.

Bezüglich der Nachfragerseite wurden demographische Veränderungen und ein Wandel von Lebensformen und Lebensstilen beschrieben und die Gründe für diese Entwicklungen beleuchtet. Dadurch konnten Indikatoren einer veränderten Nachfrage nach innenstadtnahem Wohnraum aufgespürt werden, die alle in die Richtung einer starken Zunahme junger, einkommensstarker Haushalte weisen. Zudem wurden die Präferenzen, Bewertungen, Handlungsrestriktionen und Auszugswahrscheinlichkeiten von Bewohnern eines innenstadtnahen Wohngebietes analysiert.

Hier konnten Ergebnisse nachgewiesen werden, die bisherigen theoretischen Annahmen zum Aufwertungsprozeß widersprechen. So weisen *Gentrifier* eine längere Wohndauer im Wohnviertel und in der Wohnung auf als die *Pioniere*, was nur heißen kann, daß die *Gentrifier* entweder zeitlich vor den *Pionieren* in das Gebiet ziehen oder aber als *Pioniere* zugezogen sind und erst später den Status eines *Gentrifiers* erlangten. Im ersten Fall werden gar keine *Pioniere* benötigt, die ein Gebiet für die *Gentrifier* attraktiv machen. Im zweiten Fall werden keine *Gentrifier* als Wohnungsnachfrager benötigt, denn die als *Pioniere* eingezogenen bleiben einfach als *Gentrifier* in dem Gebiet wohnen.

Gegen letztere Interpretation sprechen die relativ hohen Auszugswahrscheinlichkeiten der *Pioniere* und *Gentrifier*. In Verbindung mit den geringen Auszugswahrscheinlichkeiten der *Jungen*, *Gesetzten* und *Alten* muß man zu dem Schluß kommen, daß ein Aufwertungsprozeß ausschließlich aufgrund einer veränderten Nachfragerstruktur nur sehr langsam vor sich gehen wird, da es vornehmlich die räumlich mobilen *Pioniere* und *Gentrifier* sein werden, die Platz für die neuen jungen, einkommensstarken Haushalte machen. Da es zudem keine Hinweise dafür gibt, daß die Auszugswahrscheinlichkeiten der *Jungen*, *Gesetzten* und *Alten* bei einem verstärkten Zuzug einkommensstarker Haushalte steigen werden, ist bei einer ausschließlichen Betrachtung der Nachfrager nach und der Bewohner von innenstadtnahem Wohnraum von einer normalen Rate des Wandels in einem Wohngebiet auszugehen.

Forciert werden kann der Prozeß jedoch von den Wohnungsanbietern. Es konnte gezeigt werden, daß die Anbieter von frei finanzierten Mietwohnungen die zunehmende Nachfrage von jungen, einkommensstarken Haushalten zu Mieterhöhungen und diskriminierendem Verhalten bei der Wohnungsvergabe nutzen können und es plausibel ist, da aus der Sicht der Wohnungsanbieter rational, daß sie dies im Rahmen der rechtlichen Möglichkeiten auch tun werden. Diese rationalen Reaktionen auf die Nachfrageverschiebungen erhöhen die Einzugswahrscheinlichkeiten einkommensstarker, kinderloser Haushalte. Die Möglichkeit, einen Teil der Kosten von Modernisierungsmaßnahmen auf die Miete umzulegen, führt dazu, daß nicht nur bei Neuvermietungen die Mieten stark steigen, sondern auch die aktuellen Bewohner der modernisierten Wohnungen von Mieterhöhungen betroffen sein werden, was wiederum erhöhte Auszugswahrscheinlichkeiten einkommensschwacher Haushalte zur Folge haben kann. Die Handlungen der Wohnungsanbieter frei finanzierter Mietwohnungen tragen damit erheblich zu einer Beschleunigung eines Bevölkerungsaustausches im Sinne einer Aufwertung bei.

Schließlich bewirken das Auslaufen der Miet- und Belegungsbindungen einer nicht unerheblichen Anzahl von Sozialwohnungen, von denen der größte Teil der zuerst betroffenen Wohnungen in innenstadtnahen Wohngebieten liegt, und zunehmende Umwandlungen von Miet- in Eigentumswohnungen, ebenfalls mit räumlichem Schwerpunkt in innenstadtnahen Wohngebieten, eine Reduktion von preisgünstigen Mietwohnungen für einkommensschwächere Bevölkerungsgruppen. Die Wurzeln dieser Entwicklungen sind in rechtlichen Regelungen (Wohnungsbaugesetz, Einkommenssteuergesetz) zu suchen, die beschlossen wurden, als es noch darum ging, die Innenstädte vor einem drohenden Verfall zu bewahren. Mit der sich ab Anfang/Mitte der achtziger Jahre abzeichnenden veränderten Nachfrage nach innenstadtnahem Wohnraum, haben die Maßnahmen jedoch zu einem Prozeß beigetragen, der eine Eigendynamik entwickelte und zu einem neuen sozialen Problem ganz anderer Art führte: der starken Aufwertung von Wohnvierteln. Die Eigendynamik liegt in der sich selbst verstärkenden Form des Prozesses, das soziale Problem in der Abdrängung einkommensschwacher Bevölkerungsgruppen in homogene Wohngebiete sozialer Randgruppen oder im Extremfall in die Wohnungslosigkeit.

Die Eigendynamik wird sofort einsichtig, wenn man erkennt, daß keiner der genannten Faktoren allein einen Aufwertungsprozeß bewirken wird, der über eine normale Rate des Wandels hinausgeht. Für die isolierte Betrachtung der Effekte einer Veränderung der Nachfrage, wurde dies schon gezeigt. Eine Erhöhung der Miete oder diskriminierendes Verhalten bei der Wohnungsvergabe durch die Vermieter sind ohne einen Nachfrageüberhang als ein verbreitetes Phänomen sehr unwahrscheinlich. Gleiches gilt für Umwandlungen von Miet- in Eigentumswohnungen. Auch sie werden nur dann auftreten, wenn eine Nachfrage nach Eigentumswohnungen vorhanden ist. Schließlich führt auch das Auslaufen der Sozialbindungen nicht per se zu starken Mietpreissteigerungen. Es sind die Kombinationen und die wechselseitigen Abhängigkeiten des Auftretens der einzelnen Faktoren, die einen starken Bevölkerungsaustausch in innenstadtnahen Wohngebieten bewirken.

So ist es die veränderte Nachfrage, die den Prozeß in Gang setzt. Sie ermöglicht den Anbietern von Wohnungen die beschriebenen Handlungen, wodurch die Zunahme junger, einkommensstarker Haushalte beschleunigt wird. Nach einer gewissen Zeit kann die neue Bewohnerstruktur des Viertels das Gebiet für weitere junge, einkommensstarke Haushalte attraktiv machen und die Nachfrage durch diese Gruppe weiter erhöhen. Doch reicht die Annahme einer weiteren Erhöhung der Nachfrage durch einen 'demographischen' Wandel aus, um begründen zu können, warum auch steuerlich begünstigte Modernisierungsmaßnahmen durch Wohnungsanbieter immer wahrscheinlicher werden.[1] Die Umsetzung eines Teils der Modernisierungskosten auf die Miete werden die Wohnungsanbieter mit zunehmender Nachfrage mit einer ebenfalls zunehmenden Wahrscheinlichkeit realisieren können.

---

1 Tatsächlich sind es beide Gründe; eine zunehmende Attraktivität des Gebietes für bestimmte Nachfragergruppen und demographische Veränderungen, die eine erhöhte Nachfrage erzeugen.

Denn können die aktuellen Mieter die erhöhte Miete nicht zahlen, werden es die neuen Nachfrager tun. Für den Anbieter ist es ökonomisch sogar am günstigsten, wenn die aktuellen Mieter nach der Modernisierung ausziehen, da er nun durch die Neuvermietung den Mietpreis nochmals anheben kann. Mit der Nachfrageveränderung wird mithin das Risiko des finanziellen Verlustes durch Modernsierungsmaßnahmen minimiert bzw. die Erwartung eines langfristigen finanziellen Gewinns maximiert.

Durch Modernisierungsmaßnahmen werden die Wohnung, das Wohngebäude und letztlich auch das Wohnviertel in ihrer baulichen Substanz aufgewertet, was wiederum eine Zunahme der Nachfrage bewirkt und damit weitere Mieterhöhungen ermöglicht. Mit der schnellen Zunahme einkommensstarker Nachfrager bekommt nun auch das Auslaufen der Sozialbindungen seine Brisanz, denn erst diese Zunahme ermöglicht starke Mieterhöhungen, sobald die Wohnungen auf dem freien Mietwohnungsmarkt angeboten werden. Für viele private Anbieter öffentlich geförderter Wohnungen stellt sich die Frage, ob es bei der gegebenen Nachfrageentwicklung nicht rentabler ist, das erhaltene Darlehen vorzeitig zurückzuzahlen. Gerade bei den älteren, innenstadtnahen Sozialwohnungen wird dies häufig der Fall sein, da die Entschuldung ohnehin schon weit fortgeschritten, die zu zahlende Summe mithin inzwischen relativ gering ist. Der Bevölkerungsaustausch wird hierdurch nochmals beschleunigt. Die Möglichkeit der vorzeitigen Darlehensrückzahlung ist damit zwar eine notwendige, jedoch noch keine hinreichende Bedingung für eine tatsächliche vorzeitige Rückzahlung. Sie wird nicht stattfinden, wenn sich der Wohnungsanbieter keinen Gewinn davon verspricht.

Schließlich wurde mit der Novellierung des Einkommenssteuergesetzes 1977 durch die steuerliche Begünstigung des Erwerbs von Bestandswohnungen die Nachfrage nach Eigentumswohnungen erhöht. Für viele junge, einkommensstarke Haushalte, die Träger des Aufwertungsprozesses, stellte sich die Frage nach der Bildung von Wohneigentum jedoch erst mit dem starken Anstieg der Mietpreise. Da in dieser Gruppe zur Realisierung der beruflichen Karriere eine sehr hohe räumliche Mobilität verlangt wird und zudem häufig der Schritt zur Familiengründung noch nicht stattgefunden hat, werden viele von ihnen am Anfang ihrer Berufskarriere eine Mietwohnung präferieren, da sie durch diese räumlich weniger stark gebunden sind. Mit der veränderten Nachfragestruktur, den starken Mietpreissteigerungen und der steuerlichen Begünstigung des Eigentumserwerbs von Bestandswohnungen verändert sich für sie jedoch die Nutzenkalkulation. Inzwischen sind die Mieten so stark gestiegen, daß es für sie ökonomisch günstiger ist, eine Wohnung zu kaufen. Gleichzeitig vermindert sich das Risiko eines finanziellen Verlustes bei einem Wiederverkauf nach einem beruflich bedingten oder wegen einer Familiengründung notwendig gewordenen Auszug. Schließlich versprechen auch die durch eine Vermietung der Wohnung zu erlangenden Mieteinnahmen rentabel zu sein. Auch die zunehmende Nachfrage junger, einkommensstarker Bevölkerungsgruppen nach Eigentumswohnungen ist damit nicht allein auf die Gesetzesänderung zurückzuführen, sondern kann nur in ihrer Wechselwirkung mit den anderen Entwicklungen erklärt werden.

Es sollte damit deutlich geworden sein, daß die Veränderung sozialräumlicher Strukturen nur durch das *Zusammenspiel von rationalen Handlungen unterschiedlicher Akteure* erklärt werden kann. Sowohl die Wohnunsanbieter als auch die Wohnungsnachfrager versuchen ihren Nutzen unter den gegebenen sozialstrukturellen Bedingungen zu maximieren. Die Folgen dieser Handlungen sind von ihnen häufig nicht abschätzbar. Wie gezeigt wurde, hat im Falle der Aufwertung innenstadtnaher Wohngebiete der Prozeß eine Dynamik entwickelt, die als Aufwertungsspirale bezeichnet werden kann. Bildlich kann man sich die Spirale in der Form eines Trichters vorstellen. Die Öffnung dieses Trichters wird immer enger und läßt schließlich keine einkommensschwachen Bevölkerungsgruppen mehr passieren. Selbst wenn sich ab heute die Parameter nicht mehr verändern, wird der Aufwertungsprozeß zunächst vom Typ einer ausgedehnten Reproduktion sein, also weiter andauern, und erst nach einer gewissen Zeit in einen Typ der einfachen Reproduktion übergehen.

Von einer Konstanz der Parameter wird man jedoch auch in naher Zukunft nicht ausgehen können. Wie die Analysen zeigten, ist auch weiter mit einem Nachfrageüberhang, mit zunehmendem Abgang von Sozialwohnungen in innenstadtnahen Wohnvierteln und Umwandlungen von Miet- in Eigentumswohnungen zu rechnen. Schon heute sind nicht mehr ausschließlich innenstadtnahe Viertel von der Entwicklung betroffen, auch in anderen Stadtvierteln zeigen sich Aufwertungstendenzen. Damit aber drängt sich die Frage nach dem Verbleib der abgedrängten Bevölkerungsgruppen auf.

Betrachten wir zunächst einige Entwicklungen. Die Tabelle 8.1 zeigt die Mietentwicklung bei der Neuvermietung einer 2 1/2- bis 3 Zimmer-Wohnung mit ca. 70 qm Wohnfläche in Köln zwischen 1988 und 1993 (ohne öffentlich geförderten Wohnungsneubau), die auf Angaben des Rings Deutscher Makler beruht. Danach sind in Köln die Nettokaltmieten für neu erstellte Wohnungen zwischen 75 Prozent und 90 Prozent gestiegen. Für eine 70 qm große Neubauwohnung mußte demnach 1993 im Durchschnitt zwischen 1.330 und 1.470 DM nur für die Nettokaltmiete aufgebracht werden. Rechnet man die ebenfalls gestiegenen Betriebs- und Heizkosten hinzu, ist eine Neubauwohnung für einen Dreipersonenhaushalt mit durchschnittlichem Einkommen kaum noch erschwinglich. Aber auch die Mieten der Bestandswohnungen sind bei Neuvermietung stark gestiegen (zwischen 60% und 80%). Damit wird es auch in diesem Wohnungssegment für einkommensschwache Haushalte immer schwieriger, eine finanzierbare Wohnung zu finden.

Tabelle 8.1: Nettokaltmieten bei Neuvermietung 1988 bis 1993 in Köln (DM/m²
für eine 2 1/2- bis 3-Zimmer-Wohnung mit ca. 70m² Wohnfläche)

Jahr	Baujahr vor 1949			nach dem 01.01.1949			im Berichtsjahr	
	ein-facher	mitt-lerer	guter	ein-facher	mitt-lerer	guter	mitt-lerer	guter
	Wohnwert			Wohnwert			Wohnwert	
1988	5,0	7,0	9,0	6,0	8,0	10,0	10,0	12,0
1989	5,5	8,0	9,8	6,5	8,8	11,0	12,0	14,0
1990	6,0	9,0	11,0	6,5	9,5	12,0	13,0	16,0
1991	7,2	9,8	13,0	7,8	10,5	15,0	16,0	18,0
1992	7,5	9,8	13,0	9,0	12,0	15,0	18,0	21,0
1993	9,0	12,0	16,0	10,0	14,0	16,0	19,0	21,0
% Diff. 88-93	80,0	71,4	77,8	66,7	75,0	60,0	90,0	75,0

Quelle: Ring Deutscher Makler
Amt für Statistik und Einwohnerwesen der Stadt Köln - Statistisches Informationssystem
Aus: Stadt Köln (1992/93: 89)

Absolut sind natürlich alle Mieterhaushalte von den steigenden Mietpreisen betroffen, betrachtet man jedoch die relative Mietbelastung, ist eine deutliche Asym-
metrie in der Lastenverteilung erkennbar. Wie Tabelle 8.2 zeigt, sind die Mietbelastungen (ohne Heizkosten) zwar für alle Haushalte gestiegen, jedoch mit zunehmendem Haushaltsnettoeinkommen in geringerem Maße. Am größten ist die Belastung für Haushalte mit einem Haushaltsnettoeinkommen von unter 1000 DM.
Mußten sie 1987 schon knapp 57 Prozent ihres Einkommens für die Miete aufbringen, stieg die Belastung bis 1993 nochmals um mehr als zehn Prozentpunkte
auf gut 67 Prozent. Noch höher, jedoch bei niedrigerem Ausgangsniveau, war die
Zunahme der Mietbelastung für Haushalte mit einem Haushaltsnettoeinkommen
zwischen 1000 DM und 2000 DM (Steigerung: 13,2 Prozentpunkte). Danach
nimmt die Zunahme der Mietbelastung wieder stark ab. Für Haushalte mit einem
Haushaltsnettoeinkommen von über 5000 DM ist die Mietbelastung zwischen 1987
und 1993 schließlich nur noch um 0,6 Prozentpunkte gestiegen. Damit haben sich
die schon 1987 bestehenden starken Ungleichgewichte in den Mietbelastungen
zwischen Haushalten mit unterschiedlichen Einkommen bis 1993 nochmals sehr
deutlich vergrößert.

Nun könnte eingewandt werden, die Haushalte mit den sehr geringen Haushaltsnettoeinkommen würden 'ausdünnen', d.h. von den sehr hohen Mietbelastungen
sind immer weniger Haushalte betroffen. Gegen dieses Argument spricht jedoch,
daß zum einen auch 1993 noch immer 28 Prozent der Mieterhaushalte mit einem
Haushaltsnettoeinkommen von maximal 2000 DM auskommen und davon mehr als

40 Prozent für ihre Miete (ohne Heizkosten!) aufbringen müssen. Zum anderen ist bekannt, daß die Einkommen im Vergleich zu den Mieten weniger stark gestiegen sind. Darauf weisen auch die Ergebnisse der Tabelle 8.2 hin, denn selbst wenn das Haushaltsnettoeinkommen zwischen 1987 und 1993 so stark gestiegen ist, daß der Haushalt 1993 in der nächst höheren Klassifikationsgruppe einzuordnen war, hat sich im Durchschnitt die Mietbelastung erhöht.[1] So mußte beispielsweise ein Haushalt mit einem monatlichen Nettoeinkommen zwischen 2000 DM und 3000 DM 1987 von diesem Einkommen 18,6 Prozent für die Miete aufbringen. Stieg das Haushaltsnettoeinkommen bis 1993 zwischen 3000 DM und 4000 DM, mußte der Haushalt 24,5 Prozent hiervon als Miete zahlen.

Tabelle 8.2: Wohnverhältnis und Mietbelastung nach dem monatlichen Haushalts-nettoeinkommen 1987 und 1993 in Köln (in %)

Haushaltsnetto-einkommen in DM	Wohnverhältnis				Mietbelastung	
	Eigentum		Miete			
	1987	1993	1987	1993	1987	1993
unter 1000 DM	1	2	7	6	56,7	67,4
1000-2000 DM	21	9	38	22	26,2	39,4
2000-3000 DM	17	13	24	24	18,6	29,0
3000-4000 DM	22	18	20	24	17,1	24,5
4000-5000 DM	15	17	6	11	16,0	19,3
über 5000 DM	24	41	5	13	15,8	16,4

Quelle: "Leben in Köln" - Umfrage 1993 (Kommunaler Mikrozensus)
Amt für Statistik und Einwohnerwesen der Stadt Köln - Statistisches Informationssystem
Aus: Stadt Köln (1992/93: 90)

Wir sehen also, daß es die unteren Einkommensgruppen sind, die am stärksten von der derzeitigen Situation betroffen sind. Doch haben auch mehr und mehr Bezieher höherer Einkommen Probleme, eine finanzierbare Wohnung zu finden. Da die Haushalte gezwungen sind, einen immer größeren Anteil ihres Einkommens für die Miete aufzubringen, droht die heutige Situation auf dem städtischen Woh-nungsmarkt "auch ursprünglich nicht arme Familien in die Armut abzudrängen" (Iben 1992: 24).

Räumlich konzentrieren sich die sozialen Randgruppen nun nicht mehr in den innenstadtnahen Wohngebieten, sondern in weiter außen gelegenen Vierteln. Vor allem in den randstädtischen Wohnsiedlungen des sozialen Wohnungsbaus der sechziger und siebziger Jahre werden alle diejenigen abgedrängt, die sich die

---

1 Einzige Ausnahme sind Haushalte, die von der untersten Einkommensgruppe aufsteigen.

hohen Mieten in den innenstadtnäheren Wohngebieten nicht mehr leisten können (vgl. auch Specht 1990: 234). Daneben entstehen weitere 'Armutsinseln' in alten Arbeiterwohngebieten, die durch ihre Lage (Trennung vom Stadtkern durch natürliche Barrieren) und teilweise hohen Lärm- und Emissionsbelastungen durch Industrieanlagen für einkommensstarke Haushalte nicht attraktiv sind. Für Köln zeigt sich dieses Szenario der sozialräumlichen Gliederung schon heute an der Verteilung der Sozialhilfeempfänger über das Stadtgebiet (Abbildung 8.1). Da sich die Aufwertung von Stadtvierteln immer weiter über den innenstadtnahen Bereich ausdehnt, wird die räumliche Konzentration der sozialen Randgruppen weiter zunehmen. Durch die aufgezeigte Aufwertungsspirale werden immer mehr einkommensschwache Haushalte in die wenigen, von einkommensstarken Haushalten nicht nachgefragten Wohngebiete abgedrängt. Diese entwickeln sich zu Orten mit hohen Anteilen sozial schwacher Haushalte und damit zu Kulminationspunkten sozialer Probleme. Für Hamburgs ersten Bürgermeister Henning Voscherau stehen den innenstadtnahen Wohngebieten als "Oasen der gehobenen Wohnviertel in den besten Stadtlagen" die "allmählich verfallenden Quartiere der desorganisierten Peripherie und citynahen Armutsnischen" gegenüber. In letzteren Wohngebieten würden sich Arme, Arbeits- und Wohnungslose, Ausländer und Asylbewerber konzentrieren. Der Alltag sei durch "Verwahrlosung, Gewalt in den Familien, Alkoholismus, Apathie und Resignation" gekennzeichnet (Voscherau 1994: 83f.).

Hand in Hand mit der Aufwertungsspirale von Wohnquartieren geht somit eine Abwertungsspirale anderer Viertel. Beide Prozesse sind nicht voneinander zu trennen. Haushalte, die aus ihren alten Wohnquartieren abgedrängt werden, verfügen über immer weniger Wohnortalternativen. Sie werden immer häufiger nur noch Wohnungen in Vierteln mit einem hohen Anteil ebenfalls sozial schwacher Bevölkerungsgruppen finden. Die Segregation und Ghettobildung nimmt damit zu. Viele werden daher einen Umzug solange wie möglich aufschieben und bei Unzufriedenheit mit der Wohnsituation mit der Handlungsoption 'Passivität' reagieren. Vor allem für einkommensschwache Familien in der Expansions- und Konsolidierungsphase bedeutet dies eine länger andauernde Unterversorgung mit Wohnraum. Nach Angaben des Amtes für Statistik und Einwohnerwesen der Stadt Köln waren 1993 in Köln 48 Prozent der Vierpersonenhalte und 73 Prozent der größeren Haushalte unterversorgt (Stadt Köln 1992/93: 87).[1]

Die schwächsten Wohnungsnachfrager finden gar keine Wohnung mehr. So gab es 1990 nach Angaben von Specht-Kittler (1992: 33) ca. 800.000 Obdachlose in den alten Bundesländern. Die Gruppe teilt sich auf in:

---

1 Als unterversorgt gelten alle Haushalte, die in Wohnungen mit weniger Zimmern als Haushaltsmitgliedern leben (Küche, Bad nicht mitgezählt).

- Ca. 130.000 Menschen, die völlig ohne Wohnung, ohne dauerhafte Unterkunft und ohne Wohnsitz oder ,befristet in Heimen leben. Sie werden in der Regel nicht als Obdachlose, sondern als Nichtseßhafte bezeichnet.
- Ca. 100.000 Menschen, die in Billighotels und Pensionen leben. Schon Ende der achtziger Jahre wurden jährlich in Köln ca. 25 Mio. DM, in München 30 Mio. DM und in Hamburg 36 Mio. DM von den Städten für belegte Hotelbetten aufgewandt (Specht 1990: 234f.). Die Tendenz wird für diese Gruppe als eindeutig steigend eingeschätzt.
- Ca. 100.000 Menschen leben in Heimen und Anstalten;
- ca. 300.000 Menschen in kommunalen Notunterkünften und
- ca. 200.000 Aus- und Übersiedler in Übergangsunterkünften.

Für die neuen Bundesländer schätzt Specht-Kittler (1992: 33) die Zahl der Obdachlosen auf 200.000 Menschen, so daß von insgesamt einer Million Obdachlosen auszugehen ist. Hinzu kommen noch zwischen 800.000 und 950.000 Menschen in den alten Bundesländern und ca. 300.000 Menschen in den neuen Bundesländern, die in unzumutbaren Wohnverhältnissen leben (Specht-Kittler 1992: 35).

In Köln wird die Anzahl der Obdachlosen für 1993 auf 6.700 Personen geschätzt (Stadt Köln 1992/93: 76), wobei hier wahrscheinlich nur Personen erfaßt wurden, die in Notunterkünften untergebracht sind. Mit der Zahl wird damit vermutlich die tatsächliche Anzahl an Obdachlosen erheblich unterschätzt.[1] Knapp 60 Prozent der Obdachlosen sind alleinlebend, immerhin knapp 35 Prozent leben in kinderreichen Familien und sonstigen Mehrpersonenhaushalten. Als häufigster Grund (65,4% aller Fälle) der Obdachlosigkeit wurde eine fristlose Kündigung angegeben, überwiegend wegen verspäteter oder ausgebliebener Mietzahlung.

Alle Anzeichen deuten auf ein weiteres Anwachsen der Wohnungsnot und Obdachlosigkeit hin, wenn nicht geeignete Gegenmaßnahmen eingeleitet werden.[2] Man muß heute nicht wie Luhmann nach Südamerika oder Wales reisen, um überrascht festzustellen, "daß es doch Exklusionen gibt, und zwar massenhaft" (Luhmann 1995: 147), es reicht aus, in den Städten der Bundesrepublik die Augen offen zu halten; denn "schon jeder Gang durch die Fußgängerzone einer westdeutschen Großstadt oder gar die Straßen einer verslumten Hochhaussiedlung macht mit einem Schlag deutlich, daß mehr und mehr Bevölkerungskreise heute in die Spirale der sozialen Verelendung hineingerissen werden" (Honneth 1994a: 100).

---

1 Für Berlin schätzt Diepgen (1994: 65) die Zahl der Obdachlosen auf 12.000, für München gibt Kronawitter (1994a: 115) eine Zahl von über 8.000 an. Auch hierbei handelt es sich wahrscheinlich um eine deutliche Unterschätzung der tatsächlichen Anzahlen, wenn man die Abgrenzung von Specht-Kittler als Definition von Obdachlosigkeit wählt.
2 Siehe hierzu vor allem das 'Manifest der Oberbürgermeister' in Kronawitter (1994: 7-15).

Abbildung 8.1: Verteilung der Sozialhilfebedarfsgemeinschaften in Köln 1995 (eigene Berechnungen nach Daten vom Amt für Statistik und Einwohnerwesen der Stadt Köln)

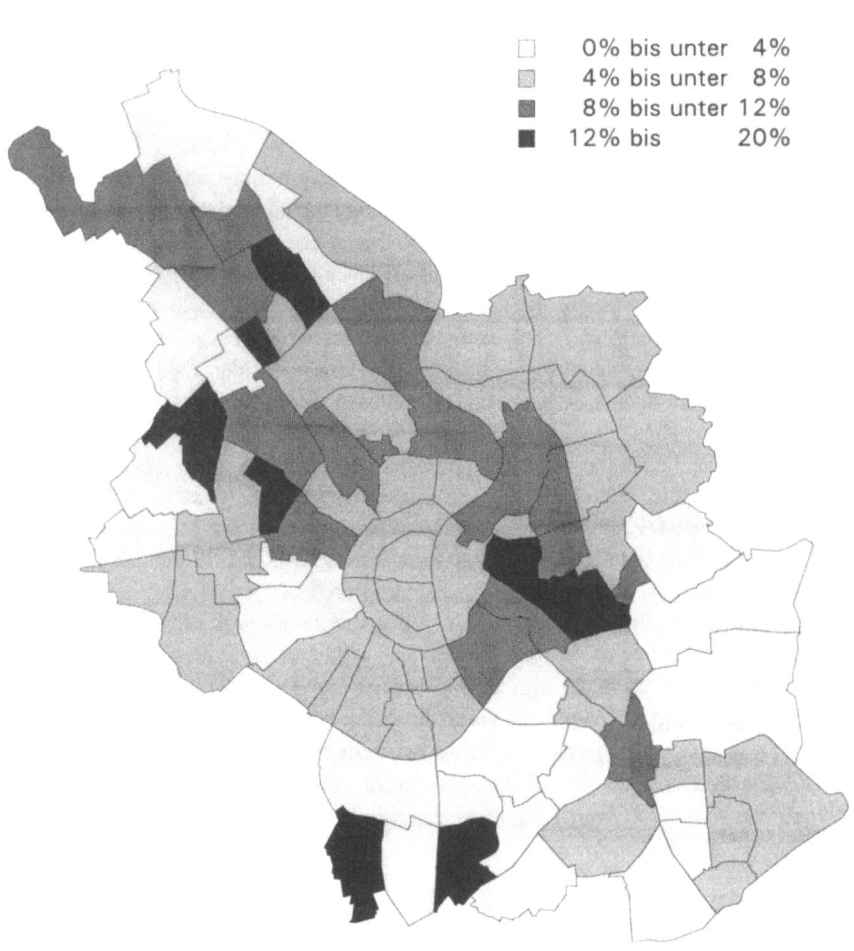

Vorschläge zur Minderung der Probleme sollten das gezeigte Zusammenspiel der Handlungen unterschiedlicher Akteure immer mitberücksichtigen. Forderungen wie den Einsatz von Erhaltungs- bzw. Milieuschutzsatzungen nach § 172 BauGB zur Sicherung der alten Bewohnerstruktur in einem Gebiet (Becker 1994; Becker und Wassener 1992; Stein 1990) klingen zunächst sehr vielversprechend, doch sollte sofort die Frage nach den weiteren Folgen gestellt werden. So werden bei einem Erlaß der Milieuschutzsatzung mit hoher Wahrscheinlichkeit Modernisierungen vollkommen ausbleiben, da sie für den Investor nicht rentabel sind. Die Folge könnte eine starke Abwertung des Gebietes sein. Die damit nicht reduzierte Nachfrage einkommensstarker Bevölkerungsgruppen wird sich auf andere Wohngebiete konzentrieren. Das Problem wird mithin nur räumlich verlagert, nicht gelöst.

Auch die schon erwähnte Durchsetzung der 'Münchener Linie' zur Eindämmung der Umwandlungsrate von Miet- in Eigentumswohnungen wird die Probleme nicht beheben. Durch die Maßnahme kann zwar die Umwandlungsrate reduziert werden, doch verstärken sich damit die Probleme auf dem Mietwohnungsmarkt, denn potentielle Käufer der Eigentumswohnungen, in der Regel relativ einkommensstark, werden sich eine Mietwohnung suchen müssen. Damit steigt der Nachfragedruck nach Mietwohnungen, was die Anbieter zu weiteren Mieterhöhungen nutzen werden. Eine staatliche Festschreibung von maximalen Miethöhen kann hier zwar wirksam eingreifen, doch werden andere Folgeeffekte auftreten. So gibt eine Festschreibung der Mietpreise unterhalb der Marktmiete den Anbietern die Möglichkeit einer Diskriminierung bei der Wohnungsvergabe. Außerdem verursacht die Maßnahme einen Umwandlungsdruck, da eine Umwandlung in eine Eigentumswohnung u.U. jetzt wieder größere Gewinne verspricht. Die Kostensteigerung von Umwandlungen, wie sie durch die 'Münchener Linie' kurzzeitig bewirkt wurde, und eine Reglementierung der Miethöhe sind damit zwei Maßnahmen, die in entgegengesetzten Richtungen wirken. Was sie wahrscheinlich beide bewirken, ist eine Reduktion des Wohnungsbestandes, da sich potentielle Investoren nach anderen Anlagemöglichkeiten umsehen werden.

Jede Maßnahme hat damit Folgewirkungen, die berücksichtigt werden müssen, wenn es um eine Behebung der Wohnungsprobleme geht. Zudem sollte deutlich geworden sein, daß die einmal eingeleiteten Maßnahmen selbst nach einer Rücknahme noch lange 'ausstrahlen' können, d.h. die durch die Maßnahme in Gang gesetzten Entwicklungen werden keineswegs sofort zum Stillstand kommen.

Verstärkt wird die Lösungsproblematik, um es systemtheoretisch auszudrücken, noch durch die engen Beziehungen zwischen den gesellschaftlichen Funktionssystemen, denn:

"Funktionssysteme schließen, wenn sie rational operieren, Personen aus oder marginalisieren sie so stark, daß dies Konsequenzen hat für den Zugang zu anderen Funktionssystemen." (Luhmann 1995: 148)

Wer durch Arbeitslosigkeit längerfristig aus dem Wirtschaftssystem ausgeschlossen ist, wird auch im Wohnungssystem an den Rand gedrückt. Immer mehr Menschen werden ganz ausgeschlossen. Doch ist eine Person aus dem Wohnungssystem ausgeschlossen, wird sie nicht wieder in das Wirtschaftssystem inkludiert (ohne Arbeit keine Wohnung, ohne Wohnung keine Arbeit). Eine wirksam auf Vollinklusion ausgerichtete Wohnungspolitik ist damit immer auch auf eine möglichst weitgehende Inklusion aller Bevölkerungsgruppen im Wirtschaftssystem angewiesen.

Nach Luhmann (1995: 147) ist die Leitdifferenz des nächsten Jahrhunderts die der Inklusion und Exklusion. Die Soziologie sollte dazu beitragen, daß es nicht dazu kommt, denn keiner sollte sich beispielsweise mit der zunehmenden Obdachlosigkeit abfinden. Dazu ist die Offenlegung und damit Erklärung der Mechanismen notwendig, die zur Inklusion und Exklusion führen. Nur dadurch können Konzepte zur Aufhebung der Differenz in Richtung einer Abnahme des Ausschlusses oder der Marginalisierung größerer Bevölkerungsgruppen entwickelt werden. Vielleicht konnte die Arbeit auch in diese Richtung einen kleinen Beitrag leisten, indem gezeigt wurde, daß es nicht ein imaginäres Funktionssystem 'Wohnen' ist, das Bevölkerungsgruppen ausschließt, sondern die Marginalisierungs- und Ausschlußtendenzen auf Wechselbeziehungen rationaler Handlungen von Menschen zurückgeführt werden können. Diese Handlungen und ihre Wechselbeziehungen, deren kollektiven Folgen von dem einzelnen in der Regel nicht überschaubar sind, gilt es zu analysieren, denn aus ihnen entstehen die zu erklärenden sozialen Phänomene und die zu lösenden sozialen Probleme.

Literatur

Alchian, Armen und William R. Allen, 1977: Exchange and Production: Competition, Coordination, and Control. 2. Aufl., Belmont: Wadsworth Publishing.

Allen, Irving L., 1984: The Ideology of Dense Neighborhood Redevelopment. In: J. John Palen und Bruce London (Hg.): Gentrification, Displacement and Neighborhood Revitalization. Albany: State University of New York Press, 27-42.

Anas, Alex, 1980: A Probabilistic Approach to the Structure of Rental Housing Markets. Journal of Urban Economics, 7, 225-247.

Anas, Alex, 1980a: A Model of Residential Change and Neighborhood Tipping. Journal of Urban Economics, 7, 358-379.

Auger, Deborah A., 1979: The Politics of Revitalization in Gentrifying Neighborhoods: The Case of Boston's South End. Journal of the American Planning Association, 45, 515-522.

Bach, Robert L. und Joel Smith, 1977: Community Satisfaction, Expectations of Moving, and Migration. Demography, 14, 147-167.

Beauregard, Robert A., 1986: The Chaos and Complexity of Gentrification. In: Neil Smith und Peter Williams (Hg.): Gentrification of the City. Boston et al.: Unwin Hyman, 35-55.

Beck, Ulrich, 1986: Risikogesellschaft: Auf dem Weg in eine andere Moderne. Frankfurt am Main: Suhrkamp.

Becker, Ulrich und Horst Nowak, 1982: Lebensweltanalyse als neue Perspektive der Meinungs- und Marketingforschung. In: ESOMAR (Hg.): Fitting Research to Turbulent Times. Volume II, Wien, 247-267.

Becker, Wolfgang, 1994: Wohnungspolitische Interventionen und Lebensstile in Städten: Das Beispiel der Milieuschutzsatzung. In: Jens S. Dangschat und Jörg Blasius (Hg.): Lebensstile in den Städten. Konzepte und Methoden. Opladen: Leske+Budrich, 387-395.

Becker, Wolfgang und Dietmar Wassener, 1992: Die Milieuschutzsatzung als Instrument kommunaler Wohnungspolitik. der städtetag, 8/92, 566- 571.

Berg, Leo van den et al., 1982: Urban Europe: A Study of Growth and Decline. Oxford et al.: Pergamon Press.

Berry, Brian J.L., 1985: Islands of Renewal in Seas of Decay. In: Paul E. Peterson (Hg.): The New Urban Reality. Washington, D.C.: The Brookings Institution, 69-96.

Birch, David L., 1971: Toward a Stage Theory of Urban Growth. Journal of the American Institute of Planners, 37, 78-87.

Blasius, Jörg, 1990: Gentrification und Lebensstile. In: Jörg Blasius und Jens S. Dangschat (Hg.): Gentrification. Die Aufwertung innenstadtnaher Wohnviertel. Frankfurt/New York: Campus, 354-375.

Blasius, Jörg, 1993: Gentrification und Lebensstile. Eine empirische Untersuchung. Wiesbaden: Deutscher Universitäts-Verlag.

Blasius, Jörg und Jens S. Dangschat (Hg.), 1990: Gentrification. Die Aufwertung innenstadtnaher Wohnviertel. Frankfurt a.m./New York: Campus Verlag.

Blasius, Jörg und Jens S. Dangschat, 1990a: Die Aufwertung innenstadtnaher Wohngebiete - Grundlagen und Folgen. In: Jörg Blasius und Jens S. Dangschat (Hg.): Gentrification. Die Aufwertung innenstadtnaher Wohngebiete. Frankfurt a.m./New York: Campus, 11-31.

Blossfeld, Hans-Peter und Johannes Huinink, 1989: Die Verbesserung der Bildungs- und Berufschancen von Frauen und ihr Einfluß auf den Prozeß der Familienbildung. Zeitschrift für Bevölkerungswissenschaft, 15, 383-404.

Blossfeld, Hans-Peter, Johannes Huinink und Götz Rohwer, 1991: Wirkt sich das steigende Bildungsniveau der Frauen tatsächlich negativ auf den Prozeß der Familienbildung aus? Zeitschrift für Bevölkerungswissen-schaft, 17, 337-351.

Blossfeld, Hans-Peter und Ursula Jaenichen, 1990: Bildungsexpansion und Familienbildung. Wie wirkt sich die Höherqualifikation der Frauen auf ihre Neigung zu heiraten und Kinder zu bekommen aus? Soziale Welt, 41, 454-475.

Böll, Heinrich, 1994 (1953): Köln eine Stadt - nebenbei eine Großstadt. In: Heinrich Böll und Köln. Herausgegeben von Viktor Böll, Köln: Kiepenheuer & Witsch, 125-128.

Böll, Heinrich, 1994 (1972): Hülchrather Straße Nr. 7. In: Heinrich Böll und Köln. Herausgegeben von Viktor Böll, Köln: Kiepenheuer & Witsch, 161-175.

Boudon, Raymond, 1980: Die Logik des gesellschaftlichen Handelns. Eine Einführung in die soziologische Denk- und Arbeitsweise. Neuwied/Darmstadt: Luchterhand.

Bourdieu, Pierre, 1974: Zur Soziologie der symbolischen Formen. Frankfurt a.M.: Suhrkamp.

Bourdieu, Pierre, 1982: Die feinen Unterschiede. Kritik der gesellschaftlichen Urteilskraft. Frankfurt a.M.: Suhrkamp.

Bourdieu, Pierre, 1983: Ökonomisches Kapital, kulturelles Kapital, soziales Kapital. In: Reinhard Kreckel (Hg.): Soziale Ungleichheiten. Soziale Welt, Sonderheft 2, Göttingen: Otto Schwartz & Co., 183-198.

Bretz, Manfred und Frank Niemeyer, 1992: Private Haushalte gestern und heute. Ein Rückblick auf die vergangenen 150 Jahre. Wirtschaft und Statistik 2, 73-81.

Brown, Lawrence A. und Eric G. Moore, 1971: The Intra-urban Migration Process: A Perspective. In: Larry S. Bourne (Hg.): Internal Structure of the City. Readings on Space and Environment. New York et al.: Oxford University Press, 200-209.

Brüderl, Josef und Thomas Klein, 1991: Bildung und Familiengründung: Institutionen- versus Niveaueffekt. Zeitschrift für Bevölkerungswissenschaft, 17, 323-335.

Burgess, Ernest W., 1925: The Growth of the City: An Introduction to a Research Project. In: Robert E.,Park, Ernest W. Burgess und Roderick D. McKenzie (Hg.): The City. Chicago/London: The University of Chicago Press, 47-62.

Busse, Carl-Heinrich, 1990: Gentrification: Stadtteile im Konflikt - Beispiele aus Hamburg. In: Jörg Blasius und Jens S. Dangschat (Hg.): Gentrification. Die Aufwertung innenstadtnaher Wohnviertel. Frankfurt a.m./New York: Campus, 196-212.

Castells, Manuel, 1977: The Urban Question. A Marxist Approach. London: Edward Arnold.

Clark, Eric, 1987: The Rent Gap and Urban Change. Case Studies in Malmö 1860-1985. Lund: Lund University Press.

Clark, Eric, 1991: Rent Gaps and Value Gaps: Complementary or Contradictory? In: Jan van Weesep und Sako Musterd (Hg.): Urban Housing for the Better-Off: Gentrification in Europe. Utrecht: Stedelijke Netwerken, 17-29.

Clark, W.A.V., 1991: Residential Preferences and Neighborhood Racial Segregation: A Test of the Schelling Segregation Model. Demography, 28, 1-19.

Clark, W.A.V. und Martin Cadwallader, 1973: Locational Stress and Residential Mobility. Environment and Behavior, 5, 29-41.

Clay, Phillip L., 1979: Neighborhood Renewal. Lexington, Mass: Lexington Books.

Clay, Phillip L., 1980: The Rediscovery of City Neighborhoods: Reinvestment by Long-Time Residents and Newcomers. In: Shirley Laska und Daphne Spain (Hg.): Back to the City. Issues in Neighborhood Renovation. New York et al.: Pergamon Press, 13-26.

Coleman, James S., 1964: Introduction to Mathematical Sociology. Glencoe: The Free Press.

Coleman, James S., 1986: Social Theory, Social Research, and a Theory of Action. American Journal of Sociology, 91, 1309-1335.

Coleman, James S., 1986a: Psychological Structure and Social Structure in Economic Models. In: Robin M. Hogarth und Melvin W. Reder (Hg.): Rational Choice. The Contrast between Economics and Psychology. Chicago-London, 181-185.

Coleman, James S., 1987: Microfoundations and Macrosocial Behavior. In: Jeffrey C. Alexander, Bernhard Giesen, Richard Münch und Neil J. Smelser (Hg.): The Micro-Macro Link. Berkeley et al.: University of California Press, 153-173.

Coleman, James S., 1990: Foundations of Social Theory. Cambridge, Mass./London: Belknap Press.

Dangschat, Jens S., 1988: Gentrification: Der Wandel innenstadtnaher Wohnviertel. In: Jürgen Friedrichs (Hg.): Soziologische Stadtforschung. Kölner Zeitschrift für Soziologie und Sozialpsychologie, Sonderheft 29, Opladen: Westdeutscher Verlag, 272-292.

Dangschat, Jens S., 1990: Geld ist nicht (mehr) alles - Gentrification als räumliche Segregierung nach horizontalen Ungleichheiten. In: Jörg Blasius und Jens S. Dangschat (Hg.): Gentrification. Die Aufwertung innenstadtnaher Wohnviertel. Frankfurt a.M./New York: Campus Verlag, 69-92.

Dangschat, Jens S., 1991: Gentrification - Indikator und Folge globaler ökonomischer Umgestaltung, des Sozialen Wandels, politischer Handlungen und von Verschiebungen auf dem Wohnungsmarkt in innenstadtnahen Wohngebieten. Unveröffentlichte Habilitationsschrift, Hamburg.

Dangschat, Jens S., 1991a: Gentrification in Hamburg. In: Jan van Weesep und Sako Musterd (Hg.): Urban Housing for the Better-Off: Gentrification in Europe. Utrecht: Stedelijke Netwerken, 63-88.

Dangschat, Jens S., 1994: Lebensstile in der Stadt. Raumbezug und konkreter Ort von Lebensstilen und Lebensstilisierungen. In: Jens S. Dangschat und Jörg Blasius (Hg.): Lebensstile in den Städten. Konzepte und Methoden. Opladen: Leske+Budrich, 335-354.

Dangschat, Jens S. und Jörg Blasius (Hg.), 1994: Lebensstile in den Städten. Konzepte und Methoden. Opladen: Leske+Budrich.

Dangschat, Jens S. und Jürgen Friedrichs, 1988: Gentrification in Hamburg. Hamburg: Gesellschaft für Sozialwissenschaftliche Stadtforschung (GSS).

Deane, Glenn D., 1990: Mobility and Adjustments: Paths to the Resolution of Residential Stress. Demography, 27, 65-79.

DeGiovanni, Frank F., 1983: Patterns of Change in Housing Market Activity in Revitalizing Neighborhoods. Journal of the American Planning Association, 49, 22-39.

Dekle, Robert, 1989: A Simulation Model of Saving, Residential Choice, and Bequests of the Japanese Elderly. Economics Letters, 29, 129-133.

Deutscher Städtetag (Hg.), 1986: Die Innenstadt. Reihe E, DST-Beiträge zur Stadtentwicklung und Umweltschutz, Heft 14, Köln.

Diepgen, Eberhard, 1994: Berliner Hoffnungen, Berliner Sorgen, Berliner Nöte. In: Georg Kronawitter (Hg.): Rettet unsere Städte jetzt! Das Manifest der Oberbürgermeister. Düsseldorf et al.: Econ, 49-76.

Downs, Anthony, 1981: Neighborhoods and Urban Development. Washington, D.C: The Brookings Institution.

Droth, Wolfram und Jens Dangschat, 1985: Räumliche Konsequenzen der Entstehung "neuer Haushaltstypen". In: Jürgen Friedrichs (Hg.): Die Städte in den 80er Jahren. Demographische, ökonomische und technologische Entwicklungen. Opladen: Westdeutscher Verlag, 147-180.

Eco, Umberto, 1989: Das Foucaultsche Pendel. München/Wien: Hanser.

Eekhoff, Johann, 1987: Wohnungs- und Bodenmarkt. Tübingen: Mohr.

Eekhoff, Johann, 1993: Wohnungspolitik. Tübingen: Mohr.

Esser, Hartmut, 1988: Sozialökologische Stadtforschung und Mehr-Ebenen-Analyse. In: Jürgen Friedrichs (Hg.): Soziologische Stadtforschung. Kölner Zeitschrift für Soziologie und Sozialpsychologie, Sonderheft 29, Opladen: Westdeutscher Verlag, 35-55.

Esser, Hartmut, 1989: Verfällt die "soziologische Methode"? Soziale Welt, 40, 57-75.

Esser, Hartmut, 1990: "Habits", "Frames" und "Rational Choice". Die Reichweite von Theorien der rationalen Wahl (am Beispiel der Erklärung des Befragtenverhaltens). Zeitschrift für Soziologie, 19, 231-247.

Esser, Hartmut, 1991: Alltagshandeln und Verstehen. Zum Verhältnis von erklärender und verstehender Soziologie am Beispiel von Alfred Schütz und »Rational Choice«. Tübingen: J.C.B. Mohr (Paul Siebeck).

Esser, Hartmut, 1993: Soziologie. Allgemeine Grundlagen. Frankfurt a.M./New York: Campus.

Eurostat, 1991: Sozialporträt Europas. Luxemburg: Amt für amtliche Veröffentlichungen der Europäischen Gemeinschaften.

Eurostat, 1992: Europa in Zahlen. Luxemburg: Amt für amtliche Veröffentlichungen der Europäischen Gemeinschaften.

Falk, Wilhelm, 1994: Städtische Quartiere und Aufwertung: Wo ist Gentrification möglich? Basel et al.: Birkhäuser.

Fischer, Claude S., 1975: Toward a Subcultural Theory of Urbanism. American Journal of Sociology, 80, 1319-1341.

Fischer, Claude S., 1982: To Dwell Among Friends. Personal Networks in Town and City. Chicago: The University of Chicago Press.

Foote, N. et al., 1960: Housing Choices and Housing Constraints. New York: McGraw-Hill.

Franz, Peter, 1984: Soziologie der räumlichen Mobilität. Frankfurt a.M./New York: Campus Verlag.

Franz, Peter, 1986: Der "constrained choice"-Ansatz als gemeinsamer Nenner individualistischer Ansätze in der Soziologie. Kölner Zeitschrift für Soziologie und Sozialpsychologie, 38, 32-54.

Franz, Peter, 1989: Stadtteilentwicklung von unten. Zur Dynamik und Beeinflußbarkeit ungeplanter Veränderungsprozesse auf Stadtteilebene. Basel et al.: Birkhäuser Verlag.

Frey, Bruno S., 1990: Ökonomie ist Sozialwissenschaft. Die Anwendung der Ökonomie auf neue Gebiete. München: Franz Vahlen.

Friedrichs, Jürgen, 1981: Stadtanalyse. Soziale und räumliche Organisation der Gesellschaft. Zweite Aufl., Opladen: Westdeutscher Verlag.

Friedrichs, Jürgen, 1987: Urban Renewal Policies and Back-to-the-City Migration. The Case of West Germany. Journal of the American Planning Association, 53, 70-79.

Friedrichs, Jürgen, 1988: Stadtsoziologie - Wohin? In: Jürgen Friedrichs (Hg.): Soziologische Stadtforschung. Kölner Zeitschrift für Soziologie und Sozialpsychologie, Sonderheft 29, Opladen: Westdeutscher Verlag, 7-17.

Friedrichs, Jürgen, 1988a: Makro- und mikrosoziologische Theorien der Segregation. In: Jürgen Friedrichs (Hg.): Soziologische Stadtforschung. Kölner Zeitschrift für Soziologie und Sozialpsychologie, Sonderheft 29, Opladen: Westdeutscher Verlag, 56-77.

Friedrichs, Jürgen und Martin Stolle, 1995: Wanderung und Wanderungsbereitschaft von Arbeitslosen. Abschlußbericht zum DFG-Projekt Fr 517/10-1,2,3, Universität zu Köln, Forschungsinstitut für Soziologie.

Friedrichs, Jürgen, Martin Stolle und Gudrun Engelbrecht, 1993: Rational Choice-Theorie: Probleme der Operationalisierung. Zeitschrift für Soziologie, 22, 2-15.

Friedrichs, Jürgen, Martin Stolle und Konstantin Sapouridis, 1994: Situation und Entscheidung. Unveröffentlichter Forschungsbericht, Universität zu Köln, Forschungsinstitut für Soziologie.

Gale, Dennis E., 1979: Middle Class Resettlement in Older Urban Neighborhoods. Journal of the American Planning Association, 45, 293-304.

Gale, Dennis E., 1980: Neighborhood Resettlement: Washington, D.C. In: Shirley Bradway Laska und Daphne Spain (Hg.): Back to the City. Issues in Neighborhood Renovation. New York et al.: Pergamon Press, 95-115.

Gans, Herbert J., 1962: The Urban Villagers. New York: Free Press.

Gans, Herbert J., 1974 (1962): Urbanität und Suburbanität als Lebensformen: Eine Neubewertung von Definitionen. In: Ulfert Herlyn (Hg.): Stadt- und Sozialstruktur. München: Nymphenburger Verlagshandlung, 67-90.

Gans, Herbert J., 1984: American Urban Theories and Urban Areas: Some Observations on Contempary Ecological and Marxist Paradigms. In: Ivan Szelenyi (Hg.): Cities in Recession. Beverly Hills et al., 278-308.

Geißler, Rainer, 1992: Die Sozialstruktur Deutschlands. Opladen: Westdeutscher Verlag.

Gluchowski, Peter, 1987: Lebensstile und Wandel der Wählerschaft in der Bundesrepublik Deutschland. Aus Politik und Zeitgeschichte, B12/87, 18-32.

Goldfield, David R., 1980: Private Neighborhood Redevelopment and Displacement: The Case of Washington, D.C. Urban Affairs Quarterly, 15, 453-468.

Gude, Sigmar, 1990: Diskriminierung auf dem Wohnungsmarkt. In: Alan Norton und Klaus Novy (Hg.): Soziale Wohnpolitik der 90er Jahre. Probleme und Handlungsansätze aus britisch-deutscher Sicht. Basel et al.: Birkhäuser, 237-256.

Gütter, Reinhold und Winfried Killisch, 1992: Die Folgen der Umwandlung von Miet- in Eigentumswohnungen. Wohnungswirtschaft und Mietrecht, 45, 9/1992, 455-458.

Häußermann, Hartmut, 1988: Stadt und Lebensstil. In: Volker Hauff (Hg.): Stadt und Lebensstil: Thema: Stadtkultur. Weinheim/Basel: Beltz, 75-89.

Häußermann, Hartmut und Walter Siebel, 1987: Neue Urbanität. Frankfurt am Main: Suhrkamp.

Hamm, Bernd, 1982: Social Area Analysis and Factorial Ecology: A Review of Substantive Findings. In: George A. Theodorson: Urban Patterns. Studies in Human Ecology. University Park/London: The Pennsylvania State University Press, 316-337.

Hamm, Bernd, 1984: Aktuelle Probleme sozialökologischer Analyse. Kölner Zeitschrift für Soziologie und Sozialpsychologie, 36, 277-292.

Hamnett, Christopher, 1984: Gentrification and Residential Location Theory: A Review and Assessment. In: D.T. Herbert und R.J. Johnston (Hg.): Geography and Urban Environment. Progress in Research and Appli-cations, Vol. 6, London: Wiley, 283-319.

Hamnett, Chris, 1991: The Blind Men and the Elephant: The Explanation of Gentrification. In: Jan van Weesep und Sako Musterd (Hg.): Urban Housing for the Better-Off: Gentrification in Europe. Utrecht: Stedelijke Netwerken, 30-51.

Hamnett, Christopher und Bill Randolph, 1986: Tenurial Transformation and the Flat-up Market in London: The British Condo Experience. In: Neil Smith und Peter Williams (Hg.): Gentrification of the City. Boston et al.: Unwin Hyman, 121-152.

Hamnett, Christopher und Peter Williams, 1980: Social Change in London: A Study of Gentrification. Urban Affairs Quarterly, 15, 469-487.

Hartmann, Peter H., 1991: Logistische Regression und Probit-Modelle mit SPSS: Anmerkungen zu zwei sehr unterschiedlichen Prozeduren. ZUMA-Nachrichten, 28, 18-28.

Harvey, David, 1978: The Urban Process under Capitalism: A Framework for Analysis. International Journal of Urban and Regional Research, 2, 101-131.

Hauff, Volker (Hg.), 1988: Stadt und Lebensstil. Thema: Stadtkultur. Weinheim/Basel: Beltz.

Hawley, Amos H., 1944: Ecology and Human Ecology. Social Forces, 22, 398-405.

Hawley, Amos H., 1950: Human Ecology. A Theory of Community Structure. New York: Ronald Press Company.

Hawley, Amos H., 1986: Human Ecology. A Theoretical Essay. Chicago/London: The University of Chicago Press.

Hayek, F.A. v., 1952: The Counter Revolution of Science. Glencoe: The Free Press.

Hebdige, Dick, 1983: Subculture - Die Bedeutung von Stil. In: Diedrich Diederichsen, Dick Hebdige und Olaph-Dante Marx: Schocker. Stile und Moden der Subkultur. Reinbek bei Hamburg: Rowohlt Taschen-buch, 8-120.

Heiner, Ronald A., 1983: The Origin of Predictable Behavior. American Economic Review, 73, 560-595.

Hempel, Carl G., 1965: Aspects of Scientific Explanation. And Other Essays in the Philosophy of Science. New York: The Free Press.

Herlyn, Ulfert, 1990: Leben in der Stadt. Lebens- und Familienphasen in städtischen Räumen. Opladen: Leske + Budrich.

Herlyn, Ulfert, 1990a: Stadtsoziologie in der Krise? Bemerkungen zu Behauptungen von Jürgen Friedrichs. Kölner Zeitschrift für Soziologie und Sozialpsychologie, 42, 554-558.

Herlyn, Ulfert, Gitta Scheller und Wulf Tessin, 1994: Neue Lebensstile von ArbeiterInnen in Industriestädten. In: Jens S. Dangschat und Jörg Blasius (Hg.): Lebensstile in den Städten. Konzepte und Methoden. Opladen: Leske+Budrich, 366-386.

Hernes, Gudmund, 1976: Structural Change in Social Processes. American Journal of Sociology, 82, 513-547.

Hirschman, Albert O., 1974 (1970): Abwanderung und Widerspruch. Reaktionen auf Leistungsabfall bei Unternehmungen, Organisationen und Staaten. Tübingen: J.C.B. Mohr (Paul Siebeck).

Hitzler, Ronald, 1994: Radikalisierte Praktiken der Distinktion. Zur Politisierung des Lebens in der Stadt. In: Jens S. Dangschat und Jörg Blasius (Hg.): Lebensstile in den Städten. Konzepte und Methoden. Opladen: Leske+Budrich, 47-58.

Höhn, Charlotte und Jürgen Dorbritz, 1995: Zwischen Individualislierung und Institutionalisierung - Familiendemographische Trends im vereinten Deutschland. In: Bernhard Nauck und Corinna Onnen-Isemann (Hg.): Familie im Brennpunkt von Wissenschaft und Forschung. Neuwied et al.: Luchterhand, 149-174.

Hoffmeyer-Zlotnik, 1977: Gastarbeiter im Sanierungsgebiet. Das Beispiel Berlin-Kreuzberg. Hamburg: Christians.

Holtmann, Everhard und Winfried Killisch, 1993: Wohnungspolitik im geeinten Deutschland. Problemlagen und Entwicklungsperspektiven. Aus Politik und Zeitgeschichte, Beilage zur Wochenzeitung Das Parlament, B8-9/93, 3-15.

Honneth, Axel, 1994: Kampf um Anerkennung. Zur moralischen Grammatik sozialer Konflikte. Frankfurt a.M.: Suhrkamp.

Honneth, Axel, 1994a: Desintegration. Bruchstücke einer soziologischen Zeitdiagnose. Frankfurt a.M.: Fischer Taschenbuch.

Hoover, Edgar M. und Raymond Vernon, 1959: Anatomy of a Metropolis. Cambridge, Mass.: Harvard University Press.

Hradil, Stefan, 1987: Sozialstrukturanalyse in einer fortgeschrittenen Gesellschaft. Opladen: Leske + Budrich.

Hudson, James R., 1980: Revitalization of Inner-City Neighborhoods: An Ecological Approach. Urban Affairs Quarterly, 15, 397-408.

Huinink, Johannes, 1990: Sozialwissenschaftliche Mehrebenenmodelle und Gentrification. In: Jörg Blasius und Jens S. Dangschat (Hg.): Gentrification. Die Aufwertung innenstadtnaher Wohnviertel. Frankfurt a.M./ New York: Campus Verlag, 251-273.

Iben, Gerd, 1992: Armut und Wohnungsnot in der Bundesrepublik Deutschland. Aus Politik und Zeitgeschichte. Beilage zur Wochenzeitung Das Parlament, B49/92, 19-29.

Infratest, 1980: Folgen der Umwandlung und Veräußerung von Mietwohnungen als Eigentumswohnungen. Eine Untersuchung der Infratest Wirtschaftsforschung GmbH, Studienbereich Stadt- und Regionalforschung, München.

Jones, F.L., 1985: Simulation Models of Group Segregation. The Australian and New Zealand Journal of Sociology, 3, 431-444.

Jugendwerk der Deutschen Shell (Hg.), 1992: Jugend '92. Lebenslagen, Orientierungen und Entwicklungsperspektiven im vereinten Deutschland. Band 1-4. Opladen: Leske+Budrich.

Jung, Matthias, 1989: Auf dem Weg zu einer besseren Datenqualität. Ein Zwischenbericht über die Erfahrungen mit telefonischen Umfragen. Arbeitspapiere der Forschungsgruppe Wahlen e.V., Nr. 1 - 26. Januar, Mannheim.

Jung, Matthias, 1989a: Ausschöpfungsprobleme bei repräsentativen Telefonumfragen. Vortrag auf dem Symposium zur Soziologie des Telefons, Universität Hohenheim 11.-13. Oktober.

Jung, Matthias, 1990: Ausschöpfungsprobleme bei repräsentativen Telefonumfragen. In: Forschungsgruppe Telefonkommunikation (Hg.): Telefon und Gesellschaft, Band 2. Berlin: Volker Spiess, 386-399.

Kahneman, Daniel und Amos Tversky, 1984: Choices, Values, and Frames. American Psychologist, 39, 341-350.

Kecskes, Robert, 1994: Abwanderung, Widerspruch, Passivität. Oder: Wer zieht wann um? Zeitschrift für Soziologie, 23, 129-144.

Kecskes, Robert, 1994a: Gentrification: Eine Klassifikation von Wohnungsnachfragern auf dem Wohnungsmarkt. ZA-Informationen, 35, 27-48.

Kecskes, Robert und Stephan Knäble, 1988: Der Bevölkerungsaustausch in ethnisch gemischten Wohngebieten. Ein Test der Tipping-Theorie von Schelling. In: Jürgen Friedrichs (Hg.): Soziologische Stadtforschung. Kölner Zeitschrift für Soziologie und Sozialpsychologie, Sonderheft 29, Opladen: Westdeutscher Verlag, 293-309.

Kecskes, Robert und Christof Wolf, 1995: Abschlußbericht zum Forschungsvorhaben "Religiosität und soziale Netzwerke". Köln: Forschungsinstitut für Soziologie.

Kecskes, Robert und Christof Wolf, 1996: Konfession, Religion und soziale Netzwerke. Zur Bedeutung christlicher Religiosität in personalen Beziehungen. Opladen: Leske+Budrich.

Kerstein, Robert, 1990: Stage Models of Gentrification. An Examination. Urban Affairs Quarterly, 25, 620-639.

Killisch, Winfried, Reinhold Gütter und Michael Ruf, 1990: Bestimmungsfaktoren, Wirkungszusammenhänge und Folgen der Umwandlung von Miet- in Eigentumswohnungen. In: Jörg Blasius und Jens S. Dangschat (Hg.): Gentrification. Die Aufwertung innenstadtnaher Wohnviertel. Frankfurt a.M./New York: Campus, 325-353.

Killisch, Winfried, Michael Ruf und Everhard Holtmann, 1993: Umwandlungen und kein Ende? Die Auswirkungen des höchstrichterlichen Urteils vom 30.6.1992 auf den Mietwohnungsmarkt in den Großstädten. der städtetag, 11/93, 715-721.

Kirchgässner, Gebhard, 1991: Homo oeconomicus. Das ökonomische Modell individuellen Verhaltens und seine Anwendung in den Wirtschafts- und Sozialwissenschaften. Tübingen: J.C.B. Mohr (Paul Siebeck).

Kirchner, Joachim, 1992: Wohnungsmarkt und Wohnungspolitik. Wirtschafts-
dienst, Zeitschrift für Wirtschaftspolitik, Nr. 9, 477-484.

Klaassen, Leo H. und G. Scimemi, 1981: Theoretical Issues in Urban Dynamics.
In: Leo H. Klaassen, W.T.M. Molle und J.H.P. Paelinck (Hg.): Dynamics of
Urban Development. Aldershot: Gower, 8-28.

Konietzka, Dirk, 1995: Lebensstile im sozialen Kontext. Ein theoretischer und
empirischer Beitrag zur Analyse soziokultureller Ungleichheiten. Opladen:
Westdeutscher Verlag.

Krause, Peter, 1992: Einkommensarmut in der Bundesrepublik Deutschland. Aus
Politik und Zeitgeschichte, Beilage zur Wochenzeitung Das Parlament,
B49/92, 3-17.

Kreckel, Reinhard, 1983: Theorien sozialer Ungleichheit im Übergang. In: Reinhard Kreckel (Hg.): Soziale Ungleichheiten. Soziale Welt, Sonderband 2,
Göttingen: Otto Schwart & Co., 3-12.

Kreckel, Reinhard, 1985: Zentrum und Peripherie. "Alte" und "neue" Ungleichheiten in weltgesellschaftlicher Perspektive. In: H. Strasser und J.H. Gold-
thorpe (Hg.): Die Analyse sozialer Ungleichheit. Kontinuität, Erneuerung,
Innovation. Opladen: Westdeutscher Verlag, 307-323.

Kreibich, Volker, 1990: Wohnungsbedarf heute und in den 90er Jahren. In: Alan
Norton und Klaus Novy (Hg.): Soziale Wohnpolitik der 90er Jahre. Probleme und Handlungsansätze aus britisch-deutscher Sicht. Basel et al.: Birkhäuser, 179-196.

Kreibich, Volker, 1990a: Die Gefährdung preisgünstigen Wohnraums durch wohnungspolitische Rahmenbedingungen. In: Jörg Blasius und Jens S. Dangschat (Hg.): Gentrification. Die Aufwertung innenstadtnaher Wohnviertel.
Frankfurt a.M./New York: Campus Verlag, 51-68.

Kronawitter, Georg (Hg.), 1994: Rettet unsere Städte jetzt! Das Manifest der
Oberbürgermeister. Düsseldorf et al.: Econ.

Kronawitter, Georg, 1994a: Wohnen und Mieten in München. In: Georg Kronawitter (Hg.): Rettet unsere Städte jetzt! Das Manifest der Oberbürgermeister.
Düsseldorf et al.: Econ, 107-128.

Kühnel, Steffen, Wolfgang Jagodzinski und Michael Terwey, 1989: Teilnehmen
oder Boykottieren: Ein Anwendungsbeispiel der binären logistischen Regression mit SPSSx. ZA-Informationen, 25, 44-75.

La Gory, Mark und John Pipkin, 1981: Urban Social Space. Belmont: Wadsworth
Publishing Company.

Landale, Nancy S. und Avery M. Guest, 1985: Constraints, Satisfaction and Residential Mobility: Speare's Model Reconsidered. Demography, 22, 199-222.

Laska, Shirley und Daphne Spain (Hg.), 1980: Back to the City. Issues in Neighborhood Renovation. New York et al.: Pergamon Press.

Lefèbvre, Henri, 1976: Die Revolution der Städte. Frankfurt: Syndikat.

Leslie, Gerald R. und Arthur H. Richardson, 1961: Life-cycle, Career Pattern, and the Decision to Move. American Sociological Review, 26, 894-902.

Ley, David, 1980: Liberal Ideology and the Postindustrial City. Annals of the Association of American Geographers, 70, 238-258.

Ley, David, 1981: Inner-City Revitalization in Canada: A Vancouver Case Study. Canadian Geographer, 25, 124-148.

Ley, David, 1986: Alternative Explanations for Inner-City Gentrification: A Canadian Assessment. Annals of American Geographers, 74, 521-535.

Ley, David, 1987: Reply: The Rent Gap Revisited. Annals of the Association of American Geographers, 77, 465-468.

Lindenberg, Siegwart, 1977: Individuelle Effekte, kollektive Phänomene und das Problem der Transformation. In: Klaus Eichner und Werner Habermehl (Hg.): Probleme der Erklärung sozialen Verhaltens. Messenheim: Hain, 46-84.

Lindenberg, Siegwart, 1981: Erklärung als Modellbau: Zur soziologischen Nutzung von Nutzentheorien. In: Werner Schulte (Hg.): Soziologie in der Gesellschaft. Bremen: Zentraldruckerei der Universität Bremen, 20-35.

Lindenberg, Siegwart, 1984: Preferences vs. Constraints. A Commmentary on von Weizsäcker's 'The Influence of Property Rights on Tastes'. Zeitschrift für die gesamte Staatswissenschaft, 140, 96-103.

Lindenberg, Siegwart, 1985: Rational Choice and Sociological Theory: New Pressures on Economics as a Social Science. Zeitschrift für die gesamte Staatswissenschaft, 141, 244-255.

Lindenberg, Siegwart, 1985a: An Assessment of the New Political Economy: Its Potential for the Social Sciences and for Sociology in Particular. Sociological Theory 3, 99-114.

Lindenberg, Siegwart, 1989: Choice and Culture: The Behavioral Basis of Cultural Impact on Transactions. In: Hans Haferkamp (Hg.): Social Structure and Culture. Berlin/New York: de Gruyter, 175-200.

Lindenberg, Siegwart, 1990: Homo Socio-oeconomicus: The Emergence of a General Model of Man in Social Sciences. Journal of Institutional and Theoretical Economics, 146, 727-748.

Lindenberg, Siegwart, 1992: The Method of Decreasing Abstraction. In: James S. Coleman und Thomas J. Fararo (Hg.): Rational Choice Theory. Advocacy and Critique. Newbury Park et al.: Sage, 3-20.

Lindenberg, Siegwart und Reinhard Wippler, 1978: Theorienvergleich: Elemente der Rekonstruktion. In: Otto Hondrich und Joachim Matthes (Hg.): Theorienvergleich in den Sozialwissenschaften. Darmstadt/Neuwied: Luchterhand, 219-231.

London, Bruce, 1980: Gentrification as Urban Reinvasion: Some Preliminary Definitional and Theoretical Considerations. In: Shirley Laska und Daphne Spain (Hg.): Back to the City. Issues in Neighborhood Reno-vation. New York et al.: Pergamon Press, 77-92.

London, Bruce und J. John Palen, 1984: Introduction: Some Theoretical and Practical Issues Regarding Inner City Revitalization. In: J. John Palen und Bruce London (Hg.): Gentrification, Displacement and Neighborhood Revitalization. Albany: State University of New York Press, 4-26.

Luhmann, Niklas, 1992: Beobachtungen der Moderne. Opladen: Westdeutscher Verlag.

Luhmann, Niklas, 1995: Gesellschaftsstruktur und Semantik. Studien zur Wissenssoziologie der modernen Gesellschaft. Band 4. Frankfurt a.M.: Suhrkamp.

Marcuse, Peter, 1986: Abandonment, Gentrification, and Displacement: The Linkages in New York City. In: Neil Smith und Peter Williams (Hg.): Gentrification of the City. Boston et al.: Unwin Hyman, 153-177.

McHugh, Kevin E., Patricia Gober und Neil Reid, 1990: Determinants of Short- and Long-Term Mobility Expectations for Home Owners and Renters. Demography, 27, 81-95.

McKenzie, Roderick D., 1968 (1926): The Scope of Human Ecology. In: Roderick D. McKenzie: On Human Ecology. Selected Writings. Chicago/London: University of Chicago Press, 19-32.

Menger, Carl, 1969 (1883): Untersuchungen über die Methode der Socialwissenschaften, und der Politischen Oekonomie insbesondere. Tübingen: Mohr.

Merton, Robert K., 1936: The Unanticipated Consequences of Purposive Social Action. American Sociological Review, 1, 894-904.

Merton, Robert K., 1968: Patterns of Influence: Local and Cosmopolitan Influentials. In: Robert K. Merton: Social Theory and Social Structure. New York/ London: The Free Press (enlarged edition), 441-474.

Meyer, Thomas, 1992: Struktur und Wandel der Familie. In: Rainer Geißler: Die Sozialstruktur Deutschlands. Ein Studienbuch zur Entwicklung im geteilten und vereinten Deutschland. Opladen: Westdeutscher Verlag, Kapitel 9, 264-283.

Musil, Jiri, 1988: Der Status der Sozialökologie. In: Jürgen Friedrichs (Hg.): Soziologische Stadtforschung. Kölner Zeitschrift für Soziologie und Sozialpsychologie, Sonderheft 29, Opladen: Westdeutscher Verlag, 18-34.

Naroska, Hans-Jürgen, 1988: Urban underclass und "neue" soziale Randgruppen im städtischen Raum. In: Jürgen Friedrichs (Hg.): Soziologische Stadtforschung. Kölner Zeitschrift für Soziologie und Sozialpsychologie, Sonderheft 29, Opladen: Westdeutscher Verlag, 251- 271.

Nave-Herz, Rosemarie, 1988: Kontinuität und Wandel in der Bedeutung, in der Struktur und Stabilität von Ehe und Familie in der Bundesrepublik Deutschland. In: Rosemarie Nave-Herz (Hg.): Wandel und Kontinuität der Familie in der Bundesrepublik Deutschland. Stuttgart: Enke, 61-94.

Nave-Herz, Rosemarie, 1989: Zeitgeschichtlicher Bedeutungswandel von Ehe und Familie in der Bundesrepublik Deutschland. In: Rosemarie Nave-Herz und Manfred Markefka (Hg.): Handbuch der Familien- und Jugendforschung. Band 1: Familienforschung. Neuwied und Frankfurt a.M.: Luchterhand, 211-222.

Newman, Sandra J. und Greg J. Duncan, 1979: Residential Problems, Dissatisfaction, and Mobility. Journal of the American Planning Association, 45, 154-166.

Niemeyer, Frank, 1994: Nichteheliche Lebensgemeinschaften und Ehepaare - Formen der Partnerschaft gestern und heute. Wirtschaft und Statistik 7, 504-517.

Norusis, Marija J./SPSS Inc., 1990: SPSS Advanced Statistics User's Guide. Chicago: SPSS Inc.

Novy, Klaus, 1990: Gewinner und Verlierer im Kampf um die Deregulierungsrenten. Skizze zur wohnpolitischen Lage in der Bundesrepublik. In: Alan Norton und Klaus Novy (Hg.): Soziale Wohnpolitik der 90er Jahre. Probleme und Handlungsansätze aus britisch-deutscher Sicht. Basel et al.: Birkhäuser, 29-46.

O'Loughlin, J.V. und G. Glebe, 1980: Faktorialökologie der Stadt Düsseldorf. Ein Beitrag zur urbanen Sozialraumanalyse. Düsseldorfer Geographische Schriften 16, Düsseldorf.

Opp, Karl-Dieter, 1978: Das "ökonomische Programm" in der Soziologie. Soziale Welt, 29, 129-154.

Orbell, John M. und Toru Uno, 1972: A Theory of Neighborhood Problem Solving: Political Action vs. Residential Mobility. American Political Science Review, 66, 471-489.

Palen, J. John und Bruce London (Hg.), 1984: Gentrification, Displacement and Neighborhood Revitalization. Albany: State University of New York Press.

Park, Robert E., 1925: The City: Suggestions for the Investigation of Human Behavior in the Urban Environment. In: Robert E. Park, Ernest W. Burgess und Roderick D. McKenzie (Hg.): The City. Chicago/London: The University of Chicago Press, 1-46.

Park, Robert E., 1936: Human Ecology. American Journal of Sociology, 42, 1-15.

Park, Robert E., 1952 (1929): The City as a Social Laboratory. In: Robert E. Park: Human Communities. The City and Human Ecology. New York: Free Press, 73-87.

Park, Robert E. und Ernest W. Burgess, 1972 (1921): Introduction to the Science of Sociology. 3. überarbeitete Aufl., Chicago/London: The University of Chicago Press.

Park, Robert E., Ernest W. Burgess und Roderick D. McKenzie (Hg.), 1925: The City. Chicago/London: The University of Chicago Press.

Peuckert, Rüdiger, 1991: Familienformen im sozialen Wandel. Opladen: Leske+ Budrich.

Porst, Rolf, 1984: Haushalte und Familien 1982. Zur Erfassung und Beschreibung von Haushalts- und Familienstrukturen mit Hilfe repräsentativer Bevölkerungsumfragen. Zeitschrift für Soziologie, 13, 165-175.

Pöschl, Hannelore, 1990: "Singles" - Versuch einer Beschreibung. Wirtschaft und Statistik 10, 703-708.

Raub, Werner und Thomas Voss, 1981: Individuelles Handeln und gesellschaftliche Folgen. Das individualistische Programm in den Sozialwissenschaften. Neuwied-Darmstadt: Luchterhand.

Reid, Laura und Neil Smith, 1993: John Wayne Meets Donald Trump: The Lower East Side as Wild Wild West. In: Gerry Keans und Chris Philo (Hg.): Selling Places. The City as Cultural Capital, Past and Present. Oxford et al.: Pergamon, 193-209.

Richter, Rudolf, 1994: Der Habitus von Lebensstilen in Stadt und Land. In: Jens S. Dangschat und Jörg Blasius (Hg.): Lebensstile in den Städten. Konzepte und Methoden. Opladen: Leske+Budrich, 355-365.

Riege, Marlo, 1993: Der soziale Wohnungsbau. Sein Beitrag und seine Grenzen für eine soziale Wohnungspolitik. Aus Politik und Zeitgeschichte, Beilage zur Wochenzeitung Das Parlament, B 8-9/93, 32-42.

Riker, William und Peter C. Ordeshook, 1973: An Introduction to Positive Political Theory. Englewood Cliffs: Prentice-Hall.

Rossi, Peter H., 1980 (1955): Why Families Move. 2. Aufl., Beverly Hills et al.: Sage.

Rothgang, Heinz und Karin Haug, 1993: Habits und Frames in der Sozialpolitik: Konzeptionelle Überlegungen. ZeS-Arbeitspapier 9/93, Bremen: Zentrum für Sozialpolitik.

Saunders, Peter, 1987: Soziologie der Stadt. Frankfurt a.M./New York: Campus.

Schelling, Thomas C., 1971: Dynamic Models of Segregation. Journal of Mathematical Sociology, 1, 143-186.

Schelling, Thomas C., 1972: A Process of Residential Segregation: Neighborhood Tipping. In: Anthony H. Pascal (Hg.): Racial Discrimination in Economic Life. Lexington, 157-184.

Schelling, Thomas C., 1978: Micromotives and Macrobehavior. New York/London: Norton & Company.

Schmid, Michael, 1982: Theorie sozialen Wandels. Opladen: Westdeutscher Verlag.

Schnare, Ann B. und C. Duncan MacRae, 1978: The Dynamics of Neighborhood Change. Urban Studies, 15, 327-331.

Schubert, Dirk, 1989: Hamburg 2000: Zwischen segregierter Armut und Yuppie-Stadt; Ein stadträumliches Szenario. In: Joachim Brech (Hg.): Neue Wohnformen in Europa. Berichte des vierten internationalen Wohnbund-Kongresses in Hamburg. Darmstadt: Verl. für Wiss. Publ., 205-218.

Schulz, Arndt, 1990: Die Aufwertung innenstadtnaher Wohnviertel in Köln. In: Jörg Blasius und Jens S. Dangschat (Hg.): Gentrification. Die Aufwertung innenstadtnaher Wohnviertel. Frankfurt a.M./New York: Campus Verlag, 185-195.

Schulze, Gerhard, 1992: Die Erlebnisgesellschaft. Kultursoziologie der Gegenwart. Frankfurt a.M./New York: Campus.

Schwirian, Kent P., 1983: Modells of Neighborhood Change. Annual Review of Sociology, 9, 83-102.

Simmel, Georg, 1957 (1903): Die Großstädte und das Geistesleben. In: Georg Simmel: Brücke und Tür. Stuttgart: Koehler, 227-242.

Simmel, Georg, 1983 (1911): Die Mode. In: Georg Simmel: Philosophische Kultur. Über das Abenteuer, die Geschlechter und die Krise der Moderne. Gesammelte Essais. Berlin: Wagenbach, 26-51.

Simmel, Georg, 1992 (1908): Soziologie. Untersuchungen über die Formen der Vergesellschaftung. Gesamtausgabe, Band 11, Frankfurt a.m.: Suhrkamp.

Simmel, Georg, 1993 (1917): Das Gebiet der Soziologie. In: Georg Simmel: Das Individuum und die Freiheit. Essais. Frankfurt a.M.: Fischer Taschenbuch, 177-191.

Simon, Herbert A., 1957 (1955): A Behavior Model of Rational Choice. In: Herbert A. Simon: Models of Man. New York et al.: John Wiley & Sons, 241-260.

Sjöwall, Maj und Per Wahlöö, 1983 (1971): Das Ekel aus Säffle. Reinbek bei Hamburg: Rowohlt Taschenbuch.

Smith, Neil, 1979: Toward a Theory of Gentrification. A Back to the City Movement by Capital not People. Journal of the American Planners Association, 45, 538-548.

Smith, Neil, 1985: Gentrification and Capital: Practice and Ideology in Society Hill. Antipode, 17 (Sonderdruck), 163-173.

Smith, Neil, 1987: Gentrification and the Rent Gap. Annals of the Association of the American Geographer, 77, 462-465.

Smith, Neil, 1991: On Gaps in Our Knowledge of Gentrification. In: Jan van Weesep und Sako Musterd (Hg.): Urban Housing for the Better-Off: Gentrification in Europe. Utrecht: Stedelijke Netwerken, 52-62.

Smith, Neil und Michele LeFaivre, 1984: A Class Analysis of Gentrification. In: J. John Palen und Bruce London (Hg.): Gentrification, Displacement and Neighborhood Revitalization. Albany: State University of New York Press, 43-63.

Smith, Neil und Peter Williams (Hg.), 1986: Gentrification of the City. Boston et al.: Unwin Hyman.

Smith, Neil und Peter Williams, 1986a: Alternatives to Orthodoxy. Invitation to a Debate. In: Neil Smith und Peter Williams (Hg.): Gentrification of the City. Boston et al.: Unwin Hyman, 1-12.

Smith, Robert B., 1969: Simulation Models for Accounting Schemes. The American Behavioral Scientist, 12 (6), 21-30.

Smith, Robert B., 1981: A Process Model of Residential Resettlement. Quality and Quantity, 15, 31-54.

Speare, Alden, Jr., 1974: Residential Satisfaction as an Intervening Variable in Residential Mobility. Demography, 11, 173-188.

Speare, Alden, Jr., Sidney Goldstein und William H. Frey, 1975: Residential Mobility, Migration, and Metropolitan Change. Cambridge: Ballinger Publishing.

Specht, Thomas, 1990: Spaltung im Wohnungsmarkt - Die unsichtbare Armut des Wohnens. In: Diether Döring, Walter Hanesch und Ernst-Ulrich Huster (Hg.): Armut im Wohlstand. Frankfurt a.M.: Suhrkamp, 227-243.

Specht-Kittler, Thomas, 1992: Obdachlosigkeit in der Bundesrepublik Deutschland. Aus Politik und Zeitgeschichte. Beilage zur Wochenzeitung Das Parlament, B49/92, 31-41.

Spiegel, Erika, 1985: Neue Haushaltstypen. Entstehungsbedingungen, Lebenssituation, Wohn- und Standortverhältnisse. Hamburg: Technische Universität Hamburg-Harburg.

Stadt Köln, 1990: Volkszählung am 25. Mai 1987. Ausgewählte Strukturdaten. Kölner Statistische Nachrichten, Amt für Statistik und Einwohnerwesen: Köln.

Stadt Köln, 1992/93: Statistisches Jahrbuch 1992/93. Amt für Statistik und Einwohnerwesen: Köln.

Stein, Ursula, 1990: Die Erhaltungssatzung als Mittel zum Erhalt der Sozialstruktur. In: Jörg Blasius und Jens S. Dangschat (Hg.): Gentrification. Die Aufwertung innenstadtnaher Wohngebiete. Frankfurt a.M./New York: Campus, 154-174.

Stigler, George J. und Gary S. Becker, 1977: De Gustibus Non Est Disputandum. American Economic Review, 67, 76-90.

Strohmeier, Klaus Peter, 1993: Pluralisierung und Polarisierung der Lebensformen in Deutschland. Aus Politik und Zeitgeschichte, B 17/93, 11-22.

Taub, Richard P., D. Garth Taylor und Jan D. Dunham, 1984: Paths of Neighborhood Change. Race and Crime in Urban America. Chicago/London: The University of Chicago Press.

Turner, Lloyd Arthur, 1978: Behavioral Models of Residential Mobility: Household and Neighborhood Problem Solving. University of Pennsylvania: unpublished Diss.

Veblen, Thorstein, 1986 (1899): Theorie der feinen Leute. Frankfurt am Main: Fischer Taschenbuch.

Veser, Jürgen, 1991: Das Abschmelzen des Sozialwohnungsbestands. Ursachen und Auswirkungen auf unterschiedlichen regionalen Wohnungsmärkten. Informationen zur Raumentwicklung, Heft 5/6, 359-378.

Voscherau, Henning, 1994: Die Großstadt als sozialer Brennpunkt - am Beispiel Hamburg. In: Georg Kronawitter (Hg.): Rettet unsere Städte jetzt! Das Manifest der Oberbürgermeister. Düsseldorf et al.: Econ, 77-106.

Wachter, Daniel, 1993: Bodenmarktpolitik. Bern et al.: Haupt.

Weber, Max, 1980 (1921): Wirtschaft und Gesellschaft. Grundriß der verstehenden Soziologie. 5., revidierte Aufl., Tübingen: Mohr (Paul Siebeck).

Weesep, Jan van und Sako Musterd (Hg.), 1991: Urban Housing for the Better-Off: Gentrification in Europe. Utrecht: Stedelijke Netwerken.

Weizsäcker, C. Christian von, 1984: The Influence of Property Rights on Tastes. Zeitschrift für die gesamte Staatswissenschaft, 140, 90-95.

Widmer, Urs, 1984: Liebesnacht. Eine Erzählung. Diogenes: Zürich.

Williams, Peter, 1986: Class Constitution Through Spatial Reconstruction? A Re-evaluation of Gentrifiçation in Australia, Britain, and the United States. In: Neil Smith und Peter Williams (Hg.): Gentrification of the City. Boston et al.: Unwin Hyman, 56-77.

Wippler, Reinhard, 1987: Kulturelle Ressourcen, gesellschaftlicher Erfolg und Lebensqualität. In: Bernhard Giesen und Hans Haferkamp (Hg:): Soziologie der sozialen Ungleichheit. Opladen: Westdeutscher Verlag, 221-254.

Wippler, Reinhard und Siegwart Lindenberg, 1987: Collective Phenomena and Rational Choice. In: Jeffrey C. Alexander, Bernhard Giesen, Richard Münch und Neil Smelser (Hg.): The Micro-Marco Link. Berkeley et al.: University of California Press, 135-152.

Wirth, Louis, 1928: The Ghetto. Chicago: University of Chicago Press.

Wirth, Louis, 1964 (1945): Human Ecology. In: Louis Wirth: On Cities and Social Life. Selected Papers. Editiert und mit einer Einleitung von Albert J. Reiss, Jr., 178-188.

Wolpert, Julian, 1966: Migration as an Adjustment to Environmental Stress. Journal of Social Issues, 22, 92-102.

Zinnecker, Jürgen, 1981: Jugend 1981: Porträt einer Generation. In: Jugendwerk der Deutschen Shell (Hg.): Jugend '81. Lebensentwürfe, Alltagskulturen, Zukunftsbilder. Band 1. Hamburg: Jugendwerk d. Dt. Shell, 80-122.

Zorbaugh, Harvey W., 1929: The Cold Coast and the Slum. Chicago: University of Chicago Press.

Zukin, Sharon, 1987: Gentrification: Culture and Capital in the Urban Core. Annual Review of Sociology, 13, 129-147.

Anhang

UNIVERSITÄT ZU KÖLN
GRADUIERTENKOLLEG FÜR SOZIALWISSENSCHAFTEN

Prof. Dr. Hartmut Esser
Dipl.-Soz. Robert Kecskes
Kerpener Straße 4
5000 Köln 41
Tel.: 0221/470-3711

WOHNBEDINGUNGEN UND WOHNZUFRIEDENHEIT DER BEWOHNER DES AGNESVIERTELS IN KÖLN

Sehr geehrte Dame, sehr geehrter Herr,

mit diesem Schreiben möchten wir Sie um Ihre Mitarbeit bitten. Wir führen zur Zeit
eine wissenschaftliche Untersuchung über die Wohnbedingungen und die Wohnzufriedenheit in Ihrem Wohngebiet durch. Dabei interessiert uns insbesondere, welche Ansprüche in Ihrem Haushalt an einen Wohnort gestellt werden und in welchem Ausmaß
diese Ansprüche an Ihrem heutigen Wohnort erfüllt sind. Es geht uns also um Ihre
Zufriedenheit mit der derzeitigen Wohnung und Wohnumgebung.

Um ein möglichst vollständiges Bild eines gesamten Stadtviertels zu bekommen, konzentrieren wir die Befragung auf das Agnesviertel. Die Namen und Adressen der Bewohner dieses Viertels haben wir anhand der Klingelschilder ermittelt und an-
schließend die Telefonnummern im Telefonbuch herausgesucht.

Damit Sie schon vor dem eigentlichen Interview wissen, welche Fragen wir stellen
werden, haben wir Ihnen den Fragebogen beigelegt. Lesen Sie dazu bitte auch die
Ausführungen auf Seite 2 des Fragebogens. In den nächsten Tagen wird dann einer unserer Interviewer versuchen, Sie telefonisch zu erreichen, um mit Ihnen ein kurzes
Interview von etwa 15 Minuten durchzuführen. Es wird Sie also niemand persönlich
aufsuchen, sondern wir werden Sie nur telefonisch nach Ihrer Meinung fragen. Senden
Sie also bitte den Fragebogen nicht an uns zurück.

Wir versichern Ihnen, daß alle Auskünfte vollkommen anonym bleiben und die Bestim-
mungen des Datenschutzes eingehalten werden. Ihr Name und Ihre Anschrift werden in
keinem Zusammenhang erwähnt oder verwandt.

Da es um Ihre Wohnzufriedenheit geht, hoffen wir, daß auch Sie Interesse an dem
Thema haben und durch Ihre Teilnahme an der Befragung unsere Untersuchung unter-
stützen. Als Dank für die Mühe, werden alle Teilnehmer der Befragung an einer
Verlosung teilnehmen (unter Ausschluß des Rechtsweges).

1. Preis: Ein Fotoapparat im Wert von DM 300,-
2. Preis: Ein Essen in einem Kölner Restaurant für zwei Personen im Wert von DM 150,-
3. Preis: Ein Bildband der Innenstadt Kölns im Wert DM 50,-

Mit freundlichen Grüßen

Prof. Dr. Hartmut Esser   Dipl.-Soz. Robert Kecskes

243

Nr.	Frage	Antwort
01.	Wir möchten Ihnen zunächst ein paar Fragen zu Ihrer heutigen und zu Ihrer vorherigen Wohnung stellen. In welchem Jahr sind Sie in diese <u>Wohnung</u> gezogen?	19 __
02.	Und in welchem Jahr sind Sie in dieses <u>Viertel</u> gezogen?	19 __
03. a	In welchem Stadtteil Kölns bzw. welchem anderen Ort haben Sie vorher gewohnt?	Stadtteil Kölns:............. [] linksrheinisches Umland Kölns [] rechtsrheinisches Umland Kölns [] andere Großstadt [] Kleinstadt [] ländliche Gemeinde
03. b	Diese Frage bitte nur beantworten, wenn Sie vorher in einer <u>anderen</u> Großstadt gewohnt haben. Wo haben Sie dort gewohnt?	[] in der Innenstadt [] innenstadtnah [] am Stadtrand [] im Umland
04.	Wie haben Sie in der vorherigen Wohnung gewohnt? Bitte nur eine Nennung!	[] bei den Eltern [] als Untermieter [] in einer Wohngemeinschaft [] mit dem Partner bzw. der Familie [] allein [] sonstiges:..............
05.	Aus welchen Gründen sind Sie aus Ihrer vorherigen Wohnung ausgezogen? Hier sind mehrere Nennungen möglich!	....
06.	Und wie lange haben Sie gebraucht, um die jetzige Wohnung zu finden?	__ Monate

244

Nr.	Frage	Antwort
07.	Welche Gründe gab es dafür, speziell in diese Wohnung bzw. in dieses Wohnviertel zu ziehen? Hier sind mehrere Nennungen möglich!	.... [] keinen speziellen Grund
08.	Wie gut kannten Sie das Wohnviertel, bevor Sie hierher gezogen sind?	[] sehr gut [] ziemlich gut [] mittelmäßig [] weniger gut [] gar nicht
09. a	Wodurch sind Sie auf die jetzige Wohnung aufmerksam geworden?	[] Verwandte [] Freunde/Bekannte/Kollegen [] Zeitung [] Makler [] Wohnungsamt [] andere:.................
09. b	Falls durch Verwandte oder Freunde/ Bekannte/Kollegen: Wohnen diese Personen hier im Haus oder im Viertel oder waren es die Vormieter?	[] ja, hier im Haus [] ja, hier im Viertel [] waren die Vormieter [] nein, nichts davon
10.	Hatten Sie damals mehrere Wohnungen zur Auswahl, zwischen denen Sie wählen konnten?	[] ja [] nein
11.	Benötigten Sie zur Anmietung dieser Wohnung einen Wohnberechtigungsschein?	[] ja [] nein
12.	Nun zu etwas anderem. Wir würden gerne etwas über Ihre Pläne erfahren. So wie es jetzt aussieht, glauben Sie, daß Sie in einem Jahr, also in 12 Monaten noch hier wohnen werden oder daß Sie bis dahin ausgezogen sind?	[] werde ganz sicher ausziehen [] werde ziemlich wahrscheinlich ausziehen [] werde vielleicht ausziehen [] werde wahrscheinlich nicht ausziehen [] werde keinesfalls ausziehen

245

Nr.	Frage	Antwort
13.	Diese Frage bitte nur beantworten, wenn Sie ganz sicher ausziehen werden! Wissen Sie schon, wann Sie ausziehen werden?	[] ja, Zeitpunkt: _____ [] nein
14. a	Die Fragen 14a bis 14d bitte nur beantworten, wenn Sie vielleicht, ziemlich wahrscheinlich oder ganz sicher ausziehen werden (also die ersten drei Kategorien der Frage 12)! Können Sie uns sagen, warum Sie einen Auszug planen? Hier sind mehrere Nennungen möglich!	....
14. b	Wo sollte bzw. wird die neue Wohnung liegen? Hier sind mehrere Nennungen möglich!	Kölner Stadtteile: .... [] Kölner Umland linksrheinisch [] Kölner Umland rechtsrheinisch [] anderer Ort
14. c	Haben Sie schon etwas unternommen, um eine neue Wohnung zu finden?	[] ja [] nein
14. d	Falls ja: Was haben Sie bisher alles unternommen? Hier sind mehrere Nennungen möglich!	[] Verwandte befragt [] Freunde/Bekannte befragt [] Zeitungsannoncen gelesen [] auf Zeitungsannonce(n) reagiert [] Zeitungsannonce(n) aufgegeben [] Makler beauftragt [] neuen Mietvertrag unterschrieben [] Sonstiges:.................... ....

246

Nr.	Frage	Antwort

15.		

In bezug auf eine Wohnung bzw. ein Wohnviertel haben Menschen verschiedene Ansprüche. Wir haben hier jetzt eine Reihe von Aspekten aufgelistet. Für einige Menschen sind ein Teil dieser Aspekte sehr wichtig oder ziemlich wichtig, für andere Personen sind dieselben Aspekte hingegen weniger wichtig oder überhaupt nicht wichtig. Wir möchten nun gerne wissen, wie es bei Ihnen ist. Sagen Sie uns daher bitte zu jedem der genannten Aspekte, ob er für Sie (und Ihren (Ehe-) Partner) sehr wichtig, ziemlich wichtig, mittelmäßig wichtig, weniger wichtig oder nicht wichtig ist. Orientieren Sie sich dabei bitte an der nachfolgenden Skala und kreuzen Sie die jeweils zutreffende Ziffer an.

sehr wichtig	ziemlich wichtig	mittelmäßig wichtig	weniger wichtig	nicht wichtig
1	2	3	4	5

A	Eine günstige Miete	[1]	[2]	[3]	[4]	[5]
B	Eine große Wohnung	[1]	[2]	[3]	[4]	[5]
C	Eine ruhige Wohnung	[1]	[2]	[3]	[4]	[5]
D	Ein guter Zustand der Wohnung	[1]	[2]	[3]	[4]	[5]
E	Eine gute Aufteilung der Zimmer	[1]	[2]	[3]	[4]	[5]
F	Eine gute Ausstattung der Wohnung mit Heizung, Bad/Dusche	[1]	[2]	[3]	[4]	[5]
G	Ein Viertel mit schönen Häusern	[1]	[2]	[3]	[4]	[5]
H	Die Nähe zu Verwandten	[1]	[2]	[3]	[4]	[5]
I	Die Nähe zu Freunden	[1]	[2]	[3]	[4]	[5]
J	Ein Viertel, daß auch nachts sicher ist	[1]	[2]	[3]	[4]	[5]

Nr.	Frage	Antwort				
K	Ein lebhaftes Viertel	[1]	[2]	[3]	[4]	[5]
L	Gute Einkaufsmöglichkeiten im Viertel für den täglichen Bedarf	[1]	[2]	[3]	[4]	[5]
M	Eine gute Ausstattung des Viertels mit sozialen Einrichtungen	[1]	[2]	[3]	[4]	[5]
N	Gute Sport- und Freizeitmöglich- keiten im Viertel	[1]	[2]	[3]	[4]	[5]
O	Ein gutes kulturelles Angebot im Viertel mit Kinos, Theater, Oper usw.	[1]	[2]	[3]	[4]	[5]
P	Ein gutes Angebot an Gaststätten und Restaurants im Viertel	[1]	[2]	[3]	[4]	[5]
Q	Die Nähe zur Innenstadt	[1]	[2]	[3]	[4]	[5]
R	Die Nähe zum Arbeitsplatz	[1]	[2]	[3]	[4]	[5]

16.	Kommen wir nun zu der Wohnung, in der Sie leben. Wieviel Zimmer hat Ihre Wohnung, ohne Küche, Diele, Bad?	__ Zimmer __ halbe Zimmer

17.	Und wieviel Quadratmeter Wohnfläche hat Ihre Wohnung laut Mietvertrag?	__ qm

18.	Hat Ihre Wohnung ... eine Zentral- bzw. Sammelheizung ein Vollbad oder eine Dusche die Toilette in der Wohnung	[] ja [] nein [] ja [] nein [] ja [] nein

19.	Wohnen Sie hier als Eigentümer in der Wohnung oder als Mieter?	[] als Eigentümer [] als Mieter

248

Nr.	Frage	Antwort
20. a	Die Fragen 20a bis 20f bitte nur beantworten, wenn Sie als Mieter in der Wohnung leben! Wie hoch war die monatliche Miete, einschließlich aller Nebenkosten, als Sie hier eingezogen sind?	____ DM
20. b	Wie hoch ist derzeit die monatliche Miete, einschließlich aller Neben- kosten?	____ DM
20. c	Halten Sie diese derzeitige Miete für angemessen, oder finden Sie, daß die Wohnung noch günstig oder zu teuer ist für das, was sie bietet?	[] viel zu teuer [] zu teuer [] angemessen [] günstig [] sehr günstig
20. d	Für wie wahrscheinlich halten Sie es, daß Sie bei einem Auszug eine vergleichbare Wohnung für den gleichen oder sogar einen günstigeren Mietpreis wiederfinden würden?	[] ganz sicher [] ziemlich wahrscheinlich [] vielleicht [] ziemlich unwahrscheinlich [] keinesfalls
20. e	Ist in Ihrem Mietvertrag eine zukünftige Mieterhöhung vorgesehen (z.B. eine Staffelmiete)?	[] ja [] nein
20. f	Falls ja: Um wieviel wird sich Ihre monatliche Miete bei der nächsten Mietanhebung erhöhen?	__ DM
21. a	Die Fragen 21a bis 21d bitte nur beantworten, wenn Sie als Eigentümer in der Wohnung leben! Wie hoch sind die monatlichen Belastungen für die Wohnung, alle Kosten eingeschlossen?	____ DM
21. b	Haben Sie in dieser Wohnung vorher zur Miete gewohnt, oder haben Sie die Wohnung bei Ihrem Einzug gekauft?	[] vorher als Mieter hier gewohnt [] die Wohnung beim Einzug gekauft
21. c	Falls Sie in dieser Wohnung schon zur Miete gewohnt haben: Wie hoch war die monatliche Miete für die Wohnung, inklusive aller Nebenkosten, als Sie hier einzogen?	____ DM
21. d	Falls Sie die Wohnung bei Ihrem Einzug gekauft haben: Wurde diese Wohnung bevor Sie eingezogen sind schon als Eigentumswohnung genutzt?	[] ja [] nein

249

Nr.	Frage	Antwort
22.	Wir möchten Ihnen jetzt noch ein paar Fragen zu Ihrer Nachbarschaft stellen. Wohnen in diesem Viertel Verwandte, Freunde oder Bekannte, mit denen Sie öfter mal zusammenkommen?	[] ja, Verwandte [] ja, Freunde bzw. Bekannte [] ja, beides [] nein
23.	Welche von den aufgezählten Aktivitäten unternehmen Sie oder Ihr (Ehe-) Partner ab und zu mit einem Ihrer Nachbarn zusammen? Hier sind mehrere Nennungen möglich!	[] Sport treiben [] ins Kino gehen [] Konzert, Theater, Oper besuchen [] in der Stadt bummeln gehen [] im Restaurant essen [] im Lokal etwas trinken [] gemeinsames Essen zu Hause [] geselligen Abend zu Hause [] andere Aktivitäten:........... .... [] keine gemeinsamen Aktivitäten mit den Nachbarn
24.	Wie wichtig ist Ihnen insgesamt das Verhältnis zu Ihren Nachbarn?	[] sehr wichtig [] ziemlich wichtig [] mittelmäßig [] weniger wichtig [] nicht wichtig
25.	Und wie zufrieden sind Sie derzeit mit dem Verhältnis zu Ihren Nachbarn?	[] völlig zufrieden [] überwiegend zufrieden [] mittelmäßig zufrieden [] wenig zufrieden [] gar nicht zufrieden
26. a	Nehmen Sie einmal an, der Anteil junger Leute, Studenten und Wohngemeinschaften würde hier im Viertel stark zunehmen. Wie würden Sie das beurteilen?	[] als sehr gut [] als gut [] wäre mir egal [] als schlecht [] als sehr schlecht
26. b	Und nehmen Sie einmal an, der Anteil sehr gut verdienender Leute würde hier im Viertel stark zunehmen. Wie würden Sie das beurteilen?	[] als sehr gut [] als gut [] wäre mir egal [] als schlecht [] als sehr schlecht
26. c	Und nehmen Sie abschließend einmal an, der Ausländeranteil würde hier im Viertel stark zunehmen. Wie würden Sie das beurteilen?	[] als sehr gut [] als gut [] wäre mir egal [] als schlecht [] als sehr schlecht

250

Nr.	Frage	Antwort

| 27. | | |

Wir möchten jetzt etwas über Ihre Zufriedenheit mit Ihrer jetzigen Wohnung bzw. Ihrem jetzigen Wohnort erfahren. Dazu haben wir eine Reihe von Aspekten aufgelistet, mit denen man zufrieden aber auch unzufrieden sein kann. Sagen Sie uns bitte zu jedem der Aspekte, wie es bei Ihnen (und Ihrem (Ehe-) Partner) ist: Sind Sie mit dem jeweiligen Aspekt völlig zufrieden, überwiegend zufrieden, mittelmäßig zufrieden, wenig zufrieden oder gar nicht zufrieden. Orientieren Sie sich bitte an der folgenden Skala und kreuzen Sie die jeweils zutreffende Ziffer an.

völlig zufrieden	überwiegend zufrieden	mittelmäßig zufrieden	wenig zufrieden	gar nicht zufrieden
1	2	3	4	5

A	Mit der Miethöhe	[1]	[2]	[3]	[4]	[5]
B	Mit der Größe der Wohnung	[1]	[2]	[3]	[4]	[5]
C	Mit der Aufteilung der Zimmer	[1]	[2]	[3]	[4]	[5]
D	Mit dem Zustand der Wohnung	[1]	[2]	[3]	[4]	[5]
E	Mit der Ausstattung der Wohnung mit Heizung und Bad/Dusche	[1]	[2]	[3]	[4]	[5]
F	Mit dem Aussehen der Häuser im Viertel	[1]	[2]	[3]	[4]	[5]
G	Mit der Nähe zu Verwandten	[1]	[2]	[3]	[4]	[5]
H	Mit der Nähe zu Freunden	[1]	[2]	[3]	[4]	[5]
I	Mit der Sicherheit nachts im Viertel	[1]	[2]	[3]	[4]	[5]
J	Mit den Einkaufsmöglichkeiten im Viertel für den täglichen Bedarf	[1]	[2]	[3]	[4]	[5]
K	Mit der Ausstattung des Viertels mit sozialen Einrichtungen	[1]	[2]	[3]	[4]	[5]

Nr.	Frage	Antwort
L	Mit den Sport- und Freizeitmöglichkeiten im Viertel	[1] [2] [3] [4] [5]
M	Mit dem kulturellen Angebot im Viertel (Kinos, Theater, Oper usw.)	[1] [2] [3] [4] [5]
N	Mit dem Angebot an guten Gaststätten und Restaurants im Viertel	[1] [2] [3] [4] [5]
O	Mit der Nähe zum Arbeitsplatz	[1] [2] [3] [4] [5]

28.	Glauben Sie, daß es hier in Köln Wohnviertel gibt, die Ihre <u>Ansprüche an einen Wohnort</u> insgesamt besser erfüllen als Ihr derzeitiger Wohnort?	[] ja [] nein

29. a	Die Fragen 29a bis 29c bitte nur beantworten, wenn Sie glauben, daß Ihre Ansprüche an einen Wohnort in anderen Vierteln besser erfüllt werden! In welchen Stadtteilen Kölns liegen diese Wohnorte? Hier sind mehrere Nennungen möglich!	 [] Kölner Stadtteile: .... [] Im derzeitigen Stadtteil [] Im Kölner Umland
29. b	Für wie wahrscheinlich halten Sie es, dort eine Wohnung zu finden, die Sie sich finanziell leisten können?	[] ganz sicher [] ziemlich wahrscheinlich [] vielleicht [] ziemlich unwahrscheinlich [] keinesfalls
29. c	Wieviel würden Sie maximal, einschließlich aller Kosten, an monatlicher Miete für eine Wohnung zahlen, die Ihre Ansprüche vollkommen erfüllt?	____ DM monatlich

30.	Angenommen der Wohnungsmarkt wäre derzeit hier in Köln nicht so angespannt und Sie hätten die Auswahl zwischen einer Menge von Wohnungen und Wohnorten: Würden Sie dann lieber hier in der Wohnung bleiben oder würden Sie lieber ausziehen?	[] würde mit Sicherheit bleiben [] würde wahrscheinlich bleiben [] unbestimmt [] würde wahrscheinlich ausziehen [] würde mit Sicherheit ausziehen

Nr.	Frage	Antwort
31.	Zum Schluß haben wir noch einige Fragen zur Statistik: In welchem Jahr sind Sie geboren?	 19 __
32.	Welche Staatsangehörigkeit haben Sie?	Staatsangehörigkeit: ....
33.	Welchen höchsten Schul- bzw. Bildungsabschluß haben Sie?	[] keinen Schulabschluß [] Volks-/Hauptschule [] Realschule/Mittelschule [] Abitur/Fachabitur [] Universität/Fachhochschule
34.	Welchen Familienstand haben Sie?	[] ledig [] verheiratet [] geschieden [] verwitwet
35.	In was für einem Haushaltstyp leben Sie?	[] alleinlebend [] alleinerziehend, mit Kind(ern) [] mit Ehepartner, ohne Kind(er) [] mit Ehepartner, mit Kinder(ern) [] mit Partner, ohne Kinder(er) [] mit Partner, mit Kind(ern) [] Wohngemeinschaft [] Sonstiges:....................
36.	Erhalten Sie Wohngeld?	[] ja [] nein
37.	Sind Sie derzeit berufstätig?	[] ja [] nein, Schüler/Student [] nein, Pensionär/Rentner [] nein, arbeitslos [] nein, Hausfrau/Hausmann [] nein, Wehr-/ Zivildienstleistender

Nr.	Frage	Antwort
38. a	Bitte die Fragen 38a und 38b nur beantworten, wenn Sie berufstätig sind! Welche berufliche Tätigkeit üben Sie aus?	....
38. b	Sind Sie ganztags oder halbtags berufstätig?	[] ganztags [] halbtags
39. a	Bitte die Fragen 39a bis 39c nur beantworten, wenn Sie berufs- tätig oder Schüler/Student sind! In welchem Kölner Stadtteil liegt Ihr Arbeits- bzw. Ausbildungsplatz?	[] Kölner Stadtteil: .... [] Kölner Umland linksrheinisch [] Kölner Umland rechtsrheinisch [] anderer Ort
39. b	Wie lange brauchen Sie im Durchschnitt von Ihrer Wohnung bis zu Ihrem Arbeitsplatz bzw. bis zur Schule oder Universität?	__ Minuten
39. c	Welches Verkehrsmittel benutzen Sie dabei gewöhnlich?	[] gehe zu Fuß [] Fahrrad/Mofa [] Auto/Motorrad [] Straßenbahn/Bus [] S-Bahn/DB
40. a	Die Fragen 40a bis 40c bitte nur beantworten, wenn Ihr (Ehe-) Partner mit in der Wohnung lebt! In welchem Jahr ist Ihr (Ehe-) Partner geboren?	19 __
40. b	Welchen höchsten Schul- bzw. Bildungsabschluß hat Ihr (Ehe-) Partner?	[] keinen Schulabschluß [] Volks-/Hauptschulabschluß [] Realschule/Mittelschule [] Abitur/Fachabitur [] Universität/Fachhochschule
40. c	Ist Ihr (Ehe-) Partner beruftätig?	[] ja [] nein, Schüler/Student [] nein, Rentner/Pensionär [] nein, arbeitslos [] nein, Hausfrau/Hausmann [] nein, Wehr-/ Zivildienstleistender

254

Nr.	Frage	Antwort
41. a	Die Fragen 41a und 41b bitte nur beantworten, wenn Ihr (Ehe-) Partner berufstätig ist! Welche berufliche Tätigkeit übt Ihr (Ehe-) Partner aus?	....
41. b	Ist Ihr (Ehe-) Partner ganztags oder halbtags berufstätig?	[] ganztags [] halbtags
42. a	Die Fragen 42a bis 42c bitte nur beantworten, wenn Ihr (Ehe-) Partner berufstätig oder Schüler/Student ist! In welchem Kölner Stadtteil liegt der Arbeits- bzw. Ausbildungsplatz Ihres (Ehe-) Partners?	Kölner Stadtteil: .... [] Kölner Umland linksrheinisch [] Kölner Umland rechtsrheinisch [] anderer Ort
42. b	Wie lange braucht Ihr (Ehe-) Partner im Durchschnitt von der Wohnung bis zum Arbeitsplatz bzw. zur Universität oder Schule?	__ Minuten
42. c	Welches Verkehrsmittel benutzt Ihr (Ehe-) Partner dabei gewöhnlich?	[] geht zu Fuß [] Fahrrad/Mofa [] Auto/Motorrad [] Straßenbahn/Bus [] S-Bahn/DB
43.	Wieviele Personen leben außer Ihnen noch in dieser Wohnung?	außer mir noch __ Person(en)
44. a	Die Fragen 44a und 44b bitte nur beantworten, wenn Sie nicht allein in der Wohnung leben! Wieviel Personen sind davon Haushaltsmitglieder?	__ Person(en) [] alle
44. b	Wieviele Personen unter 18 Jahre leben in diesem Haushalt?	__ Person(en)

255

Nr.	Frage	Antwort
45.	Verschiedene Einkommensgruppen werden unterschiedliche Ansprüche an eine Wohnung stellen. Um die Wohnbedingungen verbessern zu können, ist es daher notwendig, etwas über die Einkommensverteilung zu wissen. Deshalb haben wir hier verschiedene Einkommensgruppen aufgeführt.	

	von	bis unter	
P	0	................875 DM
G	875	......1000......1125 DM
V	1125	......1250......1375 DM
L	1375	......1500......1625 DM
D	1625	......1750......1875 DM
O	1875	......2000......2125 DM
U	2125	......2250......2375 DM
C	2375	......2500......2625 DM
W	2625	......2750......2825 DM
I	2825	......3000......3125 DM
Z	3125	......3250......3375 DM
B	3375	......3500......3625 DM
R	3625	......3750......3875 DM
K	3875	......4000......4125 DM
E	4125	......4250......4375 DM
H	4375	......4500......4625 DM
M	4625	......4750......4825 DM
F	4825	......5000......5125 DM
T	mehr als 5125 DM	

Würden Sie uns bitte sagen, in welcher Kategorie das monatliche Nettoeinkommen Ihres Haushalts liegt. Wir meinen damit die Summe aller Einkommen im Haushalt, die nach Abzug der Steuern und Sozialversicherungsabzüge übrigbleibt.
Wir wissen, daß die Antwort auf diese Frage möglicherweise Unbehagen hervorruft. Aus diesem Grund schlagen wir folgende Vorgehensweise vor: Geben Sie bitte nur den Buchstaben der zutreffenden Kategorie an. Der Interviewer wird nur diesen Buchstaben notieren. Er hat die Liste nicht vorliegen und kann somit nicht erkennen, wie hoch das monatliche Haushaltsnettoeinkommen ist.
Sie müssen die Frage selbstverständlich nicht beantworten.

VIELEN DANK FÜR IHRE TEILNAHME